卓越投资

约翰·邓普顿、彼得·林奇和沃伦·巴菲特的财富人生

EMPOWER YOUR INVESTING

ADOPTING BEST PRACTICES FROM JOHN TEMPLETON,
PETER LYNCH, AND WARREN BUFFETT

［美］斯科特·A. 查普曼（Scott A. Chapman） 著

王洋 译

中国科学技术出版社

·北京·

Empower Your Investing: Adopting Best Practices from John Templeton, Peter Lynch, and Warren Buffett/ISBN: 978-1-64293-238-6
Copyright © 2019 by Scott A. Chapman, CFA.
All rights reserved.
Simplified Chinese translation copyright © 2022 by China Science and Technology Press Co., Ltd.
The simplified Chinese translation rights arranged through Rightol Media

北京市版权局著作权合同登记　图字：01-2021-1658。

图书在版编目（CIP）数据

卓越投资：约翰·邓普顿、彼得·林奇和沃伦·巴菲特的财富人生 /（美）斯科特·A. 查普曼著；王洋译. —北京：中国科学技术出版社，2022.12

书名原文：Empower Your Investing: Adopting Best Practices from John Templeton, Peter Lynch, and Warren Buffett

ISBN 978-7-5046-9863-6

Ⅰ.①卓… Ⅱ.①斯…②王… Ⅲ.①证券投资—经验—美国 Ⅳ.① F837.125

中国版本图书馆 CIP 数据核字（2022）第 205856 号

策划编辑	申永刚　王雪娇	责任编辑	杜凡如　庞冰心
封面设计	禾风雅艺	版式设计	蚂蚁设计
责任校对	焦　宁	责任印制	李晓霖

出　　版	中国科学技术出版社
发　　行	中国科学技术出版社有限公司发行部
地　　址	北京市海淀区中关村南大街 16 号
邮　　编	100081
发行电话	010-62173865
传　　真	010-62173081
网　　址	http://www.cspbooks.com.cn

开　　本	710mm×1000mm　1/16
字　　数	408 千字
印　　张	29.5
版　　次	2022 年 12 月第 1 版
印　　次	2022 年 12 月第 1 次印刷
印　　刷	北京盛通印刷股份有限公司
书　　号	ISBN 978-7-5046-9863-6/F・1073
定　　价	98.00 元

（凡购买本社图书，如有缺页、倒页、脱页者，本社发行部负责调换）

推荐

如果你只读一本有关投资的书，那就读这本书吧！斯科特·A.查普曼将三位传奇投资大师的心得综合成一本书，太了不起了！邓普顿爵士、林奇和巴菲特，他们的背景、投资方法、哲学理念、永恒的智慧和投资案例，都在作者笔下成了有趣的故事，供每位投资者品读。

——托马斯·M.艾灵顿（Thomas M. Arrington）
特许金融分析师，具有30多年金融服务业从业经验的投资专家

斯科特·A.查普曼揭示了确定投资价值的方法，这在他自己跑赢市场的业绩和其他基金经理的出色业绩中即可得到证明。这本不朽之作可以使你进一步了解股票投资大师的操作方法，并发现其中的美妙之处。快来阅读吧。

——杰弗里·希思考克（Geoffrey Heathcock）
《财富》杂志世界500强公司企业发展总监，金融与会计学教授

对于任何想学习如何做出更优选择的投资者来说，斯科特·A.查普曼的这本书都可以让你眼前一亮。斯科特·A.查普曼是一位成功的长期投资者和教育家，是所有投资者的学习对象。他分享了历史上三位最佳投资者——邓普顿爵士、林奇和巴菲特的最佳投资建议和实战经验。这本书能让每个人都受益匪浅，不论是初级投资者还是经过专业培训的特许金融分析师，阅读本书之后投资技能都能得以提高。

——克雷格·布雷默（Craig Braemer）
特许金融分析师，布洛瑟姆财富管理有限公司（Blossom Wealth Mangement, LLC）投资组合经理，布雷默资产管理有限公司（Braemer Asset Management，LLC）创始人

正如运动员可以向迈克尔·乔丹、穆罕默德·阿里和贝比·鲁斯学习一样，每位投资者都应该深入了解邓普顿、林奇和巴菲特。斯科特·A.查普曼在书中呈现了投资行业有史以来最伟大的纪录。因此，不论是新手还是经验丰富的专业人士，每位股票市场参与者都能从这些顶级大师身上汲取营养。斯科特·A.查普曼由浅入深、循序渐进地讲述着走向成功顶峰的最佳做法。

——罗伯特·迈尔斯（Robert P. Miles）

作家，巴菲特的全球代言人，内布拉斯加大学奥马哈分校驻校高管

———————

致信任我的家人和朋友，特别献给西莉斯特（Celeste）。

致具有独创性和成长心态的企业家，是你们改善着我们的生活水平，
并使我们获得丰厚的投资回报。

致亲爱的读者，衷心感谢你们阅读本书，
并希望这些最佳投资实践能为你今后的投资助力。

———————

前言
PREFACE

> 对大多数人而言，我认为最好的投资就是投资自己。
>
> ——沃伦·巴菲特[1]
>
> 市场像上帝一样，帮助那些自助的人。但是，与上帝不同，市场不会原谅那些不知道自己在做什么的人。
>
> ——沃伦·巴菲特[2]

如果你想从书中了解如何才能完成挑战性极高的铁人三项运动，你是会选择阅读某位教授写的介绍卡路里消耗和身体水合作用的身体训练理论，还是会学习曾经的铁人三项参赛选手总结的实战经验——甚至是冠军选手的成功秘诀？我想大多数人都会选择学习实战经验。也许大多数人都不会参加铁人三项运动，但我们所有人都需要对自己的投资负责，才能在应对购房、教育或退休等财务挑战时应变自如。专业投资者理应借鉴投资大师的经验和最佳实践，用他们的智慧武装自己，但业界却罕有对此类实践的培训，许多经验丰富的投资者都对自己的成功秘诀秘而不宣，让年轻的后辈自行摸索。因此，我们需要集合多位投资大师的最佳实践经验，总结出一种经过实战检验的投资模型，再通过一本书呈现出来，方便大家查询和学习。

我的职业投资者生涯始于1989年。在工作的第一天，我得到了一张办公桌和一部电话。执行合伙人问我："你不需要电脑这种华而不实的东西，对吧？"几年后，我转到一家位于美国西海岸的投资公司担任证券分析师，向多位投资组合经理提供数据支持。我对公司的成长型股票共同基金特别感兴趣。1993年，由于业绩欠佳，这只基金被共同基金评级机构晨星评级（Morningstar）评为一星（表现最差的类别），公司因此先后两次重新任命了投资组合经理。当时，公司的高管团队也在认真地讨论是否要放弃这只共同基金。幸运的是，公司的首席投资官坚信公司应该为旗舰价值型共同基金补充资金，并力挺这只成长型共同基金。在他的全力支持下，他看着我说："好吧，我想就是你了。"

我简直太激动了。虽然我对这份工作壮志十足、热情极高，也具有足够的专业资历，但投资组合经理这一新职位仍然让我感到无所适从。我拥有会计学学士学位、金融专业工商管理硕士（MBA）学位，考取了特许金融分析师（Chartered Financial Analyst，CFA）证书，教授过多年的CFA考生夜间复习班，有13年的金融业尤其是证券分析经验，但我仍然感到准备不足，因为我缺乏实践经验，尤其是关于最佳实践的知识。

我在儿时很崇拜旧金山巨人队的中外野手威利·梅斯（Willie Mays）[①]。我研究过他的击球姿势，明白了他在中场位置是如何根据每个不同击球手和每场不同比赛来预测球势的。我也研究过他的热身方法，以及他如何与队友、对方球员和裁判员互动。我欣赏他对比赛的热爱，以至于当在我参加美国职业棒球小联盟（Minor League Baseball）比赛的时候用自己的方式模仿他的那些优点。在后来的几年中，我尝试以拉里·伯德（Larry Bird）的风格打篮球，而我的密友兼同事不管是在运球姿势上还是打法上都在模仿"魔术师"约翰逊（Magic Johnson）。我们不断学习着这些篮球英雄的风格和技巧，在午餐时间和周末打了无数场比赛。由于

[①] 威利·梅斯曾是美国职业棒球大联盟的著名球手，在他的职业生涯中，几乎全都是从中外野手的位置比赛，是一名优秀的中外野手，也被选入棒球名人堂。——编者注

拉里·伯德和"魔术师"约翰逊的存在，他们所在的球队都得到了整体的提升，这让我们非常钦佩。因此，我们也尝试在球场上和办公室里效仿他们。今天，我看到很多青少年穿着他们最喜欢的球员的球衣，并在比赛中模仿偶像的风格。

青少年研究和学习体育偶像的习惯和技能几乎都是出于本能，但不知为何，这种本该自然而然发生的事情，在正式的投资准备工作中却不见踪影。不论是体育、绘画、文学、音乐，还是其他行业，几乎所有的职业精进过程都是向该领域的成功人士学习的过程，这是各行各业都保留的传统。

CFA是对投资人士的最高专业认证。要获得CFA证书，考生至少需要三年的时间来学习财务报表分析、固定收益、经济学、道德与职业标准和资产组合管理等课程。尽管考生每年都要完成1 000多页的指定阅读材料，却完全看不到他们对投资大师的经验研究。相反，这些阅读材料的理论性极强，主要是由学者撰写。CFA协会出版的《金融分析师期刊》（*Financial Analysts Journal*）是在这个错误的方向上走得最远的例子。作为CFA证书的颁发机构，CFA协会是一个全球性的投资专业人士协会。近期，由四位教授共同撰写的一篇文章中提出了一个衡量股票相对定价的错误公式：$r_{iT}=Alpha+_1MKT_T+_2SMB_T+_3HML_T+_4UMD_T+\sum_T$。而对于同样的问题，常识性的看法则是：如果股票的价格低于其内在价值，则这只股票被低估了。这里的"内在价值"指的是股票未来现金流量的现值。

我们非常缺少一门专注于分析顶尖投资大师的实践性课程，这样一门课程可以为投资者提供适当的思维框架、投资纪律和投资工具，以优化他们未来的财务状况。通常，学习这门课程的学费颇为昂贵：在自己的投资组合中经历市场洗礼。

巴菲特曾引用过牛顿的话："如果说我比别人看得更远些，那是因为我站了在巨人的肩膀上。"那些能够让投资者看得更远些的巨人正是本杰明·格雷厄姆（Benjamin Graham）、菲利普·费雪（Philip Fisher）、菲利普·卡雷特（Philip Carret）和查理·芒格（Charlie Munger）这些投资大师。巴菲特承认："找对了崇拜的大英雄让我的一生充满了幸运。告诉我你的大英雄是谁，我就能告诉你你将成为怎样的人。"

为了让我的共同基金重现活力，我也在探寻来自实践经验的顶尖智慧，仔细研究了三位在众多市场周期中均有出色表现的投资大师：约翰·邓普顿、彼得·林奇和沃伦·巴菲特。我在研究他们的投资过程时，着重分析了他们成功的股票投资案例。我在旧金山大学获得MBA学位后，我的妻子也在这所学校攻读MBA课程。我利用在图书馆外等她晚上下课的空档，使用缩微胶片阅读器（谷歌搜索引擎的出现还是很久以后的事情）下载并打印了许多之前的新闻报道，了解到这三位投资大师成功投资的公司。我按照新闻里的内容重新搭建起了他们当时投资时的社会大环境，以便更好地琢磨那些投资机会。然后，我就展开了案例研究。结合当时的时事新闻和社会新闻，我细致分析了他们在日后采访中提到的买入股票的原因。在研究了数十个案例之后，我发现了长久有效的投资原则和贯穿始终的投资思路。这个思路也成为我自己做投资的基础，让那只排名垫底的共同基金在四年后焕发新生，获得了晨星评级的共同基金五星评级（最高级别）。运用同样的思路，几年后，我在另一家投资公司与两位投资组合经理共同管理另一只共同基金，也同样获得了五星评级。

这些投资原则并非充满复杂数学公式的概念，让人难以捉摸，而是具有实用意义的常识性业务原则。本书通过介绍每位投资大师的个人背景，让读者更深入地了解其投资过程背后的动机和理由。此外，本书也研究了每位投资大师的选股方法，为读者呈现出他们管理自己投资组合的方法、卖出股票的原因以及他们对投资风险和主流学术理论的看法。深入了解三位投资大师的最佳实践，你就能充分体会到他们之间的异同之处，并且完全可以将这些思路作为管理自己投资组合的指导方针。

在缺乏正确引导的情况下,想要积累足够的财富来完成大学教育、打造一个理想之家、过上舒适的退休生活等,可能都会充满挑战。丰厚的养老金这类权利也已经是上个时代的事情了,未来我们很可能需要面对社会保障金实行定量配给的局面。我们需要对自己未来的财务状况负责,但眼花缭乱的投资选择让人不知所措:有401k计划[1]、IRA[2]、基奥(Keogh)计划[3]、共同基金、交易型开放式指数基金、直接投资股票和债券等。在大多数情况下,许多人都会将这些重要决定委托给"可信赖"的财务顾问,但结果往往是灾难性的。

通向财务自由的第一步,就是要了解投资大师取得成功的方法。本书独辟蹊径,将邓普顿爵士、林奇和巴菲特这三位投资大师的经历汇聚在一本书中,以友好易读的方式呈现给读者,并将这些最佳实践整合成一个经过实践检验的投资思路。本书为投资领域的专业从业者填补了实践学习的空白,让他们有机会向经验丰富的从业者学习,而不是仅仅阅读抽象的理论。对于业余投资者而言,本书也可以帮助他们掌握让自己终身受益的技能,实现财务独立。

铁人三项运动和终生投资都并非易事。做好正确的准备工作,会让这段旅途更有收获。加利福尼亚大学洛杉矶分校篮球名人堂前教练兼球员约翰·伍登(John Wooden)曾说:"失于准备,等于准备失败。"约翰·伍登教练在篮球场和生活中的智慧都让他备受尊敬。他的智慧也同样适用于

---

[1] 401k计划,也称401k条款,是美国的一种由雇员、雇主共同缴费建立起来的完全基金式养老保险制度。——译者注

[2] IRA,即个人退休金计划,是401k计划以外另一个美国人管理退休金的常用账户类别。——译者注

[3] 基奥计划,指美国公司及非营利机构向其雇员提供退休金时,允许累积基金在员工退休支出之前免交联邦所得税的一种新计划。——译者注

终生投资。《卓越投资：约翰·邓普顿、彼得·林奇和沃伦·巴菲特的财富人生》一书将通过展示投资大师如何实现成功投资，帮你走向通往财务自由的道路。这个旅程将值得你为之付出。

目录 CONTENTS

第一篇　约翰·邓普顿爵士
"全球投资的先驱者" **001**

- 第一章　个人背景　003
- 第二章　投资业绩　016
- 第三章　邓普顿的思维模式　020
- 第四章　邓普顿的投资选择法　041
- 第五章　设计投资组合　056
- 第六章　案例研究　065
- 第七章　反思　082

第二篇　彼得·林奇
"不知疲倦的探索者" **085**

- 第八章　个人背景　086
- 第九章　投资业绩　091
- 第十章　彼得·林奇的投资观点　093
- 第十一章　选股之道　107

第十二章	避免错误和卖出股票	118
第十三章	设计投资组合	135
第十四章	案例研究	140
第十五章	反思	165

第三篇　沃伦·巴菲特
"无出其右的投资大师"　169

第十六章	个人背景	170
第十七章	投资业绩	180
第十八章	对投资的影响和投资观点	192
第十九章	巴菲特选股方法的演变	216
第二十章	案例研究	245
第二十一章	道德与心态	324
第二十二章	工作习惯	360
第二十三章	回顾	386
第二十四章	三位投资大师的异同点	391
第二十五章	成长金字塔	406

参考文献	421
注释	423
致谢	457

第一篇

约翰·邓普顿爵士
"全球投资的先驱者"

> 品味历史上和当下诸多无名英雄的人生,我们会发现许多实用而幸福的生活模式。仔细琢磨他们的言行,就能发现带领他们走上成功之路的基本原则——这也同样是指导后人守住这份成就的原则。
>
> ——约翰·邓普顿[1]

第一章　个人背景

> 上帝赋予了每个人不同的才能。我相信，这个关于才能的寓言告诉我们，只要上帝允许，使用才能就是我们的义务。因此，只要上帝允许，我就打算一直工作，在经济上和精神上帮助他人。
>
> ——约翰·邓普顿[2]

孩童时代和年轻时期的经历塑造着约翰·邓普顿（John Templeton）的个人价值观，并在很大程度上影响了他的投资理念。邓普顿以严格的道德准则要求自己，坚持独立自主、勤俭节俭、积极思维、尽职尽责、谦卑仁慈，这些都来自他从世俗生活和精神世界得到的滋养。秉持这些原则，他在美国大萧条时期，从田纳西州的温彻斯特小镇发迹，赢得了罗德奖学金（Rhodes Scholarship）[①]，考取了特许金融分析师[3]，并成为20世纪最受尊敬的投资者之一。他后来加入英国国籍，在巴哈马定居。为表彰他对慈善事业做出的重大贡献，英国女王伊丽莎白二世于1987年授予他爵士封号。他是全球投资的先驱者，一生积累了大量财富。他在早年为推进宗教事业成立了邓普顿基金会（Templeton Foundation），并通过基金会累计捐赠了数亿美元。

---

① 罗德奖学金由英国政治家、商人塞西尔·罗德（Cecil John Rhodes）于1902年创立，旨在资助"卓越、勇敢、仁爱以及拥有领袖气质"的世界青年精英赴牛津大学深造，是世界上竞争最激烈的奖学金之一，得奖者被称为"罗德学者"（Rhodes Scholars）。——译者注

约翰·马克·邓普顿爵士（Sir John Marks Templeton）出生于1912年11月29日，是家中次子。父亲名叫哈维·邓普顿（Harvey Templeton），母亲是韦拉·邓普顿（Vella Templeton）。（请注意，笔者在本书中有时将约翰·邓普顿爵士称为约翰或邓普顿，仅仅是出于上下文连贯的目的，或是为了与其他投资大师的称谓保持一致。无论以何种方式称呼约翰·邓普顿爵士，都心怀最高的敬意。）自然地，父母对邓普顿产生了重大的影响，塑造了他的习惯，也带领他增长了见识。尽管父亲哈维·邓普顿从未上过大学，但在不懈的努力下，他也实现了律师梦。但在那个居民不足2 000人的小镇上，做律师并不足以养家。所以，哈维·邓普顿不得不从事一系列其他的经营活动来贴补家用。他尝试过经营轧花机和棉花仓库、在纽约和新奥尔良的棉花交易所买卖棉花，此外，他还做过化肥零售、保险销售，也做过农场投机和地产租赁。透过哈维·邓普顿的律师事务所的窗户向外望去，可以看到位于小镇广场上的县法院大楼。因此，在20世纪20年代，他能够清楚地知道由于未能缴纳房地产税而被没收的农场在什么时间进行拍卖。如果有农场流拍，他就会报出极低的价格，适时买入。到20年代中期，他已经积累获得了6处地产，并在这些区域内建造了24栋住房用于出租。

邓普顿说，正是因为父亲处处留心机会，又充满了创业的雄心壮志，全家人才过上了舒适的生活。他们是全县第二个拥有电话和汽车的家庭。邓普顿对债务深恶痛绝也源于儿时的经历。他亲眼见过不计其数的农民在拍卖中失去土地，因此他发誓永不借债。直到40岁时，他依然未给自己办理过信用卡或消费储值卡。邓普顿也深知，父亲之所以在拍卖场上频频告捷，是因为他只在没有其他竞标者的情况下适时交易，才能以远低于内在价值的价格买下农场。

但哈维·邓普顿并非在所有事业上都一帆风顺。他曾经大笔买进棉花期货，有一天，他带着坏消息回来，告诉家人这笔钱打了水漂。当时，家里并没有足够多的积蓄。全家人曾在绝望的日子里创造了大量的"账面财富",但这时又被迫重回绝望之境,这种坐过山车般的体验对邓普顿产生了巨大的打击,也让他对储蓄和勤俭的品德产生了深深的敬畏之情。

邓普顿的母亲韦拉·邓普顿在其他方面也同样对他产生了巨大的影响力。她受过良好的教育,这在20世纪初的田纳西州温彻斯特并不常见。她在温彻斯特师范学院求学的七年多时间里,学习过数学、希腊语和拉丁语等课程。毕业后,韦拉·邓普顿经由她的兄长约翰·马克斯神父(John Marks,罗马天主教信徒和保禄派教士)的介绍,在得克萨斯州的一个占地100万英亩①(约4 047平方千米)的牧场上找到了一份工作,给孩子们补习功课。在邓普顿小时候,她还一直独自从温彻斯特前往得克萨斯州,继续担任补习老师。她打理着自家那片两英亩(约8 093平方米)的蔬菜园和花园,并在另一块三英亩(约12 141平方米)的土地上饲养鸡、牛、鸭、猪等家禽家畜,又种了果树和坚果树。母亲的行为让邓普顿对知识产生了巨大的渴望,也深深地塑造了他积极进取的职业道德。

邓普顿之所以崇尚地理多样性和文化多样性,也同样是受到母亲的影响。邓普顿12岁时,韦拉·邓普顿带着他和他的兄长小哈维·邓普顿(Harvey Jr. Templeton)去美国东北部旅行,度过了整整两个月的夏季时光。韦拉·邓普顿带领两个儿子一起计划旅途中的各项琐事。他们大约每天行进100英里②(约161千米),晚上住在露营地。在两个月的旅行中,他们参观了华盛顿、纽约和费城的所有博物馆。四年后,韦拉·邓普顿再次带着邓普顿、小哈维·邓普顿和他们的一个同学踏上了自驾游之旅。一行四人用两个月的时间从密西西比西部自驾到了太平洋沿岸,沿途游历了许多国家公园、纪念碑和历史遗迹。

韦拉·邓普顿不仅培养了邓普顿对文化多样性的渴望和对学习的热

---

① 英亩是英美制面积单位,1英亩=0.004047平方千米。——编者注
② 英里是英制长度单位,1英里=1609.344米。——编者注

情，还赋予了邓普顿一条永恒的人生智慧——把赚到的钱用于施善，生命将得到更高的升华。韦拉·邓普顿是坎伯兰长老会（The Cumberland Presbyterian Church）[①]的活跃分子，她和妹妹莉拉·辛格尔顿（Leila Singleton）一起为坎伯兰长老会筹集资金，帮助支付兼职牧师的薪水。她在努力工作赚钱的同时还在继续筹集资金，为中国的基督教传教士甘成国（Gam Sing Quah）提供了一多半的费用。正是她的慷慨无私为邓普顿打开了慈善世界的大门，让他明白这是一项超越文化和地理界限的事业。

邓普顿后来回忆说：" 她心中有爱，坚信祈祷的力量，持续为长老会供应着'教你做'类型的书籍和杂志。"[4]

邓普顿11岁时在基督教合一教会[②]周刊杂志《合一周报》（*Weekly Unity*）上接触到了精神生活的概念。后来他说："阅读这本杂志之后，我明白了精神生活远比金钱更重要。"[5]

多年后，每次在公司年度会议开始之前，邓普顿都会先进行一轮祈祷，帮助股东平静心绪、厘清思路。后来，他还担任了新泽西州恩格尔伍德第一长老会（First Presbyterian Church of Englewood）长老，并成为美国圣经协会（American Bible Society）的董事会成员。韦拉·邓普顿并没有用母亲的威严约束或干预兄弟俩的成长，因为她信奉基督教合一教会的理念，认为神会以合适的方式指引儿子们走上正确的道路。在邓普顿的记忆中，父亲哈维·邓普顿和母亲韦拉·邓普顿从来都没有体罚过自己和哥哥。对于儿子们提出的问题，父母俩也总是先给出一半的答案，然后让他

[①] 坎伯兰长老会（The Cumberland Presbyterian Church）由于在坎伯兰河谷成立而得名。它率先承认了妇女受教育的权利，并接受妇女担任领导职务，是首批任命妇女为神职人员的宗教派别。——译者注

[②] 基督教合一教会（The Unity School of Christianity）始创于1889年，它源自超验主义，是新思潮运动的一部分。它起初作为"积极实用的基督教"而存在，现在发展为"崇尚精神生活但没有宗教信仰的人们的集合"。——译者注

们去图书馆查阅书籍，找到问题的完整答案。这种教育方式使邓普顿充满了自信和力量，满足了他无限的好奇心。父母俩唯一严格的家规就是坚决禁止把烟酒带回家——无论出于任何理由都不可以。

正是在哈维·邓普顿和韦拉·邓普顿如此具有建设性的宽容态度之下，邓普顿在年轻时就能自由地追逐自己的大胆想法。

邓普顿四岁那年，他在母亲的花园里自己播种，种出了一些豆子，然后他把豆子卖给当地的一家小商店，赚了一点儿钱。

邓普顿在一年级的第一次考试后，发现有其他同学比他的分数更高。他觉得这一定是因为自己没有付出足够的努力，所以当时他就立志要考全班最高分。在第一学期结束时，他获得了全A（最优）的好成绩。看到邓普顿取得了这么好的成绩，父亲就跟他商定，每学期考到全A之后，就会送给他一包棉花；但如果邓普顿不能拿到全A的成绩单，他就必须给父亲一包棉花。在随后的11年中，邓普顿始终保持着全A的成绩，而父亲也就给了他22包棉花。

邓普顿上二年级那年8岁，他分别在7月4日美国国庆日和12月25日圣诞节前大约一个月的时候，从巴西新奇公司（Brazil Novelty Company）的邮购目录中订购了一批烟花，邮寄到俄亥俄州辛辛那提市。在临近假期之时，他再以五倍于成本的价格把烟花卖给其他孩子。

在八年级那年，邓普顿和几个朋友一起在干草仓库里玩耍时发现了一辆破旧的福特汽车，他以10美元的价格从车主那里买了下来。随后，他遍寻整个县，发现了另一辆车况更差的福特汽车，也以10美元的价格买了下来，然后把这辆车拆分成多个零件。邓普顿和朋友们花了六个月的时间，多次去当地的福特汽车经销商那里阅读汽车手册，然后他们利用放学后和周末的空闲时间把第一辆汽车修理组装了一番，居然成功地让它跑起来了。而且这辆车一直用到了他们高中毕业。

读高中时，邓普顿得知如果想要考取耶鲁大学，必须修满四年的数学课程，而这成了他实现目标的重大阻力。他小时候从家长们的聊天中了解到这所顶级学府，在上高中之前就立下前往耶鲁大学深造的人生志向。但问题是，温彻斯特高中仅仅设置了三年的数学课程。于是，邓普顿找到高中校长弗雷德·奈特（Fred Knight），与校长协商制订了一个第四年的数学教学方案：邓普顿自己既当老师又当学生，还按照学校每个班至少要有8个人的规定，招募其他学生一起上课，期末考试由校长出题、判卷。最后，所有的学生都通过了考试。邓普顿也很早就了解到耶鲁大学还设置了一项特殊的入学考试，他在每年的高中年底都会分阶段参加这个考试。他拿到了几年前的考试真题，并在考试前一个月每天花4个小时仔细研究。终于，邓普顿在1930年如愿以偿进入耶鲁大学，之前所有的勤奋付出和精心准备都得到了回报。

在高中毕业后的那个暑假，邓普顿在田纳西州的乡间挨家挨户推销《好管家》（Good Housekeeping）杂志。他不喜欢通过打电话的方式推销，因为这会给客户带来很大的压力。他坚持用自己的方法进行推销，终于在一番不懈努力之后挣到了大学的学费。邓普顿每完成一笔两美元的杂志订阅，就能赚取一美元的基础提成，而他在整个夏天共卖出了200多份杂志，又额外获得了200美元的奖金。邓普顿的性格让他每次做事情时都能全情投入，即便遇到困难时也愿意做出牺牲，一直坚持到最后达成自己的目标。

在耶鲁大学的第一年，邓普顿得知自己的GPA[①]已跻身全班前十。但这份喜悦并没有维持多久。1931年的美国正值经济大萧条最严重的时期，父亲告诉邓普顿他根本负担不起邓普顿第二年的大学学费，哪怕一美元都拿不出来了。邓普顿把自己从小学到高中期间获得的22包棉花都还给了父

---

① GPA（Grade-Point Average），平均绩点。——译者注

亲，希望能帮助他渡过难关。邓普顿不断地祈祷，也积极寻求他人的建议。这时，叔叔沃森·邓普顿（Watson Templeton）提出，如果邓普顿保证在读大学期间为他打工，他就愿意借给邓普顿200美元，帮助他重返耶鲁大学。由于邓普顿学业表现出色，耶鲁大学也愿意为他提供部分奖学金和在校兼职的工作机会。邓普顿后来回忆说，父亲的这条坏消息其实是他人生最美好的事情之一，因为这教会了他踏实努力和勤俭节约的意义。他说："表面上的悲惨境遇可能是上帝教育子民的方式。"[6]

邓普顿在耶鲁大学年鉴《耶鲁旗帜和集锦》（*Yale Banner and Pot Pourri*）编辑部兼职，还负责销售《耶鲁记录》（*Yale Record*）[①]上的广告位，但这些收入依然无法支持他全部的学费和食宿开销。随后，邓普顿决定通过打扑克来挣钱，仅这一项收入就贡献了他大学学费的25%。邓普顿把打扑克看成一种风险计算活动，他从8岁起就玩一些小额赌注的扑克，积累了很多算牌的经验，让他能增加赢牌的概率。他严格管理赢来的钱，超过100美元时，就要求自己把这笔钱拿去交学费，从不乱花。邓普顿跟有钱人玩扑克，有钱人是在消遣，而他却是为了赢钱。他听到这些有钱人讨论投资的消息，并发现他们没有人投资美国之外的市场。他说："在我看来，这是一种短视的表现。因此，在耶鲁大学读大二时，我决定成为一名全球投资顾问。"[7]邓普顿一直认为，最大的机会就在别人没有看到的地方。他在获得耶鲁大学学位证书之前，就已经萌生了去美国之外搜寻投资机会的想法。

24岁生日时，邓普顿决定不再打扑克，而且他还坚持在自己的职业生涯中坚决不投资任何赌博行业的股票。这是因为赌博让人成瘾，一旦陷入其中，赌徒们将很难自拔，他对这点深恶痛绝。

---

① 《耶鲁记录》创刊于1872年，在耶鲁大学的校园食堂中派发，并可在全国订阅，是全球历史最悠久的幽默杂志之一。——译者注

从耶鲁大学毕业后，邓普顿实现了自己的目标：

● 他几乎以全班最高分毕业，获得了经济学学位，并担任美国大学优等生荣誉学会（Phi Beta Kappa fraternity）[①]耶鲁大学分会兄弟会分会的主席。

● 他投身于投资顾问事业，并拿出他在打扑克上赢得的300美元开立了自己的第一个经纪账户。

● 他获得了罗德奖学金，有机会去英国牛津大学的贝利奥尔学院（Balliol College）攻读法律，并于1936年获得了法学硕士学位。邓普顿选择学习法律的初衷是了解投资咨询中涉及的各种税收和法律问题。凭借罗德奖学金这笔额外的资金，他得以到各地旅行，并且对探险和文化教育的渴求也得到了满足。在牛津大学的第一年，他和其他几位罗德学者一起在圣诞假期前往西班牙，又在复活节假期去了意大利。他总是会在旅行前做足攻略，并会选择铁路通票和廉价酒店来节省开支。

从牛津大学毕业后，邓普顿和密友詹姆斯·因克塞特（James Inksetter）在7个月内踏遍了27个国家，仅仅花费了200英镑，而其中近一半的资金来自他打扑克赢得的收入。在这之前，邓普顿也是用打扑克赢得的收入支付了学校的各项费用。旅行中的每个细节他们都会事先计划好。在200多天里，每晚住宿的平均花费只有0.25美元。而且为了防止预算超支和现金被盗，他们还提前将资金分成5等份，分别寄到了5个不同的目的地。旅途中，他们曾在1936年奥运会期间去过德国，也游览了印度、中国和日本。那时，邓普顿已经积累了丰富的阅历，了解了很多有关政治制度、生活方式和风俗的知识，并发现了大量的机会。这更加坚定了他在全球范围内寻找价值被低估公司的信念，而当时大家都普遍认为美国境内的股票是

[①] 美国大学优等生荣誉学会是一个全国性学会，在200多所美国大学设置了分支机构，几乎每一个本科学生都以能成为其中一分子而骄傲。——译者注

唯一值得投资的标的。

在结束为期7个月的旅行冒险之前，邓普顿挑选了一百家他认为值得他加入学习的投资咨询公司，并分别发出了求职信。邓普顿在来信中详细说明了他的教育背景和发展目标，并申请在既定的回国日期之后参加面试。在回国后，他收到了12个面试邀请，最终拿到了5家公司的录取通知。

纽约的一家股票经纪公司Fenner & Beane向邓普顿提供了两个职位。他选择了薪水较低的那个，加入了公司新成立的投资咨询部门［后来美林证券公司（Merrill Lynch）的前身之一］，每月的工资只有150美元。在邓普顿看来，这个职位尽管薪水较低，但可以让他最全面地了解这家公司。那时，他还在本杰明·格雷厄姆的夜校学习。据邓普顿说："在我认识的所有人里，在把证券分析变成一门科学这件事上，格雷厄姆的贡献是最大的。"[8]邓普顿后来回忆说，1937年只有17个人认为自己是"证券分析师"。到了2016年，金融分析师的人数超过了296 000。

邓普顿于1937年4月结婚，他的妻子朱迪丝·达德利·福克（Judith Dudley Folk）曾就读于韦尔斯利学院（Wellesley College）。毕业后，她找到了一份广告文案工作，薪水与邓普顿相同。两人计划把家庭收入的50%用于储蓄，应对未来之需。

仅在三个月之后，邓普顿就离开了Fenner & Beane。在同是罗德学者的朋友乔治·麦基（George McGhee）的引荐下，他加入了一家位于达拉斯的地震仪勘探公司：国家地球物理公司（National Geophysical Company，NGC），与乔治·麦基成为同事，担任公司的财务主管。当邓普顿告知Fenner & Beane国家地球物理公司向他开出了350美元的月薪之后，他的领导们也认为这是一个难得的好机会，非常支持邓普顿跳槽。在邓普顿心中，创办一家自己的投资咨询公司这一目标从未消失过。他的机会意识、在国家地球物理公司积累的资源以及与Fenner & Beane的良好关系都为他在日后实现梦想奠定了坚实的基础。

邓普顿加入国家地球物理公司的两年之后，也就是1939年9月，第二次世界大战刚刚开打。邓普顿判断美国必然会向欧洲盟国提供援助。当时，人们的悲观情绪无处不在。由于市场普遍担心纳粹夺取欧洲政权所带来的影响，加之对美国再次陷入经济萧条的恐慌，股市在前一年下跌了近50%。但邓普顿认为，美国的参战将能拯救许多尚未从大萧条的影响中恢复的公司。他非常坚持自己的这个判断，甚至一反常规决定借债。他向自己之前的上司——Fenner & Beane的迪克·普莱特（Dick Platt）借来10 000美元，用于购买在美国证券交易所中挂牌的股票。他找出所有股价不超过1美元的股票，每只均买入100美元。关于借债，邓普顿厌恶的是为了购买个人消费品而借钱，因为它们会持续贬值；但为了生钱而借钱，他认为合情合理。这也是邓普顿唯一一次借钱，除此之外，他再也没有因为任何原因而举债。

首先，邓普顿相信他有能力把这次借债投资的风险控制在一定范围之内，主要是因为：两年来，他一直在反复研究之前的战争年代。他对比了当年公司向政府供应战争补给、工业商品、食品和物流服务前后的股价变化，认为自己不太可能亏本。此外，他发现盈利增长和股价上涨最多的公司往往是效率最低、公众期望值也较低的公司。他还了解到，各国政府倾向于对发了战争财的公司课以超高的税率，这就相当于没收了它们的增量收入。相反，那些曾经亏损的公司反而能在这种超高税率的大环境中保住自己的收入。因此，在这种情况下，如果投资经营状况良好的公司，则优势相对较小。

其次，邓普顿选择以分散投资的方式进行风险管理。因为他知道，从概率的角度出发，不可能每家公司都能够实现兴旺发达。

最后，他个人的投资组合价值已经累计超过了30 000美元，如果他的这一理论被市场证明是错误的，他也将有能力偿还债务。

他通过Fenner & Beane买进了这100多家公司的股票。后来，有37家宣布破产，仅有4家的投资血本无归。邓普顿在一年之内就还清了全部贷款。这些股票的平均持有时限为四年，后来他以40 000美元的价格全部卖出，获得了初始投资额4倍的丰厚回报。

邓普顿并没有因为当时盛行的悲观主义情绪而陷入恐惧，而是凭借缜密的分析、透彻的研究寻找价值被低估的公司。这种机会主义的心态和认真研究的精神让他能一直坚定不移地按照自己的信念行事。这笔钱到手之后，邓普顿认为实现梦想的机会已经成熟，他决定展开投资顾问的职业生涯，以他毕生的座右铭指导自己前进："在别人沮丧的时候买进，在别人狂热的时候卖出，这需要最大的毅力，但最终也会给你带来最丰厚的回报。"[9]

走上专业投资之路的动机

邓普顿决定走上专业的投资之路，背后有很多原因。第一个原因，他认为自己具有敏锐的判断力。他在多年间形成了辨别某项投资相对优缺点的非凡能力，并且可以勇敢、果断地根据自己的信念采取行动。他通过亲自进行透彻全面的研究，找到了风险与收益的平衡点，他的这套方法我们将在下文深入分析。

第二个原因，邓普顿相信自己在投资领域能赚到的钱要多于其他任何行业。他仔细研读了本杰明·富兰克林和约翰·洛克菲勒（John D. Rockefeller）的传记，并被洛克菲勒的观点深深吸引。他坚信通过精妙的投资和复利的力量可以创造大量财富，让依靠工资积累财富的方式相形见绌。有一位极具智慧的投资人同事曾经告诉我，投资行业具有一种独特的魅力，不同于其他任何行业，你只需要发现一家可以投资的好公司，并坚定不移地付诸行动，就可以拥有巨大的成功潜力。另外，邓普顿发现他在研究的过程中也能够积累足够多的知识，如果哪天不得不改行，这也一定将让他受益匪浅。

第三个原因，也是最重要的原因，就是这能让他帮助人们实现财务独立。他把自己视为上帝的仆人，希望使用自己的天赋和掌握的技能，帮助那些不具备财务知识的人们。邓普顿坚持服务于大众，他对此颇感自豪。他曾表示："我一直在努力让我接触到的每一个人都感到开心快乐，包括所有的客户和员工……我从未被任何人起诉，也从未起诉过任何人。"[10]

投资方法

在邓普顿的成长过程中，我们已经看到他身上有许多令人钦佩的特质，例如友善、谦卑、积极的态度，严格的纪律性和一旦设置了目标就坚定不移的决心。正是这些特质塑造了他的投资方法和生活方式。他所秉持的四个观点值得我们进一步探讨，因为这些观点成了他的投资方法的基石：设定目标、加倍努力、勤俭节约和永不借钱消费。

邓普顿善于制定目标。无论是用全A的成绩单来赚取大包棉花、考取耶鲁大学，还是为自己筹措学费，他都坚守着自己的信条：不仅要设定目标，还要实现目标。邓普顿也得出了一条永恒的智慧箴言："只有通过不断地勤学苦练，我们才能有意识地改变自己、实现新的目标，才能熟练掌握某项技能。这意味着要严于自律、忍受痛苦，一直坚持到实现目标的那一刻。不要轻言放弃……要把重点放在你想去的地方，而不是你去过的地方。陷入过去的经验或错误会浪费很多宝贵的时间，总结了过去的经验教训之后，就要积极乐观地向自己的目标前进。"[11]

邓普顿很早就发现，收入平平的人与成功的富有人士所付出的努力几乎一样多。两者之间的鸿沟并非像大家想象中的那样"差之千里"，而仅仅是"差之毫厘"，前者只需要在工作上付出"多一盎司"即可。他将这一理念称为"多一盎司定律"（Doctrine of the Extra Ounce），并坚信它可以普遍适用于各种情景。这种工作方式贯穿了邓普顿的一生，特别是在职业生涯的早期，他将自己的资金管理公司的研究部门搬至新泽西州恩格尔伍德的家附近，方便他在晚上和周末到办公室"多工作一盎司"，这让他最终取得了与众不同的成功。他通常从星期一到星期六每天都工作12个小时，而且经常在星期日的教堂礼拜之后继续回去工作。

邓普顿也是勤俭节约的大师。他在童年时期经历过大萧条和大起大落的经济周期，因此立志一定要自力更生。财务安全需要严格执行勤俭节约的纪律。正如前文所述，邓普顿和妻子在20世纪30年代刚结婚时，坚持把50%的收入用于储蓄。他们从未住过每月租金超过100美元的房子，邓普顿的目标是将房租限制在税后和储蓄后剩余收入的16%以下。他们曾作为唯一的竞标者参与了一次二手家具的拍卖会，所以只花25美元，就为自己的五居室公寓配齐了家具。邓普顿在20世纪40年代还指示他的秘书只能购买二手打字机——通常以低于零售价40%的价格购买——因为新打字机在购买后会立刻贬值30%~40%。他勤俭节约的目的是把金钱尽可能多地释放为可投资的资金，让钱生钱。

另外，为了保护自己的财务安全，邓普顿从不借债消费。他决定永远都不会出于个人消费目的去借钱。在童年时期，邓普顿经常目睹有人因为毫无节制的挥霍消费而为债务所困。1944年，他以5 000美元的低价在新泽西州购置了自己的第一处房产。这是一栋已有25年历史的房子，重置价值估计有25 000美元。5年后，他以17 000美元的价格将其出售，并用所得差价在一个更好的社区购置了一套更大的房产，完全不需要抵押贷款。邓普顿后来建议人们将抵押贷款限制在年收入一半的金额之内。他给自己购买的前5辆汽车都只花了不到200美元。相比之下，在那个年代，他的同龄人往往愿意为爱车支付5倍到25倍的价钱。他乘飞机时也只坐经济舱，还经常搭乘地铁和公共汽车，省下打出租车的钱。邓普顿认为，拥有一个像堡垒一样坚不可摧的资产负债表，同时仅有极少——甚至完全没有——抵押贷款，这所能带来的益处远远胜过抵押贷款能带来的节税益处。

第二章　投资业绩

邓普顿爵士给自己设立的目标是"平均投资收益远超股市或同类基金的平均业绩"。[1]

1940年，邓普顿以5 000美元的价格在曼哈顿中城收购了一家小型投资公司，这家公司后来成为他创立的邓普顿、巴罗和万斯公司（Templeton, Dubbrow & Vance）的前身。

1954年11月，邓普顿筹集660万美元，在加拿大成立邓普顿成长基金（Templeton Growth Fund），从此展开了共同基金业务。邓普顿之所以选择加拿大，是因为当时加拿大不征收资本利得税，这可以为股东省下一笔税款。投资者在出售共同基金的股份时，仅需为增值部分缴纳25%的税费。邓普顿的投资策略是着眼于全球范围，因此邓普顿成长基金也成为最早为美国投资者提供多元化国际股票投资组合的共同基金之一。

邓普顿成长基金在最初三年的表现输给了标准普尔500指数（S&P 500，简称"标普500指数"）。著名的基金研究机构韦泽伯格（Weisenberger）指出，该基金在133只基金中仅排名第115位。到1957年年底时，基金的账上只剩下290万美元。直到基金成立15年后，也就是1969年，账面才重新回到了700万美元。其实，这只共同基金自成立以来，在邓普顿的管理下已升值了5倍。但由于有超过80%的原始发行份额都已被赎回，导致基金的净资产一直处在低位，账面数字看起来并不理想。

后来，他的公司所管理的资产规模增长到3亿美元，旗下共有8只共同基金。最终，他在20世纪60年代初将公司卖给了皮德蒙特（Piedmont Management），只保留了邓普顿成长基金。因为邓普顿成长基金的总部位于加拿大，Piedmont Management拒绝接手。当时美国财政部决定开始对美国公民购买外国证券征税，而加拿大也出台了一项新的决议，要求对非股息收入进行预扣税，这都使得这只基金失去了吸引力。

邓普顿于1969年移居巴哈马，这给他创造了更加独立的空间，有助于静心思考，并采取更加大胆的行动。他极具先见之明，提前进入了日本股市，也因此名声大噪。到1974年，邓普顿成长基金的净资产只有1 300万美元，这也就意味着在剔除通货膨胀因素之后，这只基金的账面数字在20年的时间里都在原地踏步。但在这看似停滞的资产净值背后，隐藏着真正闪光的收益纪录——高达12%的复合回报率，而这一账面数字仅仅是因为邓普顿始终允许投资人赎回而造成的。邓普顿比以往任何时候都更加相信有效传播和市场推广的重要性，这可以让他充分分享自己高超的选股能力，使更多的投资者受益。

于是，邓普顿邀请杰克·加尔布雷斯（Jack Galbraith）加入公司，全心投入到基金的宣传工作中。杰克·加尔布雷斯随即展开了一场全方位的公关宣传，其中包括让邓普顿多次参与录制路易斯·鲁基瑟（Louis Rukeyser）主持的《每周华尔街》（Wall Street Week）电视节目，宣传他的出色业绩。成功的投资业绩和高明的市场宣传相结合，让他管理的基金净资产实现了爆炸性增长。邓普顿成长基金的净资产在1980年达到了4.2亿美元，到1986年，又增长了6倍，达到24亿美元。

到1992年，邓普顿成长基金的年均回报率为14.5%。假设在1954年向基金中注入10 000美元的初始投资，并选择股息再投资的分红方式，这笔钱在1992年将增长至1 740 000美元。相比之下，标普500指数在这38年间的年均回报率为10.9%， 10 000美元的初始投资仅能收获529 900.2美元。[2]在邓普顿管理基金的38年中，仅有8年回报为负。

有趣的是，邓普顿基金在创立的第一年，其回报表现跑输标普500指数25个百分点，而且在最初的前10年中有6年都表现不佳。即使这样，它还是创造了这一骄人的收益纪录。邓普顿成长基金最初10年（1955年至1964年）的平均年回报率为9.5%，而标普500指数为12.8%。你也许会想问，如果当下的一个共同基金投资委员会看到自己的基金在前10年也是这样的回报率，他们是否会有同样的耐心继续等下去。以任意5年为单位来看（如图2-1所示），邓普顿成长基金也从未出现过亏损，这一切都归功于邓普顿爵士卓越的估值能力和选股标准。

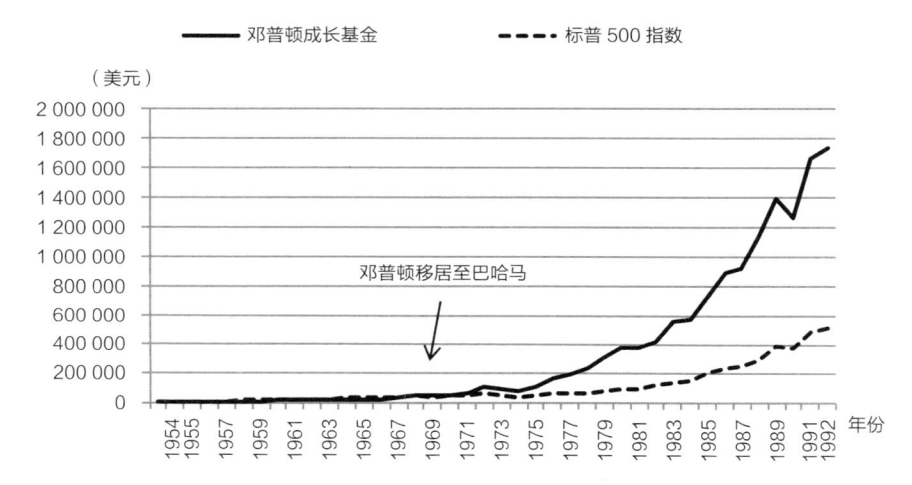

图2-1　邓普顿成长基金10 000美元从1954年11月29日至1992年12月31日的增长表现

到1992年10月，邓普顿基金公司（Templeton's Partnership）和邓普顿、加尔布雷斯和汉斯伯格有限公司（Templeton, Galbraith & Hansberger Ltd.）两家公司累计共管理213亿美元的资产，其中包括130亿美元的共同基金。最后邓普顿基金以9.13亿美元的价格将其出售给了富兰克林资源公司（Franklin Resources Inc.），此时邓普顿的股份价值4.4亿美元。

富兰克林资源公司先前管理的资产规模为665亿美元，主要投资于美国的固定收益证券。此次收购合并之后，该公司成为仅次于富达投资集团（Fidelity）、美林证券和先锋领航集团（Vanguard）的美国第四大共同基金公司。邓普顿10年前以平均每股0.3美元的价格购买了126 000股富兰克林资源公司的股票，而到1992年时股价已升至约每股30美元。他最初决定买进，是在与一名富兰克林资源公司员工会谈之后得到的启发。他说："就像我遇到每个人一样，我也问了他100个问题。"[3]这次会谈让他深刻认识到了这家公司被大大低估，而且他还高度认可公司的营销能力。邓普顿在10年间一直关注着富兰克林资源公司，也从价格节节攀升的股票上获得了丰厚的回报。邓普顿认为"这家公司的管理非常科学、合理"。[4]

在邓普顿基金与富兰克林资源公司合并之后，邓普顿爵士就宣布退休，不再专门从事投资管理工作。他将更多的时间投入了慈善事业。他自己开车，不请司机；他乘飞机不坐头等舱；他还说，除了教会的精神生活节目之外，他一生中看电视的时间加起来也不到84个小时。

1999年，《金钱杂志》（*Money Magazine*）将邓普顿爵士称为"20世纪最伟大的全球选股专家"。[5]在巴哈马首都拿骚市生活了数十年之后的2008年7月8日，邓普顿爵士因罹患肺炎不治辞世，享年95岁。

第三章　邓普顿的思维模式

> 我们永远不会问自己"该买大公司还是小公司"或者"该买美国公司还是日本公司",我们只是每天都在搜寻一个简单问题的答案:"在哪里能买到价格低于真实价值的公司?"
>
> ——约翰·邓普顿[1]

邓普顿投资法的核心是在全球范围内搜寻最可能被严重低估的公司。这个看似简单的道理仿佛人人都懂,但却道出了一个真相:我们越是在更广的范围内寻找无偏投资价值①,就越有可能获得数倍增长的机会。

如今,很多专业投资者都受到所在机构的约束,投资范围非常局限,比如只能根据标的公司的规模(大盘、中盘、小盘)、特定行业(软件业、零售业)、领域(耐用消费品、公用事业)、投资风格(价值型、成长型、平衡型)或地理位置(美国、中国)等条件进行选择。许多控制着大型养老基金和捐赠基金资产配置的中介机构,都认为自己有能力挑选出最优秀的基金经理来匹配基金的风格,但这种工作机制却限制了专业投资者的视野,其结果可能是建造了一艘投资经理的"诺亚方舟"②,只能获得非常平庸的整体表现。这是因为虽然某种适合当下的投资风格也许会表现

---

① 无偏是无偏差之意,无偏投资指投资价值的估计值与真实值之间的差值为零。——译者注

② 诺亚乘坐方舟躲避洪水时每一种动物都选雌雄两只,此处指投资经理选择股票像诺亚选择动物一样死板。——译者注

不俗，但如果另一种投资风格因为选定价格高估的股票而表现不佳，那么收益就会被抵消。而个人投资者不受这些约束，因此颇具优势。

邓普顿在寻找投资标的的过程中抱有机会主义的心态。他的原则非常简单——在其他人卖出的领域寻找价格被严重低估的公司，然后买入。他说："寻找一个好的投资标的无非就是寻找一家被低估的公司。"那么，他到底是怎么做到的呢？

邓普顿的思维模式中包含十大支柱，它们组成了他的投资观念体系。

以猎人心态不断寻找被低估的公司

邓普顿思维模式的第一个支柱是养成猎人般的心态，不断寻找被低估的公司。邓普顿说："如果别人买什么你也买什么，那你的收益就会跟他们一样。如果你想获得比他人更高的收益，唯一的方法就是买入别人不买的东西。"[2]

邓普顿建议大家在悲观情绪最重时买入，在乐观情绪最高时卖出——这已经成为他的代表性主张：

> 人们总是问我哪家公司的前景大好，但这其实是个错误的问题。正确的问题是：前景最糟糕的公司是哪家？你需要做的是在价格低于实际价值的时候买入，越低越好。价格走低的原因只有一个：其他人正在抛出。不可能有其他原因。所以，想要发现被低估的价值，就必须去公众最恐惧和悲观的地方寻找。每个人都感到害怕，而自己也有一点儿害怕的时候，就是买入的时机。[3]

他警告投资者不要过度沉迷于数学公式的计算，也不要过于深入地研究每家公司的细节，尤其是那些热门股票，"渔夫不会在过度捕捞的鱼冰洞中打鱼，投资者也应如此"。邓普顿还认为，投资者应该能简洁明了地讲清楚自己心仪公司的优缺点。如果只能用长篇大论才能解释清楚，那么就意味着投资者还需要进行更深入的分析，才能明白投资的逻辑。

邓普顿爵士说："无论在任何条件下，（投资者）都希望用自己的钱买入相对于长期价值而言价格最低的那些公司。把钱投入已经下跌的市场，买入价格相对于价值而言最低的东西。"

以下几个案例都能充分证明这是一种明智的投资方法。邓普顿爵士曾经投资过韩国股票、航空股，还做空过科技股。

韩国股票基金

1997年年底，邓普顿爵士在85岁之时投资了多只韩国股票基金，马修斯韩国基金（Matthews Korea Fund）就是其中之一。之前在1996年，它的价格下跌了32%，1997年又下跌了65%，是1997年全美表现最差的共同基金之一。该基金惨败的原因一是基金长期的过度扩张，二是亚洲金融危机导致了连锁反应式的卖出。1997年7月泰铢贬值后，危机蔓延至马来西亚、菲律宾、新加坡和韩国，触发了这波抛售。

邓普顿爵士非常看重韩国高达30%的储蓄率，因为这有利于项目投资，同时他也很看好韩国接近双位数的国内生产总值（GDP）增长和强劲的出口态势。像日本一样，韩国也曾一度严格限制外国投资。但在1992年，韩国放松了投资对外国投资的限制。韩国市场的市盈率从原来的20倍降低到10倍。此外，邓普顿爵士也十分看好基金经理保罗·马修斯（Paul Matthews），认为他与自己的投资策略非常接近。这只韩国基金共持有2 500万美元的资产，其中超过25%来自邓普顿爵士。在邓普顿爵士看来，对比泰国、马来西亚等其他遭受重创的亚洲国家，相对于股票收益而言，韩国股票的价格更便宜。马修斯韩国基金在1998年飙升了96%，在1999年又上涨了108%，成为当时表现最好的共同基金。

投资航空股

2001年9月11日的恐怖袭击将永远铭刻在我们的记忆中。袭击发生后，美国和其他国家立即进入最高警戒状态，防止后续潜在的袭击。随后三天，美国国内的民航系统几乎完全停运，这是有史以来首次出现。为防止恐慌性抛售，纽约证券交易所和纳斯达克股票交易所在9月11日至9月17日关闭了证券交易服务。当时许多人发誓再也不坐飞机，但是邓普顿爵士却嗅到了机会，决定利用这一"悲观情绪最重"的时机。他找出了8家市盈率已经很低的航空公司，并下好了预约买单，待市场重新开放之后，任何一家公司只要下跌50%或更多时，就执行买入。他推断，政府不会眼看着航空公司在袭击事件后倒闭。他买了三家公司的股票：美国航空母公司AMR、美国航空集团（US Airways Group）和美国大陆航空（Continental Airline）。在2001年11月12日接受《福布斯》杂志（Forbes）采访时，邓普顿爵士表示，他很可能会继续持有这三只股票，直到"它们周围的阴霾消散，重新吸引投资者的目光"。虽然这三只股票在危机过后继续下跌，股价屡创新低，但六个月之后，AMR上涨了61%，美国大陆航空上涨了74%，美国航空集团上涨了24%。

做空科技股

2000年3月，思科系统公司（Cisco Systems）以超过5 000亿美元的市值排名全球第一，估值高达公司销售额的29倍。纳斯达克综合指数的市盈率超过了150倍，即使是更加保守的标普500指数，市盈率也高达30倍，而从长期来看，标普500指数的平均市盈率也仅为15倍。许多科技公司使用"市值"这类新时代里流行的指标来进行估值，以成功"达到"吸引眼球的目的，而不再采用收益或现金流量这类过时的指标。此时，市场上呈现出一片欣欣向荣的景象，邓普顿爵士又嗅到了机会，决定利用这一"乐观情绪最高"的时机。2000年1月，他与经纪人一起，在公司高管限售股解禁日的11天前卖空了84只科技股。这一解禁日通常设定在首次公开募股（IPO）后的6个月之后。他重点关注股价相比IPO价格至少上涨3倍的科技公司，因为这类公司的内部人士很可能会在高位卖出套现。他每笔平均投入了220万美元。他说："这是我88年来唯一一次看到科技股的市盈率达到100倍，或者没有收益但市值却达到销售额的20倍。这简直太疯狂了，我也利用了市场上这一短暂的疯狂。"[4]他有将近一半的空头是一直等到股价下跌至高点的95%之后才开始回补。其他的几只股票都是在市值跌至先前收益的30倍时进行回补。邓普顿爵士将纳斯达克的泡沫称为"千载难逢的机会"。纳斯达克综合指数在2000年3月10日达到了5 408点的峰值，到2002年年底时暴跌79%，至1 139点。邓普顿爵士靠做空赚到了9 000万美元。

价值评估

仅在市场价格低于公司的内在价值时，投资才是笔好买卖。我们将在本书第六章中深入分析邓普顿爵士的具体投资案例。我们在现阶段仅需明白，尽管确定公司的"内在价值"至关重要，但给公司估值的过程却并没有一个简单的公式可循。公司的价值受到多种因素的影响，例如资产的价值、经济因素、政治因素、人口因素，以及公司产品或服务在未来的正常化收益能力等。

邓普顿爵士还会评估公司管理层的稳定性和工作能力，以及公司所面临的竞争威胁。他相信，有关任何公司的最可靠信息通常来自他们的竞争对手，而不是这家公司本身。他的投资方法中包含着详尽的研究和合理的判断，对不同的公司进行尽职调查所需要的深入程度和研究内容也有所差异。对矿业公司，他会看矿石贫化率；对石油和天然气公司，他会看现金流；而对零售行业的公司，他会看人口分布状况。传统的财务指标（例如较低的市盈率、价格与重置价值之比、市净率），邓普顿通常只会在一些利好的情况下进行评估，例如公司大举收购、大量回购股票，机构投资者（如养老基金、外国投资者和保险公司）投资大量现金等。

多元化投资

邓普顿思维模式的第二个支柱是多元化投资。邓普顿观察到，包括他本人在内，几乎没有哪位投资者正确判断的概率能超过2/3。为了确保在剩下的至少1/3的时间里少犯错误，他建议个人投资者进行多元化投资，要在投资组合中配置至少10只覆盖不同行业、不同国家的股票。因为如果一个国家出现熊市，所造成的未实现损失可能被另一个国家的牛市上涨所抵消。

邓普顿相信，凡是资产必有风险。他说，人们可能认为持有现金是安全的，但这其实是自欺欺人，因为所有国家的现金购买力都在持续下降。他认为广泛多元化才是最安全的方法——持有覆盖十几个国家的30多只股票。他还认为："从长远来看，能够创造收益的公司是保值能力最强的资产，其表现要优于现金、黄金、收藏品等任何其他资产。"[5]

海外投资时仅选择支持自由经济的地方

邓普顿思维模式的第三个支柱是将海外投资集中在那些鼓励个人自由、允许企业自由经营、没有过度政府管制的地方。他会绕开以指挥控制结构为主的地方，因为这些地方都是少数人为多数人制定规则。举例来看，中国香港地区因为实行企业自由经营，从而完成了贫穷到繁荣的转变，但印度的加尔各答仍然深陷贫困之中。邓普顿解释说：

……关键就在于自由经济和政府管控之间的区别。加尔各答政府几乎对所有事务都进行监管，因此社会进步缓慢。而中国香港地区政府机构则选择大胆放手，社会上就出现了各种各样蓬勃发展的企业。40年来，中国香港地区的生活水平翻了10倍以上，而加尔各答的生活水平却丝毫没有改善。[6]

邓普顿也会绕开被主权机构没收资产的海外公司，以及受到价格管制的美国公司。

保持开放的心态

邓普顿思维模式的第四大支柱是保持灵活性，并且避免只投资"舒适"股票（近年来表现良好的股票）的僵化心态。这种投资法虽然广受欢迎，但只是在通过"后视镜"看以前的市场，并没有通过"挡风玻璃"向前看，去寻找股票价格更具吸引力的机会。邓普顿建议："那些让你在过去两三年里赚到大钱的公司，现在肯定已经不划算了。因此，你不应该留恋过去让你赚到钱的东西，而是应该去寻找那些过去表现不好的公司，并考虑立即买进。"[7]

找到过去表现最差的股票可能会让你发现低价买入的机会，这种低价也许只是因为标的公司暂时受到了不公正的估值，并非由结构性的问题导致。在投资中人云亦云是人类的天性使然，但是被跟风买入的股票也是因为最近表现得出色才能成为热点，而这些股票显然不可能成为当下进行低价买入的机会。邓普顿并不是为了与众不同才主张逆势投资，而是始终强调要在投资前进行透彻的研究。邓普顿严格的投资纪律和坚持不懈的研究是他取得成功的重要保证。他承认，没人可以永远正确，而成功往往需要积累两到五年的时间。

邓普顿还提醒说，不要只盯住一个细分市场领域，例如只买中国股票、小盘股或生物技术股票。当被问到是否能总结出长期投资中最重要的一个策略时，邓普顿回答说："取得长期成功的关键是保持开放的心态。我的意思是，要愿意采用任何方法、任何技术来进行恰当的投资，并愿意在世界任何地方去探寻任何类型的投资标的。"[8]

1991年，邓普顿以100万美元的价格收购了DAIS集团公司，它的前身是德崇证券公司（Drexel Burnham Lambert）的量化研究部门，专注于使用计算机模型进行一揽子股票交易。他们投资时不参考企业的基本价值，其中有些定量投资方法确实奏效。邓普顿说："我们一直都认为，只要某种新方法具有可行性，我们就应该开发。"邓普顿并没有放弃他在全球范围内寻找被低估公司的策略，这次收购是他对自己超前眼光的一次押注，他认为其他的资金管理机构，尤其是大型养老基金，将更多地依赖计算机辅助进行定量研究。

耐心等待

邓普顿思维模式的第五个支柱是长远的投资视角，这是对耐心的考验，也是一个与众不同的投资思路。邓普顿强调，耐心是成功投资的关键因素，尤其适用于在"悲观情绪最重时"买入的方法。邓普顿在投资时没有给自己限定持有股票的期限，但事后看来，他发现自己的平均持有期限大约是五年。"我们从一开始并没有打算持有它们（股票）五年，但是你会发现，在公司不受欢迎时和在经济萧条中买进的股票，价格是不会突然上涨的。你必须要有耐心。"[9]

曾为职业冰球名人堂成员和史上最著名的冰球得分王韦恩·格雷茨基（Wayne Gretzky）也曾向冰球运动员建议："要滑到冰球将达到的位置，而不是滑到它曾经经过的位置。"同样，邓普顿最近的几次大赚特赚，也都是由于看好公司的长期价值，超越了普通人关注短期收益的传统做法。邓普顿解释说："……我们尝试扩展自己的视野，并在这个过程中培养自己的耐心。因此，我们就会试着买入其他人还没有琢磨过的东西。然后我们静静等待，直到股票的短期收益开始变好，吸引其他人竞相买入之时，股票价格自然会被推高。"[10]

有人曾问过邓普顿，投资者需要什么素质才能像他一样发现高价值股票？邓普顿回答："只需要耐心等待。如果你买入的股票本来想在三个月后卖掉，那么很可能你必须持有一年，甚至五年之久。但从长远来看，大部分股票的价格都会涨到它们真正的价值水平。"[11]

在1987年股市崩盘后，邓普顿对投资者的建议是：

耐心等待，做一个长线投资者。要做好财务上和心理上的准备，有耐心穿越一系列牛市和熊市。因为从长远来看，买入普通股都将能获得巨大的回报。下一个牛市将把股票价格带到远高于当下这个牛市的位置，因为整个国家都在以更快的速度增长。美国的国民生产总值（GNP）应该在未来10年内就会翻一番。我们认为，40年后美国的GNP将达到现在的64倍。这必将使产品和服务的销量激增，企业的利润也会反映在股票价格上。[12]

邓普顿建议他的客户要合理地看待熊市："我们知道，每12年都至少会出现两次熊市。"[13]他建议客户不要过度举债，不然很可能不得不在错误的时间卖出资产，他还建议客户千万不能被熊市吓倒。

把自己的公司出售给富兰克林资源公司的一年之后，邓普顿在一次采访中被问到他给投资者的最佳建议。他回答说："不要试图猜透市场，也不要经常换手……投资需要耐心。如果你能做到多元化投资，并长期持有管理良好、业绩平稳的公司的股票，就能收获回报。"[14]

透彻研究

邓普顿思维模式的第六大支柱是透彻研究每个投资机会。如今，只需几秒的时间，按几个键就能完成证券交易。虽然买入股票这一行为本身已经没有太大难度，但邓普顿认为，做出买入某只股票的决定依然并非易事，他只有在无数小时的资料阅读和调查研究，确定已经掌握足够的信息之后，才会做出决定。正如做其他工作一样，没有什么捷径可以替代踏实的工作，只有经过准备、观察和深入分析才能建立扎实的基础。邓普顿爵士每周工作七天，星期日在礼拜之后依然会回到公司办公。邓普顿建议：

要通过刻苦学习和仔细观察为自己打基础——观察他人、广泛阅读和实践练习都是必要的方法，这将使你成为真正的专家——如果你不愿意打牢这个基础，那就很可能沦落为毕生都充满挫败感、沮丧感和自卑感的人。这些都是可以避免的，你需要做的就是心甘情愿地工作，甘心花时间，甘心集中注意力来为自己打牢这个基础，踏踏实实垒好每一砖每一瓦。然后，你的生命之墙将屹立不倒，保护着你，支持着你，陪你走完人生的旅途。[15]

投资海外市场的障碍重重，涉及不同的会计和报告标准、预扣税制度、外汇风险、政治风险和外国投资者限制等。对于这些，都要以开放、好奇和机会主义的心态做出客观的评估，不能为了图方便直接一概而论。

到底什么才是透彻的、纪律严明的研究？邓普顿是最早使用定量分析的证券分析师之一，他采用量化的方法来对比分析不同公司的销售额和利润。他很喜欢用公司市场份额的增长率、资本回报率和利润率等定量的标准来衡量公司管理的优劣，然后，他还会估算公司未来的盈利能力，将两者相结合，得出公司的估值。他说：

定量分析是我毕生的事业。我们会向客户展示定量分析结果，向他们解释投资的优势，逐渐积累了自己的客户群。这是我们的与众不同之处，因为其他投资顾问公司都在使用定性分析法。事实证明，我们的定量分析法不但能吸引到客户，也能创造优异的投资回报。[16]

邓普顿参考的书籍、报纸、杂志丰富多样，其中包括《价值线》（*Value Line*）、《标准普尔股票报告》（*Standard & Poor's Stock Reports*）、《华尔街日报》（*The Wall Street Journal*），以及与他有业务往来的100多家经纪公司发表的研究报告。他说："《价值线》是我最喜欢的刊物之一，因为它是刊登相关数据和事实信息最多的刊物。而且，他们对信息内容的排版和呈现方式也非常方便我对公司进行比较。"在看《华尔街日报》和其他报纸时，邓普顿通常只会浏览其中四五篇值得认真关注的报道，避免在不太重要的文章上花费时间。

邓普顿还经常去拜访公司的高管层，他在职业生涯的初期阶段尤其看重这一点。交谈时，他对高管为公司制订的长期战略计划更感兴趣，而非之前取得的成绩。他在拜访时最喜欢问的问题是："如果要您买入股票，但不能买自己的公司，那么您将选择哪家竞争对手？或者哪家供应商、哪个客户？为什么？"事后来看，这些问题的答案都是无价之宝。这让他能快速了解到各个公司的相对优势和劣势，再通过向其他高管提出类似的问题来进行验证。行业的竞争态势因此变得清晰明了，邓普顿也能更加确信自己做出了正确的投资决定。

向朋友请教

邓普顿思维模式的第七个支柱是建立同事和朋友的人脉关系网。真诚友好的性格为邓普顿带来了数百位亲近的朋友，他们都会互相直呼其名，不需要使用敬语。邓普顿如果在投资决策过程中需要了解某个行业的信息，他会毫不犹豫地向朋友们请教求助。

有效的思考和行动

邓普顿思维模式的第八大支柱是对思想的掌控。邓普顿解释说："如果你的全部脑容量都被你认为好的、有效的思想所填满，那你就没有容纳其他思想的空间了。你需要把嫉妒、仇恨、贪婪、以自我为中心、批评、复仇等全都抛到脑后，还有那些对你自己的人生终极目标毫无用处的想法，也要统统丢掉。"[17]邓普顿选择将自己的精力集中，他不看电视、不看电影，也不会花时间读小说，因为他认为生活中还有更重要的事情需要优先处理。

他严格守时，会把手表调早10~15分钟，还会提前到达会议室。他之所以强调准时，一来是出于对别人时间安排的尊重和礼貌，二来也能提高自己的效率。他总是随身携带一些阅读资料，充分利用所谓的"无聊时间"，比如等待他人的时候，或是搭乘飞机、地铁的时候。

有一次，在录制电视节目《每周华尔街》时，弗兰克·卡皮耶洛（Frank Cappiello）曾经问邓普顿，新入行的年轻人如果要取得成功，应该具备哪些素质？他的回答是："弗兰克·卡皮耶洛，他们只需要勤奋地工作，不要过度思考，具备常识、勤俭节约、坚持祈祷，就足够了。"[18]

积极思考并保持乐观

邓普顿思维模式的第九大支柱是积极思考、保持乐观的心态并期待取得成功。邓普顿并非事事成功，他承认自己所创办的十几家公司都以失败而告终。然而，他没有把这些当作失败，反而认为是学习的机会。他说："我确实相信积极思考能起到很大作用——不仅能帮助精神成长、发展人际关系，而且对收入和生活中的方方面面都大有裨益。"[19]他总是寻找人们身上的闪光点，而不是只看到不足之处。每次在路易斯·鲁基瑟主持的《每周华尔街》电视节目做客时，邓普顿都满怀乐观和感恩之情。这与当时社会上普遍存在的悲观主义和担忧情绪形成了鲜明的对比。

1987年10月19日，道琼斯工业平均指数下跌了22.6%，导致股市崩盘，历史上称这一天为"黑色星期一"。几天之后，邓普顿就在与路易斯·鲁基瑟录制《每周华尔街》时向人们传达了不必惊慌的种种理由。路易斯·鲁基瑟问邓普顿："您这种（乐观的）态度没有一点点改变吗？"

邓普顿回应说：

没有，路易斯·鲁基瑟。我们没人真正能明白未来前景会多好，世界的进步越来越快。科学界中一半的发现都是发生在最近50年中，医学领域一半的发现发生在最近20年中，现在持有股票的人数是40年前的10倍。养老基金和个人退休账户的数量都在飞速增长，而可供购买的股票数量则在相对减少，因此从长远来看，股票价格可能会比以往任何时候都高得多。在过去40年中，不论你在任何时间投资普通股，5年之内都能赚到钱。我们现在正处在熊市中，但熊市可能已经要结束了。[20]

熊市在1987年12月月初再次探底，但在大跌之后一年，标普500指数上涨了23%。邓普顿敏锐地嗅到1987年的熊市与1929年的崩盘不同，他认为这次不会普遍波及各行各业。这主要是因为1987年已经存在失业保险、银行存款担保、经纪人账户保险和社会保障等体系，能够为经济大环境起到缓冲作用。

几乎在每一次采访中，他都表现出坚定不移的乐观态度。他的态度从未改变过，他也总能给出自己的理由：

从长远的角度来看，我相信未来20年的经济发展速度将超过历史上的任何20年。因为整个世界正在进入一个和平、繁荣、快速增长的时期。

我想要大胆预言，我相信美国人的生活水平将在25年内翻一番，这是非常惊人的速度。还有很多好消息是大家不知道的，例如，美国大学生的人数是100年前的10倍。现在美国获得博士学位的人数是60年前的10倍。……在1800年，有85%的人必须从事农业生产才能保证足够的食物供应，而现在，美国的农业人口只有3%多一点儿，我们担心的问题是粮食过剩而不是粮食短缺。还有很多类似的例子，数不胜数。[21]

1998年，笔者很荣幸有机会在一次晚宴上见到了邓普顿爵士。当晚，他被独立研究所（Independent Institute）授予荣誉称号，以表彰他在推动商业繁荣发展、自由市场创业创新、教育、伦理道德等方面为全球做出的杰出贡献。那一晚，全场都折服于他真诚乐观的精神和谦卑的态度：

我们要意识到，我们正生活在这个世界历史上最辉煌的时期。几乎在生活的每个领域，你们都可以看到自由竞争带来的巨大好处……过去，这个地球上的知识数量用了1 000年的时间才翻了一番；但是，现在一些专家认为以后每3年就会翻一番，还有人预言会更快。好的，那我们就假设知识数量每3年会翻一番——我预计它翻倍的速度会更快——但不如就先按3年来看吧，只用很简单的算术常识，你就会发现只需要短短30年的时间，这个世界的知识数量就会是今天的1 000倍。而到了60年后，你们所拥有的知识数量将是现在的100万倍。

当然，今晚你们对我的溢美之词都让我非常感动，但这也让我感到无比渺小。我配不上你们这些赞美的辞藻，它们应该属于你们。今天在场的各位，你们是各行各业伟大的领袖和创新者，正是你们给世界带来了福祉。每一个人的所作所为都远胜于我的贡献，我认为你们才是真正的英雄。我相信你们都是人类的恩人，你们都在实践着上帝的旨意……最后我想说，我的朋友们，我爱你们，爱你们每一个人。我用自己的全部爱着你们，毫不保留，毫无差别。我竭尽全力去爱每一个人，我想你们也和我一样。如果你也如此，那么其他的事情都会顺利到来，成功、幸福、财富等都会降临——如果你能真正地做到尽力去爱每一个人，毫无保留，毫无差别。

所以，亲爱的朋友们，此时此刻我非常期待如今已经85岁的自己可以继续健康长寿，让我有机会在未来参加你们的庆功宴会，向推动自由和宗教发展的你们致敬。[22]

做好精神上的准备

邓普顿投资思维模式的第十个支柱是做好精神上的准备，这是一个有机的整体，由三个阶段的精神准备组成，它们分别是祷告、隐退和慷慨奉献。

祷告

第一个精神准备：祷告。邓普顿将祷告视为帮助自己成为成功投资者的最重要因素，因为祷告能帮他理清思绪，让他拥有原本不属于自己的深刻洞察力。[23]每当需要做一个特别困难的决定时，邓普顿在收集了全部所需信息之后，便会在睡前祈祷。第二天早上，他的脑海中往往就已经拥有了一个自己之前无论如何也想不到的绝妙答案。他说：

我们所有的会议，包括股东大会和董事会，都以祷告开始。如果在会前祷告，那么会议将更加富有成效，做出的决定也更有可能帮助到每位相关人士，会议中的争论也会减少。或者，正如我常说的那样，"祷告有助于让思路更清晰"。在选择投资标的公司时，思路清晰就是头等大事。[24]

隐退

第二个精神准备：隐退。隐退原则也呼应着邓普顿爵士在邓普顿成长基金上取得的辉煌成就。1951年，邓普顿一家在百慕大度假时遭遇摩托车事故，妻子朱迪丝·福克不幸遇难，留下了邓普顿和三个孩子。1958年12月，邓普顿与邻居艾琳·雷诺兹·巴特勒（Irene Reynolds Butler）结婚，她也有两个自己的孩子。20世纪60年代时，邓普顿逐渐意识到自己"在早期的职业生涯中只是帮助人们打理个人财富，但其实帮助他们在精神上成长似乎更加重要"。

1968年，他和艾琳·巴特勒选择搬去巴哈马定居，因为那里优美的环境能让他们更好地思考。那种悠然自得的日子把华尔街过度恐慌和浓烈的情绪隔绝在外，更有利于他们学习和工作。虽然纽约为邓普顿的早期职业生涯带来了丰富的投资信息和大量的客户，但他认为现在是时候离开华尔街繁忙、高压的环境了。前往巴哈马寻求一份安宁，可以让他拥有更加清晰的思路和更多的创造力。他说：

我发现这里（海滩的树荫下）是一个理想的工作场所。相比在办公室或在家中，这里可以让我更加集中精力工作。我每天最多会花一个小时在海滩上思考和工作……我在不旅行时几乎每天都雷打不动地工作，而一年中我大约有150天都是不旅行的。在沙滩和海洋的陪伴下工作，似乎有助于我站在全球的角度进行思考。[26]

邓普顿爵士后来补充说，定期从日常的纷扰中隐退还有一个好处："当我们把家搬到1 000英里[①]（约1 609千米）之外时，就更显得随心所欲，不用被时代潮流推着向前走。"[27]他每周花30个小时管理自己的家庭投资和邓普顿成长基金，而另外30个小时则会奉献给宗教和慈善工作。在巴哈马的家里，他可以花更多时间挖掘价值，找到被低估的公司。这里少了许多纷扰，不需要将大把时间花在行政管理和客户会议上，从而让邓普顿有更多时间进行证券分析。

他在新普罗维登斯主岛（New Providence）上拥有自己的来佛礁俱乐部（Lyford Cay Club），建造了一座富有南部种植园风格的房子。他还加入了英国国籍，以便为自己新家园的所在国做出更多贡献。来佛礁俱乐部有大约1 000名会员，都是来自几十个国家的成功实业家。这使邓普顿在轻松的氛围中打造出一个高价值的人际关系网，让他能了解到第一手信息。

本书的第二章中提过，在邓普顿爵士移居巴哈马后，邓普顿基金的业绩实现了显著的提升。"事后看来，我认为成功的原因有两个。"邓普顿解释说：

其一，如果希望获得比其他人更好的投资收益，那就不能买其他人也在买的东西。如果想要做出骄人的成绩，那么就必须独辟蹊径，不做其他证券分析师都在做的事情。其二，当你身处在一个1 000英里（约1 609千

[①] 英里：英制长度单位，1英里≈1.609千米。——编者注

米）之外的国度里，就更容易做到买入别人抛出的公司股票，卖出别人买进的。因此，事实证明，独立性是我们实现长期业绩增长的宝贵特质。[28]

邓普顿认为，从事证券分析师这一职业可与担任政府部长、律师和医生相媲美，他说：

如果为他人服务是你生活的动力，那么幸福和财富很可能会降临到你身上。证券分析师这份工作能为投资者带来更高的安全感、自由度、灵活性，也有助于他们实现独立自主。众所周知，富人善于投资成长型公司，而穷人的观念太过保守，只会把钱存到银行。[29]

慷慨奉献

邓普顿思维模式的精神支柱的第三个精神准备是慷慨地奉献自己的时间、才华和财富。早年间，他将20%的收入捐给了慈善机构，在晚年间甚至捐出了更多。他最为出名的善举就是以自己的名字创立邓普顿基金会宗教进步奖（Templeton Foundation Program of Prizes for Progress in Religion）。成立之初，他所设的现金奖励额度高于诺贝尔和平奖或任何其他奖项，因为在他看来，信仰上的任何进步都比其他所有领域的进步更重要。他相信，鼓励他人使用科学方法回答精神生活方面的问题，能使自己的财富发挥更大的作用。截至2013年，这一奖项的金额已高达1 100 000英镑，仅次于基础物理学奖基金会（Fundamental Physics Prize Foundation）的奖金额度。1973年，该奖项宣布了首位获奖人——加尔各答的特蕾莎修女（Mother Teresa），以此表彰"她在帮助加尔各答无家可归和被忽视的孩子方面做出了非凡的努力"。而直到6年之后，诺贝尔和平奖才认可了她的重要贡献。

邓普顿夫妇为了强调他们的感激之情，会选择在感恩节向获奖者寄送贺卡，而不是在圣诞节。邓普顿将自己的投资理念和巨大成功归功于自己的信仰："如果人们能认识到当下特有的繁荣和幸福生活，并心怀感恩，将拥有更加幸福的生活和更多的财富……如果你把生活中的所有悲剧都看得太重，就会错失很多机会。你用什么样的眼光去看世界，就能发现什么样的世界。"[30]

邓普顿经常提醒投资者不要对每天的日常琐事感到忧心忡忡，而应该感谢时代的发展，他在1984年金融分析师联合会（Financial Analyst Federation）的一次讲话中说道："如果你不能做到每天都心怀感恩，不能对自己受到的无限庇佑感恩戴德，那么你就还没有看到大局。"[31]65年前，我们并没有社会保障，没有失业保险，没有美国证券交易委员会，没有资本利得税，没有航空邮件，没有航空公司，没有抗生素，没有尼龙，没有冷冻食品，没有电视，没有晶体管，没有激光，没有传真，没有复印机，也没有核能，等等。如果邓普顿今天依然在世，他也将感恩电子邮件、互联网、谷歌搜索、生物技术、笔记本电脑、平板电脑和移动电话的发明。

邓普顿爵士对投资的热情不减，对精神信仰也同样一往情深：

相比于投资，我们对精神世界的理解更为永恒。但实际上，我所热爱的这两个事业是相互关联的：财务自由与宗教信仰，两者相辅相成。我观察商业世界已有50多年了：那些成功的人，都希望能为客户提供帮助；那些奸诈之人，全都失败了。实现财务成功的方法就是要心怀感恩。[32]

然而邓普顿爵士又说，确实有例外情况在社会上广泛传播，速度之快、范围之广，都令人咋舌，而这是媒体的问题。他说：

（不法行为的）消息比以往任何时候都扩散得更为迅速和广泛。华尔街的1 000件事情里有999件都是正直诚实的行为，但它们不会成为新闻。陷入困境的人数比例并不比20年前或50年前高，只是现在人们听到得更多罢了。就在20年前，广播或电视上还不会报道华尔街的新闻。[33]

邓普顿爵士认为，商学院课程中最重要的内容应该是伦理道德。邓普顿坚持认为，只要身体条件允许，他就要一直发挥自己的才能，毫无退休之意，他说：

我无意退休，路易斯·鲁基瑟。我们每个人都拥有上帝赋予的才能，也许内容和数量不尽相同，但总有一些特定的才能。因此，我认为在上帝允许的范围内，他肯定希望我们能充分利用这些才能。所以，我打算继续帮助人们进行投资。[34]

他补充说："因此，只要上帝允许，我就打算一直工作，在经济上和精神上帮助他人。"[35]

总而言之，邓普顿的思维模式中包含的十大支柱共同构建了他的投资观念体系。了解邓普顿自己如何看待这十大投资方法支柱，也是一件有意思的事情。内容上有一定重复。1992年1月，邓普顿为《世界观察》（*World Monitor*）杂志撰写文章时，给出了取得长期投资成功的16条原则。其中一些内容已在其他地方重复出现过了，但这是一份具有永恒价值的清单，值得我们再次回顾。

（1）投资的目的是获得最大的实际总回报（扣除税费、通货膨胀、交易佣金和交易费用等因素）。

（2）要投资，不要频繁操作或投机。如果你像对待赌场一样对待市场，佣金就会吞噬你的利润。做动量投资——买进近期的牛股，抛出近期的烂股——不要去管估值和风险。

（3）对投资类型保持灵活和开放的态度，例如蓝筹股、周期股、公司债券、可转股、美国国库券和现金。

（4）在低价时买入。概念简单，但难以执行。"在低价时买入"并不一定意味着买入低价股票或最近出现价格下跌的股票，它指在对公司5年内的收益和现金流做出估算之后，发现股价相对于公司内在的价值而言处于较低水平。这并不是一种逆势操作，只不过往往出现在市场悲观情绪最重之时。这一操作方法的关键是估值。

（5）在优质股票中寻找被低估的公司，例如销量或技术最强的公司、有业绩证明的管理良好的公司、低成本生产厂商、资本雄厚的企业或消费领域的知名品牌。优质股票，特别是那些经常性业务可预期的公司股票，通常具有持久力，进而使投资者更有信心预测其长期收益能力和内在价值。

（6）买入价值，而不是市场趋势或经济前景。要为客户争取最大的权益，就要投资价值型股票。不要受指数权重、竞争对手的常见持仓、同业压力或对宏观经济的普遍担忧的影响。

（7）多元化投资——按不同的公司、行业、风险和国家进行。邓普顿说："唯一不需要进行多元化投资的人是那些100%能做出正确决定的投资者。"要进行多元化投资，但不应盲目，要仅买入具有吸引力的股票。

（8）投资前充分调查研究。投资前要做好尽职调查，或聘请专家协助。这个工作虽然艰巨，但无可替代。

（9）积极跟踪你投资的公司。在瞬息万变的股市里，不可以买入股票之后就放置不管。股票价格可能会变得过高，公司的竞争优势也可能会逐渐消失，这时就要卖出股票。

（10）不要惊慌。当股票价格涨到很高的时候，或者当你发现了另一只更具吸引力的股票时，这才是卖出的时机；否则请不要卖出，尤其是在市场急剧下跌之后。

（11）从自己和他人的错误中学习。找出问题出在哪里，总结如何避免再次发生相同的错误。

（12）信仰有助于投资，投资前要祷告。只有想清楚了，才会少犯错误。一个有信仰的人，思维会更加清晰和敏锐，犯错的机会因而减少。要冷静和意志坚定，才能够做到不受市场环境所影响。他说："我们祈祷今日做出的决定是明智的，我们对不同股票的观点也是明智的。"

（13）认识到跑赢市场并非易事。要胜过市场，不单要胜过一般投资者，还要胜过专业的基金经理，要比大户更聪明，这才是最大的挑战。

（14）在投资上取得成功是一个不断寻求新问题答案的过程。因为经济、政治环境和投资领域时刻都在变化着。一时兴盛的股票或行业最终都将褪去浮华，不要自满于已有的成功。

（15）切勿仅凭感觉投资，或是只听取分析师的建议或提示。投资的信念要建立在调查研究之上，从而才能根据事实推理出正确的结论。

（16）不要因为媒体上的悲观情绪而感到害怕或被误导。邓普顿爵士始终看好自由市场经济体系内的社会进步，认为市场的发展动力、独创性和资源都将提高人们的生活水平，他说：

> 我们现在可以自由交流传播，所以如果你想在传播方面取得成功，就必须迎合人类对可怕事物有猎奇心理的弱点。现在的传播渠道比我开始从事投资顾问时要多得多。当时没有电视，世界上还没有关于投资的电视节目。现在，我们正被媒体传播充斥着。结果是，我们周围处处充满坏消息，而这些坏消息正在使处于极大繁荣之中的人们感到沮丧。但我们本应高度乐观，我们比历史上任何时候都获得了更多的庇佑，我在阅读报纸时尤其能感受到这一点。报纸会用悲观的词语来解读几乎每一件事，例如50年前发生在亚洲的灾难、谋杀案等，以前都从未听说过，可是现在它们就出现在报纸的头版上。这会打击人们的士气。不过，我相信，它们会逐渐消失。我相信，我们能消化的坏消息的数量是有限的。当我们习惯被坏消息围绕的时候，就能逐渐学会忽略它们的存在。[36]

第四章　邓普顿的投资选择法

> 如果你的朋友说出诸如"我打算买点儿半导体股票,因为很看好这个领域的前景"之类的话,你就能意识到他们绝没有认真对待投资这件事情。确实,半导体行业的未来一片光明,但当前的股票价格基本已经反映出了这种明显的市场期待。因此,如果你只是知道某家公司的某个产品将在未来大卖,那其实你还完全没搞清楚是否要买入这家公司的股票。
>
> ——约翰·邓普顿[1]

了解了邓普顿的思维模式,你的餐桌就已经铺好了桌布,现在我们更仔细地研究一下他如何从海量的菜单信息中挑选符合胃口的投资标的公司。

对于"低价买进,高价卖出"这一永恒的投资原则,邓普顿做出了自己的解释:"在市场悲观情绪最重的时候买入,在市场乐观情绪最高的时候卖出。"这个建议听起来很简单,但由于它与人性背道而驰,因此在实践中操作实属不易。但是,在邓普顿看来,只有在悲观情绪最泛滥的情况下,股票的价格才可能跌到最低。如果你等到已经能看见隧道尽头的光亮时再买入,那么其他投资者也同样会看到这个光亮,股票价格也会相应升高。他鼓励投资者阅读查尔斯·麦基(Charles MacKay)在1841年撰写的《大癫狂:非同寻常的大众幻想与群众性癫狂》(*Extraordinary Popular Delusions and the Madness of Crowds*)一书。

在本章中,我们会探讨邓普顿如何坚持运用这一原理,看到他使用哪些衡量标准来确定公司的价值,了解到他对现代学术理论的看法、他所使用的资源、他最喜欢向公司管理层提出哪些问题、他决定卖出股票的时机，以及需要避免哪些常见的错误。

邓普顿不但在生活中严于律己，在评估投资标的时也有一套严格的纪律。像其他的投资大师一样，他也试图利用由恐惧和贪婪所带来的市场动荡。有人曾问邓普顿应该如何挑选股票，是否应该将直觉或感情带入选股的过程，邓普顿回答："我们避免使用直觉，我们使用数学。47年以来，我们一直把自己定位为定量证券分析师。我们买入某只股票不是因为对它的感觉良好。我们之所以买入，是因为我们通过缜密的计算，发现它比其他任何股票都更有前景。"[2]

邓普顿最青睐的估值标准

邓普顿会使用诸如市盈率和市现率等估值标准，但他也强调这些指标并不适用于所有公司。当被问到他的估值方法是基于收益还是基于资产时，邓普顿回答说："两者兼有。任何一个都不能忽略。但是在大多数情况下，我们给公司估值时更看重未来的收益，而不是当前的收益或资产。"他进一步阐述：

我们最常使用的估值标准是与预期收益挂钩的定价。我们也使用过市现率、股价与实际清算价值（而非账面价值）的比率等指标。对于不同的公司，我们研究不同的指标。在大多数情况下，我们对公司基本面的关注多于对技术指标的关注，也更注重定量研究，而非定性研究。我们认为未来的收益比当前或过去的收益更重要。[3]

邓普顿还会评估公司的营业利润率、清算价值、收益增长的持续程度、资产负债表的财务优势、隐蔽资产，还会避开上涨速度过快的股票。

邓普顿一再重申，他最基本的选股之道就是计算长期核心收益与当前股票价格的比值，从而估算公司的价值。他说：

相对于可能实现的长期未来收益，股票价格最低能下探到多少，还有许多其他的指标要估算。事实上，我们会分析上百个指标。但最为重要的就是估算出公司的长期收益，并以当下最低的价格买入。[4]

请注意，邓普顿名下的旗舰基金被他命名为邓普顿成长基金，而不是邓普顿价值基金或邓普顿逆向投资基金。"成长基金"这个名字就表明了他的态度，即长期的未来核心收益是估算公司内在价值的关键所在。然后，他始终坚持以低于这一价值的价格买入该公司的股票。

许多投资者仅仅通过较低的市盈率来寻找价值股，但邓普顿说："低市盈率只是好股票的标准之一，但这对我们来说局限性太大了。它只是数十种选股方法中的一种。"[5]它的局限性之一就在于过度关注分母（收益）的短期表现，因为它通常只会基于过去一年的实际收益或未来一年的估算收益。邓普顿更感兴趣的是长期可持续的核心收益，并会将其与其他的估值指标交叉核验。重要的是，在谙熟了格雷厄姆对历史估值指标的分析方法之后，邓普顿又进一步提出了自己的想法。他更偏爱把对未来的估值作为分析指标，同时参考历史业绩。

邓普顿在对一家公司进行估值时，会使用各种与之相关的分析方法和表格。他并不愿意分享使用分析表格的具体方法，他说：

我无法给出具体细节。此外，任何方法一旦被我们公开，用的人多了之后就不会再有效果了……不存在普遍适用的分析表格，而且表格本身也在不断变化。我不想公布任何分析表格，我们一直都在不断调整自己使用的表格。计算机的使用越来越广泛，我们在挑选证券分析师时也会看重他们运用计算机进行分析的能力。[6]

他的目标是给公司估值，然后看股票的价格是否低于其内在价值。他还喜欢把自己的分析结果与其他公司进行比较，以获得相对的价值标准。

一旦他发现某个异常现象，例如发现一家增长迅速但市盈率很低的公司，他便意识到对这家公司内在价值的分析结果只是他研究的开始，而不是最终答案。他说：

几年前，我在报纸上偶然读到一篇文章，发现韩国的国民生产总值的增长速度是美国的3倍。然后，我发现韩国市场上的韩国股票仅有大约4倍的市盈率，当前的收益率大约为13%。因此，结合国家快速发展的经济形势和公司股价远低于内在价值这两个现象，我认为应该展开进一步研究。所以在12年前我去了一趟韩国，见了一位几乎毕生都在那里生活的银行家，在此基础上，我开始研究韩国的股票。在上百个指标中，每当发现其中一两个指标与标准不一致时，便会展开进一步的研究。这依靠的不是直觉，而是价值。[7]

最喜欢向管理层提的问题

许多人认为，投资首先要做的事就是了解潜在的标的公司，运用统计方法来分析公司的估值是否偏低是做出投资决策需要考虑的要素之一。此外，了解管理层的战略和商业竞争环境也是评估公司未来现金流的数值和增长速度、获得投资信心的重要步骤。毕竟，投资就相当于把公司的管理团队视为可信赖的合作伙伴，可以放心地把自己的资金委托给对方管理。邓普顿在评估公司管理层及其竞争对手时，会提出以下问题：

（1）你们有长期计划吗？

（2）你们的平均年增长率是多少？

（3）如果增长率高于历史记录，则追问：未来与过去的区别之处在哪里？

（4）你们公司存在什么问题？

（5）谁是你们最有能力的竞争对手？为什么？

（6）如果你不能持有自己公司的股票，会想投资哪家竞争对手公司？为什么？[8]

公司的管理层当然会对自己的公司持乐观态度，这也必然导致他们的答案产生偏差。他们无论是开诚布公，还是刻意隐瞒，回答问题的态度本身都具有启发性。在20世纪60年代初期，邓普顿拜访了他所投资的一家公司的管理层。邓普顿成长基金已经持有了这家位于北卡罗来纳州的公司的少量股份，在继续增资之前，邓普顿希望先见一见管理层。结果，访谈结束后，他还在回家的路上时就指示公司立即卖出这家公司的股票，他说："我刚刚跟这家公司的总裁开了个会，他办公室里有一个很大的吧台，还有一台股价自动收报机（ticker tape machine），我不信任他。卖掉我们持仓的全部股票。"[9]

在访谈中寻问竞争对手的优势和劣势，可以让邓普顿直接得到对行业的竞争局面不加修饰的直接观点，这种信息具有非常高的价值。可以通过与竞争对手、供应商、分销商和客户的谈话来验证管理层给出的答案，从而确定公司在竞争中的真实地位。

格雷厄姆的影响

邓普顿和巴菲特在哥伦比亚大学求学时，都曾师从证券分析之父格雷厄姆。1934年，格雷厄姆与戴维·多德（David Dodd）合著了具有开创性意义的教科书《证券分析》（*Security Analysis*），随后又出版了更加通俗易懂的《聪明的投资者》（*The Intelligent Investor*）。格雷厄姆因此名声大噪，广受哥伦比亚大学的学生欢迎。

邓普顿非常珍视他师从格雷厄姆的学习经历，而且和巴菲特一样，他也能在学习老师的基础之上实现进一步的超越。邓普顿回忆说：

当我在大名鼎鼎的格雷厄姆门下学习时，他教会了我如何使用账面价值、如何寻找股价低于账面价值的公司、如何寻找价格低于净流动资本或净营运资本的公司，也就是说，用流动资产减去长期债务，如果结果高于市场价格，那么你就是在以一个折扣价购买现金，其他的一切都算是免费得到的。这个方法我已经用过，但如今它不起作用了，尤其是在美国。因为没有任何一家公司的股价低于它的净营运资本。格雷厄姆是一个非常聪明的人，他的方法棒极了。但是，如果他如今依然在世，他的这个方法也会发生变化，他会使用一些更新的、更多样化的概念来分析。[10]

当被问及他采用什么方法来确定公司价值时，邓普顿回答说："就是普通的证券分析法，即使用格雷厄姆和其他老师都会讲授的证券分析法来给公司估值、给股票估值，然后买入股价相对于公司价值最低的股票。"[11]

由于格雷厄姆所采用的静态估值法以过往的资产负债表为参考，所以不会出现因人为估算而导致的误差。但这一方法的局限性在于，通过净营运资本来分析会忽视公司的盈利能力。任何公司的内在价值都基于其未来现金流的折现，这里当然包含了它未来的核心盈利能力。格雷厄姆的方法能让我们找到价值被低估的公司，它们的下跌风险有限，所以也符合巴菲特的"雪茄屁股"（cigar butt）投资理论，这个比喻非常形象：在雪茄已经抽到所剩无几的时候，还能再抽几口。这些便宜的股票之所以是投资的好机会，是因为从本质上来看，抽这几口是免费的。但是，毫无疑问，格雷厄姆的这一方法没有对整支"雪茄"进行估值，而这才是更加全局化的视角。

资源

邓普顿使用各种各样的资源来打开思路，并反思自己现有的持仓股票。他阅读《价值线》杂志时只看里面的事实，不看观点。他还阅读《华尔街纪事》（Wall Street Transcript），里面常有对投资组合经理的长篇采访，通过这些采访，能看到他们的投资过程和选股的理由。他还阅读股票经纪人报告，从中了解事实性的内容，但并不会遵照经纪人给出的交易建议，他认为只有大约1%的经纪人是以他的思路考虑问题。他通常要求经纪人把分析结果以书面形式提交上来,而不是通过给他打电话。邓普顿还研究了其他基金经理的持仓情况。当被问及研究其他基金的投资组合后,是否会把别人的持仓作为自己选股的思路时,邓普顿回答说:"我确实会这么做……我关注了大约20只基金,每当这些基金经理出报告时,我都会仔细阅读,看他们最近都在思考什么。" [12]

对学术理论的评论

邓普顿是他那一代最伟大的共同基金投资者。在过去的数十年中,他采用了研究低估值公司法和基本面分析法,在全球范围内寻找那些被遗弃的公司,由于这些股票的价格远低于其真正价值,因此他跑赢了竞争对手和市场指数。他像其他所有投资者一样富有智慧,而且主张保持灵活和开放的态度,这都对未来的成功至关重要。邓普顿充分了解现代投资组合理论(Modern Portfolio Theory)、资本资产定价模型(Capital Asset Pricing Model)、有效市场理论(Efficient Market Theory)和期权理论(Option Theory),但他对将这些理论用于投资实践始终抱着怀疑的态度。邓普顿数十年来跑赢市场的出色表现本身就是对有效市场理论的否定,因为按照有效市场理论,市场价格已经完美地体现了所有已知信息,任何试图击败市场的行为都不存在优势。

路易斯·鲁基瑟咨询过邓普顿对有效市场理论的看法,他问道:"上周末,我见到了几位学者……他们告诉我,没有人能够分析股票,股价都是随机产生的,我们有一个非常有效的市场,您和同行给出的投资建议以及你们的分析都毫无价值。您对此作何回应?"

邓普顿回答说:"那就等于自己退出游戏了。这就好像打网球,输家和赢家在人数上是相等的,但这不意味着没必要打网球。" [13]

在资本资产定价模型中,通常投资者的预期收益与公司的风险相关。

投资者的收益可表示为无风险收益率加上证券的风险溢价。我们将风险定义为β，也就是一段时间内股票相对于市场历史价格的波动。整个市场的β系数为1.00。β系数为0.8的股票在历史上的价格波动比市场的波动少20%，而β系数为1.3的股票在历史上的价格波动比市场的波动多30%。

邓普顿使用β系数来衡量其整体投资组合的风险，但他在选择个股时没有使用β系数。他说：

我们发现β系数并不稳定，因此不能算是完全可靠的投资指标。我们倾向于使用基本面分析法，但也会计算投资组合的β系数，以便在必要时做出调整，实现我们的目标。在我们看来，大家太过于看重β系数了。我们在后续的分析中确实会使用β系数来考察投资组合经理的持仓，看某个特定的基金投资组合的β系数是多少，从而确保这一投资组合不会暴露于过高的风险之中。但是我们不会在初始分析中使用这一指标，我们使用的是价值衡量标准，也就是最基本的衡量指标，例如股价与未来可持续收益的比值、每股现金流等。每个人都应该了解现代投资组合理论，但老实说，这个理论不会让你赚到钱。我从未见过有人仅使用现代投资组合理论就可以获得真正出色的长期投资收益。[14]

邓普顿还指出了用β系数衡量投资风险的一个缺陷：公司或行业前景的变化都有可能造成波动β系数波动。β系数的另一个缺陷在于无法显示公司价值是被高估还是被低估。

使用技术分析

价值被低估的股票的优势之一在于股价进一步下跌的风险非常有限。从相对收益表现的角度来看，它的风险在于股价在低位徘徊的时间可能比预期更久，而在此期间市场却在不断走高。技术分析是研究股票的历史价格和交易量变动的情况，从而了解股票的历史交易模式。技术分析虽然不是邓普顿选股的主要方法，但确实也对他产生了轻微的影响。

有时邓普顿会用技术分析来补充他对公司的基本分析。一旦确定了某只估值偏低的股票，他可能还会再观望一段时间，在股价开始跑赢大盘一个月后再买进。这样，他就能避免资金被套牢。他说："现在，我们确实会在小范围内使用技术分析。如果我们看中了12只被低估程度差不多的股票，在选择时就会倾向于具有良好技术形态的股票。"[15]

邓普顿何时卖出股票

邓普顿的卖出规则很简单：当你找到了可以替换的更好的股票时，就卖出"被低估程度最低的股票"。在实际操作中，如果新的候选标的从市场价格涨到公允价值的增值潜力比被替换的股票至少高出50%，他就会卖出。"当我们找到更好的被低估的公司时，我们就会卖出，更换股票。我们一直在寻找这些被低估的股票，找到之后，如果手头还有富余的现金，就可以买进。如果没有富余的现金，我们就会观察一下现有的上百只持仓股票，然后卖出被低估程度最低的那只股票。"[16]

纠正错误并避免犯错

在投资的过程中，人人都难免犯错，关键是要从我们的错误和他人的错误中学习。邓普顿曾说："避免错误的唯一方法就是不投资——而这却是你所能犯的最大错误。"这真是至理名言。

投资错误有两种：错买股票（mistakes of commission）和错过股票（mistakes of omission）。错买股票是指投资出现亏损或表现不及市场。邓普顿估计，他大约有1/3的投资没有跑赢市场。他说：

> 我们做出的所有决策中有1/3事实上是毫无收益的……即使你工作再

努力……也不能指望2/3以上的决策都是正确的……在我们悠久的投资历史中，有8年时间基金的表现都落后于美国其他共同基金的平均水平。未来也依然如此，你无法避免这种情况。因此，你的业绩会时好时坏。[17]

邓普顿进一步解释说："有2/3的股票能跑赢市场指数，主要是因为我们在价格低于估值的时候买进。"[18]

错买股票必然会考验投资者的耐心。关键是要确定初始的投资理由是仍然成立，还是犯了结构性的错误。1978年，邓普顿在电视上推荐福特公司（Ford）的股票，当时的股价是每股41美元。1980年，路易斯·鲁基瑟问邓普顿为什么福特公司的股价跌到了每股33美元。邓普顿回应说，投资者太短视了，他们没有看到大局。

公众仍在关注短期趋势。福特公司去年在美国亏损了大约10亿美元，今年可能还会继续亏损10亿美元，这让人们感到担忧，他们会说："好吧，如果福特公司在美国还要继续亏损，为什么要买进它的股票呢？"其实，答案就是福特公司在全球范围内并没有亏损——公司在美国以外的地区有不错的收入。实际上，我认为他们是美国以外地区最强大的汽车公司。[19]

邓普顿补充说，他认为福特公司可以在三四年内赚到每股超过20美元的收益。

然后，到了1981年，路易斯·鲁基瑟对邓普顿在1980年给出的五个买入建议都大加称赞，因为它们的平均回报率高达35%。但是，邓普顿第六个买入建议是福特公司的股价进一步下跌至每股23美元，路易斯·鲁基瑟用戏谑的语气问邓普顿："您是打算固执地继续亏下去，还是就此止损？"

邓普顿谦虚地承认自己犯了错，但又坚定地说：

这很好地证明了我们也在不停地犯错。我们至少有1/3的换股操作，但到头来都发现还是继续持有被换掉的那只股票比较明智。福特公司遇到的麻烦远远超过我们或管理层的预期，但现在的股价太低了，也不适宜卖出。我建议继续持有，因为按照这个价格来看，您最大的亏损也就是每股23美元。如果事态转好，每股也许能让您挣到100~150美元……福特公司可能会像三年前一样再度实现每股17美元的收益。[20]

福特公司的股价在四年后，也就是1985年，涨到了每股100美元，在1986年达到了每股150美元，在1993年更是高达每股315美元。1988年，其每股收益攀升至45美元。

错过股票是指投资者没有进行一项随后会做得很好的投资。邓普顿建议说："没有人能够利用所有机会，所以不需要因为错过其中的一些机会而烦恼。投资的本质在于，会有很多你没赶上的机会，你要做的就是，抓住几个好机会就行。"[21]

邓普顿告诫投资者要避免以下五个常见的投资错误。

从众投资

邓普顿说：

只有与众不同的投资方式才有可能创造卓越的投资业绩。如果十位医生告诉你应该服用某种药物，那么明智的做法就是服用这个药物。或者，如果十位土木工程师告诉你需要以某种方式建造桥梁，那么你就应该采纳这种方式。但是，在选择股票时，市场的共识是危险的。如果十位证券分析师都分别建议你买入某项资产，请一定要远离。如此广受欢迎的标的，价格肯定已经不低了。[22]

同样地，如果你也与其他投资者买入相同的股票，那么你的收益也将与他们相差无几。

人们需要学习的重点是，选择资产几乎与所有其他的行为都不相同。如果你去看十位医生，他们让你服用相同的药物，那它就是有效药。你只管吃下就好。如果你去找十位工程师来造桥，他们给你的方案也一样，这也没问题。但如果你咨询了十个投资顾问之后，他们都推荐了相同的资产，那你最好远离它们。换句话说，以低价买入某项资产的最佳时机就是大多数人都在抛售它的时候，此外，没有其他原因可以使资产的价格跌至其内在价值之下。如果你等到穿过黑暗的隧道之后、沐浴在阳光下时再买入资产，则必须支付溢价。如果你等到接近隧道的尽头，已经能看到阳光时，就已经过了最便宜的交易时机。[23]

你应该可以想象，邓普顿在看到1997年苹果公司那句令人难忘的广告口号"非同凡想"（Think different.）时，该露出怎样微笑赞许的表情。广告中出现了17位20世纪标志性的人物，包括爱迪生、爱因斯坦、约翰·列侬、马丁·路德·金、穆罕默德·阿里和阿尔弗雷德·希区柯克。其实苹果公司如果考虑加入约翰·邓普顿的镜头，那也将非常契合主题，因为邓普顿一直都鼓励人们对普遍存在的投资观点"非同凡想"。

缺乏尽职调查和过度悲观

邓普顿说：

大多数投资者所掌握的知识都太少，他们还认为很容易就能获得出色的收益。因此，他们在没有足够知识的情况下就频繁换手。而且，美国人总是毫无理由地感到悲观。就国民生产总值而言，我们目前处于历史最高点，股市表现也处于历史最高点。美国具有许多其他优势，但是现在大多数人都非常悲观。现在美国股市的悲观指数很高，短期利率也处在有史以来的最高水平。因此，我认为美国人民显然太悲观了，不过这也是一种安慰，因为熊市不会在大多数人都悲观时开始。[24]

持有太多现金

在通货膨胀的作用下，每个国家的现金购买力几乎都在持续下降。1954年，也就是邓普顿成长基金成立的那年，美国的一张标准邮票仅售0.03美元，到2014年，其价格上涨至0.49美元。在这60年中，邮票价格的年复合增长率为4.8%。在1954年，花1美元可以寄出33封信，但在2014年只寄出2封信。他说：

> 有37年的时间里，金钱的购买力都在降低。而且我们的研究表明，在接下来的37年中，购买力也会逐年下降。[25]

在我看来，投资者目前犯下的最大错误之一就是他们渴望拥有固定收益资产、货币市场基金、定期存款和债券基金。我们也认可债券的牛市可能会持续一段时间，但是所有证据都表明，如果投资股票，会产生更好的回报。然而，如今民众拥有的现金数量超过历史上的任何时期。普通家庭仅有不到一半的资产投在股市中，这个比例低于以往的任何时候。但是，现在人们却在自欺欺人，以为自己持有现金资产就能确保资金安全。[26]

现代经济世界中永远存在通货膨胀。虽然它会带来多重影响，但投资者必须做好准备，通过投资不同的标的而从中获利。邓普顿说，除非各个国家都能学会平衡预算，否则通货膨胀几乎肯定会越来越严重。在他看来，投资普通股依然将是抵御通货膨胀的最佳方式，也许以年为周期来看会有波折，但长期看来一定如此。而债券则在他看来不适合长期投资，也不再适合寡妇和孤儿[①]。他在1995年的时候曾说，如果平均通胀率为5%，加上高税收，那么即使长期债券的收益率为8%，收益也会是负数。

在股价下调至最低点时清仓

我们已经了解到，邓普顿建议大家"在市场悲观情绪最重时买入，在市场乐观情绪最高时卖出"——这已经成为他的代表性主张。但人们却容易在市场悲观情绪最重时卖出。他说：

> 如果没有太多债务，那就不会在错误的时间清仓。但更重要的是，不要被错误的时机吓坏了。每当看到有人被迫清仓时，就有更多的人会产生

---

① 指经验不丰富的投资者。——译者注

恐慌情绪……变富的方法有时候就是在股价低迷时买进……我们欢迎这些市场波动。市场的大幅震荡会让某些人心神不宁，但是对我们而言，它们提高了我们创造卓越投资业绩的概率。[27]

1990年11月，道琼斯指数从高位下跌了近500点，在投资者普遍低迷的情绪中，邓普顿提出了自己认为市场择时无效的看法："我们担任投资顾问已有58年了，在所有的时间里，我们始终无法告诉客户熊市何时开始、何时终结。"[28]他经过观察，发现美国市场上的股票价格每10年可以翻一番。他补充说："我们正在悲观情绪较重的行业中寻找低价买入的机会，尤其是那些股价低于其内在价值的新兴成长型公司，例如孟山都（Monsanto）、昆腾（Quantum）、迈兰制药（Mylan Laboratories）、密理博（Millipore）、第一美国金融集团（First American Financial）等。"[29]

没有足够的储蓄并借钱投资

永远不要用借来的钱或明天可能需要使用的钱来投资股票。邓普顿从来没有背负过住房抵押贷款。在熊市中，借来的钱就像溺水者身上的沙袋一样。当投资者的恐慌情绪达到高峰时，他们往往会不惜一切代价抛出自己的投资资产和财务储备，向这种情绪投降。邓普顿孩童时期在田纳西州温彻斯特目睹了父亲和邻居因为债务而背负的巨大压力，他一直对此铭记于心。因此他希望在投资时不要背负情绪上的"沙袋"。他说："我希望能永久持有我买进的股票——如有必要，就永远持有。"[30]

在将邓普顿成长基金出售给富兰克林资源公司之前的最后一次年度股东大会上，邓普顿颇为直接地建议大家勤俭节约、积极储蓄：

- 挥霍之徒的财富终将归于勤俭节约的人。
- 这一定律同样适用于房地产投资者、普通人、家庭和国家。
- "通常那些借钱炒股的人后来都被市场淘汰了，因为他们不得不在错误的时间卖出股票。"在1987年经济危机发生一周之后，邓普顿爵士被问道："前一周的股票大跌给我们最大的教训是什么？"他回答说："我想说，如果你从来没有借钱投资，那你永远都可以放心。人性如此，我们总是时而热情高涨，时而悲天悯人。每十年间都会出现牛市和熊市。但如果你没有借钱投资，那就没有什么可担心的。"[31]

- 很少看到富有的证券分析师，因为他们之中只有少数人足够明智，懂得勤俭节约。

- 研究各个国家的历史之后，就会发现，哪里的人民最节俭，哪个国家就能变得富强。[32]

1991年5月21日，特许金融分析师约翰·邓普顿爵士获得了投资管理与研究协会（Association for Investment Management and Research，AIMR，CFA协会的前身）颁发的首个专业卓越奖（Award for Professional Excellence），以认可他对该行业做出的杰出成就、卓越的实战业绩，及其所展现和所激发的最高领导力。邓普顿爵士在获奖致辞中说，富人善于投资创业项目，而穷人则只会储蓄、观念保守。他呼吁证券分析师认识到自己职业的高尚之处，敦促大家勤奋工作，为投资者带来卓越和诚实的收益，"让他们在思想上和精神上都真正拥有信心和安全感……从而为他们带来尊严、自由和独立自主的能力"。

第五章　设计投资组合

> 按不同公司、行业、风险和国家进行多元化投资。
>
> ——约翰·邓普顿

在我们研究邓普顿成长基金这种由专业人士打理的投资形式之前,我们先来看他对个人投资者的投资建议。

个人投资者的投资组合

1988年,有人问邓普顿,如果一对年轻夫妇只有一个人有收入,而且他们还有一个孩子,对这样的家庭而言,什么才是理想的投资组合?通常来说,专业的投资顾问还需要了解更多信息才能给出个性化的建议,所以邓普顿回答道:

最佳的投资组合取决于个人的收入、父辈的财产状况、税收状况、受抚养人数等多个因素。我们必须仔细研究之后再给出建议,然后还要不断地进行调整,但还是有一些基本原则可以参考。我们通常建议将年收入的约25%作为现金储备(债券和其他固定资产)。目前,你的投资组合中普通股的占比应多于2/3,剩余的部分应投入房地产和人寿保险。你应该持有至少10只股票,任一行业的持股比例最多不超过25%,任一国别的持股比例最多不超过80%。但这仅适用于资产达到或超过100万美元的人,否则,不要用那2/3的财富直接买入股票,而应该投入管理有方的股票型共同基金。[1]

早年间，邓普顿专注于个人投资者投资咨询业务，他为个人投资者客户设计的股票配置比例会根据股票估值变化而变化。如果按照市场总体的市盈率和资产重置价值比例来测算，股价所反映的当前估值比过去20年历史平均估值低35%以上，他最多会把100%的资产配置在股票上。相反，如果总体股价比正常估值水平高出66%，那么他的股票配置比例可能会低至10%。当股票的定价合理时，他将不会以这种极端化的方式进行配置，而是以60%作为基准股票敞口，找到具体的配置比例。

选股至关重要

当邓普顿被问到在资产配置和选股这两个因素中，哪个对决定投资组合的表现更重要时，他回答说："后者。我们认为找到被低估的公司更为重要。我们在全球范围内寻找被低估的公司，先买进，然后才会考虑整体配置中普通股所占的比例。"[2]

国际投资的比例

邓普顿建议个人投资者将20%~60%的资金用于国际投资。[3]他的理由是："世界上只有大约1/3的普通股在美国发行……因此，仅靠常识就能知道该如何分配投资组合……研究表明，长远来看，相比于多元化的单国投资组合，多元化的全球投资组合产生的收益更高，波动性更小。"[4]

依赖于经常性收入的个人投资者的投资组合

在低利率时期，依赖于经常性收入的个人投资者在建立投资组合时面临一个困境：股票的波动性高于固定资产收益，是否依然要加大对股票的投资，以获得股息和资本收益？邓普顿曾多次解释过他的选择：

有大量的研究表明，从长远来看，投资成长型股票比寻求高收入能获得更高的总回报。因此，对于一个想要高收入的人，他应该投资成长型股票，然后拿出成长的一部分，也就是资本收益的一部分，当作生活费去购买消费品。[5]

（需要生活费的人）应该去买管理有方的普通股基金，然后根据自己的消费需要，设定好把基金赎回个人账户的收益额度就行。[6]

从1946年1月到1991年6月，道琼斯工业平均指数平均每年上涨11.4%（含股息再投资，不含税），相比之下，这段时期的年平均通货膨胀率为4.4%……标普500指数的表现也优于通货膨胀和美国国债，除了70年代之外，其表现一直优于公司债券，而且在这40年间都跑赢了国债（公认的最安全的投资方式）。[7]

邓普顿爵士不建议为了收入而投资的个人投资者只专注于高收益股票。他解释说：

这是一种从投资中获得收入的简便方法，但它是所有方法中最差的一种。相对于当前的股息，如果股票价格过低，通常是因为有足够的理由表明未来的股息会降低。如果投资者选择当前收益率高的股票，则不仅会面临股息减少的风险，还将面临更大的资本损失风险。提高收入更明智的方法则是选择相对于市场价格而言收益最高的股票。[8]

在20世纪90年代初期，社区银行和货币中心银行的高股息收益吸引了许多投资者。因为银行是大众耳熟能详的金融机构，一直伴随着人们的生活，看起来非常稳定，所以人们选择了盲目相信，并没有留意到它们不断膨胀的贷款损失和微薄的权益资本收益。可是在美国储贷危机期间，许多银行减少或停止分派股息，导致股价大跌，这些投资者全部损失惨重。

邓普顿爵士建议他们转而关注成长型股票，他说："即使是为了增加收入，成长型股票也是明智的选择。成长型股票最有可能在未来几年赚得更多，并向股东支付更多的股息。通常，成长型公司的净资产收益率很高。"[9]邓普顿爵士更倾向于持有净资产收益率（ROE）高的成长型公司。

净资产收益率较高的公司更有价值，因为它们投入了相对较少的资本，产生了更多的收入和现金流。在其他条件相同的情况下，如果两家公司的资本都是100美元，A公司的净资产收益率比B公司高，就表明A公司比B公司有更多的竞争优势。如果A公司的竞争优势是可持续的，那么在一定时间之后，A公司收入的复合增长率、现金流和内在价值都会更高，从而带来更高的股息和股票价格，让投资者受益。

邓普顿成长基金的投资组合

邓普顿成长基金成立于1954年年底，当时管理的资产规模为660万美元。如前所述，该基金因税收原因将总部设于加拿大，是最早为美国投资者提供投资美国境外股票投资组合机会的共同基金之一。截至1955年4月30日，基金将60%以上的资金投入普通股，18%投入优先股，20%投入固定收益证券。加拿大资产占该基金投资的90%，共27只加拿大股票，其中1/3分布在林业和采矿业。

邓普顿自认为是一个"自下而上"的投资者，他在任何情况下，只要发现了价格低于估值的股票，就会考虑持有，而不会在乎基准指数的权重。在此框架内，他制定了严格的投资交易纪律来指导自己选择要投资的国家。他偏爱政府的干预程度和通货膨胀率都比较低的国家，并且还要有：

- 更低的国有资产比例；
- 更高的私人持股比例；
- 资本自由跨境流动；
- 更少的政府监管；
- 更少的工会干预；
- 更好的管理学院；
- 更低的公司和个人税率；

- 对勤俭节约和企业家精神的激励措施。[10]

结果，邓普顿爵士表示："在全世界100多个国家中，只有36个国家能让我们放心把客户的钱投进去。"[11] 日本就是其中一个。

邓普顿在1935年首次到访日本，但直到20世纪50年代中期，他才开始用自己的钱买入日本股票，邓普顿成长基金更是等到1964年才开始买入。日本人非常勤奋，他们立志要在第二次世界大战后恢复国力。邓普顿在日本人身上观察到了许多自己的性格特征，例如极高的职业道德、对商业和教育的尊重、勤俭节约的信念和对储蓄的渴望。

在1959年给客户的一封信中，邓普顿表达了希望投资日本的几个理由：

- 由于工资较低，日本的产品具有低成本的生产优势，一定程度上导致了日本对美国的出口激增。在汽车、药品、收音机、造船、餐具、照相机等许多产品中都能明显看出这一趋势。

- 从1951年至1958年，日本工业生产的增长速度已超过美国，增长了9倍以上。

- 美国和日本之间签署了税收协定，规定日本不向美国投资者预扣股息税。这一税收协定有效地将日本股息收入中的净税费减少至不到美国的一半。

- 日本股市的收益率为4.4%，而美国股市仅为3.3%；4年内到期的优质日本债券的收益率为8%，而美国的同类债券仅为4.2%。

- 由于日本规定禁止海外资金快速回流本国，因此仅有1.6%的日本股票被外国人持有。

有一项规定制约着美国投资者：日本禁止资本和资本收益在两年内被兑换回美元。即使两年后，每年也只能将其中的20%兑换成美元。邓普顿预计，"如果日本的世界贸易地位继续增强，则可能会取消有关资本延迟转换为美元的规定"。[12] 1963年，日本政府果然放宽了管制，允许海外资本快速收益流出日本。于是，邓普顿成长基金立刻开始买进日本股票。

1967年，该基金的持仓股票不到30只，但邓普顿对全球市场的关注终点已经日趋明显。随着基金规模的扩大，邓普顿买进了更多股票。到1983年，邓普顿说："我们的共同基金中有100多只股票，我们认为它们都是有价值的股票。"[13]到1994年，邓普顿成长基金共持有240只股票。1967年，基金最大的重仓股票，也是他唯一持有的日本股票——一家名为资生堂（Shiseido）的化妆品公司——占到了13%的权重。他还持有荷兰的飞利浦公司（Phillips）和荷兰皇家壳牌石油公司（Royal Dutch Petroleum），以及德国、瑞典和英国各一家公司的股票。

有趣的是，到1969年，即邓普顿成长基金成立15年后，该基金的资产只比最初增加了20万美元。客户的赎回几乎完全抵消了基金自成立以来增长了5倍的投资收益。1969年，由于当时市场上的股票估值过高，巴菲特关闭了合伙公司，邓普顿也将持仓数量缩减到20只，但依然维持了资生堂公司的最大头寸，占基金的14.5%，当时外国和政府债券占基金价值的1/3以上。

尽管邓普顿成长基金表现出色，但过低的资产增长速度也让邓普顿颇感沮丧。在搬到让他"思路更清晰、创造性更强"的巴哈马后，也许正是在这种挫败感的激励之下，邓普顿开始以巨额资金押注无人问津的日本股票，这一胆识过人的举动也为他带来了职业生涯最辉煌的时刻。当时邓普顿成长基金的规模还很小，几乎可以在没有投资限制的情况下运作，而且日本的股票定价实在太过诱人，不容错过。他说："我们开始在日本投资时，日本的总市场规模还不及IBM（国际商业机器公司）一家公司的市值。"[14]

1971年，从日本取消投资限制时起，日本股票就开始在邓普顿基金的投资组合中占有较高的比例，并在1974年达到62%的最高水平。其中的收益明星股票包括日产汽车（Nissan Motors）、住友信托（Sumitomo Trust）和普利司通（Bridgestone）。1972年，邓普顿成长基金的回报率为68.9%。

在接下来的两年中，在美国股票严重高估、通货膨胀居高不下，以及石油输出国组织（OPEC）石油禁运的共同作用下，美国的经济开始放缓，股票价格下跌了近40%。邓普顿说："当时，美国的平均市盈率为19倍，我们买进的日本股票仅有2~3倍的市盈率。所以，有了全球视角之后，就能避开一个国家的熊市。"[15] 在1972年至1974年期间，邓普顿成长基金上涨了32.6%，而标普500指数则下跌了25.3%，两者相差近58%。

由于邓普顿远离了美国的熊市，并极具先见之明地买入了日本股票，因此这只成长基金在20世纪70年代期间平均每年飙升19.6%，而标普500指数则只微弱上涨了5.4%。如果在20世纪70年代初向邓普顿成长基金投入10 000美元，到20世纪末，其价值将增长至55 900美元，而同样投资于标普500指数，仅能获得17 700美元。

邓普顿后来在1992年解释说：

当我们买入（日本股票）时，我们挑选出成长最快的几家公司，平均市盈率仅为3倍……当市盈率达到33倍时，我们就认为该去其他地方寻找定价低于估值的股票了。因此，我们逐渐撤出，落袋为安。但是我们这个判断还是早下了5年。日本市场的市盈率后来上涨至75倍。[16]

到1979年，日本股票的价格达到了美国股票的两倍，但邓普顿几乎已经清掉了全部的日本股票，仓位仅剩5%。到20世纪80年代后期，日本的股价攀升至75倍市盈率的惊人高度时，他的持仓数为零。邓普顿高价卖出后，日本股票的价格继续上涨至令人难以置信的点位，这带来的另一个结果就是邓普顿的基金在这些年中落后于MSCI全球股权指数（明晟公司编制的指数）。1974年，日本仅占MSCI全球股权指数构成的12%，而到了1989年，其权重已高达40%。邓普顿随后解释说，在此期间，日本人买股票就像买收藏品一样，完全不考虑价格或收益。虽然事后看来，邓普顿本可以多等一段时间再卖出日本股票，就能赚到更多的钱。但这可能会违反他的投资纪律：只投资于价格低于估值的股票，才能保护投资资本。他没有屈服于机构化的思维方式，让自己迫于压力去跟随指数权重，因此卖出日本股票并没有违反他的投资原则。

20世纪70年代中期至晚期，邓普顿在北美和欧洲发现了价格偏低的公司，这些股票在1992年他卖出基金之前一直都是他的重仓股。1978年，邓普顿将大约60%的权重放在了美国股票之上，另外40%分配给了加拿大、日本、英国、德国、中国香港地区和澳大利亚。60%的比例也是他24年来给予美国股票最高的权重。他说：

我们没有事先决定将60%的资产投入美国市场。我们只是根据自己对各个公司估值的判断，在全世界范围内寻找可以以最低价格买进的股票，碰巧在美国找到了它们，所以我们逐渐将投放比例加到了60%。[17]

这些好股票分布在石油、天然气、房地产和建筑行业，邓普顿说："不是因为我们认为这些是好行业，而是我们在全球范围内寻找最好的股票时，碰巧在这些行业中找到了它们。"[18]

邓普顿在出售基金之前，美国股票的敞口一直都相对稳定地保持在60%~65%。在基金中，新兴的成长型公司和颇受养老基金欢迎的知名公司所对应的持仓比例并不固定，随着不断发现更多被低估的股票，两者的敞口都会有所调整。

邓普顿在1982年特别看好美国股市，原因如下：

● 美国股票估值便宜。美国股票的市盈率仅为7倍，与道琼斯工业平均指数的历史最低水平相当。低估值反映了围绕高通货膨胀率、高利率、石油危机以及来自日本低价产品的竞争威胁而产生的悲观情绪。邓普顿认为，美国股票的市盈率最终将攀升至与其他国家/地区相当的水平，例如新加坡的16倍、中国香港地区的18倍和日本的20倍。而美国股票的市净率还不到1倍，与大萧条时期一样低。1982年8月，美国股票价格与重置价值的比值已跌至股票市场的历史最低。

● 多起美国公司的收购都表明美国公司股价已经低于内在价值。邓普顿认为，如果一家公司愿意支付50%~100%的溢价来收购另一家公司，那是因为他们认为自己支付的价格依然低于被收购公司的实际价值。

● 美国公司回购自己股票的速度要高于历史上的任何时期。在邓普顿看来，回购自己股票的公司说明"那些最了解这家公司的人认为当下的股价真的低于公司的价值"。[19]

● 邓普顿留意到美国当前可用于投资的现金比他一生中见过的现金都要多。他认为，这种被抑制的购买力最终将推动价格上涨。现金的来源包括保险公司、外国投资者（特别是日本人、德国人和阿拉伯人）以及养老基金，这些基金的规模超过6 000亿美元，预计在12年内将增加到30 000亿美元以上。他认为，如果将这些资金的50%投资于股票，那将会有15 000万亿美元投入普通股市场，这比1982年美国所有股票的总市值（约12 500万亿美元）还高。

第六章　案例研究

> 人们总是问我哪个标的公司的前景大好，但这其实是个错误的问题。正确的问题是：前景最糟糕的是哪家？
>
> ——约翰·邓普顿

邓普顿投资方法的精髓在于先计算出公司在未来正常收益能力之下的公允价值，如果当前的市场价格相对更低，就等到市场悲观情绪最重的时候买入。如果市场对公司的运营状况存在普遍的担忧，则可据此预测悲观情绪将在何时达到顶峰。这种迫在眉睫的担忧通常足以严重到引发一波投资者的抛售浪潮，因为在他们看来，即使在最好的情况下，这笔投资也会变为"死钱"，所以不如抛出后再买入一只前景更明朗的股票；而最糟的情况则是公司的发展出现进一步恶化。当这样的机会出现时，首先要确认公司是真的出现了问题，还是仅仅从表面上看起来不太对劲。如果是真的出现了问题，那么接下来则要搞明白这个问题是否为暂时的、可纾解的、非结构性的，如果是结构性的，是否已对公司造成了不可逆的损失。最终，对于愿意透过当前的市场动荡继续向前看的投资者而言，这些都是潜在的赚钱良机。他们不会盲目乐观，而是会通过研究得到数据支持，从而判断当前的根本性问题是否会削弱公司的未来盈利能力，导致公司内在价值的减损。我们可以通过几个全面、翔实的案例研究学习邓普顿卓越的选股能力，了解他怎样做到在市场悲观情绪最重的情况下严格按照自己的投资交易纪律买入股票。

美国联合碳化物公司

邓普顿回忆说："我最了不起的交易之一就是投资美国联合碳化物公司（Union Carbide）。"[1]邓普顿于1982年开始买进美国联合碳化物公司的股票（如图6-1所示），因为"一年前，他们的收益大约是10.5美元，股价仅为40美元，大概五年内每股收益就能达到20美元，而当前的市盈率只有2倍"。[2]

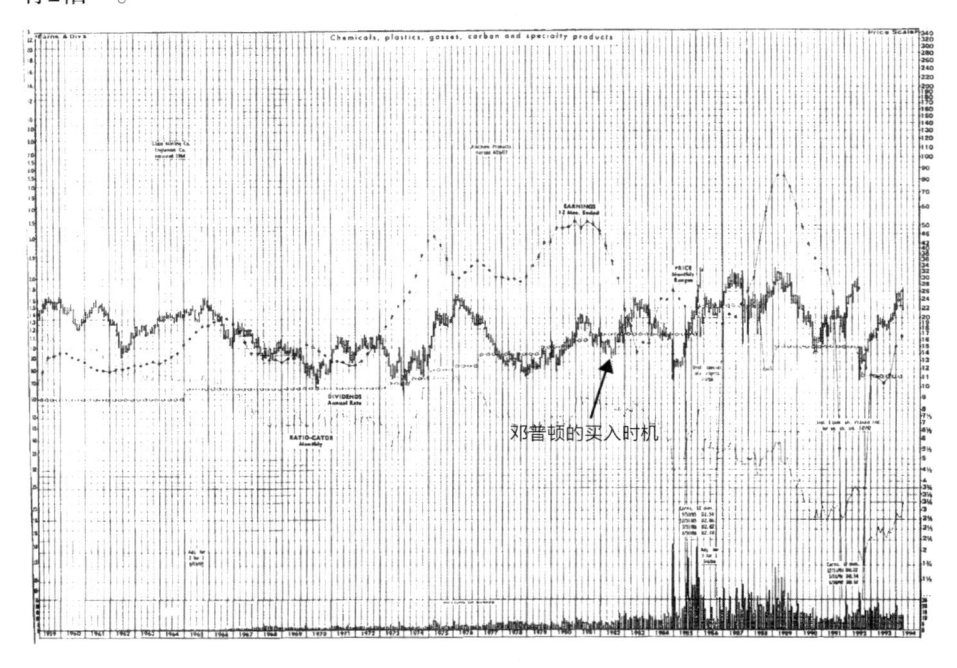

图6-1 联合碳化物公司的股票走势图

1984年12月4日，《华尔街日报》报道，美国联合碳化物公司位于印度博帕尔（Bhopal）的农药厂发生泄漏事故，释放出的有毒气体（异氰酸甲酯）于前一日造成410人死亡、10 000多人受伤。这家具有7年历史的工厂由美国联合碳化物公司持股51%、印度政府持股49%，该工厂所贡献的收入占美国联合碳化物公司总收入的2%。据报道，公司发言人表示所有损失都将由保险公司负担。在当年12月，公司股价从近50美元暴跌至每股33美元，跌幅超过30%。（请注意，该公司后来进行了1∶3的股票分拆。此处涉及的股票价格为分拆前的价格。）

邓普顿进一步加仓，他说：

还记得1985年（口误，应为1984年）美国联合碳化物公司在印度博帕尔发生的那场可怕的事故吗？由于担心受害人家属提起的法律诉讼可能导致这家化学品公司倒闭，美国联合碳化物公司在纽约证券交易所的股票从50美元跌至32.75美元。我们当时的仓位很高。但是你知道我们做了什么吗？我们加了点儿仓，当价格进一步下跌时，我们又加了一点儿仓。[3]

1984年12月6日，印度官员表示死亡人数至少为1 600，非官方数据则声称死亡人数估计高达2 000，事故还导致50 000人出现胸痛、眼部不适、呕吐等症状。据医生估计，成千上万的人将遭受肺部损伤、失明、不育症等永久性疾病的困扰。在到达工厂后，印度内阁大臣瓦桑特·萨特（Vasant Sathe）将这场悲剧称为化工史上最严重的灾难。25年后，他还表示，当天在一夜之间，半个博帕尔都变成了毒气室。美国联合碳化物公司的发言人威廉·凯利（William Kelly）表示："我们公司不会倒闭。"[4]美国联合碳化物公司的工作人员一再表示，该公司的赔偿损失将由保险公司负担，不过他拒绝透露赔偿金额或保险公司的具体信息。据保险公司工作人员估算，保单将为该公司至少提供2亿美元的赔偿，但不确定该保险是否涵盖了可能发生的大规模惩罚性赔偿。

第二天，即12月7日，美国联合碳化物公司健康、安全和环境事务部门主管杰克逊·布朗宁（Jackson Browning）表示："尽管博帕尔事故带来了极其惨痛的后果，但考虑到保险和其他的可用资源，这并不会对公司带来任何结构性的威胁，公司也没有寻求破产之意。"信用评级机构标准普尔（Standard & Poor's）和穆迪（Moody's）也均表示正在调查美国联合碳化物公司的债务评级，并可能做降级处理。

当天，《华尔街日报》的"街头闻讯"专栏（Heard on the Street）介绍了美国联合碳化物公司的情况。文章中引用了一位将美国联合碳化物公司股票全部清仓的理财师的话："你不需要等到事态更加严重的时候。这可能是第二家曼菲尔公司（Manville，多年来一直因石棉相关的指控所困扰而最终破产的公司），谁会想再等下去呢？"这篇文章直指其他相对乐观的分析师，他们认为股价下跌是一种过度反应，判断依据是因为印度的生活水平较低，所以对受害者的赔偿也会相应缩减，这将把由实际赔偿带来的潜在损失限制在可控的范围内。文章引用了添惠公司（Dean Witter）的化学分析师威廉·杨（William Young）的评论说："美国联合碳化物公司的保额高达2亿多美元，而实际索赔约为1亿美元，即使惩罚性赔偿最终定为2亿美元，在这部分不被保险覆盖的情况下，公司的每股收益也将仅下降1.5美元（当时的每股总收益为4.5美元）。"他补充说："在理性分析之后，就会发现股票的价值超过其当前价格。"但是，他没有推荐买入该股票。

1984年12月11日，《华尔街日报》报道说，来自得克萨斯州的巴斯兄弟家族（Bass brothers of Texas）以每股34~38.52美元的价格收购了美国联合碳化物公司5.4%的股份，股息收益率超过8%。另外据报道，美国联合碳化物公司的一支技术团队也首次被允许进入事发工厂。

1985年1月11日，《华尔街日报》报道说，美国联合碳化物公司的首席执行官沃伦·安德森（Warren Anderson）表示："我们有能力继续经营下去。我们有经营所需的足够资产、银行授信额度和贷款。如果我们能妥善地管理公司……我想我们会没事的。"他还强调，他希望在六个月内解决索赔问题，事故原因将在三周后公开。

截至1985年9月30日，联合碳化物公司的最大股东为化学品和建筑产品制造商GAF公司，持有约340万股股票；第二大股东即为邓普顿。邓普顿解释说：

有人以为我太感情用事了！但是事实是这样的。首先，我们认为保险将覆盖大部分博帕尔工厂的赔偿。其次，我们认为美国联合碳化物公司的经营状况良好，还可以继续生产公众所需的产品。简而言之，我们认为博帕尔事件所带来的影响迟早会减弱。公司要么会再次实现盈利，要么会将几个业绩突出的业务部门剥离给一些急切的买家。[5]

1985年12月10日，据《华尔街日报》报道，GAF公司以小博大，提出以每股近69美元的价格收购美国联合碳化物公司剩余90%的股份。GAF公司的年收入仅为7.31亿美元，只有美国联合碳化物公司95亿美元年收入的7.7%。美国联合碳化物公司拒绝了这一提议，并表示"将全力反击"。

邓普顿在1988年回忆说："到1986年年底（口误，应为1985年年底），GAF公司提出以每股近69美元的价格收购该公司，而我们刚好持有300万股！这就是为什么我会买入暂时爆出坏消息的股票！"[6]

邓普顿指示巴哈马总部的同事继续持有该股票："不要太过于着急抛售才是明智的做法。第一个报出的收购价很可能不是唯一的一个。"在接下来的三个星期中，他每天只查看一次或两次股价，然后静静地等待。[7]

美国联合碳化物公司提出以每股20美元的现金和65美元的债券的价格回购35%的股票，总报价约为每股72美元，因为债券可以以低于每股65美元的价格交易。

1985年12月26日，《华尔街日报》报道称，GAF公司将收购价格再次提高到每股74美元。在12月的最后几天，邓普顿失去了耐心，将股票全部清仓，大部分股票都在年底的最后一天抛出。[8]

1986年1月3日，《华尔街日报》报道称，GAF公司将出价提高至每股78美元，美国联合碳化物公司则选择忍痛剥离最赚钱的消费品部门（Eveready电池和Glad塑料袋）、增加发债、将年度分红比例从每股3.4美元提高至每股4.4美元来进行反击，并改变其股权结构，按每股85美元的价格以现金和有价证券回购55%的股票。由此，美国联合碳化物公司的债务增加了一倍，达到54亿美元，其债务股本比随即攀升至14∶1。

邓普顿在1986年年初感叹道："我们卖得太早了。"[9]

1986年1月9日，GAF公司放弃了以每股74美元对美国联合碳化物公司的敌意收购，并表示将保留其10%的股份。

1994年9月12日，美国联合碳化物公司同意以9 000万美元的价格将其在印度子公司中的50.9%股份出售给一家英国公司。美国联合碳化物公司坚持认为是一名身份不明员工的蓄意破坏导致了化学气体泄漏，而他们愿意承担这份"道德责任"。此后，博帕尔工厂再未重新开放。

重点总结

在持有股票时，投资者难免会看到一些让他们动摇信心的相关新闻。美国联合碳化物公司博帕尔工厂发生的化学气体泄漏事故被称为全球最严重的工业灾难，导致3 800多人丧生，另造成550 000多人受伤、终身残疾。

邓普顿对此做出了理性的提问：过去的类似事故都涉及了哪些责任？美国联合碳化物公司将负担的潜在责任又有哪些？他判断，公司的财务赔偿责任将由保险公司承担，剩余不被保险覆盖的部分，公司也可以通过出售最赚钱的非主营业务部门来支付。虽然"先卖出再提问"是个简单的逻辑，但邓普顿通过理性的分析确立了自己的观点，并在此基础上继续加仓，如他所说，这一操作是"继续适应卖方"。结果这是他获利最多的操作之一。邓普顿最初对美国联合碳化物公司的估值也是正确的，他认为相对于其未来的盈利能力，公司的股价被低估了。1989年，美国联合碳化物公司最终的每股收益达到了近15美元。邓普顿最初以低于美国联合碳化物公司7年后收入3倍的价格买入其股票。

加拿大铝业集团

1982年5月，业内第二大生产商加拿大铝业集团（Alcan Aluminum）取消了上调铝板材价格6%的决定。这是该公司唯一一款高需求量的产品（被饮料罐制造商广泛采购）。其他厂家也纷纷效仿。《华尔街日报》援引一位买家的话说："它实在是越来越有竞争力了。"[10]

1982年6月18日，邓普顿在公共电视台上推荐买入加拿大铝业集团的股票：

我们在40年的投资顾问生涯中，通常只会在鲜为人知的新兴公司中找到低于估值的股票。但现在这是第一次发现像加拿大铝业集团这样的大公司也是一次投资良机。它的股价仅为16美元，而在下一个市场周期中可以轻松实现每股12美元的收益。

当邓普顿被问到用什么标准来判断这只股票被低估时，他回答说："标准千差万别，但最重要的也许就是，相比你对长期收益的估计，它有多便宜？"[11]

几天后，加拿大铝业集团宣布将资本支出从先前计划的7亿美元削减至6亿美元，而该公司上年的资本支出为9.74亿美元。此外，该公司还冻结了小时工资的支付，并推迟了加薪。加拿大铝业集团的141名高层管理人员计划在下半年无薪工作两个星期。所罗门兄弟（Salomon Brothers）的分析师彼得·英格索尔（Peter Ingersoll）在《华尔街日报》上表示："在我的经历中，这是铝业迄今为止最糟糕的时期，即使1974—1975年这段第二次世界大战后最严重的经济衰退期都比现在乐观。"由于成本较低，加拿大铝业集团当时的产能利用率为86.7%，而行业的平均值为76%。

10月下旬，加拿大铝业集团报告了自20世纪30年代初以来的首个季度运营亏损情况（1 500万美元）。首席执行官戴维·卡尔弗（David Culver）表示近期的前景并不乐观。

1983年1月，由于铝价疲软，加拿大铝业集团、美国铝业公司（Alcoa）和雷诺金属公司（Reynolds Metals）均公布了季度亏损，全部低于预期。但是，美国铝业公司董事长克罗姆·乔治（Krome George）表示："原铝的价格似乎一直坚挺，我们看到订单价格略有上升。假设这些趋势继续下去，我们预期在1983年可以实现缓慢、温和的复苏。"[12]

加拿大铝业集团于1983年6月表示，由于美国的发货量比1982年第四季度高出35%，公司预计将在1983年下半年恢复盈利，并预测在1984年的某个时间点上，最近上涨的铝需求将有所降温。

到1983年8月，北美四大铝制品生产商中，已有两家在近三年来首次提高了铝锭的价格。

1983年9月，铝产品的订购量比上年增加22%，扁轧铝产品的备货时间也增加了一倍以上，铝锭的交易价格为每磅①0.72美元，高于1982年12月的每磅0.46美元。

相比15个月前邓普顿在公共电视台上推荐加拿大铝业集团时，它的股价已经翻了一番。1983年9月，加拿大铝业集团宣布了发行700万股普通股的计划。

重点总结

邓普顿以猎人心态不断寻找被低估的股票，他发现的这些机会来自各种类型的上市公司。他的思维模式由十大支柱组成，其中之一就在于保持灵活和开放的态度，这也是他取得长期成功的关键。他偏爱未被广泛认识到的新兴成长股，但正如我们在美国联合碳化物公司和加拿大铝业集团两个案例中看到的那样，周期性行业的公司爆出不危及根本的坏消息时，他也同样乐于投资。

美国联合碳化物公司和加拿大铝业集团这两个案例都属于他最喜欢的公司价值被低估的类型：相对于公司未来的潜在收益而言，当前的市场价

---

① 磅为英美制质量单位，1磅等于0.454千克。——编者注

格偏低。1982年6月，邓普顿在电视节目上推荐买入加拿大铝业集团的股票时，他认为16美元的股价是被低估的，因为他预测公司在下一个市场周期可以获得每股12美元的收益。他的计算与实际相差无几，进入下一个周期性高峰期之后，加拿大铝业集团在1989年实现了每股10美元的盈利。1982年，邓普顿以极低的价格买入了加拿大铝业集团（如图6-2所示），成本仅为7年后每股收益的1.6倍。由于这只股票的价格在他推荐后的一年多时间里翻了一番，所以股价其实在收益恢复之前很久就已经开始体现收益的折现价值了。

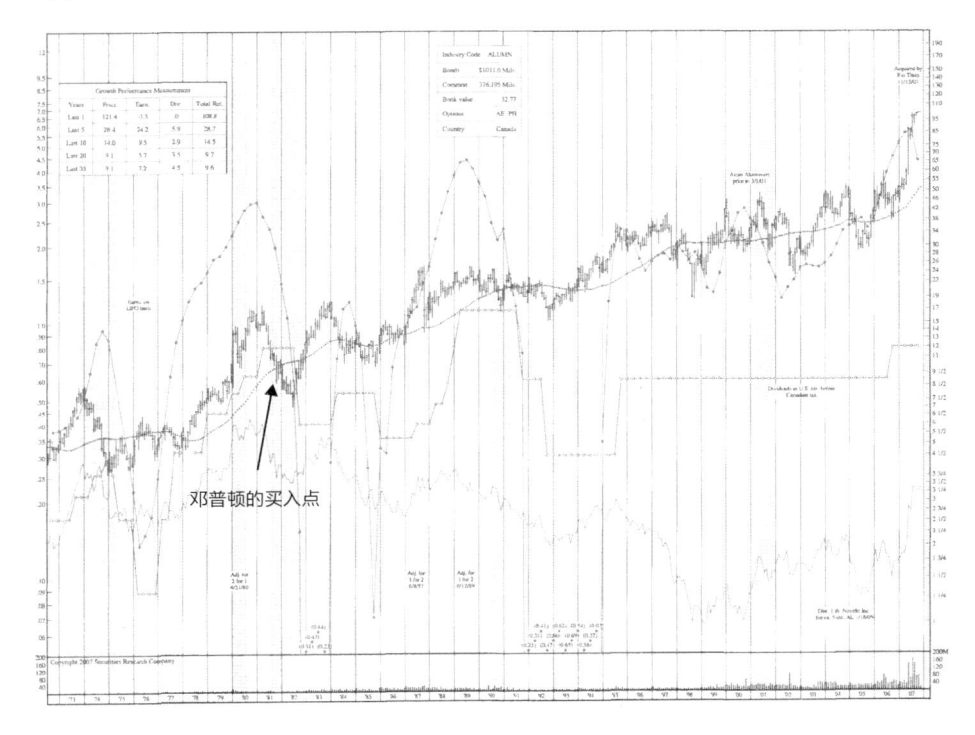

图6-2　加拿大铝业集团的股票走势图

埃克森公司

1981年1月28日，美国总统罗纳德·里根签署了一项行政令，允许石油产品由市场自由定价，不再实施价格管制。这刺激各大油田提高石油产量，其中包括阿拉斯加普拉德霍湾油田（Alaskan Prudhoe Bay Oil Field）。20世纪70年代的能源危机导致油价飞涨，进而造成消费减少，加之节能趋势的发展、核能和天然气等替代能源的出现，以及非欧佩克（non-OPEC）产油国生产过剩等综合因素，导致《时代》杂志于1981年6月22日宣布："世界暂时漂在过剩的石油中。"这些因素最终导致油价连续5年下滑，从1981年的每桶近40美元的价格跌至1986年的每桶11美元。

1981年5月，邓普顿表示他之所以购买埃克森公司（Exxon Corporation）的股票（如图6-3所示），是因为它"是世界上最好的股票之一，而且目前的股价仅有清算价值的一半，市盈率仅为5倍"。[13]他再次强调了自己选股的基本标准："最重要的就是估算出公司的长期收益，并在当下以最低的价格买入。"[14]

当时，埃克森公司的股息收益率为9%，收益为股息的2倍，市盈率仅为5倍。在接下来的一年中，股价下跌了17%。1982年5月，在高利率和能源需求疲软的双重打击下，耗资430亿美元的阿拉斯加天然气管道建设项目宣布将延期两年，它背后的出资方包括了埃克森公司、大西洋里奇菲尔德公司（Atlantic Richfield,）和俄亥俄州的标准石油公司（Standard Oil）。埃克森公司还宣布，他们相信合成燃料的需求已经减弱，因此将终止与美国特斯克公司（Tosco）合作的油页岩项目。

1982年5月12日，《华尔街日报》的"街头闻讯"专栏刊登了对埃克森公司的专题报道，它指出，虽然埃克森公司是"少数几家利润超过通货膨胀的美国公司"，但排除通货膨胀因素之后，其股票的5年总回报率仅为0.7%，扣税后则为负增长。所以，"大多数分析师并不推荐这只股票"。

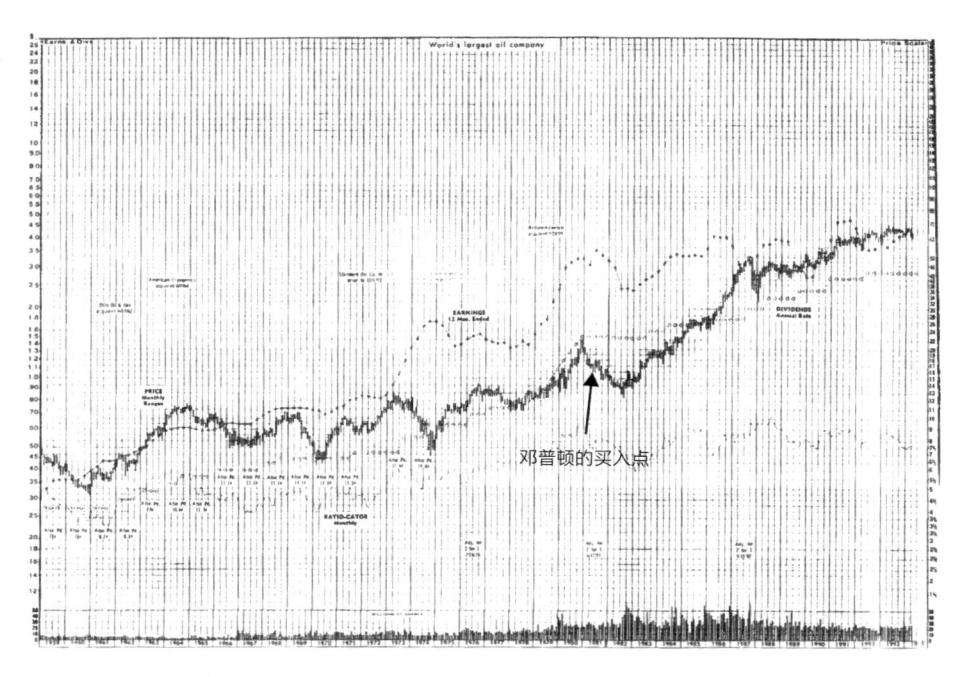

图6-3 埃克森公司的股票走势图

一个月后，埃克森公司决定大幅削减员工成本，公布了员工辞职或退休的激励措施。1982年6月，埃克森公司再次成为"街头闻讯"专栏的主角。据文章报道，公司的股息收益率达到了11%，是公司历史均值的两倍，也是道琼斯30种股票中最高的。

在接下来的5年中，埃克森公司的市盈率从5倍增至16倍，股价上涨了350%，收益在此期间持平。同期，股息率提高了33%，从而提高了总回报率。

重点总结

价格低于估值的股票不仅存在于无人问津的成长型公司中，也存在于大家耳熟能详的、市场地位强大的高质量公司中，因为宏观经济的原因，这些公司时而会经历底层盈利动力不足的情况。传统观点认为，由于缺乏盈利动力或底层催化因素，此时并不应该买入这种股票。1981—1982年，埃克森公司面临裁员、管道建设项目停滞、合成燃料需求下降以及能源需求疲软的困境。但是，该公司的资产负债表稳定，而且尚佳的收益表现也足以支付股息。邓普顿公司的估值迟早会实现反弹，在耐心等待的过程中，他也获得了9%的股息收益率。尽管该公司的收益在此期间没有增长，但在市场供需关系的自然作用下，油价逐渐回升，因此也使投资者恢复了信心，公司的市盈率增长了两倍，收益也随之增长。

孟山都公司

1990年10月，多元化经营的特种化学品公司孟山都公司（Monsanto Company，以下简称"孟山都"）宣布，由于与石油相关的原材料成本上升，其季度收益下降了41%，销售额比上年仅略有增长。孟山都是地毯尼龙和挡风玻璃塑料的大型供应商，其原料依赖石油衍生品。该公司还宣布将裁员300人、重组农产品业务，并计划出售动物饲料补充剂部门。到1990年10月，由于受波斯湾危机的影响，油价比上年上涨了84%，达到每桶35美元，并且在两年内继续上涨超过177%。孟山都的财务报表采用LIFO（"后进先出法"）会计准则核算成本与收入。在成本快速上涨的时期，这种计算方法将压低收益。

1990年11月5日，《商业周刊》（*Businessweek*）在一篇文章中指出，在道琼斯指数从高点回落近500点的时候，邓普顿在悲观情绪最高的行业中找到了最划算的买入机会（如图6-4所示），"邓普顿首选的是蓝筹股：孟山都。这是最他赚钱的操作之一。油价上涨引发市场大规模抛售该公司的股票，导致股价下跌。但邓普顿表示，长期投资者不必担心。如果油价保持高位，孟山都的石油产品最终也会涨价。当时公司的股价为42美元，低于62美元的高点，市盈率仅为8.4倍"。

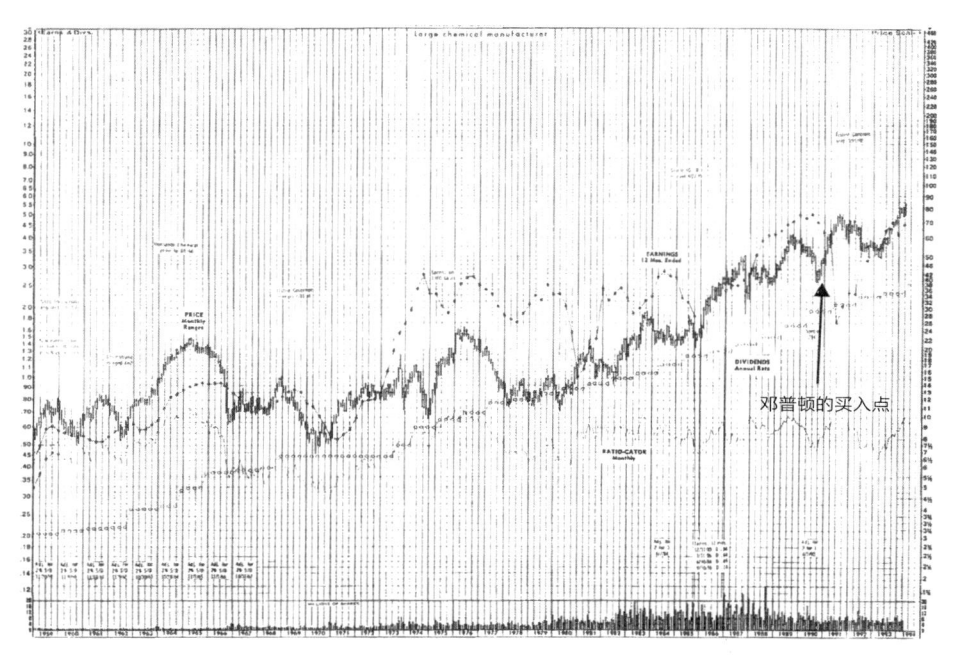

图6-4 孟山都公司的股票走势图

孟山都确实率先通过向客户涨价来抵消成本上升。石油价格随后开始下跌，到20世纪末这段时间内一直在十几到二十几美元的低位徘徊。邓普顿买入之后，孟山都的股价在8个月内上涨至75美元，涨幅高达78%。

重点总结

邓普顿在一只特种化学品行业的头部蓝筹股上看到了低价买入的机会。这家公司的产品丰富，例如首孚信（Saflex，应用于汽车和建筑夹层玻璃的中间膜）、家用地毯的尼龙纤维材料、Roundup除草剂等，不一而足。随着经济反弹和差异化产品所带来的议价能力，邓普顿发现，相对于其未来潜在的收益而言，这家公司只是暂时处于低迷的状态。随后油价出现下跌，加之孟山都使用的LIFO会计准则，低成本立刻转化为了高收益。邓普顿率先预期孟山都的收益能够恢复，随后其他投资者也迅速跟进。

美林证券

1991年2月，邓普顿说："我们的重仓股放在了那些不受市场欢迎的银行、保险和金融服务行业。由于频繁出现关于银行不良贷款问题的负面报道，许多经营状况良好且管理保守稳健的金融机构也难逃股价下跌的厄运，这对它们而言显然并不合理。"15

由于商业房地产市场的长期恶化和银行贷款损失的激增，1991年2月美国的经济环境中充满了焦虑的情绪。垃圾债券①巨头德崇证券宣布破产，让纳税人总计5 000亿美元的储蓄和贷款无处可寻。花旗银行（Citicorp）、大通曼哈顿银行（Chase Manhattan Bank）、波士顿银行（Bank of Boston）和化学银行（Chemical Bank）等主要银行都采取了降低股息、增加资本的做法。

邓普顿表示他非常看好美林证券，当时该股的定价为每股21美元（按1∶2的比例进行了3次拆股之后，价格为2.63美元），如图6-5所示。他指出："美林证券采用保守方式计算出的账面价值比其市场价值高44%。更有利的情况是，美林证券有许多资产未在资产负债表中列出。例如，它管理着1 000亿美元的共同基金，其中的1.5%左右可以视为美林证券的资产。仅就这些基金而言，就是15亿美元，约合每股14美元。"16

---

① 垃圾债券也称"高风险债券"或"高息债券"，是美国公司发行的一种非投资级的债券。——编者注

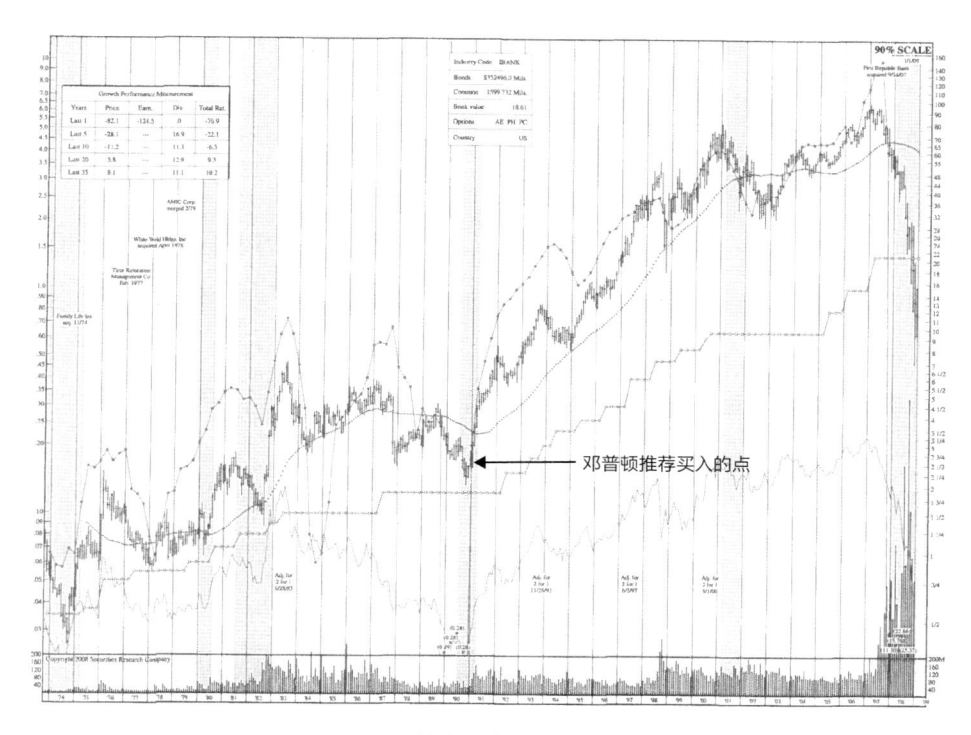

图6-5 美林证券的股票走势图

重点总结

邓普顿注意到，整个金融服务业都充斥着对银行不良贷款的恐惧。他抓住这一机会，看中了一家同样身处金融服务业的公司，虽然它的自身业务未受不良商业贷款的影响，但其股价也遭到了无辜牵连，应声下跌。

1990年年底，美林证券的每股实际账面价值为29.98美元（股票分拆前），比21美元的股价高出43%。即使资产减记使公允价值降低，被低估的价值还是为投资者提供了很大的缓冲空间。并且，美林证券贷款总额仅占总资产的2%、股东权益的50%。正如邓普顿所发现的，因为美林资产管理公司（Merrill Lynch Asset Management）旗下的共同基金业务的内在价值远远高于资产负债表上原始成本的账面价值，所以美林证券的账面价值被低估了。仅此一项业务就相当于当时股价的2/3。

极具先见之明的市场判断

1983年12月8日，邓普顿在国家电视台的节目上预测道琼斯工业平均指数在八年内可能会从目前的812点攀升至3 000点以上！他解释如下：

我们往前看八年。在这段时间内，由于通货膨胀，国民生产总值几乎会翻一番。如果国民生产总值翻一番，那么美国公司的销量也大约会翻一番。如果利润率相同，则利润增加一倍。那么，如果利润翻倍，股市将会冲到多高？例如，我们假设，市盈率不再是7倍了，而是14倍，这也是过去80年的平均值，所以，如果美国公司的收益从现在开始翻倍，然后市盈率也翻倍，那么股价可能是现在的4倍，道琼斯工业平均指数也就会涨到超过3 000点。[17]

邓普顿关于市场可能在短短八年内几乎翻两番的预测引得一些人皱眉，这些人质疑他的分析逻辑。然而，道琼斯工业平均指数在1991年12月23日达到3 000点，恰好是在邓普顿看似荒谬的预测之后的八年零十五天。

邓普顿的冷静逻辑一时间大为盛行。在1983年12月之前的八年中，美国国内生产总值的平均增长率为10%，在随后的八年中，也维持在7%。他假设在接下来的八年中美国国内生产总值将翻一番，这意味着增长率达到9%。因此，实际情况比他的预测略低。而市盈率正如他所预测的那样，从1981年到1982年经济衰退后的低迷状态下开始反弹。

1985年年底，美国股市的许多股票指数涨到了历史最高点，牛市已维持了39个月，这也是牛市的平均期限。当时，在邓普顿共同基金集团召开年度会议之前，邓普顿说，他相信下一个牛市"可能是一个令人惊讶的大牛市"。[18]他列举了一些看涨因素，例如有大量现金可用于投资股票、外国人在美国的投资增加、由于收购和股票回购导致的美国股票供应减少，以及美国养老基金在10年内从13 000亿美元扩大到30 000亿到50 000亿美元的潜力。他认为，在接下来的10年中，对标普500指数的投资10 000美元，收益可升至40 000美元以上，年复合收益率接近15%（如图6-6所示）。

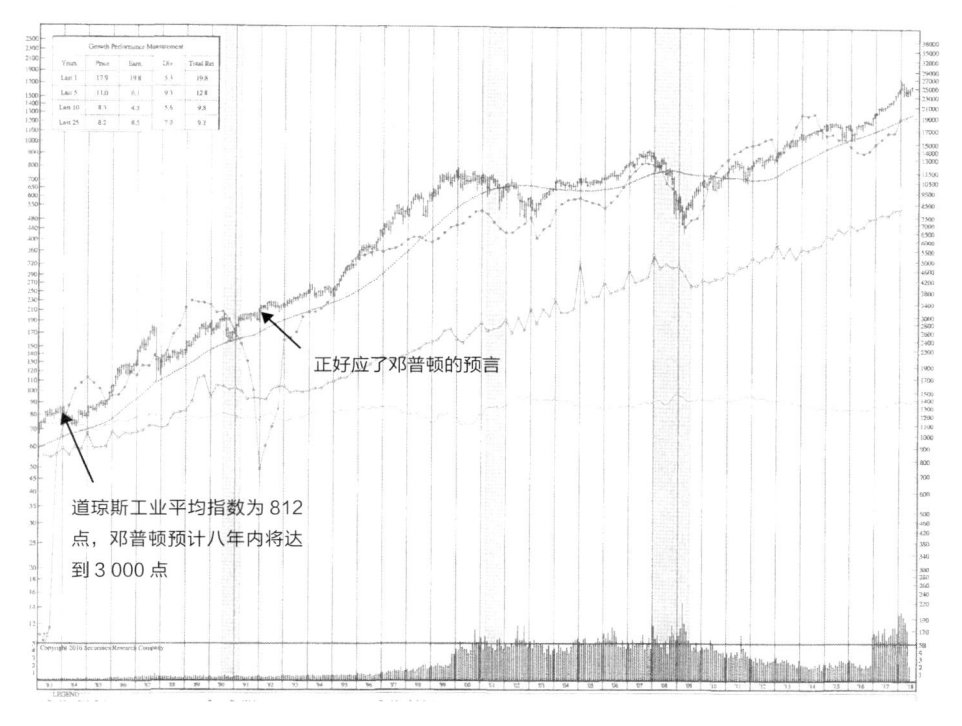

图6-6　道琼斯工业平均指数

第七章 反思

> 如果你想在当前这个快节奏的世界里成为赢家,就要向聪颖稳健的乌龟学习,它们充分体现了毅力和自制力是制胜的法则。
>
> ——约翰·邓普顿[1]

很多事情都可以用乌龟来作比喻,投资尤其如此。毅力法则要求我们用坚持不懈的精神寻找被低估最严重的优质股票、以必胜的决心坚定地持有股票,才能享受到复合增长带来的长期回报。自控力法则要求我们只投资自己熟知的公司,了解市场上存在的强烈的恐惧和贪婪情绪,并学会抵制它们的影响。

邓普顿爵士被誉为华尔街的英雄、慷慨的"老人河"(Old Man River)①、全球投资的先驱者,以及全球价值投资的拓荒者。所有这些美誉都恰如其分。邓普顿爵士相信全球化投资能促进世界和平,他说:"我们的国际化投资越多,彼此之间的了解就越多。这还有很长的路要走。假设俄罗斯领导人计划将50%的资本投向海外,他们看待生活的方式将完全不同。"[2]

许多年前,笔者写信给邓普顿爵士介绍"卓越投资"这个项目。笔

---

① 老人河,指美国境内最大的密西西比河。因为密西西比河滔滔不绝的河水像乳汁一样抚育着密西西比河整个流域的人们,美国人们感恩于密西西比河的慷慨,将其尊称为"老人河"。——编者注

者列出了自己已经收集到的研究资料，并咨询他是否有需要特别强调的内容。他给笔者的回信中满是赞美之辞，并补充说："谨附上我的新书《生活法则》（Discovering the Law of Life）作为礼物，你可以考虑将其中的内容整合进卓越投资研讨会中。"

笔者发现，《生活法则》这本著作没有任何直接与投资相关的内容，而是汇集了邓普顿200条重要的生活法则，旨在"用他一生的经历和勤奋的观察，希望可以帮助世界各地的人们，使他们生活得更幸福、更能造福他人"。这200条法则包括"黄金法则""如果你内心有爱、喜悦、和平、耐心、和蔼、善良、忠诚、温柔和自制力，就会受到眷顾""永不停止祈祷""付出比获得更有意义""热情孕育成就"和"多一盎司定律"等。邓普顿爵士详细阐述了书中每一条永恒的真理是如何帮助过他，以及将如何让每位读者受益。

在书的结尾处，有一条特别的法则："找出你最崇拜的历史人物，列出原因，然后效仿他。"邓普顿爵士解释说："当我们研究伟人的人生时，就可以发现他们真正有价值的人生秘密。向他们学习，就是用他们的光辉加持我们自己的人生。选择伟人进行模仿的过程将使我们在最大程度上分享他们所拥有的财富。"[3]

还有一个小插曲。笔者当时十分愚钝，把邓普顿爵士的回信当作书签夹在他送我的书里。在一次跨越东西海岸的长途飞行中，笔者一直在读这本《生活法则》。但在飞机着陆后笔者迷迷糊糊地发现书里夹的信不见了。我猜，信一定是从书里滑出来，落在了飞机座位前的口袋里。

四年之后，也就是1998年，邓普顿爵士荣获独立研究院颁发的终身成就奖，笔者有幸又在颁奖典礼上见到了他。笔者向他解释了丢信事件，他听后，慈爱地在笔者的笔记本封面上签了名。这是笔者的亲笔笔记，里面记录了"卓越投资"项目的点点滴滴。

但笔者还是非常后悔把他的信弄丢了，真希望能以某种方式再次看到它。当笔者重启这个项目时，笔者联系了邓普顿爵士的秘书，没想到她依然在为邓普顿基金会效力，这让笔者很是惊喜。她不仅有进入邓普顿爵士图书馆的权限，还找到了这封信的副本，并在20年后发给了笔者一份扫描件！

这段亲身经历的故事让笔者更进一步地了解了邓普顿爵士。他在信中写道："谢谢你9月15日的来信，已妥收。笔者10月8日从亚洲出差回来，刚看到。"首先，笔者从信中能看出他在83岁高龄之时仍在旅行。其次，这本赠书体现了他的慷慨大方。再次，尽管"卓越投资"项目专注于投资原则，但邓普顿爵士仍然高度重视分享《生活法则》这本书，因为在他看来，如果不了解他取得人生成功的原因，就不算完整地了解他。投资是邓普顿爵士的一个归宿，但它本身却不是终点。最后，他的秘书能一直愿意为邓普顿基金会效力，致力于整理保存邓普顿爵士的信息，也反映出邓普顿爵士对她和其他无数人所产生的终生影响。

现在，全世界都在深切地怀念着邓普顿爵士。如果我们能牢记他在全球范围内寻找被低估的公司这一投资原则、他的人生训诫、生活法则、无限的好奇心、职业道德、正直的人品、慷慨和仁慈的内心，就可以期待看到他的信念成为现实："21世纪充满了巨大的希望和辉煌的前景，也许将成为遍布机遇的新黄金时代。"[4]

第二篇

彼得·林奇
"不知疲倦的探索者"

> 我一直相信,找公司就像在石头下面找虫子一样:如果你翻起来10块石头,很可能会发现一只虫子;如果你翻起来20块石头,就会发现两只虫子……我每年必须翻成千上万块石头才能找到足够多的公司,保证麦哲伦基金巨大的投资组合能顺利调仓。
>
> ——彼得·林奇[1]

> 谁翻的石头多,谁就会赢得比赛……这个工作需要心态开放、踏实肯干。
>
> ——彼得·林奇[2]

第八章　个人背景

> 致陪伴了我20多年的妻子和最好的朋友卡罗琳（Carolyn），她的支持和付出对我来说至关重要。致我的孩子们——玛丽（Mary）、安妮（Annie）和贝丝（Beth），她们爱彼此、爱父母，让生活充满意义。致我在富达投资集团的同事们，他们的努力付出是麦哲伦基金取得辉煌业绩不可或缺的因素，却并没有得到公众的赞许。致麦哲伦基金的100万名股东，他们将积蓄托付于我，在市场下滑期间给我写了无数封鼓励信，打了无数个鼓励电话，一边安慰我，一边带我憧憬美好的未来。
>
> ——彼得·林奇[3]

与邓普顿爵士相似，林奇也认为是自己的家人、朋友和信仰成就了他的人生辉煌。不可否认，他在职业上取得了极大的成功，被誉为有史以来最伟大的共同基金投资经理之一。林奇在1977年至1990年管理富达麦哲伦基金的13年间，基金的价值提高了20倍，平均年收益率高达29.2%！麦哲伦基金在1977年创立时，资产规模仅为2 000万美元，到1990年林奇退休时则增长至140亿美元，成为美国最大、最知名、最成功的共同基金。虽然林奇是一位极其出色的专业投资者，但他一直坚定地认为业余投资者只要愿意用心观察、勤加钻研，优势也相当明显。他们也可以达到华尔街专业人士的平均收益水平，甚至还能获得更高的回报。我们能从他的职业生涯和他给出的建议中深受启发。

林奇生于1944年1月19日，当时正处于第二次世界大战期间。当时，美国大力鼓励民众种植任何可以缓解食物短缺的蔬菜。他成长在一个对股票市场没有任何好感的家庭中。母亲是7位兄弟姐妹中的老幺,她与兄弟姐妹们都亲身经历了1929年的股市崩盘和经济大萧条。

林奇这样描述他的父亲:"他是勤奋的人,他曾是一名数学教授,后来离开了学术界,成为约翰·汉考克公司(John Hancock)最年轻的高级审计师。"[4]父亲在林奇10岁时不幸患脑癌离世。所以母亲不得不努力赚钱养家,林奇也在11岁时开始打工,在当地一家俱乐部兼职做高尔夫球童以贴补家用。俱乐部的会员中有许多人都是公司高管,富达公司的高管也在其中。他们有一些人正在买股票,林奇留意到这些股票正在上涨。他说:"所以我一直在关注股市。虽然我没有任何钱做投资,但我记得股市在20世纪50年代表现得非常强劲,人们(不是所有人,而是高尔夫球场上的那些人)都在谈论股市。"[5]家人长期以来认为市场是高风险的魔鬼,可能会吞噬你所有的财富。这种恐惧深深地影响着林奇,但在俱乐部里听到的这些成功故事又让他打消了心中的担忧。

林奇在高中时非常刻苦,并顺利考取了波士顿学院(Boston College)。在大学里,林奇并没有选择数学、会计和科学等商科专业的常规课程。相反,他选修了逻辑学、历史学、心理学、政治学、宗教学和希腊哲学等方面的文科课程。他认为逻辑学为他从事选股的工作打下了最重要的基础——即使只是为了识别华尔街上诸多不合逻辑的做法。在他看来,所谓不合逻辑的做法,就是许多投资者甚至在没有测试过公司的产品、没有逛过公司的商店,或者没有跟公司核实过数据、没有参观过公司的情况下,就开始推测公司的未来发展。"华尔街的思考方式就像某些古希腊人那样。他们坐在那儿好几天,讨论一匹马有多少颗牙齿。正确的做法应该是牵一匹马来数一下。"[6]他还认为投资是一门艺术,而不是一门科学,所以依靠严格的定量分析做投资是短视的做法。在林奇看来,"你在四年级学到的数学知识就足够买卖股票了"。[7]

林奇在做高尔夫球童时听到了许多成功的投资案例,在这段经历的启发下，他存下了做球童挣到的钱、奖学金、走读念完波士顿学院省下的住宿费，在大学二年级时就攒够了一小笔钱，以每股7美元的价格买进了他人生的第一只股票——飞虎航空（Flying Tiger Line）。在美国参与某次战争期间，这家航空货运公司在太平洋地区运输了大量的部队人员和军备物质，发展迅猛，股价在不到两年的时间内上涨了3倍多，达到32.75美元。林奇逐渐开始卖出，直到股票涨至每股80美元时完成清仓。这笔收益在很大程度上贴补了林奇在费城宾夕法尼亚大学沃顿商学院的研究生学费。林奇承认，碰上飞虎航空大涨是他的幸运。因为他本来只是期待公司会在未来因为航空货运业务整体上涨的过程中受益，没想到后来发生的战争会促进其业务发展。他说："股票一直在上涨，我记得大概涨了9倍、10倍的样子，让我有了第一只10倍股。"[8]从此，林奇看到股票让资金翻倍的能力，心中充满了寻找更多好股票的动力。

林奇在当球童时，为一位名叫D. 乔治·苏利文（D. George Sullivan）[①]的客户服务了8年。在D. 乔治·苏利文和波士顿学院校长的建议下，林奇在大四那年暑假申请去富达公司做实习生。凭借出色的市场营销能力、内德·约翰逊（Ned Johnson）掌管的富达趋势基金（Fidelity Trend Fund）和蔡志勇（Gerry Tsai）掌管的富达资本基金（Fidelity Capital），富达公司在业界享有盛誉。当年申请实习生岗位的人数多达75个，但录取名额只有三个。林奇有幸被富达公司选中。这是他一生中唯一的一次工作面试。

从沃顿商学院毕业后，林奇履行了美国陆军预备役军官训练营（Reserve Officers' Training Corps，ROTC）[②]的义务，从1967年到1969年的两年时间里，分别在得克萨斯州和韩国的炮兵部队担任中尉。林奇1969

[①] 时任富达基金总裁。——译者注
[②] 预备役军官训练营，是普遍设立于美国民间大学的预备军官训练机构，旨在吸收优秀的高中和大学青年精英为加强国防实力贡献力量。——译者注

年从韩国返回美国，以全职分析师的身份再次加入富达公司。林奇的年薪为16 000美元，负责撰写有关纺织、化工和金属行业的研究报告。1974年6月，林奇升职为研究总监；1977年5月，年仅33岁的他开始掌管富达麦哲伦基金，管理2 000万美元的资产和40只股票。虽然内德·约翰逊强烈建议林奇把投资组合集中在25只股票上，但林奇却在6个月的时间里将股票数量增加到了100只，然后不久又增加到150只。据他回忆，当时被低估的股票无处不在。到1990年，麦哲伦基金投资组合中的股票已激增至1 400只。

"46岁"对于林奇来说有着特殊的意义，他的父亲也是在46岁那年辞世，这给林奇带来了重大的影响，于是他选择在自己46岁时退休。他告别了每周6天80~85小时的工作节奏，这样就有更多的时间与家人相处，也有机会参与宗教活动、慈善活动，和他所感兴趣的教育事业。当医生问他退休前都做过什么运动时，他说："我唯一能想到的运动就是晚上用牙线剔牙。"[9]

林奇和妻子卡罗琳从1990年开始，直到卡罗琳2015年去世，一直管理着家庭基金，全心投入他们认为可以有效解决社会问题的四大领域：博物馆、学校、医疗和教育。1999年，林奇向波士顿学院捐赠了1 000多万美元，这是该学院有史以来收到的最大一笔捐款。

林奇越来越不相信在沃顿商学院等各大学术机构中盛行的有效市场理论，尤其是他看到同事提前解释为什么肯德基（Kentucky Fried Chicken）的股票将上涨，而买入之后真的赚了20倍。有效市场理论认为，所有已知信息都将及时、合理地反映在股价中。因此，投资者希望通过勤奋研究而获得市场优势的努力都将是徒劳。该理论的主要倡导者都是学界人士，他们大多数人从未真正参与过投资实战，因此没有亲身体验过在恐惧和贪婪的驱使之下，市场情绪将把股票价格推到远远偏离公司基础业务价值的程度。

林奇与邓普顿爵士一样，都对现代投资理论很不屑。他曾被问道：

"您如何看待随机漫步理论？"①林奇回答说：

随机漫步理论就是一堆废话……如果你相信随机漫步理论，那就等于认为我和富达的同事都是靠运气才取得成功的。当你知道有人买肯德基股票赚了20倍，还能事先解释它价格上涨的原因时，就很难相信市场是理性的。[10]

如果这个周末有100万场网球比赛，那么将有50万个球员输球，还有50万个球员赢球。所以，球员就不应该练习网球吗？他们不应该练习发球吗？他们不应该练习反手吗？问题是，能当赢家，谁还会想当输家？如果你研究了资产负债表、了解公司的业务，如果你使用了所了解的信息……那么你可能会成为更好的投资者。学者这样说的意思其实是，如果人们投资的结果不够好，那么人们就不应该投资。学者告诉人们，他们都没有机会了。可他们会按自己的想法行事，然后，他们亏钱了。这是一种自我实现的预言：你告诉人们结果会怎样，人们就会朝着这样的结果行事。让人们相信股市像市场一样，人们就会表现出在赌场一样的行为。他们在股市里买进期权，就像在赌场里把钱押注在俄罗斯轮盘的26号一样，就像打扑克不看牌……这就相当于不做研究就去投资。[11]

---

① 随机漫步理论，是指股票的走势是随机且不可预测的，并且在不承担额外风险的情况下不可能跑赢市场。——译者注

第九章 投资业绩

> 我的目标是在较长的时期内（而不是每年）跑赢市场4%~5%。我认为这是一个真正合理的目标。如果我能做到，我会很高兴。我认为这也算是我给了股东一个不错的交代。
>
> ——彼得·林奇

在管理富达麦哲伦共同基金的13年中，林奇实现了令人难以企及的超高回报率，他让基金的资产从2 200万美元增长至130多亿美元，年平均收益率高达29.2%，而同期标普500指数的年平均收益率仅为15.4%。在林奇管理麦哲伦基金期间，如果一开始向麦哲伦基金投入10 000美元，这笔钱将变成280 000美元（如图9-1所示），而如果把同一笔资金投入标普500指数，仅能收获64 000美元。麦哲伦基金13年的总回报率高达2 780%，是标

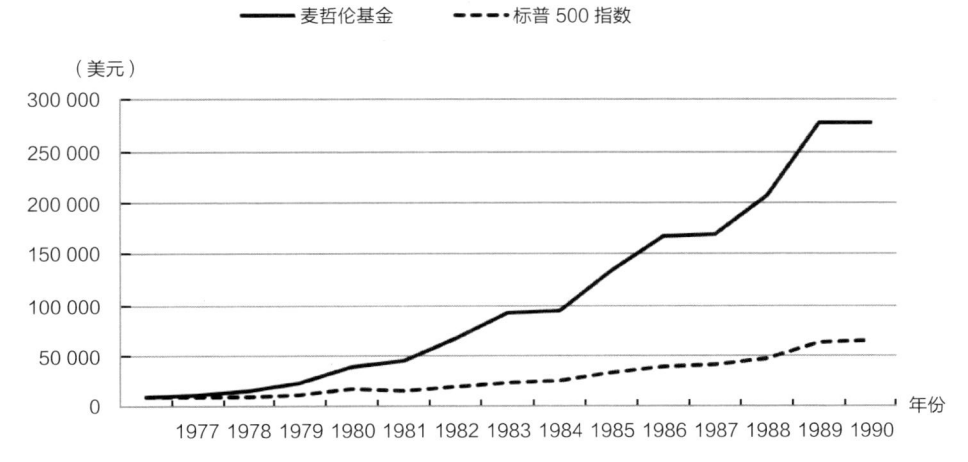

图9-1 10 000美元投资麦哲伦基金在1977年4月30日至1990年3月31日的增长趋势图

普500指数的4倍多（如图9-2所示）。在这13年间，麦哲伦基金每年都取得了正回报，而其中有11年林奇的业绩都超过了标普500指数。该基金连续13年跑赢共同基金的平均收益水平，到1990年，它已成为过去10年中所有共同基金中最好的一只。在这13年的最后5年里，虽然麦哲伦基金已成为美国规模最大的基金，但还是击败了99.5%的基金，创下了154.4%的回报率，而标普500指数的同期回报率为118%。在这13年中的大多数年份里，每100个美国人中就有1个投资过富达麦哲伦基金。

	麦哲伦基金（美元）	年回报率（%）	标普500指数	总回报率（%）	林奇与标普500指数回报率的差值（%）
1977-05-31	10 000		10 000		
1977-12-31	11 375	13.75	9 894	-1.06	14.81
1978-12-31	14 982	31.71	10 543	6.56	25.15
1979-12-31	22 732	51.73	12 487	18.44	33.29
1980-12-31	38 631	69.94	16 545	32.50	37.44
1981-12-31	44 986	16.45	15 731	-4.92	21.37
1982-12-31	66 606	48.06	19 121	21.55	26.51
1983-12-31	92 309	38.59	23 435	22.56	16.03
1984-12-31	94 183	2.03	24 905	6.27	-4.24
1985-12-31	134 786	43.11	32 807	31.73	11.38
1986-12-31	166 784	23.74	38 932	18.67	5.07
1987-12-31	168 452	1.00	40 976	5.25	-4.25
1988-12-31	206 791	22.76	47 782	16.61	6.15
1989-12-31	278 300	34.58	62 924	31.69	2.89
1990-05-31	278 160	-0.05	64 318	2.22	-2.27
年复合增长率(%)		29.2	2 782	15.4	643

图9-2 林奇的业绩表现

值得一提的是，在成立之初，富达麦哲伦基金的定位是一只孵化器基金，仅向富达的内部人士开放投资，直到1981年才向公众开放。与对外开放型共同基金不同，孵化器基金所面临的压力和风险敞口有限，所以林奇在投资上受到的约束也较少。在麦哲伦基金向公众开放的9年中，林奇的表现依然非常出色，实现了21.8%的年回报率，而同期标普500指数的年回报率为16.2%。

第十章　彼得·林奇的投资观点

> 参与股市必须要有信念的支持，如果没有，则必定失败。
>
> ——彼得·林奇[1]

虽然林奇是一位出色的专业投资者，但他始终坚信业余投资者也能做到高于专业人士的回报率。1994年，在美国国家记者俱乐部（National Press Club）的一次演讲中，林奇说道：

我觉得现在的媒体，不管是平面媒体、广播，还是电视等，都在宣扬个人投资者投资的劣势，同时吹嘘大型机构的优势——它们既有计算机，又有高学历人才，还有雄厚的资本，所以在投资领域的赢家只可能是大型机构，个人投资者已经没有希望了。大家也都信以为真，这真是美国的一个悲剧。但事实完全不是这样的。如果人们信以为真，他们就会在这种信念下采取相应的行动。当他们抱有这种态度时，买入股票后就会只持有一周的时间，还会购买期权；他们这周买了智利的基金，下周就去买阿根廷的基金。因此，他们的投资回报就与这种投资行为相符。这很让人无奈。我认为普通人也可以在股市上赚得盆满钵满。在我看来，如今以大型机构主导的市场对个人投资者是有利的，因为这些机构有时会把股票价格压至极低，有时又会推到极高。[2]

虽然林奇总是强调，广大的业余投资者不需要高估专业投资者这个群体的操作技巧和投资智慧，但是他作为专业投资者所拥有的传奇般的职业道德和投资习惯依然值得我们深入研究。我们有必要了解这些素质如何塑造了他的成功，了解为什么他配得上"不知疲倦的探索者"这个称号，这都对我们大有裨益。如果一个业余投资者已经对他/她身边的某家公司有了一定的了解，那么再借鉴一些林奇的职业道德，就能得到制胜的方法。

林奇渴望在竞争中脱颖而出，这是他工作习惯的核心，他也会嘲笑很多自大狂妄的"不切实际的专家"。林奇非常注重在了解一家公司的基础上，发掘它尚未被察觉的优势，并充分相信自己的判断力，一旦买入股票之后，即使这家公司没有受到市场的热捧，也依然能坚定地持有。

通常，有两三个同路的医生朋友会在早上6：15开车接林奇一起上班。这样，林奇还没有到达办公室时，在路上就能开始阅读研究报告和股票走势图表手册了。他在早上6：45到达办公室后，先浏览一遍富达其他基金经理在上一个交易日的买进卖出情况，也会看看富达分析师的评论报告，再读一读《华尔街日报》，这些工作他都在早上7：30之前完成。

《华尔街日报》对此评论道：

林奇先生是富达公司"行动起来"文化的典型代表。作为一名前分析师，他仍然保留着分析师的习惯，早上不到7：30就已经开始打工作电话了，速度之快犹如参加奥林匹克运动会的比赛一样。他的注意力时间很短，总是一边在本子上潦草地记录着一些东西，一边迫不及待地总结某家公司未来的发展状况。他习惯在跟一家公司的高管进行短暂交谈后，一旦看好该行业，就大举投资整个行业。[3]

1982年之后，林奇每周工作80~85个小时，甚至连星期六和星期日早上去教堂前的时间都在工作。在星期六，他要看完"每天收到的50英寸[①]（约1.27米）那么厚的信件"。他说："90%的信件我都会丢掉，但我必须把每一封信都浏览之后，才能决定哪10%是要仔细阅读的。"[4]至于为什么要工作这么长时间，他回答道："我觉得如果我的工作时间增加40%以上，

[①] 英寸是英制长度单位，1英寸等于2.54厘米。——编者注

我的业绩应该就能比竞争对手高10%。"[5]他平均每月都有12天到13天在出差。

林奇全天都会时不时查看股票走势图表。尽管林奇认为自己更专注于公司的基本面，但他还是喜欢参考股票长期走势图表来查看股价趋势与其收益趋势之间的关系。"我在办公室和家里分别都放着一本股票走势图表手册，时刻提醒着我观察公司股价的涨跌。"[6]

林奇的办公室充分体现着"凌乱的办公桌是天才的标志"这则真理。据《商业周刊》杂志报道："林奇的办公桌乱成一团，成堆的年度报告和分析师文章垒起来都挡住了一部分窗户……黄色的便笺簿上记录着数百家公司的信息。[7]……办公室靠墙的文件柜有两英尺①（约0.6米）高，装满了各种文件和书籍。[8]"

1997年，他承认说"我没有计算机，我不会启动计算机"。[9]他用来看股票报价和行业新闻的终端，是投资者如今都可以免费获得的那种。

他给自己设置了一个目标：每个月都要与每个主要行业的业内人士至少聊上一次。因为这能让他觉察到业务方向的早期变化，不论是往好的方向还是坏的方向。在与公司管理层谈话快要结束的时候，他通常会问他们最尊重的竞争对手是哪个？为什么尊重？他也经常买进这些竞争对手的股票。

1982年，林奇表示他通常每年会拜访200多家公司（到1986年增长至570家公司），还会阅读700多份年度报告。他说："基本上，这就是份辛苦活儿……需要99%的汗水。"[10]林奇在一周的工作日里马不停蹄地拜访公司，到周末才与妻子共度美好时光，算是休息。总有上市公司到富达的总部登门拜访，推销自己的股票，所以林奇本可以坐在办公室里就

---

① 英尺：英制长度计量单位，1英尺=0.3048米。——编者注

轻松地了解到它们的信息。但是，林奇却很享受亲自拜访上市公司的过程。他能发现某些公司充满着谦卑的文化氛围，也能察觉到某些公司的一丝傲慢……这些细节都有可能引发他进一步的投资兴趣，或打消一些投资计划。

在富达公司内部，林奇打破了传统的问责制，他希望大家能一起分享最棒的投资观点。按照传统惯例，基金经理会以分析师的建议作为选股依据。所以，如果基金经理的业绩不理想，他们就可以归咎于分析师。而林奇则要求基金经理不仅要对自己的独立研究负责，还要对自己的投资结果负责。这个制度让每一位基金经理都要卷起袖子，亲自投入基础的市场研究。他们不能再当象牙塔里的思想家了。此外，分析师和基金经理每周都会召开一次例会，提出各自最看好的股票，林奇负责主持会议和掌控时间。起初，每个人的发言仅限三分钟，后来他又把时间缩短到一分半。而且，回忆不设置反馈环节，听众可以按自己的想法，或继续跟进这些线索，或直接忽略。但最终，基金经理要对自己的业绩负责。

有助于成功投资的七个习惯

林奇于1998年10月15日在美国投资者协会（National Association of Investors Corporation）的一次会议上向个人投资者发表演讲。他在建议中涵盖了三个要点，并指出这三点是永恒不变的真理，不论是20天后，还是20年后，重要性都丝毫不变。这三个要点是：第一，投资者要了解自己持仓的公司；第二，不要预测经济、利率和股市的变化；第三，对投资过程要有耐心。再加上他在其他场合强调的投资建议，我们就能看出林奇的投资原则的核心。

总的来说，林奇强调了有助于成功投资的七个习惯。

专注于你所了解的公司，并形成坚定的信念

林奇始终强调："对于任何人来说，参与股市最重要的事情就是要了解自己的持仓公司……如果你无法在两分钟之内向一个十岁的孩子解释清楚为什么要持有这只股票，那你就不该买进……股票不是彩票。每只股票背后都是一家公司。"[11]

林奇坚定地认为投资者应该只投资他们了解的公司[12]。很多你熟悉的公司都在真金白银地赚钱，诱人的投资机会很好找，不要去追逐那些没有盈利而且难以估值的奇怪公司，他说："不要忽略那些你能理解为什么在赚钱的公司，而去支持那些莫名其妙亏本的生意。"[13]这就像约会一样，比较安全的选择是你家隔壁那位光彩照人的女孩或男孩，而不是去相信一个只会开空头支票的浅薄之人，因为后者一定会让你后悔。林奇说：

你听到的这个故事里全是嘶嘶作响的声音，没有牛排：我买卖这些不熟悉的股票，连收支平衡都从未做到过。大多数押注不熟悉公司的投资都是一场空。[14]

大家都会喜欢那些生产的产品让人一看就明白的公司。某公司的产品是一个采用静态随机存取存储器（SRAM）、互补金属氧化物半导体（CMOS）芯片、双极性精简指令系统（RISC）和浮点数据I/O阵列的1兆位处理器（CPU），配有优化编译器、16位双端口内存、双封装金属氧化物半导体单片逻辑芯片；安装尤尼斯（Unix）操作系统、4个百万次浮点运算能力的多晶硅发射器；配有高带宽——这一点非常重要，不应该使用低带宽；采用6 000兆赫双金属化通信协议；具备异步向后兼容性、外围总线体系结构、四路内存、令牌环交换背板以及15纳秒能力。如果你持有的是这种公司的股票，那将永远赚不到钱。因为总有其他公司的产品具有更高的百万级浮点运算速度、更大的发射器、更高的纳秒能力。如果你买进的时候股价是12美元，现在跌到了8美元，你该怎么办？你会打心理服务

热线吗？如果股价继续下跌，你又能怎么办？我很幸运，买进了唐恩都乐（Dunkin' Donuts）①、Stop'n Shop②超市等股票后，就获得了不错的收益。我看得懂这些公司，当出现经济衰退时，我也不必担心。我可以去它们的店里，看到仍有客人光顾后我就能放下心来。市场总会时不时地经历衰退周期，而我现在知道即使在经济环境不好的时候，你也不必担心买不起从外国进口的低价商品。这家公司能撑下去。了解自己的持仓公司就是投资的最基本原则，是最重要的事情。[15]

他重申：

在我看来，你必须了解它们的业务。如果你以10美元买入一只股票，它随后涨到15美元，你会喜笑颜开，这当然是个不错的结果。但事情并不总是这样的。很多情况下，你以10美元买入之后，股价会涨到12美元，但6个月后又跌到6美元。如果你不了解他们的业务，也不知道他们为什么要经营这个业务，就不知道这时是否应该翻倍追加仓位，还是抛个硬币之后割肉卖出；因此，如果你不了解这家公司，就不应该持有它的股票。你需要有自己的优势……我（退休后）大概每周要给一家公司打电话，而不是一天给五家公司打电话……[16]

我在富达公司时曾买入过凯撒工业公司（Kaiser Industries）的股票。那时我刚担任分析师没多久。它的股价从31美元跌到16美元。我们完成了当时美国证券交易历史上最大的一笔买入操作：以14.75美元的价格买入了七八百万股。大约两个月后，我给我妈妈打电话。我说："妈妈，您应该购买凯撒工业公司的股票。它从31美元跌到10美元了，还能再跌多少？"

---

① 唐恩都乐，全美十大快餐连锁品牌，世界著名的甜甜圈连锁店之一，1950年创办于美国马萨诸塞州，也是美国人最喜爱的咖啡品牌之一，于2008年进入中国市场。——译者注

② Stop'n Shop，美国北方最常见的平价超市。——译者注

感谢上帝，她没有听我的。股价继续下跌——9美元、8美元、7美元、6美元、5美元、4美元。幸运的是，这是一次缓慢的下跌过程，前后大约经历了五个月，不然我恐怕应该已经在Stop'n Shop超市当收银员了。我的买入时机确实有些操之过急，但后来依然赚了不少钱。当时凯撒工业公司的股价为4美元，共发行股票2 500万股，价值1亿美元。公司没有债务，这很重要。因为如果没有任何债务，公司就几乎不可能破产。凯撒工业公司持有凯撒钢铁公司（Kaiser Steel）60%的股份、凯撒铝业公司（Kaiser Aluminum）40%的股份、凯撒水泥公司（Kaiser Cement）37%的股份和凯撒砂石公司（Kaiser Sand and Gravel）100%的股份，公司旗下还有7家电视台，还有吉普汽车公司［Jeep，现已被克莱斯勒公司（Chrysler）收购］，还有凯撒玻璃纤维公司（Kaiser Fiberglass）等一系列公司。凯撒工业公司最终将所有股份都公开发行，并出售了所有业务部门，股价涨至55美元。但是，如果一开始你不清楚公司持有的资产，就问"还能再跌多少"，当它从12美元跌到10美元，再跌到8美元、6美元、4美元时，你会怎么做？我想你会割肉离场。因此，'还能再跌多少'这个问题本身就大错特错。[17]

你必须知道股票能够转跌为涨的原因。林奇始终坚信每个投资者都有自己的优势，都可以在其他投资者看不到某个趋势之前就观察到一些信号。但是许多人忽略了这种自身优势，反而错误地买入了他们不了解的公司。当这些公司的股票价格下跌时，投资者会因为在恐慌中割肉而陷入困境，因为他们不知道自己持有的是什么。了解你持有的公司，并持有你了解的公司，其他的一切都只是赌博。

坚持不懈地探索被低估的宝石

林奇认为，寻找值得投资的好股票，就像在石头下面寻找小金块一样，要靠数量取胜，你翻起来的石头越多，就越有可能发现别人找不到的小金块。当找到一个定价合理的伟大公司时，千万不要觉得自己已经错过最佳的时机。一家伟大的公司，再晚买入也不迟。林奇常说，伟大的公司会在股市上给投资者充足的时间来赚钱。他说：

如果你在沃尔玛公司上市10年后就买入它的股票，那么现在的收益是30倍；如果你在它上市当年买入，现在就可以赚到300倍。如果你在微软公司上市4年后买入，现在的收益是50倍；如果你在家得宝公司[①]（Home Depot）上市8年后买入，现在就可以赚到10倍。伟大的公司会给你充足的时间，但人们总是太着急了。[18]

林奇常会讽刺地说，消费者在购买汽车或大型家用电器之前往往愿意花时间仔细研究，想弄明白它是否耐用，还会搞清楚它的各项功能。可是，花同等数额的钱——甚至更多钱——去做投资时，反而是冲动行事，那么结果也可想而知。既然精心挑选的投资标的能给你赚到好几辆汽车的收益，那你至少在投资前应该拿出买汽车前的劲头寻找最具价值的股票。

保持联系

林奇说："一旦我买了一家公司的股票，我就很少再去该公司拜访。我只会打电话问问他们的经营状况。"[19]正如前面提到的，他每个月至少都要与每个主要行业的业内人士聊上一次，以便得知他们的业务是否开始好转，或者是否出现了其他被华尔街忽略的动态。

大量做笔记

林奇会详细记录每次与公司的对话和访问，雷打不动。他会把日期、公司名和当前股价等信息全都记录下来，日后再与这些公司打交道之前，这些笔记都是很好的参考资料，能让他一眼看出管理层是否执行了原定计划。

---

① 家得宝公司，全球最大的建材家居零售企业，1978年创立，是排在沃尔玛、家乐福之后的全球第三大零售集团。——译者注

关注公司

对那些只会高谈阔论的全能型人才,林奇毫不掩饰蔑视之情,因为他们关注的全是一些无关紧要的事情,或者人尽皆知的事情。他略带讽刺口吻地说:"如果所有的经济学家都挨个儿躺下睡大觉,这也并非一件坏事。"他补充说:

经济学家已经预测近期会发生36次经济衰退,但其实只发生了9次。如果你1年花13分钟来猜测经济状况,那么有10分钟都是浪费的。但我并不是说经济数据不重要,如果我经营酒店集团,我肯定想知道目前有多少家酒店正在建设中。这没问题。但是,如果在经历了5年的经济扩张之后,就有人告诉你明年将陷入衰退,这就像在预报天气一样。[20]

与其试图预测经济未来的整体走向,不如将注意力集中在每家具体的公司上。他说:

要投资公司,不要投资股市……预测股市的短期走向是徒劳的……不要探究为什么一个人的收益不如另一个人好……是的,我认为很多人都花了太多时间在预测经济走势上。经济要怎么走?利率是升是降?即使是艾伦·格林斯潘(Alan Greenspan)担任美联储主席时,他也不知道利率会如何变化。大家在这上面花了太多时间。[21]

查阅证券研究公司(Securities Research Company)出版的股票走势图表手册是林奇研究公司的方式之一[22],手册里涵盖了每家公司的12年和35年收益图表和价格图表。他说:"在买入股票之前先看看这个手册,对你大有好处。买入之后,大约每6个月再看一次。"[23]如果收益趋势和股票价格之间出现重大差异,那么就需要进一步研究,从而了解投资者对公司的看法。

当公司的股价落到图表上的收益趋势线下方时,并不简单地意味着应该买入这只股票。他说:"有时候,股价便宜是有原因的——公司有麻烦了。每家公司都会出问题,但关键在于哪些是表面问题,哪些是真正需要担忧的问题。"[24]如果你的研究表明这个问题是暂时的/短期的，而非结构性的/长期的，那么在股价低于收益趋势线时买入股票可能会产生双重作用。这只股票可能会恢复到高位的平均市盈率，并且此后公司的收益也会相应提高，从而使股价升高，让投资者收益。林奇说：

> 我始终都在强调，收益是成功投资股票的关键。无论市场发生什么，最终的结果都将由收益决定。在过去的30年中，强生公司（Johnson & Johnson）的收益增长了70倍，股价也上涨了70倍。伯利恒钢铁公司（Bethlehem Steel）如今的收入比30年前要少，你猜怎么着？股价也比30年前更低。[25]

努力工作，投资不是变魔术

曾经有人问过林奇他是如何"玩好股市这个游戏"的，他回答说："'玩'不是一个好词，这不是说它的意思不好，而是说它隐含着危险的心态。做投资的人都知道它是一个有趣的过程，但这不是'玩游戏'。'玩'通常意味着游戏很快就会结束，几个小时就结束了，并且通常是一段愉快的经历。但股市却可能会给人带来不愉快的体验。"[26]

林奇孜孜不倦的踏实肯干精神激励着富达公司的同事、他的客户以及他的竞争对手。他谦卑地讲述着自己的洞察："所有经过我一番功夫才找到的好股票其实都各具优势。这些优势非常明显，如果让100名专业人士自由选择的话，我相信99人都会把它们放到自己的投资组合里。"[27]

他讲了一个故事：

> 曾经有段时间，恒适公司（Hanes）①是我在基金里持仓比例最高的股票，这家公司孵化了L'eggs丝袜这个品牌。这家公司的市值巨大，最终被联合食品公司（Consolidated Foods）收购，成了联合食品公司最赚钱的一个

---

① 恒适公司，始办于1901年的美国服装品牌。——译者注

业务部门。这是我持仓比例最高的股票，恒适公司垄断了L'eggs丝袜（有史以来最成功的丝袜品牌）这个市场。L'eggs丝袜非常受欢迎，所以我知道马上就会有公司生产类似的新产品。Kayser-Roth公司（美国知名内衣、丝袜制造商）随后推出了No Nonsense丝袜品牌。我担心这个新产品穿起来更舒服，但我自己又无法搞清楚具体的细节。于是我去了趟超市，买了62双不同颜色和款式的No Nonsense丝袜。售货员肯定在琢磨我家到底是个什么样子。我把这62双丝袜带到办公室，然后发给所有想要这些丝袜的同事，无论是男性还是女性。只要大家带回家试穿一下，告诉我体验就行。大约三个星期后，同事们给出的反馈都不理想。这就是在做研究。于是，我决定继续持有恒适的股票，而这并不是一笔小数目。这就是整个故事了。[28]

恒适公司被联合食品公司收购后，又被美国莎莉集团（Sara Lee Corporation）[①]并入版图。林奇说："如果没有被收购，它可能会超越10倍股，成为一只30倍股。"[29]

保持开放、灵活的心态，像业余投资者一样思考

林奇不会随波逐流，也不会根据"这个公司太小了""没有往期业绩记录""工会的员工太多了""它不属于增长行业"之类的简单事实轻易下判断。他愿意投资尚未被大众注意到的公司，而不是在热门股中寻找庇护所，避免让自己难堪。他说："（在华尔街）成功是一回事，但如果失败了，别让自己难堪又是另一回事……如果IBM的股票下跌，而你还有持仓，客户和老板们就会想：'IBM这家公司最近到底是怎么回事呀？'但如果拉金塔汽车旅馆（La Quinta Motor Inns）的股票下跌，客户和老板们就会问：'你是怎么选股的？'"林奇的投资平台开放性很高，他不受固

[①] 美国莎莉集团，1939年成立时以销售糖、咖啡和茶叶等食品，后扩展至家庭日用品、内衣内裤、食物和饮品等。——译者注

定的投资列表所约束，比如在银行中很受欢迎的"候选股票清单"；也不必按照晨星投资风格箱①去组合资产，比如只看小盘成长股。他说："如果投资者的思维受到限制，看不到所有类型的公司，例如笨拙的公用事业公司、糟糕的航空公司，或者只给一群孩子卖糖果的食品公司，那他们就会错失很多良机。"[30]

他还建议要打破固有的偏见，比如避免买入有工会组织的公司或处于休眠行业的公司。林奇指出："家得宝公司所在的行业并非前景一片光明，但它的股票却涨了100倍。同样是处在这个糟糕的行业里，在过去20年（至1998年年底）里，美国宣威公司（Sherwin Williams）②的股票也上涨了20倍。所有的这些都是偏见和成见。要保持灵活的心态，好股票无处不在，等着你发现。"他还说："不去投资有工会组织的公司是一个可怕的错误。我买克莱斯勒公司的股票赚了很多钱。买入迪尔公司（Deere & Company）③的股票也获益颇丰。波音公司（Boeing）也让我赚了一笔钱。我在航空公司和铁路行业的股票上赔了钱，但总的来说，我在有工会组织的公司那里赚了很多钱。"

对自由市场经济的乐观与信心

林奇认为有15个性格特质对成功投资至关重要：耐心、独立自主、具

---

① 晨星投资风格箱，晨星公司推出的投资方法，是一个正方形，划分为九个网格，纵轴表示投资股票市值规模的大小，分为大盘、中盘、小盘；横轴表示所投资股票的价值/成长定位，分为价值型、平衡型、成长型。——译者注

② 美国宣威公司，由亨利·宣伟和爱德华·威廉姆斯于1866年在美国创建，是世界上成立最早的专业涂料公司之一。——译者注

③ 迪尔公司，由铁匠约翰·迪尔于1837年创办，生产农业、建筑、森林机械设备和柴油引擎等产品。——译者注

备常识、忍耐痛苦、思想开放、心态超然、坚持不懈、谦虚、灵活、愿意进行独立研究、愿意承认错误、不易受到恐慌和悲观情绪的影响、能够在信息充分的情况下做出决定、具有坚定的信念、具有持久的信心和乐观的心态。

前14个特质不言自明。第15个特质中的"乐观"指的是对美国的经济制度持有乐观的态度,相信它有利于产品创新、创造就业机会、提高生活水平和创造财富。林奇与邓普顿爵士对自由市场经济中的创业者都抱着同样的乐观态度,认为创业者凭借他们的韧性和独创性可以开发出创新产品、提高生活水平,并为股东创造财富。这两位投资大师都认为,有很多老牌企业的客户已经逐渐开始流失了,它们的负面新闻充斥着各种媒体;一些颇具活力的公司反而鲜为人知,而它们所创造的就业机会和财富机会也因此很少被人看到。林奇说:

在20世纪80年代这10年里,美国前500家最大的公司裁掉了300万个工作岗位。尽管如此,美国的就业机会还是增加了1 500万个。在20世纪90年代的10年里,美国前500家最大的公司又裁掉了300万个工作岗位。同期,美国的就业机会又增加了1700万个就业……这都是小企业繁荣成长的结果。然而,人们总是对此不以为然。大家总是在说美国人的能力很差,还生性懒惰。其实,美国人的平均每周工作时间比德国人多11个小时,比日本人多4个小时,我们这一辈又比父辈每周多工作12小时。但大家还在说美国人很懒。而且美国在诸多行业都处于领导地位。美国的华特迪士尼公司(The Walt Disney Company,TWDC)是动画娱乐行业最好的公司,美国是唱片行业的龙头,美国在航天工业也排名第一。美国真的很优秀。所以,你要么相信这个国家的实力,要么就彻底别信。如果不信,那就不要买股票,也不要买共同基金。如果你相信,那就千万别错过。[31]

保持信心和选股通常不是同一个话题,但选股成功的基础在于先建立信心。你也许可以成为一个看资产负债表的高手,一个解读市盈率的全球顶尖专家，但是如果心中没有信念，你就会被负面的头条新闻牵着鼻子走……那么，我所说的信心，究竟是要去相信什么？它指的是相信虽然老牌企业开始失去活力，并会逐渐消失，但陆续会有劲头十足的新公司冉冉升起，比如沃尔玛、联邦快递和苹果公司；相信美国是一个勤奋而富有创造力的国家……每当我对当前的大局势感到怀疑和绝望时，我都会考虑一下更大的局势……更大的局势告诉我们，在过去的70年中，美国股票投资者的平均年化收益率为11%，而美国国库券、公司债券和定期存款的收益还不到这个数字的一半。[32]

林奇相信自由市场经济能够自我修复，把不可避免的市场下跌看作买入的机会，而不会因为某些媒体或专家总把下跌描绘成世界末日的开始就深感恐慌。

在1928年至2015年的87年中，美国股票市场共有93次下跌，跌幅至少为10%，这正是市场调整的典型表现。在这段时间里，有34次下跌的跌幅都高达20%以上，已经标志着熊市的到来。因此，市场平均每年至少调整一次，熊市平均大约每三年出现一次。林奇表示，预测市场调整和熊市何时到来都是徒劳无益的。相反，认识到它们的必然性，利用这些机会买入，并且相信"冬天来了，春天还会远吗"，更高的收益和现金流将会萌芽，股票价值也会随之开花结果。他说：

当你投资股票时，必须对人性、自由市场经济、整个国家，乃至整个未来的经济繁荣都要有最基本的信心。到目前为止，还没有什么能让我打消这一坚定的信心。[33]

第十一章　选股之道

> 在选股上付出的时间和精力至少要和挑选新冰箱一样多。
>
> ——彼得·林奇[1]
>
> 好股票就在那里。它们就在那里，也在寻找着你。你只需要睁大眼睛。
>
> ——彼得·林奇[2]

在林奇看来，买入股票的最佳时机就是你确信自己找到了价格合理、经营有道的公司之时。先了解林奇的投资哲学，才能摸清他的选股之道。从总体上来看，林奇也像邓普顿爵士一样，重点关注可以带动股价上涨的公司的长期盈利能力。林奇说："在过去的20年中，默克制药公司和可口可乐公司的利润增长了15倍，你猜发生了什么？它们的股票也上涨了15倍……这两者之间存在着直接关系。这才是你必须关注的东西。"[3]

林奇并不认为麦哲伦基金是一只成长型基金。他拒绝被晨星投资风格箱束缚，更愿意拥抱各种机会。他说，有人只会买成长型股票，但是如果成长型股票的定价过高，就会有问题。在林奇看来，好股票和坏股票随处都是，关键是要避免"妨碍人们正确看待各个行业的偏见和成见"。[4]

邓普顿和林奇都偏爱两种类型的公司：困境反转型大蓝筹公司和具有增长潜力的小型成长型公司。林奇曾表示：

> 我经过一番研究之后，发现值得投资的公司基本上可以分为两种类型。第一种是身处增长乏力行业的大公司，它的收益出现了问题，却有回升的趋势，我不知道具体会在什么时候，可能是六个月后或明年吧，公司会发生某个重大变化，导致利润飞涨。第二种是成功的小型公司，在经历

了较长一段时间的发展之后，会成长为大型公司。[5]

他表示，这些公司虽然规模相对较小，但已经处于行业的领导地位，如果已经开始盈利、资产负债表健康、几乎没有债务，那么它们的股票将能带来最好的收益。

林奇偏爱具有以下特征的成长型股票：

- 公司已经取得了不错的业绩；
- 公司的结构简单，几乎可以自主运营；
- 公司具有可以维持其增长的内在因素；
- 公司管理完善、股价偏低、资产负债表健康。

零售型公司

林奇一直偏爱零售型公司。它们不会受到来自全国各地的竞争威胁，很容易就能观察到它们的经营状况，而且由于它们的模式可以不断复制，所以具有很大的增长潜力。

林奇说：

对于零售型公司，你在购物中心逛街时、路过街角时，都能看到它们的门店。如果你发现竞争对手已经出现，或是它们的业务已经触达饱和点，这时就可以考虑卖出股票了。但在到达这个时间点之前，成功的连锁店都能让其销售额和收益以指数级的速度增加，这是一次又一次地被证实过的。[6]

林奇对零售型公司的检查清单是：

- 同店销售的增加；
- 切合实际的扩张计划（每年少于100家门店）；
- 强大的资产负债表（低负债或无负债）；
- 到访门店时的良好体验。

将公司与竞争对手做比较的检查清单是：
- 坪效；
- 价格；
- 管理经验；
- 战略；
- 公司的经济效益（净资产收益率）；
- 竞争优势；
- 有任何问题都可以致电公司（的投资者关系部门）询问；
- 市盈率低于增长率。

寻找股票的7个步骤

以下是林奇寻找成功股票的7个步骤，每步均附有建议：找到潜在的投资标的；确定产品的市场影响力；划定公司的类别；重点考察公司的收益情况；给公司估值；在两分钟内表达清楚公司的概况；核实投资公司股票的逻辑是否正确。

以下是步骤详解。

找到潜在的投资标的

林奇大力主张投资者在自己家里、购物中心和办公场所中寻找潜在标的公司。按这种思路，在华尔街广泛认可某家公司之前，投资者就可以在商业街上获得大量的第一手经验，这是他们的优势。

林奇通过这种方式找到过一部分潜在的投资标的，但他更多的投资标的则是通过不断给公司打电话而发掘出来的。《华尔街日报》报道说："他每年都要给数百家公司打电话，然后拜访他认为增长潜力较大的公司——不论规模大小或所处行业。"[7]林奇在打电话之前会仔细阅读公司的年度报告和季度报告，做好充分准备。林奇打电话的关键在于持续跟进、不断打电话回访。林奇说：

> 你不太可能在你第一次拜访一家公司时，就能遇到合适的买入机会。你很少能看到一家公司既拥有大量的未结订单，又遇到竞争对手刚刚倒闭，股价还从55美元跌至5美元。这种情况少之又少。通常公司既存在不利的因素又存在有利的因素，如果你能持续跟进，不断打电话回访，你就会发现一些问题消失了。这时你会认为这家公司的表现转好，但它的股票却下跌了。在我看来这是一个随机事件，你只有继续努力，不断打电话回访才能得到真正有意义的信息。[8]

确定公司产品的市场影响力

如果一家公司推出了新产品或新服务，先不要盲目高兴，而是要看它所带来的收入是否足够大到影响公司的整体运营规模。你所感兴趣的必须是公司的重要产品，并且要确定你所感兴趣的那个产品在公司销售和收入方面的占比是否足够高。

划定公司的类别

林奇把公司划分为6类：

（1）缓慢增长型公司

● 股息收益率是持有股票的主要回报。

● 关注历年股息的一致程度和股息支付率（股息支付率为每股股息除以每股收益，比值越低越好），后者衡量的是股息占公司盈利的百分比。

● 公用事业公司多为垄断型公司，增长速度通常较慢，受到的管制较多，但股息收益率高于市场平均水平，因此吸引了一部分投资者。林奇表示，买入公用事业公司股票的最佳时机是经济开始进入衰退、利率下降的时候。在现行利率较低的情况下，公用事业公司的高股息收益率对投资者来说更具吸引力。林奇还表示，在公用事业公司暂停发放股息时，股价会下跌，一些看重收益的投资者会选择割肉抛出，此时也可以考虑买入。

（2）稳定增长型公司

● 买入成熟、稳健的成长型公司。

● 对买入价格要特别敏感。

● 高利润率表明公司具有竞争优势，可优先选择这种股票，并长期持有。

● 研究公司在之前的经济衰退期间表现如何。

● 如果稳定增长型公司盲目朝多元化方向发展，驶离其高盈利的核心业务，则需要谨慎提防。林奇创造了"多元恶化"（diworseifications）这一概念，专门用来形容这类公司。

（3）快速增长型公司

● 在非增长型行业中已经获得盈利的中等速度成长型公司（20%~25%）是理想的投资标的。

● 寻找具有利基市场（niche）①优势的公司。

● 警惕不可持续的增长，例如高于50%的增长。

● 寻找一家资产负债表健康的公司（几乎没有债务）。

● 如果是零售型公司，其业务概念必须为可复制模式。

● 确保公司有增长空间，并且可以加速增长，而非增速放缓。

● 持有这家公司股票的机构越少越好。

● 在复利的作用下，市盈率20倍、增长率为20%的公司要优于市盈率

---

① niche，中文音译为"利基"或"利基市场"，也有按照含义译为"缝隙市场""壁龛市场"等，一般指具有类似兴趣或需求的小型客户群体所产生的市场空间，往往被大型企业所忽略，而一些中小型企业则善于发现这类高度专门化的市场需求，提供专业化的产品和服务，从而获得高边际收益。——译者注

10倍、增长率为10%的公司。

（4）周期型公司

● 周期型公司的盈利能力取决于宏观经济的潮起潮落。它们的产品要么大多是非必需消费品，要么高度依赖石油、铜或玉米等关键原材料。

● 时机就是一切。与非周期型公司相反，周期型公司的市盈率较高时（意味着收益处于周期性低点），是买入的好机会。

● 留意库存状况，库存的增速不能高于销量的增速，否则将导致减价销售。

● 经济衰退是最好的买入时机，此时公司的收入较低、资产负债表强劲、自由现金流（经济活动的现金流减去资本支出和股息）为正。

● 一段时间之后，随着周期型公司的收益反弹，其可预期市盈率会降低。

● 林奇最喜欢的经济复苏信号是二手车价格，他说："我一直认为二手车价格是一个很好的指标……我认为这是一个很好的指标。"[9]

（5）隐蔽资产型公司

● 隐蔽资产型公司是指拥有未被市场发现的有价值的资产的公司。这里的资产可以是房地产、所持有的另一家公司的股份、税项亏损结转等；也可以是一家具有多业务部门的公司，其各部门独立核算时的价值高于合并报表的结果。

● 确认隐蔽资产的价值。

● 确认公司债务是否减损了资产的价值。

（6）困境反转型公司

● 确认公司要它如何反转困境。

● 立即核实公司的偿付能力。考察公司的资产负债表是否足够健康，是否能让它继续存活足够长的时间来解决问题？它有多少现金？有多少债务？如果现金多于债务，就可以为公司争取更多的时间。

- 边际利润率相对较低的公司更容易成功扭转困局。
- 确认公司是否剥离/关闭了不赚钱的部门。
- 确认公司的主营业务是否开始反弹。
- 确认公司是否正在削减成本。
- 确保公司不需要支付超出其承受能力的职工养老金。
- 确认公司是否正在走出困境。林奇说："等到市场普遍认为某个行业深陷泥淖,并将日渐走低,然后买入该行业中最强公司的股票……投资一家陷入困境的企业毫无意义,除非有鲜为人知的切实数据让你看到转机。"[10]

重点考察公司的收益情况

公司收益水平是否可以通过下列因素来提高:

- 提高价格。
- 降低成本。
- 在进一步获得市场份额或整体市场不断增长的情况下,产品实现更高的销量。
- 通过关闭或出售表现不佳的业务部门使公司重获生机。

林奇在《每周华尔街》节目上说:

过去20年来我学到的最重要的一点就是公司利润的变化规律。这真是太神奇了——20年来,道琼斯指数平均增长了3倍,而在道琼斯上市的公司的利润也增长了3倍。公司的收益和其股价之间存在着直接的关系,这就是关键。随着时间的流逝……在过去20年中,默克制药公司和可口可乐公司的利润增长了15倍,它们的股价也增长了15倍。所以,它们之间存在直接的关系。这才是你必须关注的东西。[11]

给公司估值

通过估值确定公司的股价是否合理:

- 公司的市盈率是否低于其增长率？相对于同行业的其他公司是否也较低？
- 采用绝对估值法得出的市盈率是否过高？如果是这样，即使公司的运作一切正常，你也可能赚不到钱。
- 将证券研究公司图表上的价格曲线与收益曲线进行比较。在较长的时间范围内这两条线之间应该呈现相关性。相对于收益趋势线，价格曲线不应过高。
- 检查每股净现金（现金减去计息债务）占总股价的百分比。

在两分钟内表达清楚公司的概况

这与"电梯游说法则"类似，你要能够向一个12岁的孩子解释清楚为什么喜欢这只股票。你要讲明白这家公司要怎样做才能取得成功，以及它可能遇到的风险有哪些。

核实投资公司股票的逻辑是否正确

林奇认为投资是一个做研究的一个过程。正如医生会定期检查脉搏和血压以初步诊断患者的健康状况，投资者也应查阅公司的财务文件作为诊断其财务状况的第一步。正如医生必须与病人面诊之后才算完成医学检查，投资者也只有亲自使用/测试过产品、拜访过公司之后，才算把调查做到位了。

（1）查阅公司年度报告等文件
- 查看公司的自由现金流是否为正。林奇说："我更偏向买入不依赖资本投资的公司……如果要把现金流作为买入股票的考虑因素，请一定要看自由现金流。现金流除去正常的资本支出后，剩下的就是自由现金流。"[12]
- 查阅公司以往的收益状况，看这些收益是呈现稳定的状态，还是波动较大。

- 查看公司的流通股数量在过去十年的走势。它是由于公司回购股票而稳定减少，还是由于融资发行股票、向员工发行股票期权而不断增加？
- 查看公司的资产负债表是否强劲。公司债务的评级如何？现金和适销证券是否高于债务？债务（现金净额）与资本总额的比率是否较低？
- 查看公司所在行业的税前利润率（税前收入除以销售额）。通常来说，税前利润率最高的公司运营成本最低，如果市场环境恶化，它的生存的机会也更大。边际利润率相对较高的公司，容易获得长期回报；边际利润率相对较低的公司，容易在困境中成功反转。
- 评估公司的债务结构。大量即将到期的短期债务是不利因素之一，不可赎回的长期债务是有利因素之一。
- 调查公司的库存状况。理想状况下，公司的库存增速最好低于销售增速。如果库存增速高于销售增速，则公司可能不得不将库存商品折价出售。
- 查阅公司的股息发放记录。股息发放是否持续增长？收益是否能轻松覆盖股息？林奇倾向于在他的投资组合中保留一些派发股息的稳定增长型公司，因为这类公司的股价在经济危机时期更具有韧性。
- 调查公司是否拥有专利、品牌、投资、税项亏损结转和土地价值等隐蔽资产。
- 确保公司没有过重的养老金负担。
- 参考《价值线》杂志来判断公司的长期表现，它尤其有助于了解在上一次经济衰退期间公司的收益和股息状况。
- 确认管理层是否在买入公司的股票，公司是否在回购股票。林奇更倾向于买入管理层的持股比例较高的公司，如果有多名管理人员同时买入公司的股票，则更为理想。他认为要寻找持续回购股票的公司。林奇表示："投资者应该关注内部人士的买入行为。这是非常容易获得的切实信息。他们可以看到哪些公司、哪些内部人士正在买入自己公司的股票。我认为这是一个非常好、非常可靠的指标。"[13]

● 查看机构的持股比例是否偏低。林奇认为，如果你找到了一只机构投资者持股很少，甚至根本没有持股的股票，你就找到了一只有可能赚大钱的潜力股。

（2）与公司进行电话沟通（亲自拜访公司为更优选择）

● 根据公司的反应，判断你投资公司股票的逻辑和理由是否正确。

● 提出恰当的问题，表明你已经事先研究过这家公司。

● 要问"上次有分析师来拜访是什么时候"这个问题。

● 亲自试用公司的产品或服务。林奇在买入拉金塔汽车旅馆的股票之前，在拉金塔的汽车旅馆里住了三晚；在收购Pic 'n' Save公司、Pep Boys和玩具反斗城（Toys "R" Us）之前，他都亲自去体验过它们的门店。他说："我持有过美国汽车旅馆（American Motor Inns）、好客旅馆（Hospitality Inns）、联合旅馆酒店（United Inns）的股票。我问它们公司的管理层：'谁是你们最有力的竞争对手？'他们说是拉金塔汽车旅馆。所以，我拜访了这家公司（拉金塔），并大量买入了它的股票。那是个非常成功的决定。我持有了拉金塔汽车旅馆的股票七八年。"[14]

● 检测竞品。林奇说："我不是说只需要阅读年度报告或季度报告就可以了。我是说，如果你持有克莱斯勒公司的股票，那就应该研究一下是否还有其他公司正在生产一款更好的吉普车，或者是否有公司正在推出一款更好的小型货车。这些信息你不可能从报告材料中获得，而要去找机会亲自试驾这些即将问世的新车。"[15]

（3）重新核实投资公司股票的逻辑是否正确

● 定期检查你持有某家公司股票的理由是否依然成立。

● 阅读公司的季度报告和年度报告，去体验它的门店，阅读分析师访谈记录和季度电话会议记录。

完美股票

在《彼得·林奇的成功投资》（*One Up on Wall Street*）一书中，林奇给出了"完美股票"的特征。一般而言，完美股票的背后都是一家业务稳定、不断增长、拥有可靠客户群的公司，并且市场上不存在竞品，或仅有少量竞品。它具有以下属性：公司名称毫无新意，业务毫无新意、不讨喜或不景气，分拆上市，股票持有量偏低或市场关注不足，受困于不实传闻，处于"无增长"行业，可提供利基产品或服务，产品存在重复购买需求，懂得使用科学技术，内部人员正在买入公司股票，公司正在回购股票。

分拆上市指母公司将其子公司分离出去后，公开发行新股，并出售一小部分股份，其余股份也会按比例分配给现有股东。由于新成立的独立公司获得了更大的自主权和发展动力，并且可以专注于某项优势业务，因此，分拆上市后的公司股票通常都会受到市场的欢迎。它们可以将本该投入母公司项目的资金注入创新项目，或者改善自身的资本结构，从而获得现金流。例如，美国司法部要求AT&T公司[①]在1983年拆分为八个子公司，新AT&T公司仅提供长途电话服务，另分出七家区域贝尔通信公司（Regional Bell Operating Companies）负责本地电话业务，它们常被称为"小贝尔公司"（Baby Bell）。在分拆七年后，七家小贝尔公司的平均股票表现几乎是AT&T公司的两倍，增长高达349%，而贝尔电话公司（Bell Telephone Company）[②]仅为159%。

[①] AT&T公司，美国最大的电信运营商之一，原为American Telephone & Telegraph公司的缩写，曾翻译为"美国电话电报公司"，由于经历了多次分拆和重组，现多用缩写，罕用全名。——译者注

[②] 贝尔电话公司（Bell Telephone Company），昵称Ma Bell，由电话发明家贝尔于1877年创建，为AT&T公司的前身。——译者注

第十二章 避免错误和卖出股票

> 我认为他们（投资者）最大的错误就在于不做研究。人们在买微波炉之前会去图书馆查阅大量资料，可是他们仅仅因为在公共汽车上道听途说了一则消息，就花了10 000美元去买某只股票。
>
> ——彼得·林奇[1]

卖出股票

林奇认为，如果你在一开始就清楚地明白为什么要买进某只股票，也自然会更清楚该在什么时候卖出。据林奇回忆，他在买入股票之前会花两分钟思考下面3个问题：①他为什么喜欢这只股票；②公司必须做到什么才能取得成功；③公司可能面临的风险是什么。如果在你买入股票之后，公司没有按照你判断的优势方向发展，那么就可以考虑卖出。不要给一个不断恶化的形势找理由、找解释，这会把你带入危险的旋涡。

卖出股票的情况

卖出股票没有公式可循。通常，如果遇到以下三种状况之一，林奇就会卖出。

（1）公司的市盈率高于增长率。林奇说："在股价相当于或低于其增长率的时候卖出，这是投资的首要原则。"[2]

（2）违背了买入初衷。林奇说：

如果我对一家公司判断失误了，就会考虑卖出这只股票。如果我期待发生一些事情，例如某种产品大卖、公司业务好转，而显然这个期待落空了，那么我就必须卖出这只股票。做到这点并非易事，但这一点却是投资成功的关键。请不要只是心存希望或不断祈祷，因为这种不利的形势可能会持续数年。[3]

在你买入股票时，你应该写下买入的原因，这些原因就是你日后要留意的地方。例如，我买了斯巴鲁公司（Subaru）的股票。我真希望我是在股价仅有10美元或15美元时买入的。它最初的股价只有3美元，后来一路上涨，市盈率已达10倍，每股收益为20美元。它有很大的利基市场优势，它销售的斯巴鲁汽车驾驶性能卓越、价格合理，市场上也不存在竞品。这家公司不生产制造任何斯巴鲁汽车，它只是一家分销商。斯巴鲁汽车由日本富士重工有限公司（Fuji Heavy Industries）制造，而后由斯巴鲁公司全权销售。斯巴鲁公司是一家新上市的公司，它是一只很棒的股票，从5美元涨到了150美元。我以15美元的价格买入，但是后来我卖掉了。你猜我为什么卖掉它？因为后来福特公司推出了福睿斯（Escort）车型，这意味着价格战即将打响。突然之间，斯巴鲁就有了一个物美价廉的竞争对手。随后日元上涨，斯巴鲁汽车的价格也随之上涨。大家不再买这款车了，你猜怎么着？也没人再买它的股票了。我卖掉了股票。这就是投资这家公司的逻辑。当这个逻辑不再成立的时候，就是我卖出股票的时候。[4]

（3）有更好的替代股。林奇说：

我卖出一只股票的原因是我发现了其他更具吸引力的股票，比如股票A就是比股票B更具吸引力。[5]但十次里面有九次的情况是，如果280号公司的投资逻辑比212号公司的更好，尤其是当后者的投资逻辑听起来不太可能成立的时候，我会选择卖出它。[6]

卖出各类股票的原因

对于不同类别的股票，林奇卖出的原因各有不同。

（1）卖出缓慢增长型公司。林奇并没有大量持有缓慢增长型公司。在为数不多的几个仓位中，当股价上涨30%~50%时他就会选择卖出；或者在基本面恶化时，即使股票价格有所下跌，他也会卖出股票。

（2）卖出稳定增长型公司。稳定增长型公司通常市值巨大，投资者不应指望它们在短时间内上涨很多倍。当这类公司的市盈率远超其历史表现时，林奇就会卖出股票，而通常他也会再买入另一家股价较为合理的稳定增长型公司。其他的卖出信号还包括在过去一年中没有公司高管或董事购买本公司的股票，以及该公司要通过削减成本来实现盈利增长，而未来继续削减成本的空间却十分有限。有些稳定增长型公司会设法按照历年趋势拼凑出一份收入增长的财报，但所谓的收入增长其实来自非正常途径，例如"其他"收入的增加、暂时性税率下调、由增加借贷导致的股份数量减少等。对于这类公司尤其要保持警惕。

（3）卖出周期型公司。股票价格是对未来的折现，买入周期型股票的投资者通常会在周期实际到来之前建仓。周期型股票通常在未出现任何明显的周期迹象之前就开始跑赢大盘，也会在基本面看似强劲的情况下开始败给大盘。

林奇表示："与其等到周期结束之时卖出，不如找到最佳时机就出手。实际上，有些事情开始不对劲的时候就是卖出周期型股票的最佳时机。"[7]他给出了几个预警信号：

- 成本开始增加；
- 工厂满负荷运转；
- 库存增加；
- 商品成本下降；

- 竞争对手通过降价赢得市场份额；
- 工会合同即将到期，劳工领导人要求得到更多权益；
- 需求放缓；
- 外国生产商的销售价格低于国内的生产成本；
- 资本支出计划过多。

（4）卖出快速增长型公司。在快速增长型公司的股票市盈率高到惊人的时候，林奇就会卖出。例如雅芳公司（Avon）和宝丽来公司（Polaroid）的市盈率曾涨至50倍，远高于公司的可持续收益增长率。

在林奇看来，重点要关注第二阶段快速增长的结束之时，指标包括：

- 华尔街分析师过度乐观的买入建议；
- 大比例的机构持仓；
- 被全国性媒体美化吹嘘；
- 基本面恶化；
- 零售门店破旧失修，不再精心维护；
- 门店销售额下降；
- 高级管理层跳槽至另一家公司。

（5）卖出困境反转型公司。卖出困境反转型公司的最佳时机是在公司成功走出困境之后，此时公司已经解决了所有主要的问题，整个市场都已经知晓这个状况，于是它就又回到了昔日的样子。股东也乐于再次持有这家公司。其他的卖出指标包括：

- 负债在连续几个季度下降之后，又开始上升；
- 库存增速高于销售增速；
- 市盈率相对于其盈利前景有所夸大；
- 客户端的销售额正在放缓。

（6）卖出隐蔽资产型公司。通常，资产出售、收购或杠杆收购会使隐蔽资产型公司的隐蔽资产显性化。当隐蔽资产型公司的资产以低于预期的价格出售时，可以考虑卖出股票；或者公司因为盲目开展多元化业务而走入"多元恶化"陷阱，并且还以价值被低估的股票来融资进行并购，导致未被市场认可的资产的价值被稀释，此时也可以卖出股票。

不设止损线

一些投资者会在股票出现某个预设百分比的亏损（例如10%）时选择割肉抛出。他们认为，如果始终坚持有限止损，则可以避免出现80%~90%的灾难性本金损失，因此仍能保住大部分资本，再来投资另一家公司。林奇表示他"讨厌"止损线。在正常的市场波动下，投资者将几乎不可避免地被迫选择抛售。林奇指出，当投资者设定止损线时，他们实际上是承认了自己将以低于当前价值的价格卖出股票。他还认为在股价翻倍时就卖出也是愚蠢的行为，不要让股价决定你对未来前景的判断。只要你最初的投资理由依然合理，而且估值也合理，那么就继续持有股票，期待在未来获益。

林奇避免买入的股票

理想情况下，如果买入一只股票，就能持续从公司的出色业绩中获益，永远不需要卖出。但在很多时候，可能公司的竞争优势会减弱，管理层的水平一代会不如一代，竞争对手会重燃战火，从而导致投资人需要卖出这只曾经值得持有的股票。此外，还有一些一开始就不应该买入的股票。林奇会避免买入的股票包括：

最热门行业中最热门的股票

林奇说："如果我只能选择不买一只股票，那就是最热门行业中最炙手可热的股票,每个人都在谈论的那只股票。"[8]热门行业会吸引大量企业参与竞争,每家企业都足智多谋,希望在市场上分一杯羹。虽然热门行业存在长期需求,参与热门行业的企业的产品销量将明显呈现上升趋势,增长速度也会非常可观,但是由于存在激烈的市场竞争,商家在争夺市场份额的过程中必然会采用折价销售策略,进而导致利润萎缩。市场对热门公司的持续业务增长和股价势头都寄予了厚望。公司可能在某个季度获得预期的收益,但如果长期收入或销售表现未达预期,股价则可能出现剧烈反应。

被吹捧为"下一个某公司"的公司的股票

被吹捧为"下一个苹果"或"下一个微软"的公司几乎从来没有真正成为万众期待的"下一个某公司"。依靠模仿,通常难以制胜。林奇认为,当某公司被吹捧成为下一个某公司时,这不仅表示这家后来的模仿者不可能取得重大的发展,也意味着被模仿公司的辉煌即将一去不返。

"多元恶化"的公司的股票

公司在获得盈利之后,如果打算以收购其他公司的方式实现多元化经营,通常都会支付过高的收购费用,并且扩大到其核心竞争力的范围以外。股东将为管理层的无能、失职而蒙受损失。华尔街分析师通常会出于能够形成协同效应和消除冗余成本而看好某个并购,当公司并购完成后出现"消化不良"问题时,华尔街分析师又会赞扬公司的组织结构更为精简、业务更为聚焦,依然看好它的未来发展。在这两种情况下,公司看似都会成为赢家,但实际的赢家却是经手这宗交易的投资银行。相反,赚钱的公司通常会在合适的时机回购自己的股票,而并不会并购其他公司。

耳语股票[①]

耳语股票是一个远期的美好承诺，却没有实质内容。它们听起来"简直好得难以置信"，但通常只是一场空。人们通常都只用低声细语，神神秘秘地传递着小道消息，推荐个人投资者买入。林奇表示："大多数情况下，被传为耳语股票的公司都能立即解决国家最棘手的问题，如石油短缺、吸毒成瘾、艾滋病等。可它们的解决方案要么过于富有想象力，要么极其复杂。"[9]这些公司往往会是长于宣传、短于盈利。事实上，它们的收益通常为零。对于这类公司，林奇建议等到公司已经实现稳定可靠的盈利之后，再考虑买入它们的股票。他说："如果你抱有怀疑态度，那就稍后再来看。"[10]

同样的道理也适用于大多数被过度炒作的新上市公司，这些公司由于缺乏盈利历史，因而具有很高的风险。较为安全的新上市公司是从另一家公司分拆出来的公司，这类公司往往已有可靠的业绩表现。新公司从此可以集中力量做核心业务，用自有资金进行投入，让产品焕发全新活力，而不像分拆之前那样，只被前母公司当作不起眼的部门而忽略。

过度依赖单一大客户的公司的股票

如果公司大部分的利润主要来自某一个大客户，那么公司的议价能力就处于劣势地位。如果通用汽车公司（General Motors Company，GM）让它的一家供应商跳一下，那么供应商只会问"需要跳多高"。这样的供应商总会面临折让价格的风险，而且被另一家供应商所取代的风险也是巨大的。

[①] 耳语股票，指通过小道消息而得知的股票。——译者注

股票名称起得天花乱坠的公司的股票

林奇指出，华而不实的公司名称会给投资者带来虚假的安全感。他说："只要某只股票的名称中包含'高级''领先''微型'，或带有x字眼，或是某个神秘单词的缩写，人们就会爱上它。但这种安全感是虚假的。"[11]

林奇如何应对亏损

林奇说，股票并不知道它们是否正在被你持有，但是当股价跌破你的买入价时，你就会感觉自己遭受了它的羞辱。要承认，自己难免犯错。据林奇估计，他的持仓中有35%~40%的股票都亏损了。[12]他说："你肯定会犯错。如果你做的十次决定中有六次是对的，那你就是这一行的佼佼者了。没有任何方法可以保证你不会亏得倾家荡产。我曾经持有的一只股票从11美元跌到了7美分。"[13]

尽管犯错不可避免，但林奇仍然不断向投资者强调，一只制胜股就可以弥补多只亏损股：

股票的美妙之处在于，如果你把1 000美元投入股市，那么你只可能损失1 000美元，这已经被我多次证明过了。如果你的判断正确，你就可以赚到5 000美元，甚至可以赚到10 000美元。你不需要50%的正确率，如果你的十次判断中有三次是对的，并且你发现公司的运作良好，也了解它们的业务，这时买入股票，你就可以搭上公司发展的快车，赚到很多钱。[14]

调整仓位再正常不过了，也十分常见。虽然调仓的时机不好预测，可能也会让你内心纠结，但这确实如四季轮换一样正常。关键在于你要看到，相较于债券、定期存款和现金，股票会给你带来更高的长期回报。林奇说：

在20世纪，市场共发生了50次幅度大于等于10%的大跌。因此，大约每隔两年，市场就会有一次大于等于10%的上调。在这50次大跌中，有15次的跌幅高达25%，甚至更多（1929年和1987年为33%）。每次大跌之前都会出现大量的投机炒作，例如，大量个人投资者的买入、大量外资的买入和大量的新股发行。我的意思是，在冬天，如果明尼阿波利斯市（Minneapolis）[①]的气温低于零摄氏度时，没有人会感到惊慌。但是当市场每两年经历一次下跌时，电视上就会不断报道，连出租车司机的心情都跟着阴郁起来。在我看来，市场的天性如此。下跌难以避免，你通常还找不出原因。市场就是下跌了，好股票也跌了。这简直太好了。你要做好准备，然后，当你看中的股票从18美元跌至12美元时，你要说"这太棒了"……这时，你要么抗住这波下跌，要么找到更多的钱加仓——前提是你还没有把所有的钱投进去。[15]

因此，平均而言，市场每两年会出现一次10%的下跌，每六年会出现一次25%或更大幅度的下跌。[16]但危机也是转机，换句话说：投资者要做好准备，不要惊慌，要抓住机会。

1987年10月，林奇和妻子卡罗琳开启了八年以来的第一次度假。他们去了爱尔兰，这也是他们首次来到这个绿宝石岛[②]。他们于10月14日（星期四）出发，当天道琼斯工业平均指数下跌了58点，跌幅达2.4%；随后在星期五继续下跌108点，跌幅高达4.6%。林奇对妻子说："如果下个星期一市场继续下跌，我们就回家吧。"在爱尔兰度过周末后，道琼斯工业平均

[①] 明尼阿波利斯市是美国明尼苏达州最大的城市，位于北纬45°线南侧，冬季常遭受北极冷空气的袭击，是美国本土年平均气温最低的城市。——译者注

[②] 由于爱尔兰自然条件优越、注重保护生态，全国绿树成荫、草地遍布，所以有"绿宝石岛"（Emerald Isle）之称。这一别称最早出现在爱尔兰诗人威廉·德里南（William Drennan）在1795年创作的诗歌*When Erin First Rose*中。——译者注

指数下跌了508点，跌幅达22.6%。于是他们打道回府。其实林奇并没有什么可做的，但他着急返程，是因为他觉得如果自己能亲自回到办公室里，而不是正在高尔夫球场上的第八洞准备打出标准杆，至少感觉不会那么糟糕。在两个工作日内，他原本120亿美元的基金跌去了1/3，仅剩80亿美元。

对于1987年的崩盘，林奇分析说，大盘从1982年的777点涨到1986年的1 700点，也就是在四年间上涨了1 000点。然后在1987年的前九个月中，又跳升了1 000点，达到2 700点。接着在两个月内，它总共下跌了1 000点，其中500点是在最后一天跌掉的。所以，事实上大盘在12个月里并没有发生任何变化，但那次狂跌每个人都难以忘记。他回忆道：

他们（投资者和媒体）认为："哦，天哪，大盘这是崩了。一切都结束了。股价会一直下跌到200点，我得靠卖苹果、卖铅笔养家糊口了。"这只是一个偶然事件，因为各家公司的业绩都还不错。所以，你就算给某家公司打电话，他们也会说："我们也搞不明白是怎么回事。公司运转得很好，订单状况很好，资产负债表也很好，我们还刚刚宣布将回购一些股票。我们也不知道为什么大盘会大跌。"[17]

这次大跌并没有吓倒林奇，因为他更看重公司的基本面，也深知公司具有光明的市场前景。

投资者常犯的13个最大错误

林奇指出了投资者最常犯的13个最大错误。人们应该意识到谁都有可能犯这些错误，并提高警惕，防止自己犯错，长期坚持下来才有可能将亏损的风险降到最低。

不了解你所持有的公司

为了了解你所持有的公司，你必须要做研究。没有捷径可循。不做研究会导致缺乏信念，进而导致不能承受股价下跌。林奇说："投资者能做的最糟糕的事情就是对他们一无所知的公司进行投资。无知地拿股市当游戏玩，无非是在不做任何工作的情况下寻找片刻的满足感。你应该只投资自己了解的公司。"[18]

买入时看重的是潜力而不是业绩

林奇说："我认为投资者犯的最大的错误是他们不了解自己持有的公司，另一个大错就是他们因为看重公司的某种潜力而买入。他们听到了一个传言，说公司的潜力很大，只是现在没有利润……你必须去看其他的公司，以后再来看这些潜力有没有成真。我不认为你该因为某种潜力而买入一只股票，你之所以要买入，是因为公司有良好的业绩。"[19]

林奇在1999年5月表示，互联网行业需要一次调整，并将其称为"虚幻梦境"（La-La land）。10个月后，互联网股票泡沫破裂，很多相关公司都没能逃过这一劫。

抄底

华尔街上一些所谓的专家经常说要逢跌买入。但是，如果仅仅因为股价下跌就盲目买入，而不去研究公司的基本面是否已发生变化，这就相当于从货架上拿一件T恤衫就付款，而不检查衣服是否有缺陷。股价下跌的背后很可能是有真正原因的，所以即使在跌价之后，公司也许依然不值这么多钱。林奇说：

只因为某只股票的价格下跌了2/3就买入（是错误的）……曾经，美国雅芳公司的股票从150美元跌到90美元，此时这些专家就开始建仓，如你所知，后来股价一路跌到了18美元。在公司的基本面不出错的情况下，股价下跌是好消息。但如果仅凭股价下跌这一单一因素就做出判断，就很危险了。[20]

耐心不足

投资股票不是寻求短期收益的途径。好投资需要耐心，要着眼长期收益。林奇说他的制胜股往往在他持仓的第二年、第三年或第四年大涨，而非第一周或第一个月。他说："我真的很看重长期收益，我非常惊讶自己的持股周期。让我大赚特赚的股票一般都出现在我建仓后的第三年、第四年，而不是第三周或第四周，伟大的公司终究会在市场上胜出。"[21]

着眼于长期收益能让你获得丰厚的回报。他继续补充道："一些股票上涨了20%~30%，有人就选择卖出，然后买进狗股①。这有点儿像'拔掉鲜花，浇灌杂草'。你肯定希望制胜股能一直上涨……你必须让那些可靠的好股票来弥补自己曾经的错误。"[22]

押注期权

投资期权时，时间对你并不友好。时钟滴答不等人，期权的时间价值会随着到期日的临近而迅速下降。林奇表示，与其押注期权，你不妨赌一下天气。他一生中从未买过任何期货或期权。

他说："这些钱都没有流向公司，这只是一个赌局……我不认为这能给投资者或整个国家带来实际收益[23]。这么做根本没有任何好处，即使你选对了公司，投资10 000美元买入了三个月的看跌期权，但这家公司却在六个月后扭亏为盈，这将是多大的悲剧啊。"[24]

---

① 狗股是投资美国股市的一个选股策略，即投资者每年年底从道琼斯工业平均指数成分股中找出10只股息率最高的股票，新年伊始买入，一年后再找出10只股息率最高的成分股，卖出手中不在名单里的股票，买入新上榜单的股票，每年年初和年底都重复这一投资动作，便可获得超过大盘的回报。据统计，1975年至1999年运用"狗股理论"，投资的平均复利回报达18%，远高于市场3%的平均水平。但不幸的是，在2008年，在百年一遇的金融危机中，10只"狗股"平均跌幅超过41%，跑输了道琼斯指数34%。——译者注

林奇经常说，像拉金塔汽车旅馆、克莱斯勒公司、福特汽车公司、房利美（Fannie Mae）等这类公司的股票，都是在他建仓后的第三年、第四年或第五年才获得丰厚的回报，并非在很多期权到期的第三个月或第六个月之内。他说，如果投资者买入了三个月的期权，并且正确判断了股票未来上涨的原因，但如果一年之后股票才上涨，那他的投资依然是一场悲剧。他们没有在股票上获得翻倍的收益，反而因为期权到期而一无所有。

试图预测市场/被宏观经济数据困扰

林奇曾说："我认为研究市场时机就是在浪费时间。它是无用的，也是无效的。"[25]他说：

取得成功投资的关键在于你是否能在较长的时间范围内不去理会外界所担忧的事情……人们总是在担心些什么。我记得人们曾说油价将涨至100美元，然后我们将陷入萧条。同一群人还说，油价将跌到5美元，我们将陷入萧条。还有对货币供应的担忧，还记得每个星期四的晚上吗？每个人都在担心货币的数据：M1货币量是多少，M3货币量又是多少？货币供应增长过快，所以我们将陷入萧条。现在，又是这群人，说货币供应增长太慢了……他们总是处在忧虑之中，但其实担心这些事情都是无谓的浪费时间。[26]

林奇认为，投资者不应将时间浪费在预测未来上，而应专注于当前的事实。他说："我只看事实，不预测未来。预测未来是水晶球要做的事情，这是行不通的，徒劳无益。"[27]

市场择时的错误之处就在于一直被宏观经济的数据所困。林奇在1996年中指出，在过去的95年中，市场出现了53次"调整"或跌幅高达10%或以上的下挫。其中有15次的跌幅至少为25%，导致了熊市。因此，市场平均每两年下跌10%，平均每六年下跌25%或更多。没有人能预测市场何时下跌。林奇说：

如果你还没有做好准备（市场下跌），就不应该投资股票。我的意思是，在股市里，"胃"才是关键的器官，不是"大脑"。你的"胃"能容得下这种下跌吗？你的投资年限是1年，还是10年到20年？你不知道一两年后市场会发生什么。在股市上，时间是你的有利因素，前提是你着眼于长远。[28]

林奇假设有三位投资者在1965年至1985年分别买入美国市场指数，并比较他们的收益情况。第一位投资者在当年的市场指数高点买入，第二位在当年的市场指数低点买入，第三位在年初买入。20年后，第一位投资者的回报率为11.7%，第二位投资者的回报率为10.6%，第三位投资者的回报率为11%。三位投资者的回报率几乎没有差别。[29] 2001年9月11日，美国经历了恐怖袭击的重创。不久，林奇承认市场在短期内可能出现震荡，但"没人能准确预测市场接下来会上涨1 000点还是下跌1 000点。接下来的1 000点、2 000点究竟将往哪个方向发展，大家都只能猜测，但我坚信，下一个10 000点、20 000点和40 000点的方向必将是上扬"。[30]他看好医疗保健行业、制造业和高科技产业中的创新，也认为自由市场经济能创造更多的就业机会，促进经济繁荣发展。

太快放弃

林奇表示，他赚钱最多的股票是在他建仓后的第三年或第四年才看到的，并非第三天、第四天或第一周。林奇还建议对制胜股保持足够的耐心，他说：

唱反调的人会说，它都已经涨到这么高了，还能再涨多少呢？这就像"拔掉鲜花，浇灌杂草"。实际上，1989年的一天，巴菲特在晚上大约8点给我打了一通电话，他说："我是奥马哈的巴菲特。我喜欢你的书，'拔掉鲜花，浇灌杂草'，我喜欢这句，想在我的年度报告中引用它。如果你要来内布拉斯加州，却不来奥马哈的话，内布拉斯加州的人们会不高兴的，我们都会不高兴的。"于是我去拜访了他。他说，他最赚钱的股票就是其他人卖出的股票。他买了可口可乐，价格上涨了500倍。因此，仅仅因为上涨就卖出股票是一个巨大的错误。[31]

他（巴菲特）在我的书中选用的这句话也是我犯过的最大错误。我拜访过家得宝公司最初开设的四家门店，在它的股票上涨3倍之后我就卖出了，然后它又上涨了50倍……对好公司而言，时间是一个重大的积极因素。[32]

目光太窄

将你的投资范围扩展到常见的增长行业之外，把目光放宽，但只持有你了解的公司。

过多投资固定收益产品，股票投资不足

林奇非常震惊地发现美国90%的投资资金都投向了债券、定期存款、货币基金和现金等固定收益理财工具。林奇经常把股票、债券和国库券的长期收益进行对比。从1926年至1990年，在64年间，股票每年的回报率为10.3%，而长期政府债券则为4.8%。在过去70年中，只在一个10年（20世纪30年代）中债券的表现优于股票。如果在1926年分别投资10万美元买入长期国债和标普500指数，到1990年可分别收获160万美元和2 550万美元。

认为自己错过了好股票

只要公司还在公开市场上有商业机会，市场尚未饱和，并且股票定价合理，那么这只股票就还具有获利的机会。

林奇指出，自1970年上市后，沃尔玛公司的股价在1980年已经上涨了20倍。但它仍然只覆盖全美15%的地区，只有276家门店：

……而且在那15%的地区，他们的市场也并没有饱和。所以，你可以问自己，现在还需要了解什么信息？你会发现，这家公司的成本极低、效率很高，每家竞争对手都对它赞不绝口，它的产品很棒，服务也很棒，资产负债表还很健康，而且不依赖外部资金。[33]

如果你在1980年买入沃尔玛公司的股票，到1990年时，收益依然能增长30倍。1991年，沃尔玛的股价又大涨了60%，在11年间成了一只"50倍股"。

认为看股票行情就等于做研究

林奇发现，人们（包括他本人）每天花费数小时盯盘，看股票涨涨跌跌。他说："这绝对是在浪费时间。伟大公司的业绩不错，收益也不错，而这周或下周的股票涨跌并不重要……股价上涨是因为公司的收益上升，并不是买卖双方交易的结果。这些因素的作用被高估了。"[34]

相信市场噪声和主观感受多于相信事实

林奇说：

不要听信市场噪声。要排除市场噪声的干扰，这些噪声没有用，要看事实。如果你持有一家汽车公司，你应该关注的是二手车价格的变化、钢材价格的变化，以及人们是否买得起汽车，这些就是你应该留意的东西。不要担心谁将成为下一任总统、国会里又发生了什么、最高法院的近况或者中东形势等，这些都是你无法控制的事情。[35]

巴菲特也给出了同样的建议，也正是因为这个原因，他更愿意留在内布拉斯加州的奥马哈工作。巴菲特与林奇的观点不谋而合，他表示投资者应该关注与公司相关的、可知的事物，而不必理会无关紧要的、不可知的事物。

经济衰退是不可避免的，但林奇会借用三个指标来判断汽车公司的业务是否会转好，而不是听信经济学家或大众媒体评论员的观点。第一，二手车的价格，他说："我一直认为二手车价格是一个很好的指标。"[36]第二，每周平均工作时间。由于员工社保、养老金和医疗保健支出会增加公司的成本，所以公司在经济低迷的时候自然不愿意招聘。所以，如果公司重新启动招聘，那就预示着业务好转。他认为："每周平均的工作时间是一个很好的指标。"[37]第三，当库存与销售的比率当达到极低的水平时，也表明公司将增加投资，以重建库存。

抱有侥幸心理

不要把时间花在等待某个不寻常的公司出现，让你捡个大便宜，这反而会让你错过绝佳的买入时机。林奇指出：

……在27年的整个过程中，沃尔玛公司的股价（从拆股调整后的0.016美元涨到23美元）看起来始终比整体市场更贵。它的市盈率很少低于20倍，但收入却以每年25%~30%的速度增长。要记住一个关键点：20倍的市盈率对一家每年增速为25%的公司来说并不过分。[38]

技术分析

技术分析流派认为，通过研究股票的以往价格、交易量的变化、平均交易量等数据，可以帮助预测股价未来的走势。林奇说："技术分析的问题在于，有人可能会在股价12美元时喜爱这只股票，而在6美元时讨厌它。"[39]他确实赞成采用一种技术分析来确定股票何时触底。他用这种方法得到了一张列有多个公司的列表，然后对这些公司进行深入的基础面分析，他说：

这就像是试图抓住掉落的刀子。当股价从50美元跌到8美元时，15美元的价位看起来就很便宜，2美元看起来也很便宜。因此，你希望下跌能就此打住。当它不再振荡时，你就可以把刀子捡起来了。我这是从纯技术的角度来看……这也是唯一可以让我得到有用信息的技术分析法。[40]

林奇强调，这张公司列表不构成买入推荐，而只是列出了多家有待研究的公司，需要你进一步调查其资产负债表的实力以及所面临的市场竞争等问题。

第十三章　设计投资组合

> 当前的股价无法告诉我们公司的未来前景,而且它还偶尔会向基本面的相反方向浮动。在我看来,更好的策略是根据与公司投资逻辑相关的股价的变化,适时地买入或卖出股票。
>
> ——彼得·林奇[1]

在本章中,我们将研究林奇设计投资组合的方法,看他如何在最大限度上提高收益,并将风险降至最低。林奇表示,他的目标是在长期(而不是每年)获得高于市场的回报率,平均每年跑赢大盘4%~5%。林奇认为,由于研究股票需要付出一定的时间成本,还有佣金、购买分析报告等金钱支出,一种选择是做主动投资者,主动投资者的复合回报率应达到12%~15%,才不枉费付出的努力。另一种选择是投资一个低成本的指数基金,借助基金复制每年9%~10%的股票长期收益。"对于不愿意做功课、不愿意做研究的人来说,也许他们应该去买挂钩罗素2000指数(Russell 2000 Index)①、威尔逊5000指数(Wilshire 5000 Index)②或标普500指数的基金。"[2]

林奇建议个人投资者在决定投资前首先要明确三个问题:

---

① 罗素2000指数,是罗素指数中的一支,由弗兰克·罗素(Frank Russell)公司创立,其综合性较强,专门涵盖有巨大增长潜力的小型公司。——译者注
② 威尔逊5000指数,由威尔逊协会创立,现包含7 500余家成分股,是全球最大的指数。——译者注

第一，"我有房子吗？"如果没有，那就先买房再投资股市。这样做的好处是：运用杠杆买入资产；递延应纳税所得额；对冲通货膨胀；当市面上充斥负面新闻时，你不必因恐慌而出售房产。

第二，"我需要用到这笔投资股市的钱吗？"林奇鼓励个人投资者仅在可承受的范围内投资股市，即使全部亏损，也不会在可预见的将来影响日常生活。

第三，"我是否具备成功所需的个人素质？"这些素质包括有耐心、独立自主、具备常识、能耐受痛苦、愿意进行独立研究、愿意承认错误，具备克服市场恐慌并忽略恐慌的能力、在没有完整信息的情况下做出正确决定的能力、只要基本面没变就能坚定持有股票的决心，以及对美国经济制度的信心和乐观。

持仓数量

林奇建议，对于你能了解的公司，持仓的数量越多越好。如果发现某只股票有价格优势，那就运用第十二章中介绍的方法，去做深入研究。对于小型的投资组合，他建议持有3只至10只股票，但他也强调不要刻板地坚持某个持仓数量，而应根据实际情况具体评估。

持有更多股票的优势包括：①提高了持有远超预期的股票的可能性；②提高了调仓的灵活性。

林奇表示，投资组合的设计应与投资者的年龄相匹配。投资期限较短或以投资收益为生的年长投资者与年轻投资者相比，组合中的配比肯定不同。年轻人更适合在高风险、高回报的公司上加大投资比例。无论哪种情况，他都提倡投资者坚定对持仓股票的信念，只要你买入时的理由依然存在，那么在股价下跌25%的时候就可以补仓。

在分析基本价值的基础上，将投资分散于不同类别的股票，这在林奇看来是在最大限度上降低投资组合风险的关键。他通常将30%~40%的资金买入快速增长型股票，将10%~20%的股票分配给稳定增长型股票，将10%~20%的股票分配给周期型股票，剩余部分投资于困境反转型股票。他一直在寻找各个领域的价值。例如，当市场出现调整时，他会卖出一部分避险性较强的稳定增长型股票，并将收益投资于价值相对较低、波动性更大的快速增长型股票。相反，当市场一片欣欣向荣时，他会卖出一些估值过高的快速增长型股票或周期型股票，同时提高价格可能滞后上涨的稳定增长型股票。

林奇说：

我将富达麦哲伦基金分为两个部分。一部分是我愿意长期持有的小型成长型和周期型股票——以期获得较大收益。投资组合的另一部分是相对保守的股票。当市场崩盘时……当我真正喜欢的股票从18美元跌到9美元时，我可以卖出保守型股票……但如果整个投资组合从18美元跌到9美元，那你就没有太大调整的空间了。[3]

1981年，富达麦哲伦基金向新投资者开放时，投资组合中只有200只股票。随着基金的增长，林奇增加了股票数量。到1983年时，投资组合已涵盖了900只股票，在1987年达到1 800只的峰值，到1990年林奇退休时减少至1 400只。林奇认为，在买入股票之后，他就可以更好地跟踪股票，即使仓位很低也没关系。他还有一个理由：如果遇到客户大规模赎回时，不得不卖掉一些股票，他有2 000来只股票可以选择，而不需要被迫在几只股票中卖出一个大头。林奇说，在他管理麦哲伦基金的头三年中，曾面临1/3份额被赎回的情况。他说："我的意思是没有什么利益的时候，人们都不在乎了。市场的情况还不错，麦哲伦基金的表现也不错，但是人们已经从20世纪50年代和60年代的亏损中恢复过来了。所以在我管理这只基金的头三年中，有1/3的份额被赎回。"[4]

虽然林奇买入了多达1 800只股票，但他还是将麦哲伦基金50%的仓位集中在排名前100的股票，将75%集中在前200的股票，排名垫底的500名的次级股票仅占他投资组合的1%。如果这500只仓位较低的股票中有哪只的投资逻辑或估值变得更加乐观，他就会逐渐加仓，把它升级成为重仓股。

林奇从未试图预测股市或经济形势，而是一直全力投入麦哲伦基金。

现金和债券

1985年2月，路易斯·鲁基瑟问林奇是否有持有现金。他回答："从不。"然后，路易斯·鲁基瑟问道："目前现金占比多少？"林奇回答说："1%。"[5]

林奇很少持有现金，他用保守型股票代替现金，他说：

我不持有现金，而是把基金25%~35%的资本投入保守型股票——我是想说，我在这些股票上赚到30%或35%后，就会卖出，然后去买一些最近表现没这么好的股票……如果市场下跌且经济恶化，我通常会在投资组合中加仓更具吸引力的成长股，同时下调保守型股票的仓位。[6]

1982年，林奇重仓了收益率达13%~14%的美国长期国债，它在数月内都是当时麦哲伦基金中最高比例的资产。他表示，之所以购买债券，是因为它的收益率已经超过了投资者对股票的预期回报。林奇经常强调，从长远来看，股票的表现明显好于债券。他在1989年指出，假设有人在60年前把1 000美元投入股市，他现在就能收获272 000美元，"这个收益是公司债券的15倍，还比国库券还高出30倍"。在这60年中，股票的平均年回报率为9.8%，公司债券为4.9%，政府债券为4.4%，国库券为3.3%。他承认股票投资具有风险，但债券也同样有风险，尤其是在利率上升时期。但是，相比于股票的长期收益预期，如果债券的收益足够高，也不妨买入一些。为指导投资者找准转换投资类型的时机，林奇提供了一个有用的经验法则："当长期政府债券的收益率比标普500指数的股息收益率高出6%以上时，卖掉你的股票，买入债券。"[7]

科技股

林奇不了解科技公司，也不倾向于持有科技股，他买的科技股大多是亏损的，他说：

我持有的科技股很少，我更多会在科技股大热的时候买入。1983年市场接近高点时，可能是我持仓科技股的历史最高水平……我买入的科技股在基金中的占比大概是3%~10%，目前是4%或5%，所以我不是真正意义上的科技股高手……如果你持有一家实力雄厚的半导体公司的股票，你怎么能知道别家公司没有更好的半导体产品呢？当股价下跌1/3时，我必须要知道是应该翻倍补仓还是割肉抛出。[8]

第十四章　案例研究

林奇投资成功的关键之一在于他善用机会——他心态开放、灵活变通，发现回报最大的投资标的后就果断出手。他的投资范围覆盖尚未被市场发现的小型成长型公司、困境反转型公司、较大的稳定增长型公司，甚至也包括国债。本章介绍了几个他的重要投资案例，并阐述了每项投资的背景信息，可能会让我们从中受益，并应用到未来类似的投资中。

拉金塔汽车旅馆

1978年，林奇致电联合旅馆酒店的副总裁，在交谈中，他问到让假日酒店（Holiday Inn）最头疼的竞争对手是谁，副总裁回答说，是拉金塔汽车旅馆。林奇同时还持有美国汽车旅馆和好客旅馆的股票，这两家公司也表示拉金塔汽车旅馆是他们最尊敬的竞争对手。林奇随即致电拉金塔汽车旅馆的首席执行官。他了解到拉金塔公司对类似房型的收费比假日酒店低30%，而且在汽车旅馆中不设置婚礼区、厨房、会议室、宽敞的前台接待区和餐厅的情况下，公司依然可以实现盈利。这个战略给林奇留下了非常深刻的印象。拉金塔公司将旅馆选址在美国著名快餐连锁品牌丹尼快餐店（Denny's）或其他餐厅旁边，不必自己管理餐饮业务。林奇非常喜欢这个战略。拉金塔汽车旅馆面向中端商务差旅市场的策略也吸引着他，因为这一细分市场还尚未被充分渗透。拉金塔汽车旅馆主要选址在商业区、医院和工业园区附近，而假日酒店则大多设在靠近高速公路匝道的位置。

当时，拉金塔汽车旅馆自4~5年前开始营业，每年的增长率速度高达50%，这让林奇颇为震惊。公司的市盈率仅为10倍，只有三家证券经纪公司在跟进它的业务，而机构的持股比例还不到20%。虽然汽车旅馆行业发展缓慢，但拉金塔却发现了一个利基市场，并以每年20%的速度扩张门店数量。拉金塔汽车旅馆最初在得克萨斯州起家，随后将这一模式成功复制到阿肯色州和路易斯安那州。在买入股票之前，林奇在他们的汽车旅馆里住了三晚。正是在那段时间，有内部人士以一半的股价抛售股票，这几乎让林奇放弃买入的决定。虽然股票在上一年已经翻了一番，但林奇最终还是决定买入（如图14-1所示）。10年后，在产油大州得克萨斯的能源产业开始走下坡路时，旅馆的业绩也遭受打击。此时林奇选择退场，这只股票已经赚了11倍。他说："我拜访了这家公司（拉金塔），并大量买入了它的股票。那是个非常成功的决定。"[1]

重点总结

林奇喜欢问公司高管谁是他们最头疼的竞争对手，并会细问原因，这是他最常用的技巧，这个技巧帮他发现了许多新的潜力股，这也是邓普顿最喜欢的问题之一。林奇使用这种方法发现了拉金塔汽车旅馆，并随后展开了深入且广泛的尽职调查，还亲自体验了这家公司的产品。拉金塔汽车旅馆的扩张已经证明了它的模式可被复制，它填补了尚未被渗透的利基市场，通过不在旅馆的空间内开展利润较低的业务，公司已经成功实现盈利且保持了较高的增长率，它尚未被广泛关注，而且股价很便宜。

克莱斯勒公司

林奇表示，克莱斯勒公司是他在管理麦哲伦基金的历史上最重要的股票，因为在克莱斯勒公司的股价上涨时，它是整个基金中最大的仓位，并为麦哲伦基金的股东赚了1亿美元（福特公司的股票也让他赚了1亿美元）。克莱斯勒公司的股价在不到两年的时间内上涨了5倍，在林奇持仓的期间累计涨了15倍。

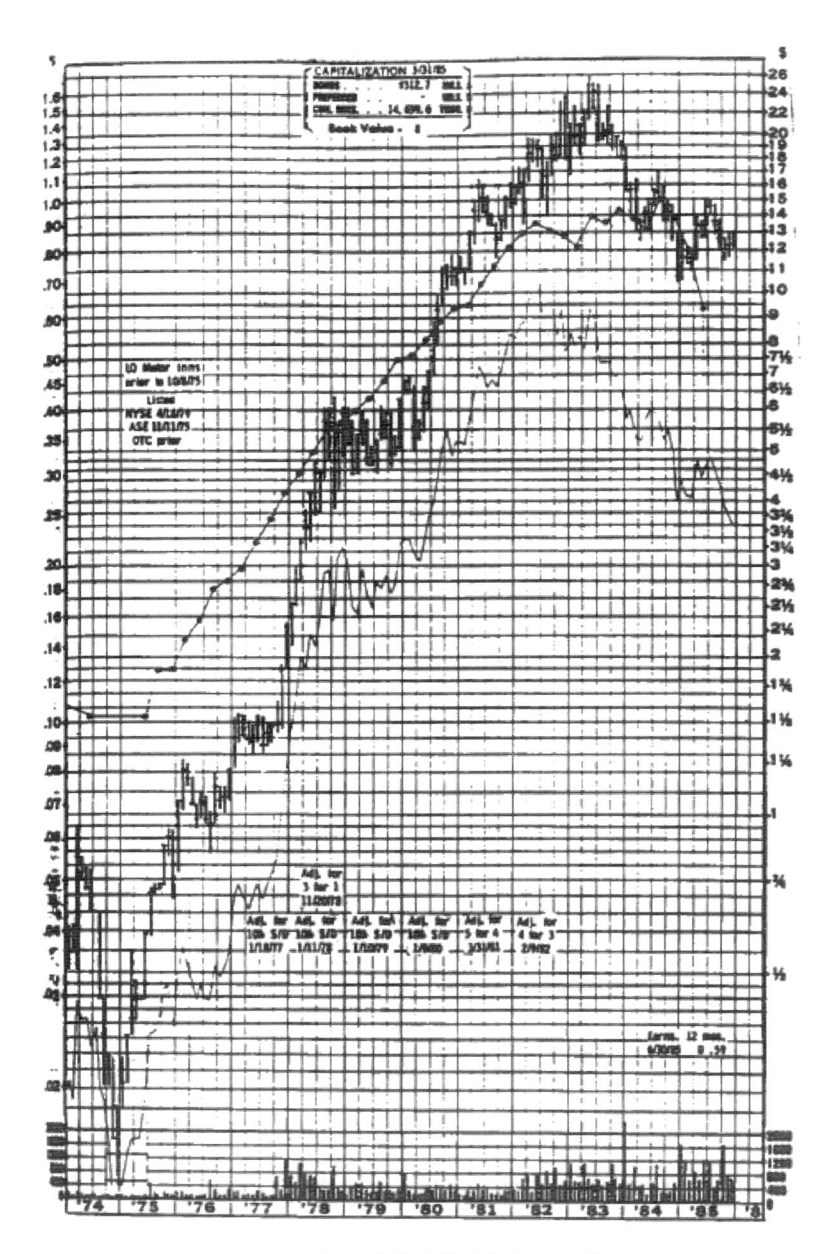

图14-1　拉金塔汽车旅馆的股票走势图

资料来源：Security Research Company。

背景：1978—1982年

1946年，李·艾柯卡（Lee Iacocca）在福特汽车公司找到了自己的第一份工作。他在销售和市场营销部门做得风生水起，于1970年出任福特公司总裁。他参与了包括福特野马（Ford Mustang）、林肯大陆马克Ⅱ（Continental MarkⅡ）和福特福睿斯（Ford Escort）在内的多款成功车型的设计。他还提出了箱型休闲旅行车、K型车等想法，虽然这些提议遭到了福特公司的拒绝，但随后被克莱斯勒公司采纳后大获成功。在与亨利·福特二世（Henry Ford Ⅱ，享利·福特的孙子）心生嫌隙之后，尽管他在任上为福特公司创造了高达20亿美元的收入，但他的总裁一职还是于1978年7月被解除。随后，他被克莱斯勒公司聘为总裁。

当时，由于召回了道奇·阿斯彭（Dodge Aspen）和普利茅斯·沃拉雷（Plymouth Volare）这两款车型，克莱斯勒公司的亏损达2.05亿美元。而在李·艾柯卡看来，公司本就不应该生产这两个车型。李·艾柯卡立即将不赚钱的工厂出售或关闭，并开始裁员。虽然克莱斯勒公司的大排量汽车在过去颇受消费者青睐，赚了丰厚的利润，利于销售其他高行驶里程汽车，但在1979年伊朗伊斯兰革命爆发之后，石油短缺引发了高油价危机，消费者开始嘲笑克莱斯勒公司的汽车是"油老虎"。

美国国会在1979年年底通过了一份15亿美元的联邦贷款救助法案。一位参与法案起草的前政府官员表示，1979年的克莱斯勒公司已经濒临破产边缘。政府提供这份担保的前提条件是克莱斯勒公司必须削减成本，并放弃一些长期项目，同时公司的员工、向公司发放贷款的银行和整个体系中的供应商也需要牺牲一定利益，并肩作战。

1980年秋天，克莱斯勒公司推出了省油的紧凑型K型车，希望抢回高行驶里程汽车的市场份额。截至当年年底，公司亏损17.1亿美元，并再次向政府申请了4亿美元的贷款担保。"在得到审批之前，克莱斯勒公司必须向政府证明能够存活下去。"[2]作为回应，克莱斯勒公司自筹了20亿美元，并同意削减未来产品的资本支出。可是，克莱斯勒公司一再失信，未能在法律规定范围内止住亏损，也无法保住现金收支平衡的目标。每一次，政府都是在打破规则。[3]

有一次，李·艾柯卡在陪同政府官员去工厂暗访时，工人们停下手头的工作，并自发地为他鼓掌欢呼。李·艾柯卡还高调地上电视做广告，大力提倡"购买美国产品"。与此同时，银行利率下调，汽油降价并恢复供应。

1981年12月，克莱斯勒公司预测将在1982年实现自1977年以来的首次盈利，主要由于当年下半年汽车销量的增长，同时，联邦政府为刺激经济而采取的减税措施也在消费者端产生了积极的效果。1982年2月，多数大型银行下调基本贷款利率至16.5%，降低了0.5%。

林奇在1982年买入的理由

在这样的大背景下，林奇认为买入汽车股票的好时机已经到来。重要的是，他一直等到政府对克莱斯勒公司的救助方案落实，即以发放贷款的形式向公司注入现金之后才着手买入。事后，他说道，胆大的投资者如果在克莱斯勒公司濒临破产之时就买入股票，就可以获得20倍的投资回报，但他们也可能会血本无归。而他选择再等等，虽然只获得了10倍的投资回报，但风险却小得多。

虽然市场普遍笼罩着悲观和阴郁的气氛，但林奇认为消费者早晚都会重新回到经销商处选购汽车。汽车销量从1977年的1 540万辆下降到1982年的1 050万辆。他分析道，汽车销量下滑幅度有限主要是由于下列两个可靠的因素：二手车价格和被压抑的需求量。而后者是汽车实际销量与长期的销量趋势之间的累计差异。他是在阅读克莱斯勒的《企业经济学家》（*Corporate Economist*）杂志时发现这一因素的。

林奇说，他是在与福特公司的高管交谈后意外注意到了克莱斯勒公司，然后就坚信克莱斯勒会让自己赚得更多。林奇最初以6美元的股价（拆股前）买入克莱斯勒公司的股票（如图14-2所示），他非常惊讶地发现公司将其坦克部门出售给通用动力公司（General Dynamics）之后，账上多出了大约10亿美元现金，至少可以支撑公司数年的发展。为防止出现地区性连锁反应，美国联邦政府对其实施了救助计划。彼时，一位克莱斯勒公司的经理表示，如果公司倒闭，"银行、城镇甚至某些国家都将随之崩溃"。

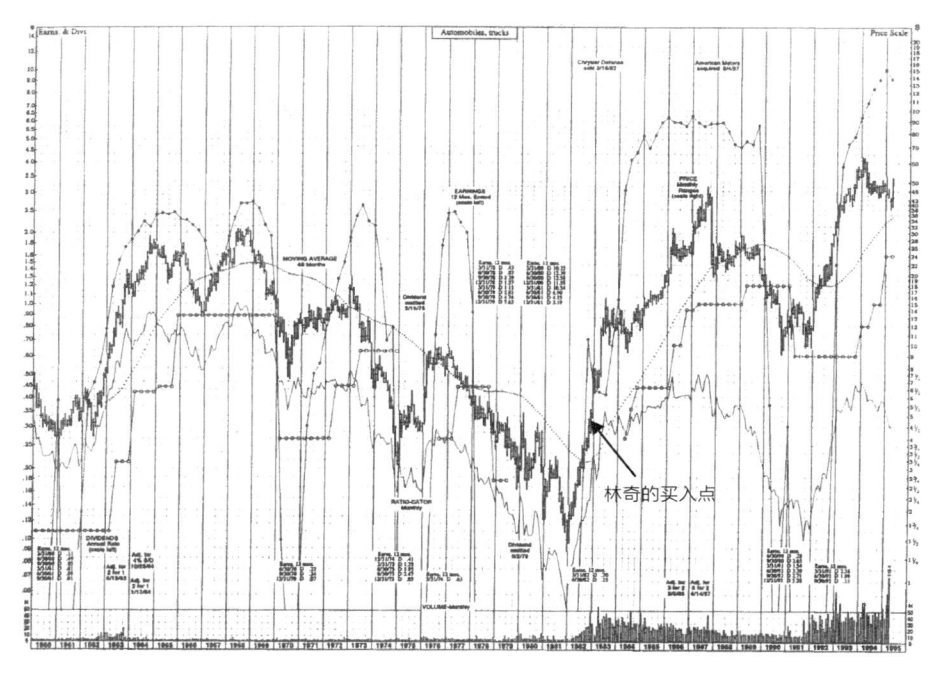

图14-2 克莱斯勒公司的股票走势图

资料来源：Security Research Company。

林奇认为，如果克莱斯勒公司"在销售低迷时还能大概保持在盈亏平衡点，那么当销量回升时，财务数据就会飞涨"。[4]当时，克莱斯勒公司的财务执行副总裁小罗伯特·米勒（Robert Miller Jr.）表示，克莱斯勒如果在

1982年能做到124.4万辆的出货量就能实现盈亏平衡，公司在1981年的盈亏平衡点对应的是141.3万辆的出货量，而1981年的实际出货量仅为128.3万辆。在下半年经济好转时，克莱斯勒公司预测1982年的销量将达到139.9万辆。

1982年4月，克莱斯勒公司的一季报显示其持续经营亏损仅为8 900万美元，优于上年同期的亏损金额2.89亿美元，超出分析师的预期；而资本支出仅为1 600万美元，折旧和摊销为1.05亿美元。李·艾柯卡表示："调整利率之后，克莱斯勒公司在年末的运营业绩将大幅提高，行业销售也将略有改善。"

林奇于1982年6月访问了克莱斯勒公司总部。他回忆说："这可能是我21年投资生涯中最重要的一天。"[5]原本计划的三个小时高管访谈一共持续了七个小时，与李·艾柯卡预约的简短聊天也变成了两个小时的深谈。林奇坚信克莱斯勒公司不会倒闭，并被其新产品深深吸引：道奇Daytona、克莱斯勒Laser、G-124涡轮增压车型（更具运动性能的前驱版纽约客车型），以及被李·艾柯卡兴奋地称为汽车工业近20年来"第一款新产品"的箱型休闲旅行车。林奇分别在1982年春季和夏季买入克莱斯勒公司的股票，但华尔街的卖方分析师却因为公司不被看好而不推荐建仓。林奇在6月已做到了最高仓位，而到7月时，该股在基金中的成本已达到了美国证券交易委员会允许的5%最高上限。

1982年7月19日，《华尔街日报》在"街头闻讯"专栏中发表了一篇题为《克莱斯勒公司季度盈利提振股价，但并不代表长期前景明朗》的文章。这篇文章反映了当时普遍怀疑克莱斯勒公司能否存活的观点："该股上周五收于8.25美元（拆股前），为一年来的高点，但是第二季度盈利不等于公司能维持长远的发展，也不代表该股票具有长期投资价值，也许这只是一次投机行为。"

次日，克莱斯勒公司报告，虽然汽车出货量较前一年减少了10%，但收益达1.07亿美元。较低的汽油价格刺激了消费者对中型汽车的需求，使此类车型的销量增长了143%，而且大型汽车的销量也增长了74%。李·艾柯卡说："我对这家公司的未来发展从未有过如此巨大的信心。"他预测全年的营业利润将达到1.5亿美元。与之形成鲜明对比的是，福特汽车公司北美业务执行副总裁哈罗德·波林（Harold Poling）在第二个月表示，他"看到一个基础性行业正在陷入困境，并对它的存亡感到担忧"。[6]

1982年10月29日，林奇首次出现在路易斯·鲁基瑟的《每周华尔街》电视节目中。林奇推荐买入克莱斯勒公司的股票，但亲朋好友普遍的反应是"……你怎么可能推荐克莱斯勒呢？你不知道这家公司要破产了吗？"林奇说："我记得我的一个朋友和多个亲戚都说'你疯了'，但事实上我赚了。"[7]

他将持有克莱斯勒公司的理由列举如下。

看好消费复苏和汽车行业的复兴

林奇说：

好吧，我对消费者非常乐观。如果你看一下经济现状，就会发现该公司正在经历20年来最差的情景，但是消费者的状态棒极了。现在，人们大多并没有意识到这种不好的情况，但是随着通货膨胀放缓、人们收入水平提高、大量的钱用于偿还债务，我认为当消费者感觉整体经济形势在好转时，就会开始花钱。我认为这会产生重大的影响。我想强调消费品公司的潜力……汽车行业就是最好的例子……这是自1978年以来汽车行业第一年高速增长。大家都在开车……因此，我认为汽车行业将是经济好转的最大受益者。[8]

改良的汽车产品组合

林奇说：

我正在买入所有汽车公司的股票，但克莱斯勒公司一直是我的重仓股……虽然克莱斯勒公司确实存在风险，但我愿意承担这个风险……看看克莱斯勒公司吧，他们有出色的产品汽车产品组合，包括勒巴伦（LeBaron）、普利茅斯里莱恩特（Reliant）和纽约客（New Yorker）车型。明年，他们还将推出两款超棒的车型。他们正在研发一款速度型新车，从0到60英里/时（约97千米/时）的加速时间比保时捷还快半秒。等日本人看到这款强大无比的发动机时，对比他们那种像割草机一样的小型发动机，就会知道自己遇上大麻烦了。[9]

克莱斯勒公司不再只生产老年人喜欢的车型了。

充足的流动性

"我也担心（破产的风险）。他们有10亿美元的现金……他们还有巨额的税收亏损结转。"林奇后来写道，"政府与克莱斯勒之所以能达成那个举世闻名的救助方案，关键在于克莱斯勒用公司的一部分股票期权换取了政府14亿美元的贷款。"[10]

成功削减成本并实现较低的收支平衡

林奇说："在过去的两年中，他们的汽车销量稳定，已经减少了7亿美元的亏损。我认为你能做的他们都已经做了。"[11]

回报的潜力

林奇说："克莱斯勒公司的股价从52美元跌到了10美元（拆股前），而且上涨空间巨大……它不像报纸上所写的风险那么高……按我当时买入克莱斯勒公司的价格，如果一切顺利，我觉得我能赚400%；如果万事不顺，我就亏掉100%。这是你决定买入股票之前必须认识到的。事实上，我获得了15倍的回报，连我自己都感到非常惊讶。"[12]

后续事件

1982年12月，克莱斯勒公司的股价涨到了18.5美元（拆股前）。公司同意向贷款方开放普通股，以换取自1981年联邦政府实施救助方案以来被银行和保险公司持有的11亿美元优先股。克莱斯勒公司在现有7 950万股的基础上，又发行了2 920万股新普通股，现有股东的持股被稀释了1/3以上。公司还同意在1983年7月之前以至少每股12美元的价格卖出至少870万股融券股票。1983年1月17日，《华尔街日报》的"街头闻讯"专栏文章披露林奇同时持有普通股和优先股。

1983年2月18日，《华尔街日报》的"街头闻讯"专栏发表了题为《汽车公司踏上增长快车道，但两位分析师认为峰值已近》的文章，引用了普惠公司（PaineWebber）分析师玛丽安·凯乐（Maryann Keller）的评论："历史已经证明，及早放弃汽车股票是明智的选择。"文章还提到，"她和德崇证券的分析师戴维·希利（David Healy）……尤其对克莱斯勒公司的股价不看好，主要是因为克莱斯勒公司最近宣布的财务重组将导致重大股权稀释……他们预计克莱斯勒公司1983年的收益仅为每股2美元"。

在不到五年的时间内，这只股票继续上涨了10倍。根据克莱斯勒公司的财务报告，即使考虑减记所持标致汽车（Peugeot）15%股份（共计2.22亿美元）的下跌损失，其每股收益仍高达5.79美元。公司的债务已经从1983年年初的21亿美元减少到10亿美元之内，同时持有10亿美元的现金，而且某些车型（包括箱型休闲旅行车）还供不应求。

1985年，克莱斯勒公司的财报显示每股收益为18.88美元。由于利润率较高的箱型休闲旅行车和跑车的销量大增，加之成本减少、定价较高以及日本车受到进口配额的限制，公司仅在第一季度的利润就高达7.06亿美元，超过了此前的全年利润。

1986年，李·艾柯卡向美国联邦选举委员会表示他无意竞选总统，并正式拒绝了两个试图选派他竞选的委员会向他抛出的橄榄枝。克莱斯勒公司持有近30亿美元的现金，公司计划回购3 750万股，占其发行在外的1.47亿股股票的25%。随着业务的好转，克莱斯勒公司正在缩减其股份规模。

1987年，克莱斯勒公司收购了美国汽车公司（American Motors）持有的雷诺汽车（Renault）的股份，因此把高利润的吉普车生产线收入囊中，以及随之而来的价值6.75亿美元的现代化车辆工厂和拥有1 300家门店的吉普/雷诺经销商网络。新工厂的产能利用率几乎高达100%，因此缓解了克莱斯勒公司的产能问题。1987年4月，有报道称，李·艾柯卡1986年的年薪、奖金、股票奖励和股票期权共计收入2 060万美元。相比之下，福特公司的首席执行官唐纳德·彼得森（Donald Petersen）仅为440万美元。在公司削减成本的过程中，办公室职员降薪也是措施之一。面对高薪的质疑，李·艾柯卡回应说，"这是美国式的做事方式。如果小孩子都不渴望赚钱……这对国家到底有什么好处？你难道不要给他们树立一个榜样吗？"

林奇在1988年减持了克莱斯勒、福特和其他汽车公司的股票，他说："因为我感觉到20世纪80年代初开始的购车狂潮即将结束……债务已清偿，烂摊子已经清理完毕，克莱斯勒公司又重新变成了一家实实在在的周期型公司。"[13]美国国内的新车销量在5年内达到了7 400万台，从20世纪80年代初期开始积压的购车需求已经得到了充分的释放。克莱斯勒不再是一家困境反转型公司了。林奇坚信自己的投资原则，卖出困境反转型公司股票的最佳时机就是在它反转之后，所有的麻烦都过去了，而且公司的状况也已经众人皆知。

重点总结

林奇对克莱斯勒公司的投资决策具有开创性意义，他充分说明，在事实与合理推断的支持下，通过亲自接触公司的管理层、亲自体验公司的产品，就能消除疑虑，市场普遍认为公司难逃破产的观点也会不攻自破。尽管克莱斯勒公司的股票过去一年已经翻倍，但这并没有阻止林奇买入它。他表示，每个潜在投资标的的过往表现他都不会在乎，他只会把关注点放在克莱斯勒当前6美元的股价上，并着眼于每股收益达到5美元到7美元的未来。在林奇投资过的所有股票中，最契合邓普顿"在市场悲观情绪最重时买入"的理念和巴菲特"别人贪婪时我恐惧，别人恐惧时我贪婪"哲学智慧的一只，就是克莱斯勒公司。林奇不仅依靠自己强大的信念冲破了传统观念的束缚，决心买入股票，还能在反对声音四起的情况下排除干扰，一直坚定地持有，静待股价涨至历史高位。

房利美

林奇于1987年开始减持汽车公司的股票，因为他认为经济复苏已步入正轨，汽车股票已经估值过高，而分析师们却开始对这一行业寄予厚望。于是他加大了对金融公司的持仓，尤其是房利美、储蓄类和信贷类金融机构。在林奇掌管富达麦哲伦基金的最后三年中，房利美是他的最大重仓股。20世纪80年代，房利美的股票和权证让富达公司的股东大赚超过10亿美元，林奇也在1986年接受《巴伦周刊》（*Barron's*）的采访中称它是"美国最好的投资标的，没有之一"。[14]林奇连续10年都推荐房利美。

房利美，即联邦国民抵押贷款协会（Federal National Mortgage Association），成立于1938年，是一家美国政府赞助企业（government-sponsored enterprise），于1968年首次向公众发行股票。它的主要业务是购买住房抵押贷款并将其证券化，扩大资金在二级住房抵押贷款市场上的流动。贷款人将其住房贷款出售给房利美之后，可将住房资产再次投资，获得更多贷款；也让购买了部分住房抵押贷款担保证券的投资者可以享受到区域多元化的优势。公司从银行、储贷机构等处购买住房抵押贷款，以此增加住房抵押市场的流动性。

1977年，在房利美以短期债务借款投资于固定利率较高的住房抵押贷款之后，林奇首次买入它的股票。几个月后，银行加息，林奇随即清仓，因为他认为这会影响房利美赚取利差和业务增长。果然，在1978年，虽然房利美通过在20世纪70年代中期发行的长期住房抵押贷款赚得了7%~11%的资产收益，但由于短期利率飞涨，它的融资成本激增至12%~16%，股价跌至2美元，并且市场上出现了公司破产的传言。

1982年年底，银行降息，林奇第二次买入房利美，但这次的仓位仅占麦哲伦基金中很小的一部分。最优惠利率从1981年的20%下降到15%。1983年年初，曾担任过律师和保险委员会主席的戴维·马克斯韦尔（David Maxwell）被聘为房利美的董事长兼首席执行官。他决心为公司带来更加稳定可靠的收益，具体措施包括废除短期举债、长期放贷的做法，并且效仿联邦住房抵押贷款公司（Federal Home Loan Mortgage Corporation）房地美（Freddie Mac）将贷款打包出售。

1983年，房利美仍然持有600亿美元收益率仅为9.2%的住房抵押贷款，而公司的平均债务成本则为11.9%，该股票仅占麦哲伦基金0.1%的仓位。1984年，房利美以更高的利率发行三年期、五年期和十年期债券进行资金配比，这虽然降低了短期债务的收益，但也消除了利率上升的风险。1984年年底，房利美的仓位在麦哲伦基金中占0.37%。

1985年5月，林奇在华盛顿与戴维·马克斯韦尔会面，随后就将房利美在麦哲伦基金中的仓位调升到2%（如图14-3所示），在年中时，该股票就成为基金的前十大重仓股之一。林奇认为，公司如果在其1 000亿美元的投资组合中赚取1%的利差，就可以获得7美元的每股收益，而公司的经常性支出可以通过住房抵押贷款担保证券的服务费收入来覆盖，这使得公司股票的市盈率仅为1倍。财报显示1985年房利美的每股收益为0.52美元，而1984年为-0.87美元。

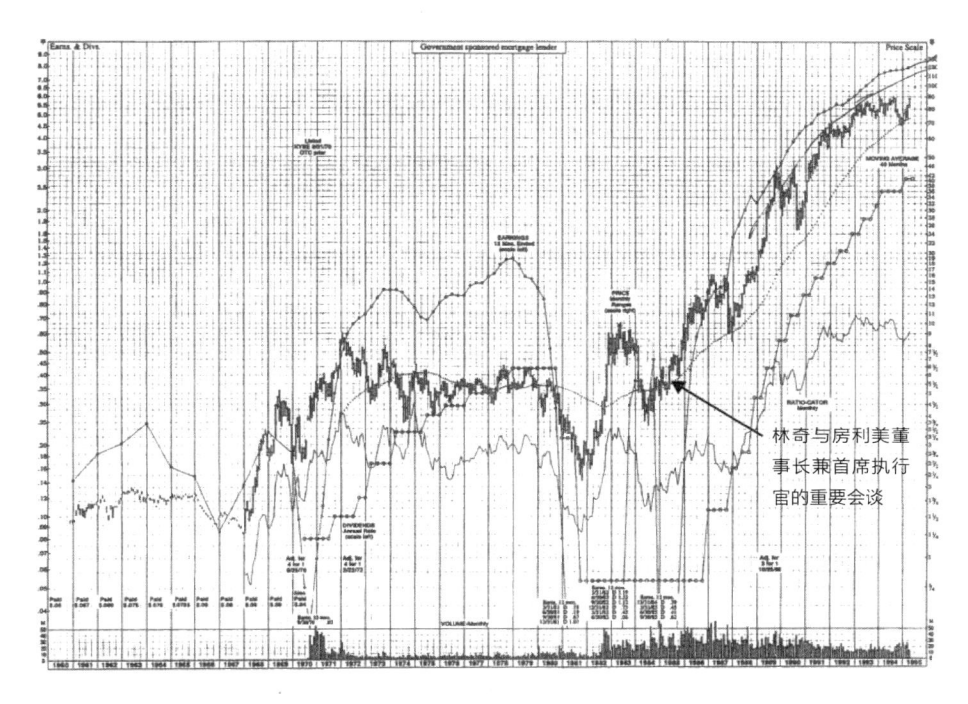

图14-3　房利美公司的股票走势图

资料来源：Security Research Company。

1985年，房利美在得克萨斯州石油繁荣热潮中亏损。所以，公司在1986年大幅收紧了新增住房抵押贷款的门槛，每股收益报1.44美元。林奇在1月份接受《巴伦周刊》的采访中说："如果你真的想大赚一笔，就买入房利美吧，它是我的第三大重仓股……如果你认可它的固定费率结构，那它真的是全美国最好的投资标的，没有之一。"[15]他的理由如下：

● 它的经常性开支水平低，因为公司只有1 200名员工，费用比率仅为20个基点，也就是0.2%。后来他在《战胜华尔街》（Beating the Street）一书中曾写道："（房利美）的员工人数仅为富达公司的1/4，但利润却是（我们的）10倍。"

- 它的借款成本为全美国最低，仅比政府利率高1/10个百分点。
- 他认为房利美可以在两年内将资产回报率提高到1%，收获10亿美元，或实现税前16美元的每股收益。他指出，公司在过去四年中所放出的住房抵押贷款已经赚了1%。
- 经估算，林奇认为房利美在出售住房抵押贷款服务费这项业务上，1985年的收益应为1~1.25美元，1986年为1.5美元，1987年为1.75美元。仅这一项业务就能将每股收益拉升到20美元。

几个月后，房利美公司董事长戴维·马克斯韦尔在接受《华尔街日报》的采访时，预测房利美在1986年的业绩将"（较1985年）呈现非常健康的增长势头"，其主要原因在于利率的降低，公司债务与资产之间的到期日配比状况改善，以及费用越来越高收入。[16]

1987年，房利美成为林奇在麦哲伦基金中的第二大重仓股，全年仓位均保持在2%~2.5%。股价当时为13美元，而他看涨至80美元。10月，戴维·马克斯韦尔告诉林奇，如果利率上升三个百分点，该公司的每股收益将仅下降0.5美元。房利美的配比资金运转良好，它将能极大地提升财报质量，确保实现更持久、更稳定的收益。此外，公司的超90天逾期率正在下降，这是其取消抵押品赎回权达到顶峰的主要指标。1987年股市崩盘后，房利美宣布将回购500万股股票。

1988年全年的大部分时间，房利美都占到麦哲伦基金3%的仓位，与福特公司同为基金最重仓的股票之一。在2月8日《巴伦周刊》的圆桌访谈中，林奇解释了为什么他会再次买入房利美。

- **成本低**。房利美的借款利率比政府利率高15~20个基点，而它的成本只有12个或15个基点。
- **收益质量更好**。林奇表示，房利美每季度的贷款承诺费从3 000万美元至1亿美元不等，导致其收益波动较大，而收益质量之所以能"大幅"提高，是因为对贷款承诺费的会计处理现已变更为15年的滚动平均值，因此季度收益看起来更加稳定。

● **市场潜力**。林奇说："住房抵押贷款行业的潜力巨大，我认为它比股市更有前途。十年前，银行发放的住房抵押贷款永远都停在自己的账上，现在它们都被卖掉了，它们在被不断地买卖。"

● **估值**。林奇指出 1988 年的房利美已经是一家更好的公司了，因为他们在五年前已经放弃了短期举债和长期放贷的业务模式，但它的股价仍停留在先前的水平之上。据林奇估算，公司的每股收益在 1988 年将超过 5 美元，1989 年将超过 7 美元。他认为这只股票理应"涨 10 倍，因为它的收益现在应该是稳定增长的"。

1989 年，林奇继续加仓，房利美在麦哲伦基金中最高达到了 5% 的占比。他发现巴菲特也持有 220 万股。随着投资者终于看到了房利美的成功转型，意识到它的市场潜力，公司股价也在 1989 年从 16 美元上涨到 42 美元，涨幅高达 260%。从 1985 年 5 月林奇与戴维·马克斯韦尔那次重要的会面算起，到他 1990 年退休时，房利美的股价已经上涨了 6 倍。直到 1995 年，林奇都在《巴伦周刊》的年度圆桌访谈中持续推荐房利美的股票。这期间，它的盈利增长到了每股 7 美元以上，导致股价翻番，而这都完全符合林奇在 1988 年的预测。

重点总结

林奇倾向于让麦哲伦基金在低仓位上持有多只股票，并随时关注这些股票的走势变化。一旦发现增长潜力巨大的股票，就会加大持仓比例。房利美最初仅占基金 0.1% 的权重，林奇在对公司进行访问之后，他的信心大增，不断加仓，最终让房利美成为基金中的头号重仓股。市场普遍认为房利美的股价波动太大，也非常脆弱，它的业务策略是通过短期举债买入利率更高的固定利率住房抵押贷款。当短期利率飙升时，房利美的结构性弱点立刻暴露。随后，公司进行自我转型，将住房抵押贷款投资以类似期限的债务相配比。但投资者仍持怀疑态度，因为公司在20世纪70年代以较高利率购入的住房抵押贷款项目的到期日时间表依然限制着配比的进程。转型是一个演变的过程，而公司曾经濒临破产边缘的事实让很多人都对它的前途心存怀疑。由于长期借款利率较高，房利美的短期收益也受到了损失。投资者没有足够的耐心等到它产生长期回报，而林奇则因为独特的见解收获颇丰。正如他在《战胜华尔街》一书中写道：

> 你必须比他人更了解投资这家公司的逻辑是什么，并且要对自己了解的这家公司有信心。只有当一家公司被大大低估时，它的股票才能跑赢预期……当主流观点比你的观点更为消极时，就必须不断对数据事实进行核查、再核查，从而确保自己不是盲目乐观。[17]

通用公共设施公司

三里岛核泄漏事故发生于1979年3月28日，部分熔化的堆芯正是通用公共设施公司（General Public Utilities）的资产。1980年2月，通用公共设施公司取消了股票派息。在形势趋于稳定之后，公司的收益也逐渐恢复。林奇决定买入，但随后他才意识到事情比之前想象的更糟。美国核学会表示，泄露的核电站方圆10英里（约40 461平方米）范围内的居民所受到的平均辐射量大约与一次胸部X射线检查相当。各种流行病学研究得出的结论是，该事故并未造成任何可观察到的长期健康问题。通用公共设施公司随后宣布了启动姊妹反应堆的计划，并且旗下其他公用设施公司将分担清理事故的费用。于是林奇在1985年开始建仓（如图14-4所示）。林奇认为这家公司将能够渡过难关，不会破产，而且仍然有很大的恢复空间。果然，麦哲伦基金在这只股票上赚了6 900万美元。

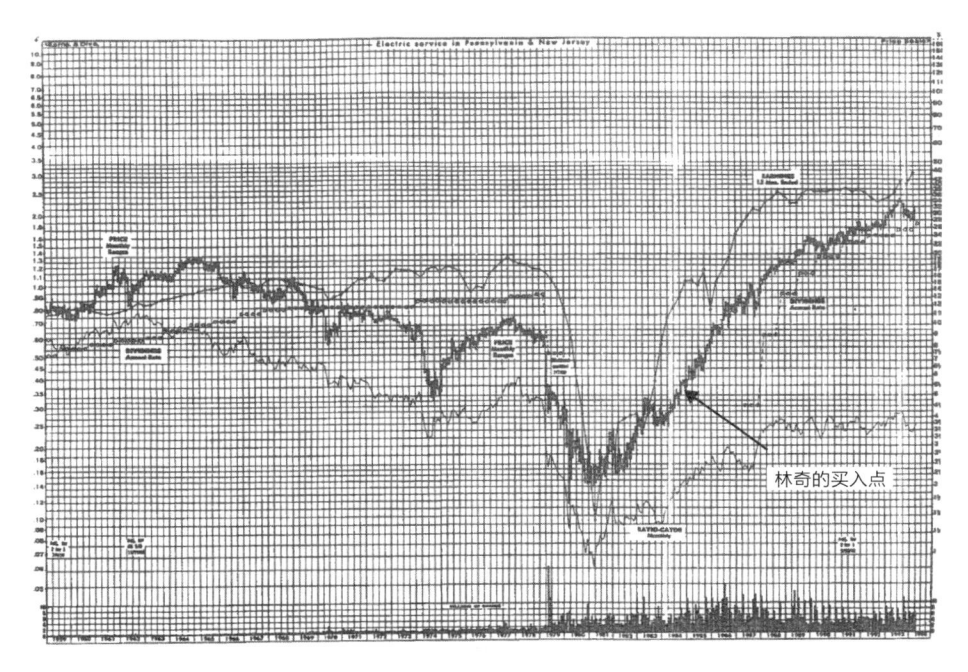

图14-4 通用公共设施公司的股票走势图

资料来源：Security Research Company。

重点总结

林奇以开放的心态对待困境反转型公司，善于在消极的局面中寻找机会。在三里岛事件发生之后的几年之中，他一直不动声色地观察着事态发展。林奇避开了通用公共设施公司暂停派发股息的那几年，等到公司收益恢复之后，立刻买进。而两年之后，公司就恢复了派息。林奇经常以此为例，说明投资者入场并非越早越好，而且即使公共设施公司暂停派发股息，也依然可以给投资者带来丰厚的回报。

默克公司

默克公司（Merck）是优质稳定的增长型蓝筹股的典型代表，林奇对它偏爱有加，将其视为麦哲伦基金核心的稳定增长型公司。当投资者失去兴趣时，他选择加仓（如图14-5所示）；而当公司估值被广泛认可时，他则会减仓。他在1985年7月曾说：

在过去的六个月中，我一直在购买这家制药公司的股票——现在它的仓位已占到麦哲伦基金的将近7%。股价在去年涨了不少，但如果放眼未来10年，现在的价格依然很低。我不知道你是否关注过默克公司。10年前，默克公司的股价为100美元（此图显示为拆股后的价格5.55美元），4个月前是100美元，但是收益增长了四倍。我再一次希望美元走弱，这样有利于这家制药公司。[18]

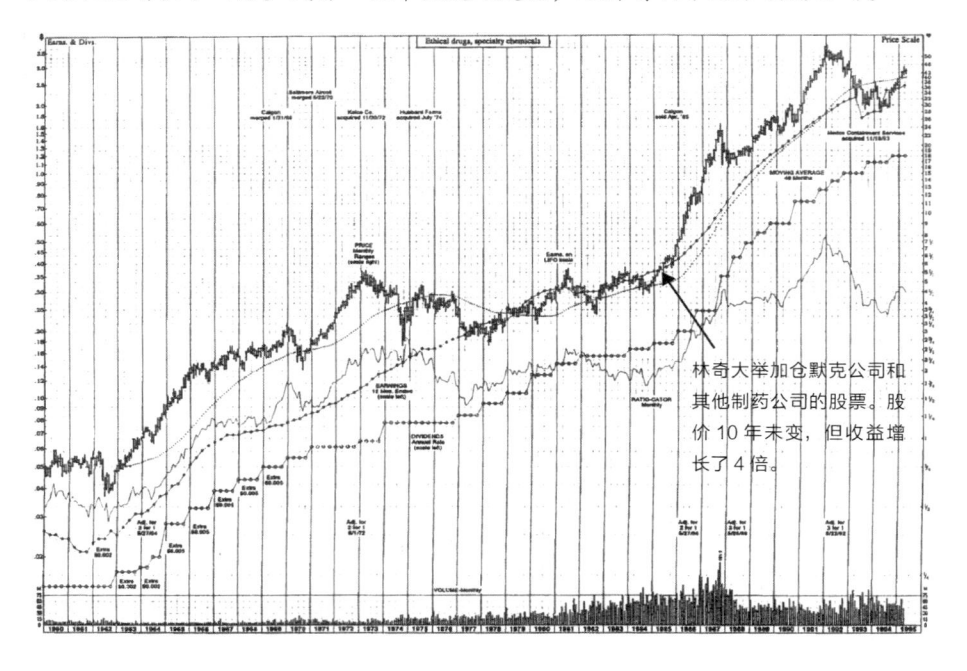

图14-5 默克制药公司的股票走势图

资料来源：Security Research Company。

可口可乐公司

林奇经常拿可口可乐公司举例,来说明优质、成熟的稳定增长型公司可以在市场动荡时成为投资组合中的压舱石。然而,在1992年,林奇评论说,伟大公司的股价并不一定总是具有吸引力(如图14-6所示)。林奇说:"在我看来,需要缓一缓再投资大公司。在过去的10年中,可口可乐公司的股价上涨了15倍,15倍!收益增长了5倍。这是一家伟大的公司,我在未来10年都会持有它的股票。它的股价是明年收益的25倍。它需要缓一缓,收益必须赶得上股价。"[19]

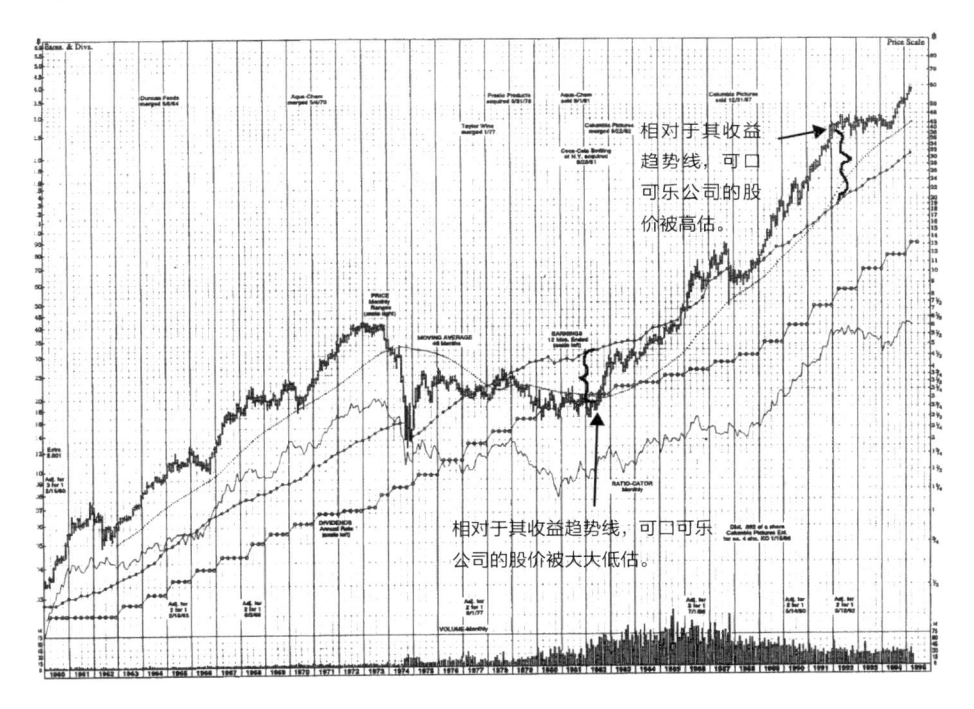

图14-6 可口可乐公司的股票走势图

资料来源:Security Research Company。

可口可乐公司的股票在接下来的一年半里横向盘整，随后便启动了长达4年的飞涨，股价上涨了4倍，收益增长了70%。股价在1998年攀升至令人咋舌的高位，在后来的16年中都再未有过如此辉煌，直至2014年才收复这一历史高位。

重点总结

由此案例得出的重要结论是，即使是知名品牌公司，股价是否被低估也很重要。此外，林奇善用这些图作为工具，根据公司的收益历史判断股价是被相对低估或是高估。

强生公司

1993年，美国总统克林顿展开了他首届任期内最重要的一项工作：成立国家医疗改革工作组。为表达改革的决心，他邀请妻子希拉里出任这一工作组的领导者。因此，克林顿总统的医疗改革计划也被称为"希拉里医改方案"。它旨在为美国全体国民提供医疗服务：一是控制医疗成本的增加，因为其增长速度已高达通货膨胀率的两倍；二是扩大健康保险的保障范围，例如不拒绝已患有基础病的病人参保。希拉里于1993年9月在国会为该法案辩护。尽管民主党占国会的多数议席，但该法案最终因为政府参与过多、太复杂、强制性太高、患者的选择受限以及包含太多限制性法规政策而未能通过。参议院多数党领袖乔治·米切尔（George Mitchell）在1994年8月提出的一项折中法案也未能获得支持。

在此大背景下，1995年1月，林奇在《巴伦周刊》的年度圆桌采访上推荐了强生公司（Johnson & Johnson）和辉瑞公司（Pfizer）的股票（如图14-7所示）。他表示：

这两只股票在最近五年的走势都相对低迷。1991年，强生公司的股价是58美元,现在是54美元。1992年,强生公司的收益为每股2.46美元,今年将至少增长50%。1993年,其净值可能会超过每股4美元。在过去三到四年中,强生公司的收益大幅上升,但股价却在横向盘整。这是一家了不起的公司。它只有一个产品在利润中的占比超过1%——泰诺(Tylenol)占到6%。它的增长不在美国国内,而在海外市场。它每年在研发上花费约13亿美元,这远远超出了研发婴儿洗发水和创可贴所需要的金额。因此,它

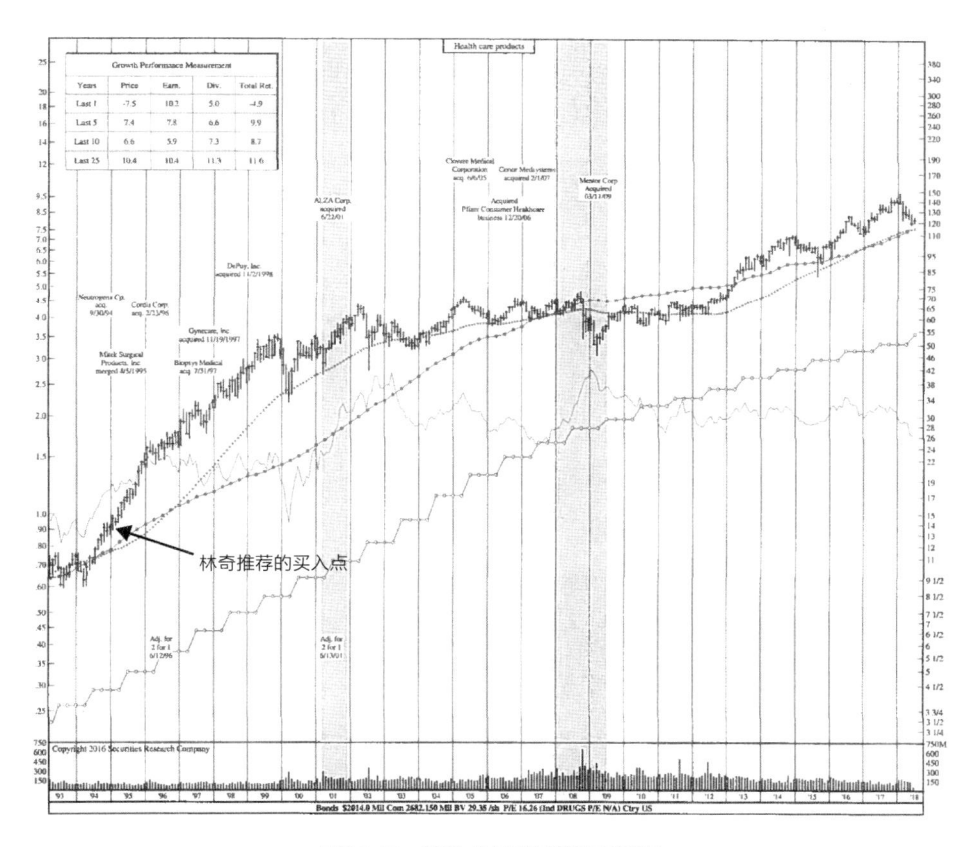

图14-7 强生公司的股票走势图

资料来源:Security Research Company。

把钱都花在了药品的研发上,还拥有很棒的药品生产线,并且正在削减成本……这两家公司的产品都有大量的专利保护。辉瑞公司也像强生公司一样,净现金充足。两家公司的资产负债表都非常漂亮。它们将来会有广阔的发展前景。[20]

强生公司的股价随后在7年中上涨了6倍。

斯伦贝谢公司

林奇从富达麦哲伦基金退休后,他在美国《价值》(Worth)杂志上发表了一系列文章,表达了对市场的看法,并给出了具体的选股建议。1995年2月,他发表了一篇题为《下一次石油繁荣》(The Next Oil Boom)的专栏文章,指出石油行业即将面临一次供应短缺,与当时盛行的供过于求的观点大相径庭。

他认为,上一次的石油繁荣已经过去了十多年。到1994年年底,石油价格已经连续四年走低,累计下降了1/3,至每桶15.66美元,比1980年的价格下降了近60%。市场普遍认为石油输出国组织(OPEC)无法守住产量配额,一旦伊拉克启动原油开采,将每天向市场额外注入300万桶石油。[21]

林奇的判断是正确的。他指出,全球的石油消费量每年以1.5%的速度增长,这意味着每天必须增加100万桶供应才能满足需求。即使伊拉克大规模开采石油,由此所带来的供应量增加也将在三年内被完全消纳。而北美的石油钻井机数量从1981年的4 000多个减少到1994年的大约1 100个,降幅达75%。钻井机数量的严重下降对钻井机所有者来说是一个好兆头,当需求回升时,他们可以尽情抬高报价。由于购买设备的款项已付,报价提高也并不能直接影响收益。所以,林奇认为在石油价格反弹中受益最大的公司将是那些拥有最先进科技的石油服务公司,例如提供3D地震测绘服务的公司,或是可实现水下岩石水平钻井、沿岩石天然裂隙钻井等智能钻头的生产商。斯伦贝谢公司（Schlumberger）是这一领域"皇冠上的明珠"，它的利润丰厚，不但回购了自己的股票，还收购了地震服务行业的头部公司地理探索公司（GeoQuest）。斯伦贝谢公司的股价多年间一直处于50~70美元交易区间的最底部。

后来，斯伦贝谢公司的股价在两年半的时间里从14美元涨至46美元，上涨了三倍（如图14-8所示）。林奇在事后评论："事实证明，坚持到最后的公司成功摆脱了困境，挽回了资产负债表，这对斯伦贝谢公司的投资者来说是个美好的意外……"[22]

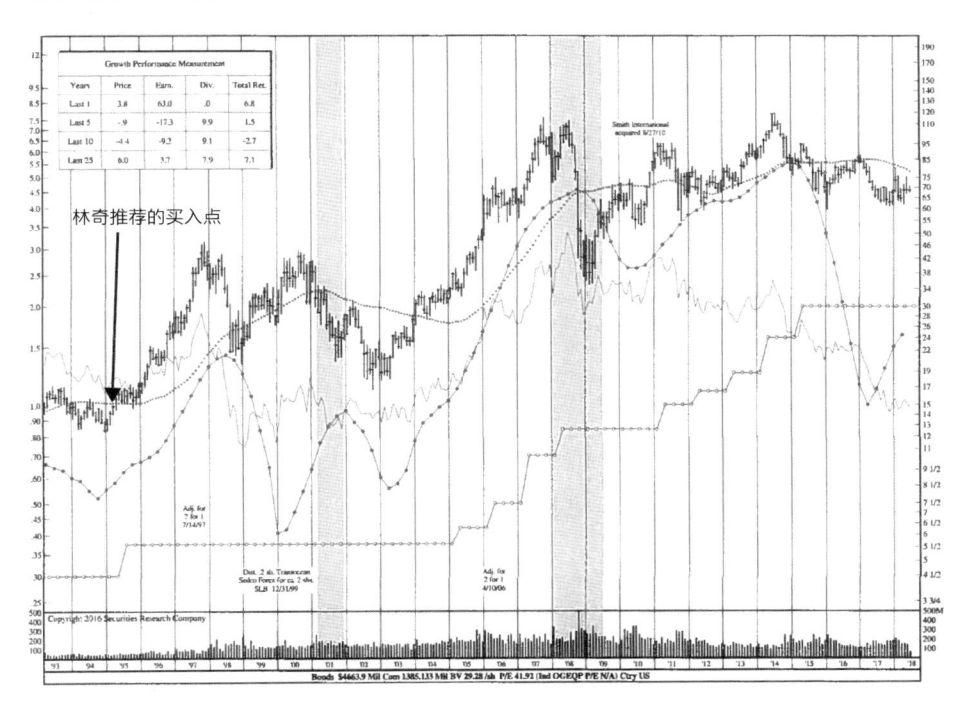

图14-8　斯伦贝谢公司的股票走势图

资料来源：Security Research Company。

重点总结

如果你看好目前身处困境但有可能实现反转的行业，在确保数据和事实正确的前提下，可以选择投资行业中最高质量的公司——资产负债表健康、有能力继续存活的公司，这必将能获得回报。斯伦贝谢公司在股价上涨三倍之前已经实现盈利，并且回购了自己的股票。我的一位同事曾说过，如果你没有债务，就不容易破产。这对于困境反转型公司而言尤为正确。斯伦贝谢公司回购股票的这一事实就表明其财务状况良好，同时也说明它认为自己的股票被低估了。

第十五章　反思

众所周知，林奇具有高度的职业热情，是一位"不知疲倦的探索者"，他也以同样的热情和业余投资者分享投资工具及相关知识。他认为，只要在投资中运用常识，个人投资者也能像专业人士一样做出不错的投资回报，甚至收获更好的投资结果。他主张：利用与生俱来的观察能力以发挥自己的优势；了解自己持有的股票以及持有的原因；进行必要的研究，对公司具有持久的竞争优势抱有坚定的信念。

林奇的得意门生之一，富达反向基金（Fidelity Contrafund）的掌舵人威尔·达诺夫（Will Danoff）在谈到林奇的职业道德和开放式投资时，总是神采飞扬："林奇是一位杰出的人才。他工作非常努力、聪明绝顶，是个了不起的人。他对公司的信息和业绩历史了如指掌，堪称行走的百科全书。"

在威尔·达诺夫还是一名分析师的时候，他的工作就是向投资组合经理推荐股票。有些投资经理对他的建议不予理睬，但据他的回忆：

林奇会说"这听起来很有意思，咱们给他们公司打电话吧"，或者"下次你给他们打电话时跟我说一下，我也要去旁听。我可以和你一起去拜访公司吗？"林奇始终坚持的原则是：如果有疑问，就给公司打电话，找出事实的真相。在了解事实之后，你才可以做出更好的决定。他说过："要保持灵活，继续期待，并不断给公司打电话。"[1]

林奇在调查时会把重点放在公司的财务状况上，内容包括：公司的现金多于债务吗？它有收益和自由现金流，还是只是有希望而已？趋势如何？

只有在公司被低估且股价具有吸引力时，他才会投资。他期待的回报风险比至少为3∶1。他会确认是否有公司的内部人士也在买入股票。在他看来，最好的投资时机是在公司证明自己具有盈利能力之后，而不需要过早进场——这不但会承担不必要的风险，还可能出现损失。

林奇对市场和美国的经济制度充满信心。他敦促投资者要保持乐观，以长远的眼光看问题，并且不要预测市场或经济的走向。他表示："股市指数代表着对这个国家的信心指数。人们认为，如果市场连续三个月下跌，那就是世界末日，但市场的长期趋势才是经济信心的风向标。"[2]

他在1997年补充说：

自第二次世界大战以来，我们前后经历了九次衰退，还有两位总统遭到枪击——一位被刺身亡（肯尼迪总统），一位生还（里根总统）。我们国家的最高法院和国会都发生过变故，还经历了战争。你们已经见证了各种各样的事情，在这段时间里，股市却上涨了。因此，试图预测所有这些事件的努力都是不值得的。[3]

富达公司前投资组合经理兼林奇的同事乔治·范德海登（George Vanderheiden）提到林奇时表示："他的态度一直非常积极。他早晨来上班时总是容光焕发的样子，仿佛能预感到当天股市即将上涨、明年股价即将翻番。"[4]

让林奇获益最大的股票往往是在他持有三四年后实现了最高回报。他总是告诉投资者，如果投资1 000美元，那你最多损失1 000美元；但是如果选择了正确的标的公司，那就可以赚到好多个1 000美元。从长远来看，公司利润与股价之间存在很强的相关性。2001年，林奇对这种相关性评论如下："自第二次世界大战以来，尽管经历了9次衰退和许多其他经济困境，但上市公司的收益增长了63倍，股市也上涨了71倍。"[5]

你可能不会像林奇在富达公司上班时那样每周投入6天以上的时间进行投资研究，但你也不需要管理1 500只股票。你可能也不会对股市如此着迷，不会像林奇一样在与结婚对象初次约会时也只顾得上聊各种大牛股。但是，他依然建议个人投资者可以关注并深入了解十来家公司。即使对于有全职工作的人而言，这个工作量也不会过重。如他所说，人这一生中所需要关注的只是几只优质股票而已。

作为一名共同基金经理，林奇取得了无与伦比的成就，而他真诚、谦虚和谦逊的个人品质也同样值得敬佩。彼得·泰诺斯（Peter Tanous）在他的《投资大师》（*Investment Gurus*）一书中提到，有一天中午，他在富达公司办公室采访林奇时，林奇拿出了一个从家里带来的棕色小袋子，里面装着两块三明治，他给了泰纳斯一块，自己吃了一块。

我有幸到场聆听了林奇1998年在美国投资者协会的演讲，并在他给几位崇拜者拿来的书签名时与他会面。他聪明、机智、积极、富有见地，而且总以极大的热忱向普通的美国投资者分享他的投资智慧。

林奇表示，他希望因为教人谨慎对待财富而被铭记。他说："持有股票等于持有公司，而不是彩票。如果公司的业绩好，股票的表现才会好。"[6]他提倡大家要么认真投资，要么不要投资。

作为一名公认的天才，林奇曾被问到谁是他心目中的大英雄。他的回答极富见地、极具启发。他表示，他心目中的大英雄是那些创业家们。他们都是无名英雄，有些人甘冒风险，不惜创业失败；还有许多人从小型企业起家，逐步把企业发展成为中型甚至大型企业。大型企业经常因自满、懒惰和不接地气而饱受诟病。当它们精简组织、缩小规模时，本意只是为了提高生产力，却往往被指责缺失灵魂、贪婪无度，还会登上报纸的头版头条。然而，媒体忽略了这些充满活力的公司所展示出的增长潜力，正是它们创造了诸多就业机会，使美国变得强大。他一再指出，从20世纪80年代到90年代，美国500强公司每10年都削减300多万个工作岗位，但20世纪80年代和90年代却分别出现了1 800万个和1 900万个全新的工作岗位。创造了这些工作机会的公司管理层都是无名英雄。林奇说，他加入富达公司时，公司里只有60名员工；而到1995年时，员工人数已达9 000名。他说，美国有一套行之有效的经济制度，但公众却不愿意相信。

林奇说，他的工作给美国普通大众的财务状况带来了积极的改变，这让他深感责任重大，也愿意更加积极努力。他说："我在机场遇到过一些人，他们买入我管理的基金后，赚了7 000美元，简直欣喜若狂，因为这改变了他们的生活。这些人给我带来极大的成就感。这就是我如此努力工作的原因。"[7]

感谢林奇为麦哲伦基金的投资人所带来的生活上的改变，也感谢他为慈善事业所做出的贡献。感谢林奇不辞辛劳地写书、写文章、参加访谈节目、出席讲座等，无私地与业余投资者分享投资智慧，启发他们的灵感，赋予他们能量。以林奇为榜样，投资者将变得更明智、更富有。

第三篇

沃伦·巴菲特
"无出其右的投资大师"

> 我非常幸运,在一生中遇到了多位大英雄,而且他们不曾有一位让我失望。如果你也能遇到适合你的大英雄,那么你也是幸运儿。
>
> ——沃伦·巴菲特[1]

第十六章　个人背景

> 今天有人能坐在树荫下乘凉，那是因为很久以前有人种了一棵树。
> ——沃伦·巴菲特

毫无疑问，巴菲特是有史以来最伟大的投资者，被誉为"无出其右的投资大师"。巴菲特在1956年创立了巴菲特合伙基金（Buffett Partnership），当时他投入的100美元到1969年关闭基金时价值已超过2 500万美元。对于合伙基金的每一位有限合伙人，巴菲特首先承诺有6%的基本投资收益，超过这一门槛后，巴菲特才会从年度利润中抽取25%的佣金，正是这一高收益的再投资给基金带来了惊人的价值增长。从1957年至1969年，巴菲特合伙基金的平均年收益率为29.5%，而道琼斯指数同期的年均收益率仅为7.4%。1964年，巴菲特接手了一家濒临破产的纺织公司——伯克希尔-哈撒韦（Berkshire Hathaway），并将其打造成全美市值最高的五家公司之一。在截至2018年的54年中，伯克希尔-哈撒韦公司的市值平均每年增长20.5%，高出标普500指数平均水平（9.7%）的2倍还多。如果在1965年向伯克希尔-哈撒韦公司投资1 000美元，到2018年其价值将为2 400万美元。

巴菲特不仅在投资领域做出了出色的成绩，他还坚持营商有道，慷慨捐助慈善事业，乐于分享商业和投资智慧，善于维持各个子公司运营经理的忠诚度，善用各种清晰巧妙的类比传达他的投资理念……这些都让他闻名于世。

巴菲特生于1930年8月30日，是莉拉·巴菲特（Leila Buffett）与霍华德·巴菲特（Howard Buffett）之子，是美国内布拉斯加州奥马哈市（Omaha，Nebraska）巴菲特家族的第七代。父亲霍华德·巴菲特曾任四届国会议员，一生提倡勤俭节约。曾经有一次政府加薪，霍华德·巴菲特的工资从10 000美元涨到了12 500美元，但他认为政府比自己更需要钱，所以主动退还了加薪部分。在霍华德·巴菲特的第四个任期结束之后，他回到证券经纪公司哈里斯·厄本（Harris Upham）就职，即美邦公司（Smith Barney）的前身。他同时还担任《内布拉斯加日报》（*Daily Nebraskan*）的编辑。

巴菲特的外祖父在内布拉斯加州西点市（West Point）经营着一份周刊报纸，并担任编辑，母亲莉拉·斯塔尔（Leila Stahl）就在家族公司中协助父亲的出版事业。父母在报业领域的影响力对巴菲特的启发很大，这让他在日后意识到地方性的报纸往往具有垄断地位。

巴菲特在家中排行老二，家中还有一个姐姐和一个妹妹。巴菲特很早就展现出了商业天赋，他第一次真正从事商业活动是在6岁那年。巴菲特沿街贩卖"黄箭口香糖"，5片一包，每包利润2美分。他还从外祖父的杂货店以25美分的价格购买了半打可口可乐，并以每瓶5美分的价格出售，每次可以赚到5美分。巴菲特说，他6岁时就开始阅读有关投资的书籍。[2]7岁那年的圣诞节，他向圣诞老人要了一本威廉·汤森（William Townsend）著的《债券推销术》（*Bond Salesmanship*）。[3]

11岁时，他在父亲办公室的黑板上用粉笔登记股票价格，并且已经读完了奥马哈公共图书馆中所有有关投资或股票市场的书籍。巴菲特在1942年4月完成了第一次股票交易，当时正处于第二次世界大战期间。他以每股38美元的价格购买了3股天然气公司城市服务（Cities Service）的优先股。他还说服姐姐买了3股。但是，股价很快跌至27美元，惹得姐姐每天都跟他抱怨。最终，股票涨至40美元，他和姐姐随即卖出。在之后的两年内，股价一路攀升到了大约212美元。巴菲特说："此后不久，股价涨到了212美元，大概就是这个数吧。因此，从那以后，我就决定不与任何人谈论我所做的事情，而要自己一个人思考。"[4]这件事让他总结了三个经验教训：第一，不要受他人言语的影响；第二，如果要帮客户投资，请不要告诉他们你正在买卖哪只股票；第三，投资需要耐心。

13岁时，巴菲特提交了他的第一份纳税申报表，并将他的自行车作为工作成本，抵扣了35美元。他打过不少零工，例如，去捡高尔夫球场中打飞的球，收集起来然后拿去出售；他也当过报童，每天几乎都要送500份《华盛顿邮报》（*Washington Post*）和《华盛顿时代先驱报》（*Washington Times Herald*）；他还兼任一份赌马小报《小马倌精选》（*Stable-Boy Selections*）的编辑。

15岁时，他靠递送《华盛顿邮报》每月可赚到175美元。攒够1 200美元之后，他在内布拉斯加州奥马哈购置了一个40英亩（约161 880平方米）的农场。17岁那年，他与朋友唐纳德·丹利（Donald Danley）共同创办了威尔逊弹珠机公司（Wilson Coin-Operated Machine Company）。他们以25美元的价格购买了一台弹珠机，放在理发店中。后来他们又添置了几台弹珠机，没过多久每周就能赚到50美元的利润。巴菲特后来评论说："我从来没有梦想过生活会如此美好。"打零工赚到的所有钱和农场的收入总计超过了9 000美元，足够他支付自己的大学学费。

从1947年到1949年的两年间，巴菲特就读于宾夕法尼亚大学的沃顿商学院，然后转学到内布拉斯加大学，同时还担任《林肯日报》（*Lincoln Journal*）的发行经理。他于1950年毕业。在大学期间，他研究并尝试了许多投资方法，包括点图技术分析。他说："我全力以赴。我收集了很多图表，还阅读了所有技术资料。我听取他人的建议。然后，在19岁那年（1950年，大四）时，我读到了格雷厄姆的《聪明的投资者》一书，就像看到了光明。"[5]他还说："我不是有意把自己说成一个宗教狂热分子或诸如此类的人，但这本书确实让我受益匪浅。"[6]

大学毕业后，巴菲特申请去哈佛大学商学院读研究生，但经过10分钟的面试之后，他被拒绝了。虽然后来他意识到哈佛大学并不适合自己，但由于害怕让父亲失望，所以依然非常难过。可是他父亲出于"对巴菲特无条件的爱……和无条件的信任"[7]，接受了这个结果。

次年，他被哥伦比亚大学录取，师从格雷厄姆和戴维·多德。巴菲特认为这是他一生中最好的决定。他于1951年获得哥伦比亚大学的MBA学位，并且成为格雷厄姆门下唯一一名获得A+的学生。格雷厄姆和戴维·多德合著了价值投资"圣经"《证券分析》一书。在戴维·多德辞世之后（享年93岁），巴菲特恭敬地表示："他才华横溢，桃李满天下，没有任何投资老师能教出这么多成就非凡的学生。当学生们从戴维·多德的课堂毕业时，他们便拥有了能终身受益的投资智慧，因为他所教授的原理简单、实用、经久不衰。"[8]

从哥伦比亚大学毕业后，巴菲特向他最敬佩的两个人寻求职业建议：他的父亲和格雷厄姆。两人都认为道琼斯指数在当时的点位过高，已达到200点，因此鼓励巴菲特静候时机。许多年后，巴菲特回忆说，如果他听从了他们的建议而采取等待策略，那很可能的结果是，当时他手中的10 000美元现在还是10 000美元。他主动提出愿意去格雷厄姆位于纽约的格雷厄姆-纽曼投资公司（Graham-Newman Corp）义务工作，但被格雷厄姆拒绝了。他回到奥马哈，在父亲的巴菲特-福克证券经纪公司（Buffett-Falk）担任投资销售员，同时仍与格雷厄姆保持联系，讨论他的投资想法。

巴菲特坚持不懈的精神在1954年得到了回报，格雷厄姆以12 000美元的年薪邀请他来到纽约担任分析师。当时格雷厄姆的公司管理着600万美元的客户资产。格雷厄姆在两年后退休，并关闭了合伙公司，在此期间，巴菲特的财富从9 800美元增加到14万美元。

巴菲特和妻子苏珊·巴菲特（Susan Buffett）返回奥马哈，花了32 500美元购置房产，至今仍居住在那栋房子里。在奥马哈工作可带来以下三个优势：第一，可以让巴菲特专注于重要的事情，不用被急事或大趋势牵着鼻子走；第二，他可以在三个小时内到达纽约或洛杉矶；第三，巴菲特说："这是一个宜居的好地方。你可以在这里思考。你可以更深入地思考市场，而不会听到太多的故事，你可以坐下来，就看着放在前面桌子上的股票。你可以思考很多事情。"[9]他还补充道，"这里不像华尔街，没有什么干扰和噪声。我在华尔街工作的几年里，每隔10秒钟就有人跟我小声传递些消息，我总是会过度兴奋。其实你一年只需要得出一个好想法就够了，而奥马哈是个能实现这个目标的好地方。"[10]

1956年5月5日，在巴菲特25岁的时候，他合伙成立了一家价值105 000美元的投资公司，取名巴菲特联合有限公司（Buffett Associates, Ltd）。他是公司的普通合伙人，最初的有限合伙人是他的四位家族成员和三位密友。巴菲特不拿薪水，仅在每年赚取的利润超过6%之后，提取25%的佣金。六年间，他都独自在家中的一间空卧室里工作。他没有计算器，也不会透露自己买卖的资产是哪些，因为他不想浪费时间听客户的建议或担忧。他后来说："……不然，这就像是外科医生在手术过程中与患者保持对话一样（不切实际）。……我要做的就是，在我离开高尔夫球场时交出一张计分卡。我不想让人们跟着我，看着我在这个洞挥一次三号铁杆，在下一个洞用一次推杆。"[11]

巴菲特29岁时，经好友埃德温·戴维斯（Edwin Davis）的介绍，结识了查理·芒格（Charlie Munger）。查理·芒格后来成为他著名的商业伙伴和伯克希尔-哈撒韦公司的副董事长。

1961年，年仅31岁的巴菲特在家中管理着七家合伙公司：巴菲特联合巴菲特基金、达奇（Dacee）、埃姆迪（Emdee）、格伦诺夫（Glenoff）、莫·布夫（Mo-Buff）和安德伍德（Underwood）。这些合伙公司总共价值数百万美元。巴菲特的第一笔百万美元级投资是收购风车制造商登普斯特机械制造公司（Dempster Mill）。巴菲特在1958年投资了桑伯恩地图公司

（Sanborn），并获得了董事会席位。他买入时，公司的股票价值为每股45美元，但该公司的投资价值达到每股65美元。

1962年，他将众多合伙企业合并为一，更名为巴菲特合伙人有限责任公司（Buffett Partnership Ltd.，简称巴菲特合伙人公司）。当时，查理·芒格将巴菲特介绍给了登普斯特机械制造公司的首席执行官哈里·布特尔（Harry Bottle），哈里·布特尔通过降低成本和用工人数扭转了登普斯特机械制造公司的败局。后来，巴菲特开始以每股8美元的价格买入一家马萨诸塞州的纺织公司——伯克希尔-哈撒韦，他认为公司可以在困境中实现反转，因为当时它的营运资本为每股19美元。因此，他可以免费获得这些固定资产的价值。后来，巴菲特合伙人公司成了伯克希尔-哈撒韦公司最大的股东。

1963年，巴菲特出售了登普斯特机械制造公司，净赚230万美元，达到原始投资额的三倍。1964年和1965年，巴菲特分别投资了美国运通公司（American Express）和华特迪士尼公司5%的所有权。我们将在第二十章"案例研究"一章中对美国运通公司和华特迪士尼公司的投资进行详细讨论。

1965年，巴菲特获得了伯克希尔-哈撒韦公司的完全控制权。第二年，他关闭了巴菲特合伙人公司的募资渠道，开始以全新的资金来源进行投资。当时，他在巴菲特合伙人公司中的个人投资已价值680万美元。1968年，巴菲特合伙人公司价值6 500万美元，其中巴菲特的个人股份价值1 000万美元，这要部分归功于他对美国运通公司的投资，让1 300万美元的成本增值到2 000万美元。

1969年，巴菲特感叹，虽然劲头十足的牛市已经持续了两年，但他依然无法找到好的投资标的。随后，他关闭了这个价值1.04亿美元的合伙人公司，其中他个人的股份价值为2 500万美元。他向有限责任合伙人解释道：

我与当下的市场不太合拍。当游戏不再按照自己的方式进行时，我们都会认为这种新的方式是错误的,势必会带来麻烦——这是天性使然。但是,有一点我很清楚……即使可能要放弃高额的、看似容易获得的利润,我也不会放弃自己的投资逻辑(虽然我发现它难以应用),因为那些投资方法我并不能完全理解,如果操作出错,就可能导致大量的资本永久性损失。[12]

巴菲特解散巴菲特合伙人公司主要出于以下四个原因。第一,市场估价过高。第二,他拒绝卖出自己中意的几家公司。他说:"我正在培养与子公司运营经理的合作关系,我不希望决定他们的任职期限的原因是某天早上是不是有人给我出了个非常好的价格。"[13]第三,在有限合伙人达到100之后,按规定巴菲特必须注册成为投资顾问,此后他就必须公开披露交易信息,而这会限制他的投资风格。第四,他也可以摆脱管理有限合伙人的行政事务。

三年后,市场遭受了几十年来的最大降幅。在1973年至1974年的熊市期间,巴菲特成功抄底,买到几只被低估的股票。他说:"现在到了赚大钱的时候了。"[14]

巴菲特与妻子苏珊·巴菲特育有两子一女:霍华德(Howard,以巴菲特的父亲命名)、彼得(Peter)和苏珊(Susan,以妻子命名)。小霍华德·巴菲特是一位商人、农场主和保守主义者,自1992年以来长期担任伯克希尔-哈撒韦公司的董事,此外,自2010年以来,他一直担任可口可乐公司董事。在巴菲特去世后,小霍华德·巴菲特继任巴菲特的职位,成为伯克希尔-哈撒韦公司的非执行董事长。彼得·巴菲特是一位音乐家、作曲家、作家和慈善家。他曾获得过艾美奖(Emmy Award),也是《纽约时报》(The New York Times)的畅销书作家。长女小苏珊·巴菲特是一位致力为公共教育和社会正义募捐的慈善家。有趣的是,三个人都没有拿到大学的文凭。

在20世纪70年代,巴菲特夫妇选择分居,但他们的婚姻关系一直维持到2004年苏珊·巴菲特去世。苏珊·巴菲特是一名业余的卡巴莱

（Cabaret）[①]歌手，她也积极投身于慈善事业，关注民权、堕胎和人口控制等问题。她的朋友尼尔·萨达卡（Neil Sedaka）鼓励苏珊追求歌唱事业。她于1977年离开巴菲特，搬到旧金山。巴菲特因此伤心欲绝，但他们仍然一起度假，并以夫妻身份出席公共场合。1978年，苏珊·巴菲特把阿斯特丽德·蒙克斯（Astrid Menks）介绍给巴菲特，随后蒙斯克就搬进了巴菲特在奥马哈的家中。在苏珊·巴菲特于2004年去世的两年之后，蒙克斯与巴菲特结婚。在苏珊·巴菲特去世之前，他们寄出的圣诞贺卡上通常签着三个人的名字——"沃伦·巴菲特、苏珊·巴菲特和阿斯特丽德·蒙克斯"。苏珊·巴菲特是伯克希尔-哈撒韦公司的董事，也是巴菲特基金会（Buffett Foundation）的总裁。

众所周知，巴菲特爱吃垃圾食品，他常吃汉堡，每天还要喝5瓶樱桃味的可口可乐。1985年，在喝了48年的百事可乐之后，他尝试了樱桃味的可口可乐新品，从此认定它为伯克希尔-哈撒韦公司的正式饮料。他投资可口可乐公司大获成功便发生在四年之后。

在投资才华上，无人能出其右。他的伯克希尔-哈撒韦公司年度报告也堪称经典之作。许多人，包括笔者自己在内，都认为阅读一次他的报告能抵得上学习任何两年制的MBA课程，甚至能收获更多。

随着伯克希尔-哈撒韦公司的股价上涨，巴菲特时常占据世界首富的位置。一直以来，他都表示要把自己的财富还给社会，最终，比尔·盖茨（Bill Gates）和梅琳达·盖茨（Melinda Gates）（当时还是）夫妇说服他不要等到生命的最后时刻再行动。多年来，他都认为应该花毕生精力尽可能多地积累财富，然后在生命的最后时刻全部捐出，这就是他能为社会做出的最大贡献。巴菲特说：

---

① 卡巴莱，一种具有喜剧、歌曲、舞蹈及话剧等元素的戏剧娱乐形式，起源于1880年代的法国，在欧洲盛行。——译者注

我听到富人家的孩子们或者他们自己在谈论免费食品券对依靠福利度日的母亲会产生哪些消极影响时，他们说，这很可怕，你知道的，把这些免费食品券都给他们，会导致无限的恶性循环。然而，当一个非常有钱的孩子或一个将要继承很多财富的孩子出生时，当他们离开母亲的子宫时，将获得可享用终身的食品券，他们——也只有他们——会有一名福利专员来负责，这些专员被称为信托部门工作人员，而这些食品券就是股票和债券。但似乎没有人注意到这种特殊的终身食品券有什么消极影响。总的来说，如果我是一名短跑选手，那么对于我的人生来说，与其他选手一起踩着起跑器同时冲出起跑线之后赢得比赛才算是真正的成功，而不是因为我是杰西·欧文斯（Jesse Owens）①的孩子，或者因为我的起跑线比别人的更靠前之类的其他原因。[15]

他在1990年说："我想我应该把财富还给社会。我没有理由创造出一个财富王朝，然后守着它们50年无所作为。"[16]

1996年，作为当时世界上最富有的人，巴菲特承诺将他在伯克希尔-哈撒韦公司所有的股票都捐给慈善基金会。他承诺贡献出99%的个人财富，其中最大的一笔捐给了比尔及梅林达·盖茨基金会（Bill and Melinda Gates Foundation），他也是该基金会的董事会成员之一。比尔及梅林达·盖茨基金会致力于改善医疗状况、减少贫困、增加教育机会，并提高信息技术的普及度。巴菲特将在一定时间内按年向盖茨基金会认捐总计1 000万股伯克希尔-哈撒韦公司的B类股票。这项捐助有三个条件：①比尔·盖茨或梅琳达·盖茨必须在世，并且积极参与基金会的管理工作；②基金会必须一直保有慈善机构的性质；③基金会每年最低的对外捐赠金额要等于巴菲特上

---

① 杰西·欧文斯，原名詹姆斯·克利夫兰·欧文斯（1913—1980年），美国黑人短跑运动员，现代奥运史上最伟大的运动员之一，被誉为"20世纪最佳田径运动员"。——译者注

一年度捐出的善款价值与基金会资产的5%之和。比尔及梅林达·盖茨基金会通常将在每年7月收到这一专用慈善股份剩余部分的5%。巴菲特还向自己子女的每家基金会认捐了20亿美元的伯克希尔-哈撒韦公司股票。巴菲特个人在慈善事业上主要关注的议题是控制人口和限制使用核武器。

巴菲特除了每周花10个小时在网上打桥牌之外，几乎把所有精力都花在工作上。这位被誉为"奥马哈先知"的投资人不禁让人肃然起敬，但他态度谦逊、和蔼可亲、举止合群，总是笑呵呵的样子又时常让人忘记了他敏锐的洞察力、细致的分析能力和过目不忘的记忆力。他具有不可思议的能力，可以通过三个标准快速辨别商业伙伴的可靠性——为人正直、聪明智慧和精力充沛。在伯克希尔-哈撒韦公司运营的80多家子公司中，各个部门的负责人——通常也都是公司的创始经理——虽然都已经足够富有，不需要依靠继续工作来赚钱，但他们依然乐于为巴菲特工作。这是因为他们对公司的业务发展都充满热情，巴菲特也对他们非常信任，不会干预公司的经营，而且伯克希尔-哈撒韦公司也没有强制退休的规定。极高的忠诚度就是这些运营经理给他的回报。巴菲特设置了资金成本，以此激励各位运营经理将闲置的现金返还给他，便于他将资本分配给新的投资。巴菲特说，他是跳着踢踏舞去上班的，而他的投资者肯定是跳着吉格舞[①]去上班的。

年过90岁高龄的巴菲特仍然做着自己喜欢的事情：每天阅读大量书籍来满足他无穷的好奇心和对商业智慧的渴求，继续带领着他的伯克希尔-哈撒韦公司为商业经营和职业道德树立典范。

---

① 吉格舞是一种英国的传统民间舞蹈，通常是单人的即兴表演，伴奏的曲子欢快活泼。——译者注

第十七章　投资业绩

> 多年来，如果我每年的业绩水平能比市场的平均回报高10%，那我就非常满意了。
>
> ——沃伦·巴菲特[1]

巴菲特是伯克希尔-哈撒韦公司的首席执行官。他是一名举世闻名的资本配置大师，创造了惊人的投资业绩。在经营伯克希尔-哈撒韦公司之前，他是巴菲特合伙人公司的普通合伙人，也同样拥有出众的投资业绩，人尽皆知。

1956年，在格雷厄姆关闭了格雷厄姆-纽曼投资公司之后，巴菲特随即回到家乡奥马哈，成立了第一家巴菲特合伙人公司，为亲朋好友打理投资。后来，他又相继成立了多家合伙基金。巴菲特是基金的普通合伙人，投资者是有限责任合伙人。有限责任合伙人每年按投资额可收到6%的利息，并在投资收益率超过6%之后，可获得超出部分的75%作为投资回报；收益部分的另外25%则由巴菲特收入囊中。如果出现亏损，巴菲特会先承担25%的亏损，并必须偿还累计亏损，然后才能在投资收益率超过6%之后，对超出部分收取25%的佣金。

巴菲特合伙人公司的总收益率（在向有限责任合伙人收取费用之前）每年平均为29.5%，而道琼斯指数仅为7.4%，扣除有限责任合伙人的费用之后，年均净收益率仍然高达惊人的23.8%。在管理合伙基金的13年中，虽然道琼斯指数连续五年呈现负回报率，但巴菲特仍每年都能取得正回报率。如果一位有限合伙人在1957年初向巴菲特投资10 000美元，到1969年合伙基金解散时，他可以获得超过160 000美元。1956年5月5日，七位有限责任合伙人（四位家族成员和三位密友）为合伙人公司的前身机构筹集了105 000美元，巴菲特仅认缴了100美元。到1969年，在复利回报的神奇作用下，加之合伙人追加投资，这一合伙基金的资产已增至1亿美元，其业绩见表17-1。巴菲特在1969年"退休"时，个人股份已价值2 000万美元。

表17-1　巴菲特合伙基金的投资业绩

年份	巴菲特合伙人公司的回报率（%）	合伙人的回报率（%）	道琼斯工业平均指数（%）
1957	10.4	9.3	−8.4
1958	40.9	32.2	38.5
1959	25.9	20.9	20
1960	22.8	18.6	−6.2
1961	45.9	35.9	22.4
1962	13.9	11.9	−7.6
1963	38.7	30.5	20.6
1964	27.8	22.3	18.7
1965	47.2	36.9	14.2
1966	20.4	16.8	−15.6
1967	35.9	28.4	19
1968	58.8	45.6	7.7
1969	6.8	6.6	−11.6
年复合收益率（%）	29.5	23.8	7.4

对于解散巴菲特合伙人公司，巴菲特给出了以下几条退休的理由。

低买高卖的机会越来越少

以前，使用格雷厄姆的定量分析法从统计的角度可以找到不少资产负债表良好、价值被低估的资产，但这种投资机会"在过去20年中不断减少，实际上已经不存在了"。巴菲特表示："证券分析师的种类和数量出现了爆炸式的增长，他们对公司事无巨细的审查远远超出了前些年的水平。"[2]

规模

当时巴菲特管理的资产已增至1亿美元，他认为这一规模已经太大了，极度限制了他的选股范围，"这个本就看似贫瘠的投资世界中已经有一大部分公司"都不再适合他了。市场上许多不起眼的、未受关注的公司价格都低于公司的清算价值，当这些公司被发现之后，巴菲特便将其视为珍宝。如果基金规模不大，投资"雪茄屁股"公司就可以带来很好的效果。后来，巴菲特在2014年的伯克希尔-哈撒韦公司年度致股东信中坦言：

当我只管理少量的资金时，"雪茄屁股"策略非常有效。的确，我在20世纪50年代发现了几十个成本极低的"雪茄屁股"公司，迄今为止，那十年的投资回报都是我此生的巅峰，无论是相对回报还是绝对回报……但是，这种方法的主要缺点也逐渐显现出来："雪茄屁股"投资法有一定的扩展局限性，如果资金数量巨大，这个方法就会失效。

他解释说300万美元以下的投资不会对公司总回报产生实质的影响，而公司如今积累了这么大的资金规模，也不可能再去投资市值少于1亿美元的公司了。

投机狂潮

巴菲特当年所处的市场中到处都充满着追求短期收益的投资者，投机气氛浓重。对于那些警惕性较低的人来说，这就是他们难以逃脱的陷阱。巴菲特在1968年7月的致股东信中这样形容当时的金融市场："我们现在所面对的投资世界中，看不到那些坚信逻辑道理的人，却充斥着心生憧憬、轻信谣言、贪婪无度和四处打听的人。"巴菲特在1969年1月的信中引用了一位掌管10亿美元的投资经理的话："研究证券必须分秒必争。"巴菲特既被他的主张所吸引，又深感震惊，并半开玩笑地说："这种话让我出门买瓶百事可乐都会感到内疚。"他极富远见地指出："我不适应这种市场环境，我不想仅仅为了可能变成投资英雄就去试着玩一把我不了解的游戏，因为这反而可能破坏我本就不差的投资纪录。"

几年后 1973年1月至1974年12月，道琼斯指数大跌超过40%，取得了自大萧条以来最严重的下滑。麦当劳、可口可乐、雅芳等所谓的稳健增长型蓝筹股的市盈率当时已分别高涨至83倍、63倍和47倍。然而，到1974年10月时，市场在不到两年的时间里就已触及底部，麦当劳、可口可乐和雅芳的股价分别下跌了72%、69%和85%。

个人因素

巴菲特在1967年10月9日的致股东信中说，个人因素是改变投资目标的最重要因素。他先前的投资目标是超出道琼斯指数10%，这时的投资标的调低至每年增长9%，或跑赢道琼斯指数5%。他说："正是个人因素让我选择了比年轻时、管理较少资产时更加温和的方法来获得卓越的投资回报。"基金业绩的不断上涨让巴菲特非常满足，他也与旗下全资子公司的运营经理们保持着良好的关系，所以他不愿意因为"可能获得更高回报而跟他们产生摩擦、纷争或者更糟的事情"。[3]颇具讽刺意味的是，他在1969年5月的致股东信中说："我知道我一生都不愿意为了追求高回报而被赶着向前跑……我也知道在我60岁时，我应该尝试一下去实现不一样的人生目标，把那些我在20岁时更看重的目标放在一边。"

合伙关系清算条款

在有限责任合伙人决定清算退出或向其他合伙人转售资产时，巴菲特设置了三种选择路径。首先，任何一位合伙人都能够以现金方式清算，或者持有他自己依然看好的可出售证券——并且随时可以结转为现金。

其次，他推荐了两位投资业绩出色、为人和善的理财大师：比尔·鲁安（Bill Ruane）和戴维·"桑迪"·戈特斯曼（David "Sandy" Gottesman）。桑迪·戈特斯曼是伯克希尔-哈撒韦公司的早期投资者，比尔·鲁安是巴菲特在哥伦比亚大学的同学、格雷厄姆的学生。巴菲特对他们正直的人品、投资的能力、和善的性情和极高的智慧都大加赞扬。巴菲特还考虑过推荐他在1959年结识的查理·芒格，但查理·芒格对扩大投资业务并不感兴趣。比尔·鲁安于1970年7月创立红杉基金，接受各种规模的投资者。有趣的是，尽管红杉基金在头几年的表现都落后于标普500指数，但在比尔·鲁安（逝于2005年10月）的管理下，它的长期投资纪录堪称典范，年复合收益率高达16%，而同期标普500指数仅为11.7%。

最后，他也允许合伙人在巴菲特合伙基金控股的两家公司——多元零售公司（Diversified Retailing Company，DRC）和伯克希尔-哈撒韦公司中保持一定比例的权益。这些公司的证券不能自由买卖，但是合伙人也可以选择转为等值现金。不过，他不愿意出售自己控股的子公司，因为他非常喜欢并且尊重那些运营经理们，而且这些子公司的业绩不断上涨，资本回报良好，他说："我非常喜欢所有子公司的运营经理……我当然不会仅仅是为了获得一大笔钱就卖掉公司，与这些我喜欢和钦佩的人分开。"[4]

巴菲特接管伯克希尔-哈撒韦公司

巴菲特于1962年开始以每股7.6美元的价格收购伯克希尔-哈撒韦公司，并于1965年春季大笔增资，获得了公司的控制权，此时他的平均成本为每股14.86美元。巴菲特将这笔投资看作一次典型的格雷厄姆式资产负债表分析，因为该公司的净营运资本（不包括工厂和设备的价值）为每股19美元。从理论上讲，他以每股0.78美元的价格购买了公司现金、应收账款和库存价值减去债务后的清算价值，并免费获得了工厂和设备。

到1969年，巴菲特完成了对伯克希尔-哈撒韦公司的资本再分配，将其从一家单纯的纺织公司转变为三项业务齐头并进的公司：一个规模较小的纺织业务部门、由国家赔偿保险公司（National Indemnity）和国家消防与海事公司（National Fire & Marine）合并组成的保险部门，以及由伊利诺伊州国家银行信托公司（Illinois National Bank and Trust）运营的银行部门。巴菲特承认，公司的纺织业务资本回报低于资金成本，并不能令人满意，但他看到部门的管理层依然努力在艰难的条件下改善业务，所以愿意保留这部分业务。只要纺织业务能维持在现有水平上，他就将继续保留这个部门。巴菲特表示，保险业务和银行业务共计带来了13%的可见回报，并且"具有良好的增长前景"。

巴菲特曾对他的有限责任合伙人表示说：

我个人认为，多元零售公司和伯克希尔-哈撒韦公司的内在价值将在多年后大幅增长。虽然未来无法预知，但如果每年的增长率不能达到10%左右，我会非常失望……我认为这两家公司都应该非常值得长期持有，我也很高兴能将自己的大笔资产投入进来。我认为我很可能会在很长一段时间内维持对多元零售公司和伯克希尔-哈撒韦公司的投资……"[5]

听从巴菲特这条建议并长期持有伯克希尔-哈撒韦公司的投资者,在过去50多年里享受着平均超过20%的年复合收益率。

在下一章中,我们将探讨巴菲特在巴菲特合伙基金存续期间的投资行为,并研究他的风格演变,探究他如何为伯克希尔-哈撒韦公司的优异资本配置成绩奠定了基础。以下是伯克希尔-哈撒韦公司业绩与标普500指数的对比,见表17-2所示。

表17-2 伯克希尔-哈撒韦公司业绩与标普500指数的对比

年份	伯克希尔-哈撒韦公司的每股账面价值年化变动率(%)	伯克希尔-哈撒韦公司的每股市值年化变动率(%)	标普500指数(包括股息)年化变动率(%)
1965	23.8	49.5	10
1966	20.3	3.4	11.7
1967	11	13.3	30.9
1968	19	77.8	11
1969	16.2	19.4	8.4
1970	12	4.6	3.9
1971	16.4	80.5	14.6
1972	21.7	8.1	18.9
1973	4.7	2.5	14.8
1974	5.5	48.7	26.4
1975	21.9	2.5	37.2
1976	59.3	129.3	23.6
1977	31.9	46.8	7.4
1978	24	14.5	6.4
1979	35.7	102.5	18.2

续表

年份	伯克希尔－哈撒韦公司的每股账面价值年化变动率（%）	伯克希尔－哈撒韦公司的每股市值年化变动率（%）	标普 500 指数（包括股息）年化变动率（%）
1980	19.3	32.8	32.3
1981	31.4	31.8	5
1982	40	38.4	21.4
1983	32.3	69	22.4
1984	13.6	2.7	6.1
1985	48.2	93.7	31.6
1986	26.1	14.2	18.6
1987	19.5	4.6	5.1
1988	20.1	59.3	16.6
1989	44.4	84.6	31.7
1990	7.4	23.1	3.1
1991	39.6	35.6	30.5
1992	20.3	29.8	7.6
1993	14.3	38.9	10.1
1994	13.9	25	1.3
1995	43.1	57.4	37.6
1996	31.8	6.2	23
1997	34.1	34.9	33.4
1998	48.3	52.2	28.6
1999	0.5	19.9	21
2000	6.5	26.6	9.1
2001	6.2	6.5	11.9

续表

年份	伯克希尔－哈撒韦公司的每股账面价值年化变动率（%）	伯克希尔－哈撒韦公司的每股市值年化变动率（%）	标普500指数（包括股息）年化变动率（%）
2002	10	3.8	22.1
2003	21	15.8	28.7
2004	10.5	4.3	10.9
2005	6.4	0.8	4.9
2006	18.4	24.1	15.8
2007	11	28.7	5.5
2008	9.6	31.8	37
2009	19.8	2.7	26.5
2010	13	21.4	15.1
2011	4.6	4.7	2.1
2012	14.4	16.8	16
2013	18.2	32.7	32.4
2014	8.3	27	13.7
2015	6.4	12.5	1.4
2016	10.7	23.4	12
2017	23	21.9	21.8
2018	0.4	2.8	4.4
1965—2018年的年复合收益率（%）	18.7	20.5	9.7

巴菲特解释为何广受欢迎的基金常常表现不佳

巴菲特经常在致股东信中把自己的业绩与四家最大的多元化共同基金做比较。这些基金虽然收取了数亿美元的管理费用,并且还由聪明绝顶、精力充沛的人来打理,但其表现不仅逊色于巴菲特,也未能跑赢道琼斯指数。在1965年1月的致股东信中,巴菲特将这四大基金的低回报以及自己的出色业绩归因于以下五点:

(1)群体思维。巴菲特认为:"在任何规模的群体中,如果各方都真正参与到决策过程中,那么投资管理则几乎不可能成功。"

(2)从众心态。许多信托部门和其他大型投资公司都谨守着一份被广泛认可的股票列表,这些股票由于上市时间长、受欢迎程度高,而被普遍认为是"安全"的。

(3)以为紧跟指数是安全的。许多机构都认为仿照指数投资的方法很安全,因此不鼓励偏离指数太远。实际上,许多机构都对主动风险的水平进行定量监控,并对投资者在可接受范围之外的投资行为进行处罚。但是,为了跑赢指数,投资者必须做出独立于指数的投资。可是在许多情况下,对跑输指数的惩罚要远大于对跑赢指数的奖赏。

(4)不合理的多元化。许多机构都坚持采用多元化投资策略,但巴菲特认为这种做法"不合理"。例如,有些机构要求投资经理采用与市场指数相同的行业权重,却寄希望于他们的选股能力来跑赢市场。巴菲特说:"多元化是对无知的一种补救措施,但如果无知却不自知,多元化就没有必要了。"[6]

(5)惯性。一些投资公司认为,他们只要坚持投资不同的国家或坚持多样化的投资风格,就等于为客户提供了良好的服务,但他们却从未真正了解投资这些股票的底层逻辑。

常规投资与保守投资

巴菲特采用的集中式投资经常会引发客户的担忧,他对此解释道,保守投资与常规投资不同,它并不取决于是否获得了多数人或重要人物的认同。巴菲特认为,保守投资应该以投资者的推理是否与事实相符来衡量,尤其是在低迷的市场环境中。他认为保守投资与投资组合的集中度无关。保守投资是指确保投资者遭受更少的暂时性或永久性价值损失的方法。

1965年11月,巴菲特告知各位有限责任合伙人,如果他认为自己对某只股票的推理很可能与事实相符,而永久性价值损失的概率又很低,那么他可能会在单一证券中投资多达40%的资金。巴菲特对美国运通公司的信心便是推动这种集中式投资的催化剂。巴菲特意在将其投资组合的跌幅限制在道琼斯指数跌幅的一半之内,他说:

> 毫无疑问,投资机构比我们更愿意投资常规性股票,而且许多人确实分不清常规投资和保守投资。在我看来,这个思路是完全错误的。常规方法和非常规方法本身都不是保守的方法。真正的保守投资来自聪明的假设、确切的事实与合理的推断。这样分析下来,可能会得出符合常规的投资结果,但也曾多次带来了不符合常规的结果。我们不会因为获得了重要人物、行业评论家或大量拥趸者的支持而感到宽慰,当然也不会因为得不到这些人的认同而感到失落。民意测验不能代替自己的思考。[7]

投资经理的素质

巴菲特邀请托德·库姆斯（Todd Combs）和泰德·韦施勒（Ted Weschler）加入伯克希尔-哈撒韦公司负责投资管理工作。多年后,巴菲特明确表达了赏识这两员大将的原因。透过他们所具备的素质,我们也看到了巴菲特选择投资经理的通用标准,这也是任何投资者取得直接或间接成功应有的素质。巴菲特所青睐的投资者不仅要有优异的历史业绩，还要将股票与公司视为一体，而且还要具备评估风险的能力，他说：

我会看他们都做过什么。不仅要看到打动我的投资业绩，还要看他们是如何取得这些成绩的……托德·库姆斯和泰德·韦施勒对待投资的态度与我非常相像。他们没有把股票单纯当作股票，而是将其视为公司的一部分，并会对公司做出评估。严格来说，他们都是真正的公司分析师。然后他们将分析结果转化为投资决策……（托德·库姆斯和泰德·韦施勒）都有着与生俱来的才华——稳健又聪慧。他们两个缺一不可。他们能在问题出现之前就未雨绸缪。他们不会空想着出现天上掉馅饼的好事儿，而是凡事先思考弊端。[8]

第十八章 对投资的影响和投资观点

> 无论我们谈论的是袜子还是股票,我都喜欢在价格下跌时购买优质商品。
>
> ——沃伦·巴菲特

巴菲特表示,他出生在1930年的美国,等于在娘胎里就中了头彩,那时的社会民主理念盛行、自由市场经济得到了市场的认可,种族或性别的障碍并不严重,美国的经济欣欣向荣。虽然巴菲特强调自己的运气好,但跟他同样幸运的人数以百万计,只有他一人取得了无可比拟的非凡成就。巴菲特确实赶上了好时代,但他所具有的强烈渴望以及不断向自己心中的五位大英雄终身学习的精神才是他出类拔萃的真正原因。正是这五位大英雄造就了巴菲特的投资奇迹。他们是霍华德·巴菲特、本杰明·格雷厄姆、菲利普·凯瑞特(Philip Carret)、菲利普·费雪和查理·芒格。

霍华德·巴菲特

在巴菲特出生之前,他的父亲霍华德·巴菲特是联合街银行(Union Street Bank)的证券销售员,但这份工作却不能为家庭提供足够的保障。此外,那些曾经遭受股市大跌的人担心会重蹈覆辙。巴菲特出生前两周,由于受到大萧条的影响,联合街银行也成了受害者。此后不久,霍华德和他的合伙人乔治·斯克莱尼卡(George Sklenicka)在联合街银行所在的办公大楼里成立了巴菲特·斯克莱尼卡公司(Buffett, Sklenicka & Co.),开展股票和债券的销售业务。

霍华德·巴菲特的父亲欧内斯特·普拉特·巴菲特（Ernest Platt Buffett）是一位勤俭有道的杂货商，他认为投资股票是一个傻瓜才会玩的游戏。作为国际扶轮社（Rotary Club）①的社长，欧内斯特劝告他的扶轮社员不要听信霍华德·巴菲特的推销，他说自己的儿子对股票并不了解。跟年轻的巴菲特相比，霍华德·巴菲特通过证券销售所赚到的佣金实在是太少了，他都担心家人会被饿死。欧内斯特厌恶借债，他的儿子也在这一点上继承了父亲。欧内斯特安慰霍华德·巴菲特说："不用担心食物，儿子。我给你钱。"为了帮助养家，巴菲特的母亲莉拉·巴菲特不再去教堂聚会，也开始控制每天的吃饭次数。

霍华德·巴菲特决心给自己的儿子一个更好的童年，不必像他一样忍受一位吝啬成性的父亲。巴菲特高度钦佩霍华德·巴菲特秉承的道德原则。父亲不抽烟、不喝酒，在主日学校②教授宗教课程，担任当地学校的董事，还在美国国会任职，而且如果霍华德·巴菲特的重要客户在证券投资上遭受了损失，他还会自掏腰包回购那些股票。霍华德·巴菲特亲切地把巴菲特称为"小火球"。他把年仅10岁的儿子带到自己的股票经纪公司里参观，而此时这家公司正处于蓬勃发展期，已经搬到了奥马哈的国家银行大楼。巴菲特还参观了位于同一幢大楼的哈里斯·阿普顿股票经纪公司（Harris Upton brokerage），它就在父亲公司的楼下两层。他们允许巴菲特在周六早上市场交易的两个小时里，在黑板上用粉笔记录股票价格。巴菲

---

① 国际扶轮社，由分布在168个国家和地区共35 000多家地方扶轮社组成的非政治和非宗教的服务性组织，总部设于美国伊利诺伊州埃文斯顿。它面向所有人开放，通过汇集各领域的领导人才，提供人道主义服务，促进世界各地的善意与和平。——译者注

② 主日学校，是基督教教会于主日（通常为星期日）早上在教堂或其他场所进行的宗教教育，内容多以查经、教授基本圣经内容为主，并由教会所指定的小组长、执事、传道或牧师讲道。——译者注

特如饥似渴地阅读着《巴伦周刊》里的"交易员"专栏（The Trader）以及父亲书架上有关投资的书籍。

霍华德·巴菲特在三个孩子满10岁的时候，分别带他们去纽约旅行。华尔街创造的巨大财富给巴菲特留下了两点非常深刻的好印象。霍华德·巴菲特带巴菲特拜访了高盛集团（Goldman Sachs）的资深合伙人西德尼·温伯格（Sidney Weinberg），他们畅聊了半个小时之久。在告别之际，西德尼·温伯格满怀关切地问道："巴菲特，你喜欢哪只股票？"这让巴菲特对他充满了敬佩，至今难忘。

巴菲特和霍华德·巴菲特随后参观了纽约证券交易所（New York Stock Exchange），并与交易所的员工共进午餐。饭后，巴菲特被这里的巨额财富所震惊。显然，交易所里配备的那台可以选择烟叶的定制雪茄机完全算不上是奢侈之物。

巴菲特敬佩自己的父亲，他也像父亲一样，成了一个正直的人。这并非公众对巴菲特的评价，而是他自己做人的要求。这样一位品格榜样不仅陪伴着巴菲特的成长，还为他开启了一扇通往财富和独立的无限可能之门，让巴菲特获得了顿悟："这可以让我独立。然后，我可以做自己想做的事。我最想做的事就是为自己工作，我不希望被其他人指挥。对我而言，每天做自己想做的事情非常重要。"[1] 第二年，也就是他11岁那年，他购买了第一只股票——天然气公司城市服务的优先股，从此走向独立自强的道路。

本杰明·格雷厄姆

巴菲特说："对我来说，格雷厄姆远不止是一位作家或老师。除了我父亲以外，他是对我的生活影响最大的人。"[2]

格雷厄姆生于1894年。父亲在他9岁时去世，而母亲的积蓄也在1907

年的市场震荡中打了水漂。经历了贫困的打击之后，格雷厄姆被迫通过打零工来贴补家用，并且深知只有刻苦学习才能改善家庭状况。1914年，年仅20岁的他从哥伦比亚大学毕业，并且作为学生代表在毕业典礼上致辞。大学的三个学院——英语、数学和哲学都邀请他担任授课老师，但都被他一一谢绝。他听从了院长的建议，决定在华尔街一试拳脚。

格雷厄姆最初接触华尔街的方式与巴菲特相似，都是在黑板上用粉笔记录股票价格。那个年代还没有证券分析师这种职位，有的只是统计专员。尽管如此，格雷厄姆仍然采用了定量方法进行系统计算，从而判断股票的定价相对于其净资产是否更便宜。1929年的大萧条让道琼斯工业平均指数从1929年9月到年底下跌了35%。这时，格雷厄姆认为最糟糕的时期已经过去，便随即大手笔借钱投资股票。可是，随后道琼斯指数却在1930年又下跌了34%，在1931年继续暴跌53%。从1929年9月的381点峰值到1932年7月的最低点，道琼斯指数下跌了89%。到1932年，格雷厄姆的投资组合损失了70%。多亏他的合伙人的一位亲戚杰罗姆·纽曼（Jerome Newman）慷慨解囊，注资75 000美元，才保住了他的公司。

20世纪30年代初，投资市场上的低价股票和公司价值之间的关系让人捉摸不透，而且充斥着动量投资和预测市场的心理模式。在这种环境下，格雷厄姆和他的同事戴维·多德合著了具有开创性意义的《证券分析》一书，指导人们以理性的方式对股票进行估值，并把股票看作公司的一部分。后来他们于1949年又出版了这本书的精简版——《聪明的投资者》，供业余投资者参阅。1950年年初，正在念大学四年级的巴菲特也阅读了这本书。巴菲特如饥似渴地阅读了图书馆里每一本有关投资的书，但真正改变了他一生的书就是这本《聪明的投资者》，因此巴菲特对它赞不绝口："这是有史以来关于投资的最佳著作。"这两本书以一种全新的结构化方法对市场进行了解读，抛弃了以往盛行的赌博思维。

大萧条后的市场破败不堪，很多股票的定价都低于公司的清算价值，其中有一些甚至低于了公司的现金价值。格雷厄姆和戴维·多德的著作为投资者提供了一个逻辑性的、系统性的指南，在混乱不堪的投资世界中为他们引航指路。巴菲特后来指出，这本书"为混乱无序的行为带来了结构和逻辑"。[3]投资者第一次认识到了公司的基础价值与股票价格之间的区别，让理性的定量分析成为投资的指导框架。

格雷厄姆和戴维·多德提倡"安全边际"的概念，让投资者为自己的下行亏损设置保护线。因为最重要的不是在某次投资上大获全胜，而是保住资本金不受损失。他们解释道，公司的内在价值建立在其有形资产的基础上，它与公司在股市上的定价并不相同。

巴菲特表示，他在投资上学到的最有价值、最经久不衰的经验都是来自格雷厄姆。[4]在巴菲特看来，《聪明的投资者》所包含的三个核心思想塑造了他全部的所作所为。

将股票视为公司的一部分

第一，要将股票视为公司的一部分，而不是一个只会上涨或下跌的数字符号，股票代表着对公司的部分所有权，也应该代表投资者资本的部分所有权。格雷厄姆敏锐地指出："在最能站在公司角度思考时所做出的投资才是最聪明的投资……每家公司的股票都要被当作持有公司的一种方式，或者是要求获得公司持有权的一种手段。"[5]

安全边际

第二个经验就是，在巴菲特看来投资中最重要的四个字——安全边际。投资者应该设定充分的安全范围，即以0.5美元的价格买入价值1美元的股票。巴菲特曾说，如果你计划让一辆重达10 000磅（约4 536千克）的卡车驾驶通过一座桥，那么请按照15 000磅（约6 804千克）的载重标准来设计这座桥，而不是10 001磅的标准。这一安全边际为股票下行提供了风险保护，同时仍允许合理价值有较大的上升空间。格雷厄姆推荐的买入时机是股价低于或等于公司的每股运营资本减去每股长期债务的2/3时。他认为，如果情况变糟，公司的股价跌到低于公司的每股流动资产的清算价值减去还清债务后剩下的价值，那么从理论上讲，投资者也能免费获得工厂、设备和其他长期资产。股票价格与公司每股净营运资本之间的折扣率越高，则安全边际越大。

市场是你的仆人

第三个永恒的原则是，市场给出的价格总是呈现出高低起伏的波动，投资者不应惧怕这种波动，而应该利用它。格雷厄姆把市场拟人化地称为"市场先生"，他的情绪喜怒无常，时而沮丧，时而激动，时而欣喜若狂。格雷厄姆建议：

在投资者持有一个稳健的股票投资组合之后，他应该习惯价格的波动，既不会因为价格大幅下跌而担心，也不会因为价格大幅上涨而兴奋。他应该永远记住，市场给出的价格是为他服务的，他要么抓住市场报价的机会，要么忽略它。他绝不应该因为股票上涨而买入，也不要因为股票下跌而卖出。[6]

巴菲特对这一原则做出了精辟的概括，"市场是你的仆人，而不是你的主人"，以及"别人恐惧时我贪婪，别人贪婪时我恐惧"。要充分利用市场上的愚蠢行为，而不是把自己也变成一个笨蛋和受害者。

从内布拉斯加大学林肯分校毕业后，巴菲特在查阅研究生院的目录时非常惊喜地发现格雷厄姆和戴维·多德都是哥伦比亚大学的讲师。最终，巴菲特如愿以偿被哥伦比亚大学录取，而且在开学之前把《证券分析》一书背得滚瓜烂熟。巴菲特说：

事实是，我比戴维·多德更懂这本书。我可以引用书中的任何内容。当时，说真的，那七八百页纸上的提到的案例，每一个我都能记得住。我对这本书烂熟于心。你可以想象，一个人如此爱一本书，它会对他的人生产生多大的影响。[7]

巴菲特是一个明星学生。巴菲特想尽可能多地了解他的偶像。他在《美国名人录》（Who's Who in America）中发现格雷厄姆是政府雇员保险公司（Government Employees Insurance Company，GEICO）的董事会主席。在好奇心的驱使下，巴菲特没来得及预约，就在一个星期六的早晨坐火车去了华盛顿特区。公司办公楼外大门紧锁，他敲了敲门，从里面出来了一位传达室管理员。巴菲特解释说自己是格雷厄姆的学生，想看是否有人可以向他解释一下政府雇员保险公司的业务。巴菲特跟随管理员来到6楼，见到了公司的财务副总裁劳瑞莫·戴维森（Lorimer Davidson）。鉴于格雷厄姆的关系，洛里默·戴维森打算跟巴菲特聊上5分钟。后来，巴菲特提出了许多成熟而有见地的问题，这让洛里默·戴维森大为钦佩，5分钟也变成了4个小时。后来，洛里默·戴维森回忆说：

在跟他探讨了10到12分钟后，我意识到我正在和一个非常不寻常的年轻人聊天。他向我提出的问题通常只有资深保险股票分析师才问得出来。他追问的问题也很专业。他很年轻，而且看上去也很年轻。他说自己是一名学生，但他说话的感觉就像是一个入行已久的专业人士，而且他确实知识渊博。当我改变了对巴菲特的看法之后，我就开始向他提问。然后我发现他在16岁时就是一位成功的商人。从14岁起，他就开始申报自己的所得税，而且再也没有中断过。他经营过许多小型企业。[8]

巴菲特非常崇拜格雷厄姆，并提出毕业后愿意免费为他工作。但是格雷厄姆拒绝了他——因为在20世纪50年代的华尔街，其他公司都不会雇用任何犹太人，但格雷厄姆却愿意为犹太人留出几个职位。父亲和格雷厄姆都建议巴菲特等到市场重现吸引力时再大展拳脚。巴菲特听从了他们的建议，回到了家乡奥马哈，在父亲的公司巴菲特–福克证券经纪公司担任股票经纪人。

巴菲特对宏观经济问题并不感兴趣，而是很关注市场上大量的低价股票，并且很乐意说服别人买入它们。作为股票经纪人，巴菲特努力说服大家买入他最喜欢的股票，但因为年轻和经验不足屡遭失败。巴菲特不喜欢闲聊，更不喜欢当时的佣金机制。股票经纪人按交易股票的数量提取佣金，这显然会带来利益冲突。他认为股票能获得长期收益才是最重要的，应该由股票质量决定佣金的高低。他看重的是投资回报，并非佣金。他希望与客户同进退，而不是靠着概率偶尔买中好股票。他更愿意通过仔细阅读《穆迪手册》（*Moody's Manuals*）来寻找价值被低估的公司。"我一页一页地浏览了《穆迪手册》。穆迪公司的工业手册、交通手册、银行手册和金融手册，一共一万多页，我都看了两遍。手册中每一家公司的信息我都看过，虽然有些公司只是浏览一下，并没有钻研。"[9]多年后，在伯克希尔-哈撒韦公司的年度会议上，一位股东向巴菲特请教他怎样才能积累如此渊博的知识。巴菲特鼓励他也使用这种方法："就从第一页的第一家公司开始看。"

当巴菲特找到低价买入的机会时，他会写信告诉格雷厄姆。坚持不懈的努力终于得到了回报。1954年9月，巴菲特正式得到聘用。能与自己的偶像共事让巴菲特异常兴奋，他在正式入职前1个月就来到了公司。

虽然巴菲特把格雷厄姆的价值投资理念视为一种信仰，但他与格雷厄姆也有分歧之处。为了避免踏入价值陷阱，格雷厄姆会同时持有100多种股票，但巴菲特并不赞成这种过度多样化的做法。巴菲特更喜欢将筹码集中押注在他抱有坚定信念的公司上，比如政府雇员保险公司。格雷厄姆只对价值的定量计算感兴趣，他认为公司管理层不值得信任，所以不鼓励与他们当面会谈。而巴菲特希望尽可能多地了解公司的竞争优势和管理特点。

1956年春，格雷厄姆向合伙人公布了自己的退休计划，打算搬到加利福尼亚州，在加州大学洛杉矶分校教书、写文章、滑雪，并研究经典案例。他在过去的11年内的投资纪录与标普500指数相当。具有讽刺意味的是，如果计入分配给格雷厄姆-纽曼投资公司股东的政府雇员保险公司股票，他的回报则是标普500指数的两倍。格雷厄姆邀请巴菲特成为公司的普通合伙人，但巴菲特不喜欢纽约，更不想在杰罗姆·纽曼之子米奇（Mickey）的手下工作。

这时，巴菲特已经在格雷厄姆-纽曼投资公司掌握了怎样寻找下跌风险有限的被低估的公司，学会了如何处理套利、清算和对冲（购买可转换债券并同时做空普通股）。带着看中一只股票就集中投资的执念，他做好了重返奥马哈的准备，打算以自己的方式开展投资业务。

菲利普·凯瑞特

1991年，巴菲特说："菲利普·凯瑞特的长期投资纪录在所有美国人中排名第一。"两年后，他写信给菲利普·凯瑞特："你是投资界的卢·格里克（Lou Gehrig）[①]，像他一样，你的投资纪录永远不会被遗忘。"巴菲特后来表示，如果有人编纂一本投资经理的名人堂，那么菲利普·凯瑞特一定名列其中。

菲利普·凯瑞特和道琼斯工业平均指数都诞生于1896年。他于1998年5月去世，享年101岁。他的投资生涯长达80年，在此期间，他目睹了30多个牛市、20个熊市、20次经济衰退、1929年至1933年的大萧条和两次股市崩盘。他经历过没有电灯、没有证券交易委员会和没有美联储的时代。

他于1917年从哈佛大学毕业，获得化学学位，随后加入了陆军信号兵团（空军的前身），但第一次世界大战早早结束了，他并没有机会参战。第一次世界大战之后，他成为波士顿新闻局（Boston News Bureau）和

[①] 卢·格里克（1903年6月19日至1941年6月2日），是美国职棒大联盟史上最伟大的一垒手，职棒生涯都效力于纽约洋基队。——译者注

《巴伦周刊》的财经记者。1928年，他从朋友和家人那里筹集了25 000美元，成立了自己的投资基金，而这只基金后来发展成为美国第三大共同基金——先锋基金（Pioneer Fund）。在菲利普·凯瑞特管理先锋基金的55年中，最初的10 000美元的投资增长到了800万美元，而如果同样投资道琼斯工业平均指数，仅能获得380万美元。

他的投资管理事业始于1928年，随即经历了大萧条后的艰难岁月。他的公司得以幸存下来，他也形成了不借债的投资道德原则。"我从不借钱。如果不借钱，就不会破产。"[10]他补充说，借钱是聪明人破产的最常见方式。[11]他还希望自己的公司几乎不要有债务。

在20世纪40年代中期，他前往奥马哈拜访了霍华德·巴菲特。霍华德·巴菲特向他推荐了一家制桶商格雷夫兄弟公司（Greif Brothers Corporation）。菲利普·凯瑞特以调整后每股0.68美元的价格买入这只股票，在他去世之时，凯瑞特公司（Carret & Co.）仍持有格雷夫兄弟公司4%的股票，当时股价为每股36美元。

菲利普·凯瑞特认为巴菲特是他见过的最伟大的两位投资者之一，是全美国最聪明的人。菲利普·凯瑞特是伯克希尔-哈撒韦公司的长期股东，并经常参加伯克希尔-哈撒韦公司的年度会议。有一次我参加伯克希尔-哈撒韦公司的年度会议时，听到巴菲特将他称为"我的大英雄之一"。

菲利普·凯瑞特是一名价值投资者，也是一位多产的作家。他坚持每周五天从他在纽约斯卡斯代尔（Scarsdale）①的家中通勤到曼哈顿，直到去世。他著有几本投资类书籍，包括《买入债券》（Buying a Bond）、《投机的艺术》（The Art of Speculation）和《九十年代的金钱观》（A Money Mind at Ninety）。他的主要投资理念是以合理的价格买入管理稳定的稳健

---

① 斯卡斯代尔，位于美国纽约市北部郊区，距离曼哈顿约30千米。——译者注

增长型公司,然后耐心地持有多年。他讨厌傲慢的管理层,非常热衷于阅读公司年度报告。他不看电视,他说:"我宁愿读书。"[12]

他买入并长期持有了多家经久不衰的优质公司,这些公司都能创造稳步增长的收入,具有健康的资产负债表,管理者也都诚实敬业。他说:"频繁进出市场是最愚蠢的行为。"[13] 1995年4月,路易·鲁基瑟在《每周华尔街》节目中采访99岁高龄的菲利普·凯瑞特时,向菲利普·凯瑞特提到了他在过去75年间在华尔街总结出的这个道理。菲利普·凯瑞特回答说:"耐心。我为自己和客户买入的股票都是要持有5年、10年,甚至更久的。"即使是在99岁的时候买入,也不例外。

与巴菲特和林奇类似,他也将每只股票视为公司的一部分所有权,并鼓励投资者去寻找自己喜欢并且能理解的产品或服务。菲利普·凯瑞特说,他有史以来最赚钱的投资灵感之一就来自波士顿酒店的浴室,他非常喜欢酒店送的露得清牌(Neutrogena)小香皂。他后来发现露得清公司(Neutrogena Corporation)是一家上市公司,它所在的高端利基市场中没有大型消费品公司的直接竞争。在拜访了这家公司之后,他决定买入股票。露得清公司在1979年拆股,调整后的价格为每股1美元,后来在1994年被强生公司收购时已升至35.75美元。

在《九十年代的金钱观》一书中,菲利普·凯睿指出了评估投资标的的六个关键点:

(1)这家公司是否有长期的盈利记录,至少在过去十年中连续(或几乎连续)保持着盈利增长?

(2)这家公司是通过借债,还是增发股票,还是完全以收益再投资的方式来筹措资金实现增长的?

(3)这家公司的资产负债表上没有债务或几乎没有债务是因为经营谨慎节俭,还是分配调整了收益?

(4)这家公司是否是一家行业领军公司?最好的是,它还是所在细分领域的领军公司？

（5）这家公司的管理层的在任时间有多久？他们还能继续任职多久？

（6）最后，这家公司的股票是否能在合理范围内被市场广泛接受？[14]

在1996年伯克希尔–哈撒韦公司的年度会议上，巴菲特说："最重要的就是找到一家出色的公司，就像今天在座的菲利普·凯瑞特那样。他是我的大英雄之一，这就是他使用的方法。"

菲利普·费雪

巴菲特在1969年接受《福布斯》杂志采访时说："我是15％的菲利普·费雪和85％的格雷厄姆。"[15]菲利普·费雪非常善于发掘值得长期持有的伟大公司，巴菲特对这一能力高度赞扬："在努力寻找出色公司的过程中，菲利普·费雪拓宽了我的视野。查理·芒格在这方面比菲利普·费雪做得更好，但菲利普·费雪是这一理念坚定的拥趸者，我在（20世纪）60年代初读过他的书。"[16]

在2004年的伯克希尔–哈撒韦公司年度会议召开前不久，菲利普·费雪刚刚离世。会上，有一位股东询问巴菲特受到过菲利普·费雪的哪些影响。巴菲特说："菲利普·费雪和格雷厄姆一样，都是了不起的人，你能从他们的书中学到他们的全部优点。"菲利普·费雪的经典著作《怎样选择成长股》（*Common Stocks and Uncommon Profits*）（这本书引发了巴菲特对他的关注）和《保守型投资者夜夜安寝》（*Conservative Investors Sleep Well*）分别于1958年和1975年出版。巴菲特只在1962年遇到过菲利普·费雪一次，但"他的书写得如此清晰明确，你不需要见到他本人"。巴菲特说，他和查理·芒格都在"宣扬相似的教义"。

菲利普·费雪的"教义"是：既然找到一只真正值得投资的好股票并不容易，那就专注在这些为数不多的优质股票上，然后长期持有。他说："有些人运气好，有些人嗅觉灵敏，他们偶尔发现几家公司能在多年间创造远超整个行业的销售和利润增长，这些公司的股票才能带来最大的投资回报……当我们相信自己已经找到了这样的公司时，最好坚持长期持有。"[17]

菲利普·费雪在《怎样选择成长股》一书中总结了寻找好股票的15个要点、需要避免的5件事，以及对他的研究过程的一些见解。

寻找高质量普通股的15个要点

（1）公司的产品或服务是否具有足够的市场潜力，至少可以在几年内实现销售的大幅增长？

（2）假设当下的产品线已经非常成功，但仍具有一定的增长潜力，在这种潜力没有广泛地被市场认识到的情况下，公司的管理层是否仍然有决心继续开发产品或业务流程，从而进一步提高销售总额增长的潜力？

（3）相较于公司的规模，它在研发方面的工作效率如何？

（4）公司销售团队的能力是否高于平均水平？

（5）公司的利润率是否可观？（菲利普·费雪表示，最大的长期投资回报永远不会来自对边际公司①的投资，而是来自那些拥有业内最高利润率的公司。）

（6）公司正在采取哪些行动来维持或提高利润率？

（7）公司的劳动关系和人事关系是否良好？

（8）公司高管与一线员工之间是否建立了良好的关系？

（9）公司的管理具有深度吗？

（10）公司的成本分析和会计控制水平如何？

---

① 边际公司，指如果股价有任何下降就退出市场的公司。——译者注

（11）是否还能在这家公司身上找出其他信息——尤其是与行业相关的信息——来帮助投资者判断它是否在市场竞争中处于相对优势地位？

（12）你是短期看好还是长期看好公司的利润前景？

（13）在可预见的将来，公司是否需要充分的股权融资才能实现利润增长？如果需要，届时由于可流通的股票数量增多，公司利润增长本能带给现有股东的利益也会在很大程度上被抵消。

（14）公司的管理层是否只在运营顺利的时候愿意与投资者畅快交流，而在遇到麻烦和业绩不如意时则"沉默不语"？

（15）公司管理层的为人是否绝对正直守信？

投资者应避免的5件事

（1）不要买进处于早期阶段或推广阶段的公司的股票。菲利普·费雪说，虽然"从最低楼层进入"可能极具诱惑力，但那时你对公司潜在优劣势的评估可能犯错的概率更大了。尽量投资已经在市场上生根发芽的公司。

（2）不要仅仅因为一只好股票是在场外交易就忽略它。

（3）不要因为喜欢某家公司年度报告的"论调"就买入它的股票。一个谙熟市场玩法的公共关系部可以在与事实完全相反的情况下，把公司的材料和图片精心制作成理想中的样子，让人误以为这家公司的管理层紧密团结、和谐热情。

（4）如果一只股票由于盈利水平高而处于高价，不要想当然地认为这就是未来的增长已经在股价中体现的信号。新的盈利增长来源可能会继续维持市盈率溢价。

（5）不要斤斤计较股票的小幅上涨。如果公司是一家好公司，并且股票定价合理，那就按照"市场价"买入。在小钱上精打细算可能正是阻止你赚大钱的愚蠢行为，即使你能正确地找到潜力巨大的股票，可能依然会失去获取巨额收益的机会。

菲利普·费雪的研究过程

菲利普·费雪意识到，他手中表现最好的股票有80%来自优秀的投资顾问同行，而非行业信息。在与同行对话或阅读材料的过程中，他可以轻松判断标的公司是否满足上述15条基本标准。在发掘投资标的公司的早期阶段，他主要关注的两个问题分别是：这家公司是否有机会创造非同一般的销售增长、这家公司是否能免受竞争的影响。随后，菲利普·费雪会仔细阅读公司向美国证券交易委员会提交的10-K年度报告和代理声明[①]，以便了解管理层的背景、公司的产品线和市场竞争状况。

接下来，他将使用他著名的"四处打听法"，充分调动自己的直接人脉资源，或请朋友介绍新的联系人，尽量试着向这个行业和相关行业里的每个主要客户、供应商、竞争对手、前雇员、商业银行家或专业人员打电话咨询。直到这种四处打听能至少回答他15%~50%的问题之后，菲利普·费雪才算做好了前期准备，然后他会给公司打电话，考察管理层的能力高低。在拜访管理层时，他会选择与公司的决策者会面，而不仅是联系投资者关系部的职员。

菲利普·费雪对自己这套严格的研究标准非常有信心，他每拜访两家公司就会买入一家。我记得有一次在与摩托罗拉公司（Motorola Inc.）管理团队举行小规模会议时，菲利普·费雪就坐在他们旁边。他听得非常认真，提问虽少，但都能切中要害。

1996年，菲利普·费雪在89岁之际接受了《福布斯》杂志的采访。他

[①] 按美国证券交易委员会的规定，在美国注册上市公司每年必须提交10-K报告（年度报告）进行财务披露，内容涵盖了财务数据、管理层讨论与分析，以及美国一般公认会计原则（U.S.GAAP, Generally Accepted Accounting Principles）下编制及被审计过的财务报表。10-K报告的内容通常比公司在召开年度会议之前例行向股东发布的报告更加详细。——译者注

表示，自己只有不到12个客户，其中一些已经是第五代客户了，而且他工作时不需要计算机、报价机或分析师。他只有一部电话和一个兼职秘书。他的投资组合中仅有6只股票，分别在1957年（摩托罗拉）、1969年、1977年、1986年和1988年（这一年有2只股票）买入。在一家产品高度差异化的公司里，他非常看重管理的作用，他说："我强调过管理的重要性，但一直强调得不够。这是最重要的部分……不是你所处的行业，而是在竞争对手还没弄清楚状况的时候你采取的措施……和你正要发挥出来的潜力。"

巴菲特说，当他刚刚开始走入职场时，"在很长一段时间里，我都遵照着菲利普·费雪的'四处打听法'给大家打电话。我觉得打得越多越好，再多也不嫌多。"[18]

格雷厄姆和菲利普·费雪在投资策略上的区别

我们将在后面的章节中看到菲利普·费雪与查理·芒格在投资策略上的许多相似之处，但我们在此先来比较一下格雷厄姆和菲利普·费雪之间的区别，也会颇有启发。格雷厄姆的出发点是统计学计算，他最在意股票的价格是否足够低，而菲利普·费雪则愿意支付合理的价格。格雷厄姆将投资分散到几十个"雪茄屁股"型股票中，而菲利普·费雪选择集中持有不到12只股票。格雷厄姆不鼓励拜访公司管理层，而菲利普·费雪则坚持亲自评估管理层是否坦诚、正直，并判断其能力的高低。只要股票足够便宜，格雷厄姆并不在乎公司的质量，而菲利普·费雪则对行业的领军公司青睐有加。格雷厄姆不介意频繁换股，而菲利普·费雪却愿意买入优秀公司后持有数十年之久，以享受复合收益。

查理·芒格

通过一位客户的引荐，巴菲特在1959年结识了查理·芒格。那一年，巴菲特29岁，查理·芒格35岁。查理·芒格毕业于哈佛大学法学院，在加利福尼亚州帕萨迪纳市担任律师。他机缘巧合地来到奥马哈是为了安置父亲的房产。他的父亲也是一名律师。

查理·芒格从小在奥马哈长大，而且还曾在巴菲特祖父开的杂货店打过工，只是当时他并不认识巴菲特。查理·芒格意识到法律事业并不能给他带来足够的财富。因此，为了增加收入，他开始利用每天在律所上班之前的时间做起了房地产交易。他说："像巴菲特一样，我也很希望能赚大钱。这并不是因为我想要买法拉利跑车，而是因为我想要独立自主的生活。我热切地渴望实现它。"

巴菲特回忆说："当我初次见到查理·芒格时，他已经有了很多客户，他的父亲也有很多客户，他认真思考过每一个客户公司的经营模式，可能连客户自己都没有那么深入地思考过。"[19]

像巴菲特一样，查理·芒格也热衷于读书。他还乐于研究那些心智过人的伟大人物，尤其是他的偶像本杰明·富兰克林。与巴菲特不同，查理·芒格喜欢用一种直率、超然、冷淡的态度，以及略显自大的语气和颇具主观判断的方式来表达他自信的观点。有些人一开始会觉得反感，但他们最终会发现查理·芒格的看法总是正确的，这一点让人觉得不可思议。

像巴菲特一样，查理·芒格也是个幽默感十足的人，两人是完美的搭档。从他们初次见面的那一刻起，这两位志同道合的智者就结下了深厚的友谊。在查理·芒格看来，他们都在奥马哈长大，又都乐于求知、享受竞争、热爱创意，才让这段友谊成为可能。巴菲特在与查理·芒格初次见面时就知道他是自己喜欢的那种人。巴菲特鼓励查理·芒格说，如果想赚大钱，就要来从事投资管理事业。1962年，查理·芒格成立了自己的投资合伙公司，一直经营到1975年。在巴菲特一篇题为《格雷厄姆-多德维尔的超级投资者》的文章中，他提到查理·芒格在14年里创造了19.8%的年复合收益率，而道琼斯工业平均指数仅为5%。[20]表18-1为查理·芒格14年的投资业绩。

表18-1 查理·芒格14年的投资业绩

（年均总回报率）

年份（截至12月31日）	合伙人公司的整体状况（%）	有限责任合伙人（%）	道琼斯工业平均指数（%）
1962	30.1	20.1	-7.6
1963	71.7	47.8	20.6
1964	49.7	33.1	18.7
1965	8.4	6	14.2
1966	12.4	8.3	-15.7
1967	56.2	37.5	19
1968	40.4	27	7.7
1969	28.3	21.3	-11.6
1970	-0.1	-0.1	8.7
1971	25.4	20.6	9.8
1972	8.3	7.3	18.2
1973	-31.9	-31.9	-13.1
1974	-31.5	-31.5	-23.1
1975	73.2	73.2	44.4
年复合收益率（%）	19.8	13.7	5

在巴菲特合伙人公司和伯克希尔-哈撒韦时代的早期，巴菲特和查理·芒格几乎每天都打电话互相咨询。在后来的几年里，他们通话的频率

减少。

虽然巴菲特和查理·芒格的友谊颇深，但查理·芒格对格雷厄姆仅怀有尊重之情，并不是他的坚定拥趸者。在他看来，格雷厄姆的缺点在于他悲观地认为公司是死的，不是活的。格雷厄姆拿公司的价格和它的清算价值做对比，把重点放在了从统计学角度寻找低股价上。查理·芒格更愿意透过"挡风玻璃"看到公司的本质，而不是通过"后视镜"看到便宜的价格，却不顾公司是否即将破产。查理·芒格感兴趣的是判断公司是否能够维持良好的销售增长、评价公司的管理水平、评估公司是否具有持久的竞争优势、考察行业的准入门槛，并计算相对于其资本金的数额，公司能产生多少自由现金流。这些与菲利普·费雪的标准有着异曲同工之妙。查理·芒格有四个投资标的筛选条件——都非常简单直白，以常识为主：①公司是他了解的；②公司具有某项特质能让它长期拥有竞争优势；③管理层正直诚信、才能出众；④公司的股票价格合理，具有安全边际。

有人曾问查理·芒格，他是怎样找到这些伟大公司的，查理·芒格轻松地答道："我有个习惯，喜欢在生活中观察哪些东西是有效的，哪些是无效的。我见过很多蠢蛋因为买了躺着就能赚钱的公司而变得大富大贵。我当然也想买到比这更容易赚钱的公司。"[21]查理·芒格解释了他为什么不愿意在买了一家公司之后更换管理层，以此来试图扭转公司的困局："如果你想毁掉自己的生活，那花时间想办法改变你的配偶吧。这真是愚蠢至极。"巴菲特补充说："如果说与一个人结婚就是为了改变对方是一种疯狂的行为，那我也认为雇用一个人然后想改变他/她也很疯狂，想通过跟他们成为合伙人来改变他们也是同样疯狂的。"[22]

巴菲特以巴菲特合伙人公司的名义买入美国运通公司股票、以伯克希尔-哈撒韦公司的名义收购喜诗糖果公司（See's Candy）的决定都归功于查理·芒格。收购喜诗糖果公司对伯克希尔-哈撒韦公司而言具有开创性的意义，这为收购其他优秀公司铺平了道路。稍后我们将详细介绍这些内容。

查理·芒格强调了持有优秀公司的重要优势：投资一家优秀的公司，时间会为你创造价值；而投资一家平庸的公司，就无法享受到时间的价值。他说：

> 从长远来看，股票的收益很难高于这家公司创造的价值。如果一家公司在40年内的资本收益率为6%，即使你当初买入的时候价格很低，那么在持有40年后，所获得的收益大致上也会是6%。相反，如果一家公司在20年或30年的时间里创造了18%的资本回报率，即使你的买入价格不低，最终也会得到不错的回报。[23]

查理·芒格承认，即使是一家优秀的公司，其股价可能有时也会被高估，就像1974年的"漂亮50"（Niftiy Fifty）[①]一样。因此，从长期来看，以合理的价格买入一家好公司通常比以低价买入一家普通公司更赚钱。

查理·芒格曾问巴菲特他希望后人以哪种身份记住自己，巴菲特说："老师。"查理·芒格说："在美国还能有哪位首席执行官想被后人以老师的身份所铭记呢？我喜欢你这个态度。"后来查理·芒格也被问了同样的问题，他说："我不介意被后人看作老师，但我不会成为一位老师。大家可能会把我看作一个聪明的蠢蛋。"[24]

查理·芒格在50多年间都是巴菲特最亲密的商业伙伴，他长期担任伯克希尔-哈撒韦公司的副主席。也正是在他的影响下，巴菲特从一个格雷厄姆式的低估值公司发掘者变成了一个优秀公司的价值买家。巴菲特说："与20年前相比，我现在愿意为好公司和好管理团队支付更高的价格。格雷厄姆倾向于只看统计数据。而我还要看公司的无形资产。"[25]查理·芒格曾讲过一句名言："以合理价格买入伟大的公司比以低价买入普通公司

[①] "漂亮50"是美国股票投资史上特定阶段出现的一个非正式术语，用来指20世纪60年代和70年代纽约证券交易所里50只备受追捧的大盘股。——译者注

好得多。"

巴菲特后来承认自己收购伯克希尔-哈撒韦公司是一个错误，因为这是一家糟糕的纺织公司，也许这是他犯过的最大错误。定量来看，它确实便宜，但一直持有20多年则是一个错误，因为它仍然是一家糟糕的公司，而且它起初的业务规模也并没有增加。巴菲特说，"时间是好公司的朋友"，因为它们会继续扩大规模，赚更多的钱。他补充说，"时间是坏公司的敌人"，长期持有伯克希尔-哈撒韦公司是一个错误。他说，相比于把伯克希尔-哈撒韦公司当作平台，也许他重新成立一家公司来开展投资业务会是一个更好的选择。巴菲特把自己的转型归功于查理·芒格。

当被问到他如何对影响他人生最重要的三个人进行排序时，巴菲特的答案是：他的父亲、格雷厄姆、查理·芒格。他说：

首先，霍华德·巴菲特教会我不要做任何会登上报纸头版的事情。我父亲是这个世界上最好的人。其次，格雷厄姆为我树立了投资的知识框架和人格性情的典范，赋予了我退一步思考的能力、不随波逐流的判断力和不惧怕股票下跌的勇气。最后，但同样重要的是：查理·芒格教会我把关注重点放在具有竞争优势的好公司上，因为它将表现出巨大的收益增长能力，但前提是你必须确定自己的判断无误。[26]格雷厄姆教会了我如何买入被低估的公司，而查理·芒格带我走得更远，这是他对我真正的影响。让我摆脱格雷厄姆的局限性需要很强大的力量。这个力量就来自查理·芒格的思想。他扩大了我的视野。[27]

能力圈

巴菲特成功的重要秘诀之一就是他只投资自己了解的公司。巴菲特经常说，在投资上给自己找麻烦并不会获得额外的报酬。他补充说："在我们看来，公司和投资就是一回事，这里最重要的事就是能准确认识自己的能力圈。"[28]巴菲特早在1965年就说过："在投资的核心决策中涉及科技的公司，我们不会买入，因为我完全不懂。我对半导体和集成电路的了解跟对Chrzaszcz（甲虫，波兰语）交配习惯的了解差不多。"[29]

在巴菲特对合伙人公司进行清算的时候，他强调要忽略外部噪声的压力，只投资在自己理解范围——能力圈——内的股票。巴菲特说：

如果我搞不懂一个东西，我会选择忘掉它。错过一个我搞不懂的机会并不会让我烦心，即使别人有足够的洞察力去分析之后获得了丰厚的报酬。我在意的是，我能在自己的能力范围内做出坚定而正确的决定，并因此获得高额回报。[30]

能力圈有多大并不重要，重要的是知道自己能力圈的界限在哪里，并且以高度的自律待在这个界限之内。查理·芒格回忆起在伯克希尔-哈撒韦公司的第一个50年时，也再次肯定了巴菲特在能力范围内投资的理念，"伯克希尔-哈撒韦公司……唯一讨厌的就是自己无法有效预测的事情。"[31]

市场择时

1965年11月，巴菲特明确提出了巴菲特合伙人公司的基本投资原则。第6条原则指出："我不会对股市大盘或个股涨跌做出预测。如果你认为我知道怎么预测，或者认为这对于投资至关重要，那么你就不应该加入我的合伙人公司。"巴菲特表示，他并不会根据其他人对股市未来走势的判断来买卖股票，而是根据他自己对公司未来走势的判断来做决定。他补充说，如果他看好一家公司的长远发展前景，却开始把自己的猜测或情绪带入是否买卖这只股票的决策中，那么他就会遇到大麻烦。

持有股票的门槛很低，线上的股票交易操作只需几秒钟。但是，要了解自己持有的资产却门槛颇高。投资者在了解公司的竞争优势和风险点之后，就会对公司抱有充分的信心，也因此可以抵抗谣言、误解和市场暴跌所带来的影响，坚定地长期持有，最终获得丰厚的回报。伯克希尔-哈撒韦公司曾四度遭遇恶意抛售，比例高达37%~59%，我不知道有多少人在这些抛售中都跟随离场，从未享受到长期投资伯克希尔-哈撒韦公司所带来的价值增长。

预期市场的短期走势、不理会公司的估值，只一味追求获得快速收益，这确实是个很大的诱惑。但这就像用今天的天气来简单推断明天的天气一样（不可靠）。巴菲特表示，"仅靠几个风向标并不能给你带来财富。"[32]预测短期市场动向并不是投资，而是投机。有些人对一夜暴富的机会嗅觉灵敏，但是巴菲特说他不知道如何才能做到。他主张慢慢变富。巴菲特说，要判断一位投资者是在投机（即只关注股票的价格）还是在投资，只要看他有多关心股市是否还在开市交易就足够了。

巴菲特表示自己在买入股票之后，即使股市交易关闭几年，也不会在乎，因为他看重的是公司在未来给他带来的回报。他说，买股票就相当于购置一个能够产生收入的农场或买一处房产用于租赁一样。这一类投资都有持续创造收入的能力，让持有者从中获得价值，它们不是第二天就能产生大变化的投机性资产。妄想暴富的人如果借贷投机，就像是吞下了毒药一样，很可能会带来财务灾难。巴菲特说："一旦你开始择时，把钱大量借给那些希望通过资产增值而不是通过资产生产价值来还钱的人，无论借款人买的是一个农场还是得克萨斯州的油井，我认为这都是非常危险的想法。这么做会带来很多问题。"[33]

巴菲特也遇到过几个只会纸上谈兵的投资者，在市场下跌之后，他们都表示自己早就知道股票还会跌得更低。巴菲特说，这种言论天然就存在两处矛盾：①他们为什么不及早告知巴菲特市场即将下跌；②如果他们都没有准确预测到当前的下跌趋势，那么现在他们又怎么能知道它将进一步下跌呢？正如巴菲特所指出的那样，未来永远都不明朗。

只有相信自己选择的公司，才能收获巨大的财富。在《福布斯》杂志财富排行榜上的前400位富豪里，没有一个人属于市场择时派。巴菲特说：

我从来没有通过预测股市赚钱。我没有花任何时间思考这个问题。我真的只是分析各个公司……我会试图搞明白公司的价值所在。这个国家真正的财富来自选择了正确公司的投资者，而不是股票市场上的择时高手。[34]

第十九章　巴菲特选股方法的演变

> 我们不断地对自己进行合理调整，希望能适应一个越来越难做的行业。
>
> ——查理·芒格[1]

在上一章，我们讨论了对巴菲特的选股原则产生重大影响的人。本章将重点探讨巴菲特投资风格的演变。他的投资经历了三个不同的阶段。

（1）早期的巴菲特：专注于投资业绩平平且规模较小的公司。这是典型的格雷厄姆式投资法——寻找"雪茄屁股"公司，如果公司的价格相对于资产负债表上的有形资产价值存在折价，就可以考虑买入。格雷厄姆有他的局限性。1988年，巴菲特对《财富》杂志专栏作家卡罗尔·卢米斯（Carol Loomis）说道："天哪，如果我只按照格雷厄姆的方法投资，肯定没有现在这么富有。"巴菲特在1996年的伯克希尔-哈撒韦公司的年度会议上承认，他最大的错误之一就是没有为好公司支付足够多的成本。

（2）中期的巴菲特：借鉴查理·芒格、菲利普·费雪和菲利普·凯瑞特的风格，专注于投资优质公司。这些公司的股价与其有形资产价值关系不大，它们之所以具有吸引力，是因为在对公司竞争能力的持久性进行定量评估之后，发现其当前的定价相对于未来的收益能力而言优势明显。用巴菲特的话说，他会评估一家公司的"城堡"外是否具有宽广的"护城河"，以及公司的产品是否具有定价权。这些公司通常能创造很高的资本回报率，几乎不需要追加资本就可以实现增长。巴菲特说：

> 我从格雷厄姆身上学到了买入价值、寻找安全边际和抛开市场走势

看公司的投资原则。你可能会认为我沿袭了一些格雷厄姆的典型气质。其实,如果格雷厄姆还依然在世,那么他买的股票跟我买的将会完全不同。[2]

巴菲特还认为,格雷厄姆的投资法不适合用来管理伯克希尔-哈撒韦公司这么大的资产规模。

在此期间,巴菲特逐渐采纳了查理·芒格的风格,开始投资出色的公司,尤其是那些品牌忠诚度高和定价能力强的公司。通常来说,这些公司的品牌价值高于其有形资产的价值,但无形的品牌价值并不会出现在资产负债表上。格雷厄姆的定量分析法基于股价和有形资产价值的对比,而巴菲特的定量分析法则基于股价和未来现金流量的对比。格雷厄姆对预测收益没有兴趣,因为他对这些预测没有信心。与巴菲特不同,格雷厄姆认同美国棒球史上的一位伟大球员尤吉·贝拉(Yogi Berra)的理念,认为预测并非易事,尤其是预测未来。幸运的是,巴菲特的偶像之一是棒球名将泰德·威廉姆斯(Ted Williams),他建议耐心等待投手投出好球。巴菲特说"我们买入股票主要看的是未来的收益"[3],而这些股票必须是个好打的慢球。否则,他只会把球棒放在肩上,静静等待机会。

(3)当下的巴菲特:在伯克希尔-哈撒韦公司走向成熟的阶段,巴菲特专注于投资规模较大的资本密集型公司,它们通常收益稳定,在衰退时期也能持续产生收益。巴菲特承认:

你不能指望投资公用事业公司能赚得像投资其他类型公司那么多。它们并不是伟大的公司,只是好公司而已。我能在伟大的公司上投入的资金越多,我就越喜欢。从现在起往后看,10年或20年后,我们的公用事业公司将比现在的规模大得多。[4]

巴菲特认为,投资资本密集型的成熟企业(如公用事业公司或铁路公司)可以让你持续获得10%以上的年回报率,这虽然算不上惊人的成绩,但鉴于伯克希尔-哈撒韦公司目前持有的庞大资产规模,如果每年都能有个位数或双位数的增长,他就会非常满足。投资这类公司需要巨额的资本,这实质上可以免去伯克希尔-哈撒韦公司的一部分思考负担，因为这已经锁定了很大一部分资金未来的投资去向。巴菲特说：

> 在早期，查理·芒格和我会避开投资公用事业等资本密集型公司。的确，到目前为止，对投资者而言，最好的公司仍然是那些资本回报率高、几乎不需要增量投资就可以实现增长的公司。我们很幸运，买到了很多这类公司，我们也很愿意再多买几家。但是，由于预计伯克希尔-哈撒韦公司将产生越来越多的现金，如今我们很愿意投资那些经常需要大量资本支出的公司。我们只期待这些公司能善用增量资本，产生合理的回报即可。如果我们的这种期待成真——我相信它是能实现的，那么在未来的几十年中，伯克希尔-哈撒韦公司将聚集一大批伟大的公司和好公司，即使无法创造出惊人的回报率，也能至少收获高于平均水平的收益。[5]

而不受资产规模约束的投资者则不一定要把自己限制在好公司上，只满足于获得这种还说得过去的回报率。他们往往可以通过投资伟大公司而得到出色的收益率，因为这类公司通常具有较高的资本回报率、强劲的增长势头，没有（或几乎没有）债务，制造现金流的能力强，管理者也具有合伙人心态。

早期的巴菲特：巴菲特合伙人公司的投资历程

早年间，巴菲特在纽约追随导师格雷厄姆，随后于1956年返回奥马哈。同年5月，巴菲特成立了自己的合伙人公司，落下了绘制自己投资蓝图的第一笔。巴菲特的既定目标是在最大限度上降低资本的长期损失风险，同时每年至少跑赢"平均水平"10%。他更倾向于让大家以他在熊市中的表现来判断自己的能力，同时，如果在牛市中能做到与大盘指数相当的成绩，他也会非常满足。所谓"平均水平"，巴菲特指的是道琼斯工业平均指数。这一指数备受欢迎、历史悠久，通常能够代表投资者的平均水平。

他希望以5年时间为单位来衡量自己的投资结果，最少也要以3年为期。

他的首批有限责任合伙人包括他的岳父、大学室友及其母亲、姑姑爱丽丝（Alice）、姐姐多丽丝（Doris）和姐夫杜鲁门（Truman）。假设这几位首批有限责任合伙人在1969年巴菲特合伙人公司清算时选择将其股份迁转至伯克希尔-哈撒韦公司继续投资，那么最初的10 000美元原始投资到今天的价值将超过5亿美元。

巴菲特最初绘制投资蓝图时，选择的颜料与格雷厄姆如出一辙。1957年，巴菲特的投资中有85%分布于股价低估型公司，15%分布于套利型公司。套利型投资是指依靠出售、合并、清算或要约收购等特定的公司行为来获利的投资。这时，巴菲特已经背离了格雷厄姆的投资组合多元化的原则。

1957年，巴菲特在他的各个合伙人公司中的最大持股仓位占比已达到10%以上，他的目标是在适当的时机下可以做到20%。1958年，他透露他投资的是一家"管理良好"的银行——位于新泽西州的联合城联邦信托公司（Commonwealth Trust Co. of Union City）。它的股价为50美元，每股收益达10美元，仅有5倍的市盈率。而巴菲特估计它的内在价值是每股125美元。在一段时间内，巴菲特收购了该公司12%的流通股，成为第二大股东。缺乏流动性是这个投资的问题所在，因为该股票平均每月只有两次交易。后来，巴菲特发现了一次可以让他成为第一大股东的机会，而且他找到了一位买家，愿意出每股80美元的价格收购巴菲特手中的股份，而当时的市价仅为67美元左右。

接下来，在1958年，巴菲特将25%的资产投入了桑伯恩地图公司，他也因此成为公司最大的股东。这是一家投资信托公司，持有三四十只优质股票，这一投资组合和公司另外一个地图业务部门的合并价值大大高于市场对这家公司的定价。这种资产组合能让巴菲特更直接地实现投资价值，而不必等着市场在多年之后才能发现它的价值。到1959年时，桑伯恩地图公司占到巴菲特资产的35%。

桑伯恩地图公司的核心业务是绘制详细的美国城市地图，并出售给保险公司。桑伯恩地图公司几乎在75年的时间里都垄断着这个行业，但在过去10年中，由于竞争格局的改变，公司的年利润下降了80%，仅有100 000美元。幸运的是，公司在投资组合中积累了50%的债券和50%的股票，它们的价值为每股65美元，而公司的股价仅为每股45美元。

股票价格仅占公司投资组合价值的70%，而地图业务实质上就是免费的。巴菲特联合另外两位大股东通过向股东分配投资组合中的股票，积极创造了公司价值。这项交易使巴菲特在1960年取得了优秀的年度业绩，增幅达到22.8%，而同年的道琼斯指数涨幅仅为6.3%。

投资分为三类

1962年1月，巴菲特详细阐述了他的投资策略。他将投资分为三类。他将第一类称为"低估类投资"，即投资"通常被低估的股票"。这属于被动投资，他通常会选择5~6只此类股票，每只分配5%~10%的仓位，再另选10~15只按更低的比例买入。这是巴菲特持股比例最大的一类。1964年，巴菲特进一步解释道，尽管管理层优秀和所在行业尚好等定性因素很重要，但在投资之前，他也"要求"进行定量分析，确保一旦公司选择退市，私有化的买家愿意支付的价格高于当下的股价。在这一类型的投资中，股票价格与潜在价值实现持平的时间表主要取决于市场对该公司的追捧程度。

1965年，巴菲特进一步将"低估类"细分为"低估类——私有化出价对比法"和"低估类——相对低估法"，前者与"低估类"的初始定义类似，后者指相对于同类可比股票来说价格更低的股票。这两种类型都是在控制价格风险。巴菲特都是在寻找"可以让他搞明白的公司，还能分析和比较公司与其竞争对手、分销商、客户、供应商、前雇员等之间的力量均衡关系，从而彻底厘清公司的优势和劣势"。[6]巴菲特承认，如果坚持拿私有化买家愿意支付的价格来估算公司的内在价值,可能会导致他的投资思路过于局限。他在1966年1月的致股东信中指出,"仅仅由于投资了两家公司,这一投资类别的回报率就极大地提高了"。后来,他透露这两家公司分别是美国运通公司和华特迪士尼。

第二大类型是"套利型投资",我们在之前解释过,套利取决于公司的具体行为,例如对外宣布合并、清算、重组或分拆,并给出了这一行为的具体时间表。巴菲特通常会投资10~15只套利型股票,还会通过借款投资来提高回报,他为这一借款设置的上限为巴菲特合伙人公司净资产的25%。结果的可预测性和短暂持有期限为基金创造了诱人的年化收益率。在巴菲特合伙人公司成立的初期,他将30%~40%的资金投向此类资产,但随着合伙人公司的资产规模逐步增加,他无法持续获得如此高的回报。

第三类投资是"控制权类投资"——巴菲特要么成为一家公司的控股股东,要么持有足够大的头寸从而能对公司产生重大的影响力。这通常出现在"低估类"股票在较长一段时间内价格走势相对平稳的情况下,从而使巴菲特有机会逐步加仓,累积对公司的所有权份额。第二类和第三类投资所产生的收益通常与道琼斯平均指数的表现无关。

总的算下来,巴菲特通常的持股数量是15~20只。在很大程度上,哪笔投资属于哪种类型是一种机会使然的偶发现象,但所有类型的投资都是赚钱的好机会。1966年,巴菲特的投资组合中各类投资的比重如下:低估类——相对低估法为44%,控制权类为35%,套利类为15%,低估类——私有化出价法为3%,美国国库券为3%。巴菲特在这几个类型之间灵活转换的能力正是他取得成功的关键。

不同类型公司的投资表现

由于美国运通公司的出色表现,"低估类——相对低估法"这一类别的投资回报率激增至44%。之前,巴菲特从未在致股东信中透露这只股票的具体名称,直到多年后在接受采访时才公布于众(本书将在下一章中仔细分析美国运通公司的案例)。1966年,巴菲特庆祝合伙人公司成立10周年,同年也取得了最高一次年度利润率,高达36%,他的合伙人公司增长了20.4%,而道琼斯指数则下跌了15.6%。美国运通公司正是这一优异表现的头号功臣。巴菲特说:

> 我们在这一类型的投资里取得了有史以来最好的相对收益,这要归功于一家公司,它是我们在1965年年底和1966年年底的最大持仓。在我们持有的所有年份(1964年、1965年、1966年)中,这只股票都大大跑赢了市场大盘。尽管单看任何一年,它的表现都可能很不稳定,但我们认为在大概率上来说,它在未来三四年内的表现将会非常亮眼……我们认为它比其他股票都更具前途,我们花了大量的精力不断从各个方面评估公司、不断检验这个假设。[7]

1967年,美国运通公司继续发挥着它的威力,基金的"低估类——相对低估法"投资板块实现了72%的增长,而它就是这一成绩的最大功臣。经过4年的惊人增长,巴菲特终于差不多清空了这40%的仓位,"我们已经大大缩减了这只股票的持有量,在这一投资类型中,任何资产都远远达不到这么高的仓位,以后也不会有任何资产将有潜力能接近这一规模"。[8]

巴菲特的第一个控制权类型的资产是一家制造农场设备和供水系统的公司——登普斯特机械制造公司。1956年,巴菲特以每股18美元的价格开始建仓,当时公司的每股净营运资本为每股50美元。5年之内,巴菲特以16美元到25美元不等的价格继续分批买入。巴菲特在这5年的大部分时间里都担任登普斯特机械制造公司的董事。到1961年,巴菲特拥有公司30%的股份。通过大量买入股票和要约收购,到1962年1月时,巴菲特已经拥有了公司70%的股份。总体来看,他对这些股份的收购均价为每股28美元,而公司的净营运资本为每股53美元。这项投资占到巴菲特合伙人公司总资产的21%。

巴菲特试图与公司现有的管理层合作，希望改善运营状况，但徒劳无果。他打电话向查理·芒格寻求建议之后，查理·芒格向他推荐给了哈里·布特尔——他也于1962年4月被聘为公司总裁。巴菲特在1963年1月的致股东信中称赞哈里·布特尔是"当之无愧的年度人物"，因为他快速地将登普斯特机械制造公司的资产转换为现金，速度之快、效率之高，连巴菲特自己都没有想到。巴菲特将公司的资金重新分配，建立了一个证券投资组合，仅这部分业务的价值就达到了每股35美元，已经超过了每股28美元的成本。此外，登普斯特机械制造公司剩余的运营净资产价格为每股16美元，而实际内在价值为每股44美元。

经过哈里·布特尔的一番努力，公司的库存从1961年11月价值420万美元的水平成功降低至1963年7月略低于90万美元的水平，释放出来的资金不仅还清了公司120万美元的债务，还有剩余部分可以继续投资适销证券。哈里·布特尔还大幅削减了管理费用，关闭了五家亏损严重的分公司，与供应商和分销商谈到了更有利的合作条款。1963年年底，巴菲特以每股80美元的价格卖出了登普斯特机械制造公司，以平均成本28美元来看，他几乎赚了2倍。

巴菲特用这个案例向大家说明他的投资需要耐心和保密。如果他在电报里说明自己要买入的标的，那肯定就无法以这么低的价格获得公司的控股权。

巴菲特最著名的"控制权类投资"案例就是对伯克希尔-哈撒韦公司的收购，他在1965年11月1日的致股东信中首次公开披露了这一消息。巴菲特于1962年开始以"低估类"投资方式收购伯克希尔-哈撒韦公司。伯克希尔-哈撒韦公司的顶峰时期是在1948年，当时公司设有11家纺织厂，雇用11 000名员工，收入达2 950万美元。而1965年公司开始出现亏损，员工数量减至2 300，仅剩2家工厂。尽管巴菲特之前也承认"纺织业务的状况确实是决定公司盈利能力的主要因素"。[9]然而，由于买入成本很低，加上出于对肯·蔡斯（Ken Chace）"出色管理才能"的信任，他对公司的信心十足。

定性投资派还是定量投资派？

定量投资学派认为，如果能以足够低的价格购买一只股票，那么它的下行风险将十分有限，即使公司经营状况不好，这只股票也自然能带来回报。定性投资学派认为，如果买入一家管理团队出色、前景大好、具备竞争优势和行业条件良好的公司，这只股票也能带来回报。对巴菲特而言，1967年是一个分水岭。他在致股东信中写道，因为"确定的赚钱机会更多来自高度量化分析后所做的决策"，所以他认为自己属于定量投资派，但他也承认"真正赚大钱的机会往往青睐那些定性分析后做出正确决策的投资者"。巴菲特的这一经验来自他在美国运通公司上的成功交易："多年来，我提出的大部分真正具有轰动意义的投资主张都来自定性分析，我在这方面的洞察力'中奖概率很高'……我们在过去3年中的出色表现很大程度上要都归功于这些投资主张。"[10]

到1967年10月，巴菲特管理的资产已从11年前的105 100美元增至6 900万美元。总资产的增长来自现有资产的复合收益和投资者的新进资金。巴菲特表示，随着越来越多的证券分析师对在统计学上被低估的股票抱有过高预期，这类股票其实已经在市场上消失了，加之他管理的资产规模不断扩大，他重新调整了自己的长期投资回报率，设定为每年9%或比道琼斯工业平均指数高出5%（以较低者为准）。他的长期目标是至少比道琼斯工业平均指数高出10%，他在1968年7月中旬就轻松实现了这一目标，累计年度复合收益率高达29.6%，而道琼斯指数仅为9.1%。

中期的巴菲特

巴菲特把投资重心从定量投资或"早期的巴菲特"投资转变为定性投

资或"中期的巴菲特"之时，正好也是他开始认同"控制权类投资"的时候。巴菲特表示，投资这类公司虽然也许无法得到最高的回报，但却"相当容易、安全、愉快，并且能够收获利润"。巴菲特非常享受与聪明、热情、充满活力和高度诚信的运营经理们一起工作时的那种激励感和满足感。投资重心的这种转变也预示了巴菲特将对伯克希尔-哈撒韦公司采取的动作——他更倾向于与被收购的公司结下终身姻缘，而不是在几次约会之后就挥手道别。要与被收购的公司终身为伴，巴菲特对卖家的吸引力在于保证他们在加入伯克希尔-哈撒韦大家庭之后，仍然可以独立经营自己的业务并保留曾经精心营造的企业文化。

巴菲特曾表达过他非常推崇以合理持股比例控制公司这一理念：

当我与自己喜欢的人打交道时，在经营公司的过程中会备受鼓舞，这同时也能带给我可观的总体资本回报率（10%~12%），所以如果着急采取某些措施只是为了能增加几个点的回报率，那就太愚蠢了。在我看来，在现有回报率不错的前提下，我更愿意保持这份愉快的人际关系，我不会为了可能实现的较高收益而把他们换掉，让一批能力更强但可能会跟我产生摩擦、冲突或者和我的关系更糟的人来管理公司。[11]

喜诗糖果公司

巴菲特把1972年买入喜诗糖果公司看作一个分水岭，他从此便开启了投资优质公司的新篇章。在他看来，所谓优质公司就是那些具有产品定价权、几乎不需要资本再投资并产生自由现金流的公司。查理·芒格也高度评价了这一转折性的交易："这次交易不仅仅本身就是一次成功的投资，而且随着时间的推移，我们从这次交易中获得的积极的经验中也越来越多地让我们学会'为质量买单'。"[12]巴菲特反复强调，是否具有定价能力是评估一家公司的实力时最重要的考虑因素：

评估公司最要看重的就是定价权。如果你有能力在涨价过后不被竞争对手抢走生意，那你的公司就是一家非常优质的公司。但如果你哪怕只计划涨价一分钱，正式公布之前都要祷告一番，那你的公司就是一家非常糟糕的公司。这两种公司我都见过，我深知它们的区别。[13]……提价的能力是能够以真实的方式让自己与众不同的能力，这个真实的方式意味着你可以收取不同的价格，由此才造就了伟大的公司。[14]

喜诗糖果公司背景介绍

巴菲特和查理·芒格是蓝筹印花公司（Blue Chip Stamps）的控股股东。蓝筹印花公司于1972年1月3日收购了喜诗糖果公司。蓝筹印花公司随后于1983年被并入伯克希尔-哈撒韦公司。蓝筹印花公司向商家出售礼券印花，商家再向自己的消费者赠送这些印花作为一种促销方式。当消费者在自己的小册子上集齐了一定数量的礼券印花后，他们可以拿这个小册子兑换烤箱或搅拌机等礼品。蓝筹印花公司由于拥有大量的浮存金①，因此巴菲特和查理·芒格对它颇为青睐。蓝筹印花公司可以预先享有商家给付的现金，无须立刻向消费者交付礼品。此外，蓝筹印花公司在加利福尼亚州具有垄断地位，这主要是因为这里的商家不愿意与全国礼品券行业的头部供应商斯佩里-哈钦森公司（Sperry & Hutchinson）——也就是人们常说的S&H绿色印花公司（S&H Green Stamps）——合作，便自己成立了这家公司。随着后来物价飞涨，这种礼券对家庭主妇们不再具有吸引力，蓝筹印花公司也走入了经营困局。此时，公司需要进行转型收购。

在过去95年的时间里，喜诗糖果公司只使用最高质量和最新鲜的原料制作糖果，有些糖果仍在使用玛丽·西（Mary See）的秘方调配制作。

---

① 浮存金，是指保户向保险公司交纳的保费，保险公司在收到保费之后，可以立即使用这笔保费进行投资。谨慎的承保条款几乎可以使保险公司以零成本使用浮存金来制造利润。——译者注

1920年，玛丽·西的儿子查尔斯·A．西（Charles A. See）与家人从加拿大移民到洛杉矶后，他们在那里开设了第一家喜诗糖果店。店铺位于西部大道135号，以独特的黑白配色作为装饰，查尔斯·西坚持使用母亲的家庭食谱手工制作糖果，并努力为顾客提供亲切友好的服务。

喜诗糖果公司秉承着"质量不打折"（Quality Without Compromise）的企业精神赢得了大量的忠诚顾客，其品牌和理念也随着每一次情人节、复活节、万圣节和圣诞节不断得到强化。每盒喜诗糖果的包装上都印着玛丽·西和蔼的笑容，很容易唤起人们对过去美好时光的回忆，并能让顾客联想到他们上乘的质量和亲切的服务。

收购价格

巴菲特以3 500万美元的价格收购了喜诗糖果公司，当时它的股东权益价值1 800万美元，另有1 000万美元的现金。如果喜诗糖果家族坚持他们最初4 000万美元的开价，巴菲特就会放弃这次收购。幸运的是，查理·芒格的一位朋友艾拉·马歇尔（Ira Marshall）提出了一个明智的建议，改变了巴菲特和查理·芒格的想法："你们疯了。你们应该舍得投入，高质量的人、高质量的公司等，都值得你们付出。你们低估了高质量的重要性。"事后看来，这一建议是伯克希尔-哈撒韦公司发展史上的分水岭。从此公司把投资重心从以低价买入普通公司转向了以合理价格买入伟大的公司。巴菲特说："我们会问自己一个问题——而且我们认为答案也很明显：'如果我们把每磅糖果涨价0.1美元，销量会下滑吗？'至少在我们看来，答案当然是否定的。产品的定价能力还大有潜力。"[15]

巴菲特和查理·芒格立即向蓝筹印花公司再次注入1 000万美元现金，这时他们实际为这800万美元资产付出了2 500万美元的成本。伯克希尔-哈撒韦公司支付的价格为11倍的有效市盈率，相当于扣除现金后的2 500万美元估值除以截至1971年8月31日财年的220万美元净利润。这相当于9%的收益率，另外，随着日后喜诗糖果公司逐步释放其定价能力，收益率将会大大提高。

巴菲特和查理·芒格特任命查尔斯·"查克"·哈金斯（Charles "Chuck" Huggins）为喜诗糖果公司的首席执行官。查克·哈金斯20年前开始了在喜诗糖果公司的职业生涯，前后共为公司效力了55年。用他的话来说，"我在20年前就开始了与这家公司的恋情，它成了我此生的一个重要部分，也是我最亲密大家庭的一部分。"[16]爱德华·G. 佩克（Edward G. Peck）是查克·哈金斯的导师，他于1931年被查尔斯·西聘为公司的销售经理，他在为公司效力的41年间，"在喜诗糖果的销量增长和形象建立方面都做出了巨大贡献"[17]。查克·哈金斯一直亲切地尊称他的导师为佩克先生，是他让查克·哈金斯懂得"如何践行和传播诚实和正直的品行，以及为什么握手与合同一样都具有法律约束力"。[18]查克·哈金斯曾说过，他珍惜"在诚实和正直的基础上建立的关系，它涉及公司各个部门的员工，多年以来，这份价值对我而言都意义重大"。[19]如果你能看到查克·哈金斯说这番话时的表情，就会明白为什么巴菲特只花了15秒的时间就认定他是首席执行官的不二人选。在后来的几年中，巴菲特甚至觉得花15秒来做出这个决定都显得太优柔寡断。

在查克·哈金斯将首席执行官一职传给布拉德·金斯特勒（Brad Kinstler）后，巴菲特在伯克希尔-哈撒韦公司2005年的年度报告中向查克·哈金斯致敬：

公司零售类投资板块中的喜诗糖果公司是我们在1972年年初所收购的（它是公司旗下持有时间最久的非保险类公司）。当时，查理·芒格和我立即决定由时年46岁的查克·哈金斯掌管公司。尽管我们那时并没有太多选择运营经理的经验，但我和查理·芒格的这个任命决定确实是个明智之举。查克·哈金斯对顾客和喜诗糖果的品牌充满了热爱，这份热情充斥在公司的每一个角落。在他34年的任期内，公司的利润增长了10倍以上。糖果行业的总体增速并不高，甚至是零增长，却能取得如此好的收益。

1995年10月，我和喜诗糖果公司的市场营销副总裁理查德·"迪克"·范·多伦（Richard "Dick" Van Doren）进行了一次有趣而愉快的谈话。迪克·范·多伦将52年的职业生涯奉献给了喜诗糖果公司，他高度赞赏巴菲特能快速识别一个人是否真诚正直的神奇能力。他回忆说，巴菲特珍视高尚的道德价值观与事业成功的结合，他还非常关心家庭。在给迪克·范·多伦接受采访的感谢信中，我写道："很难在一家公司中看到各个层面都如此有力地贯彻着诚实、正直和高度重视质量的奉献精神。我们的谈话中也处处体现着这些价值观，很明显，它们可能是喜诗糖果公司最珍视的成功秘诀。"[20]

喜诗糖果公司坚持"热情洋溢地服务顾客"，也因此获得了很高的品牌声誉和客户忠诚度。虽然巴菲特和查理·芒格对此非常满意，但他们依然期待喜诗糖果公司能释放它巨大的定价潜力。巴菲特说：

我们认为它的定价能力尚未被完全开发。当时喜诗糖果公司的产品售价大约与罗素·斯托弗巧克力公司（Russell Stover Candies）①的产品售价相同，而我脑海中最大的想法是，如果喜诗糖果每磅（约454克）再多赚15美分，那么在400万美元的收入之上，又能多出250万美元。因此，虽然你多付了一点成本，但买到手的公司真的能让你赚到650万美元。[21]

被收购时，喜诗糖果公司当年的收入为2 800万美元，销量为1 600万磅（约7 257吨），喜诗糖的平均每磅售价为1.75美元。到了10年后的1982年，喜诗糖果公司的销量涨至2 420万磅（约10 977吨），总收入为1.237亿美元，每磅平均售价5.11美元。销量的增速为4%，每磅售价的增幅为11%，这带来了收入平均每年增长16%的惊人业绩。巴菲特在每年圣诞节

---

① 罗素·斯托弗巧克力公司，成立于1923年，是美国第三大糖果生产商，目前其产品的售价约为喜诗糖果的1/3。——译者注

后的第二天都会给喜诗糖果公司的产品提价。这让公司的税前年收入从460万美元增至2 280万美元，平均增长率为17%。截至2018年6月，一个标准包装的多口味巧克力礼盒的每磅价格为20.5美元。这相当于自1982年以来，售价在35年中平均每年增长4%，远高于通货膨胀率。显然，顾客一直愿意为喜诗糖果公司的优质糖果买单，并且对品牌的黏性就像喜诗糖果公司的花生糖一样黏。

蓝筹印花公司 VS 喜诗糖果公司

1972年之后的20年中，蓝筹印花公司印花礼券的年销售额从1.02亿美元下降到120万美元，而喜诗糖果公司的销售额每年平均增长10%，从2 900万美元增加到1.96亿美元。喜诗糖果公司的收入以年均12.3%的速度增长，从420万美元增长到4 240万美元。

巴菲特在1991年的伯克希尔-哈撒韦公司的年度报告中总结了他在投资喜诗糖果公司的过程中学到的宝贵经验：

查理·芒格和我对喜诗糖果公司和公司的首席执行官查克·哈金斯都抱有巨大的感激之情。这项投资不仅让我们赚得盆满钵满，而且让我们在合作的过程中收获了愉快的时光。同样重要的是，收购喜诗糖果公司教会了我们如何评估经济特许权。在收购喜诗糖果公司的经验的指导下，我们对其他一些普通股的投资上也赚了大钱。[22]

伯克希尔-哈撒韦公司在喜诗糖果上赚了很多钱。巴菲特回忆说："虽然我认为当时收购喜诗糖果公司的价格高得离谱，但其实也只是支付了喜诗糖果公司5.5倍的税前收益。然后，在我们收购后，公司的收益稳定增长；在我们持有公司的这43年中，它的税前收益总计约为19亿美元。再见，'雪茄屁股'，你好，优质公司。"[23]巴菲特强调质量控制，要求每个月都定期送一盒喜诗糖果的样品到他的办公室。喜诗糖果公司对巴菲特的投资类型产生了重大影响，他随后又买入了可口可乐公司、吉列公司

（Gillette）、政府雇员保险公司等多家拥有知名品牌的优质公司的股票。

查理·芒格承认，虽然格雷厄姆的投资方法（以不到其净营运资本2/3的价格购买公司）再加上充分的安全边际在他所处的时代是合理可行的，但此时却不再适用：

总的来说，他所经历的是一个正在从20世纪30年代的巨大打击中恢复的时代——那是大约600年来英语国家最严重的经济衰退……格雷厄姆可以有条不紊地在那个破败的市场中挖掘股价低于每股净运营资本的公司，就像使用盖革计数器（一种探测电离辐射的粒子探测器，可用于核爆炸后探测射线强度）在废墟中摸索寻觅一样……如果我们依然沿袭格雷厄姆的经典投资风格，那将永远不会取得现在的成绩……伯克希尔-哈撒韦公司所赚到的数十亿美元绝大部分来自更加优质的公司。我们最初积累那两三亿美元时，基本是在用盖革计数器。但是，后来绝大部分的利润都来自那些伟大的公司。而且我们在早期赚到的钱也有一部分来自对伟大公司的短期持有。例如，巴菲特合伙人公司曾经在美国运通公司和华特迪士尼公司遭受重创的时候买入过它们的股票。[24]

有形资产的回报率

如果说评估公司实力最重要的因素是定价能力，那么最重要的财务指标就是有形资产的回报率。

除去商誉摊销收入的任何费用，一家公司在不加杠杆的情况下，通过有形净资产所赚取的利润能最好地体现出该公司的获利能力。这也是衡量该公司当下经济商誉现值的最佳手段。[25]

巴菲特常常使用这个指标来判断一家公司实缴资本的产出效益。1991年，喜诗糖果公司的有形资产回报率为168%（4 240万美元比2 500万美元）。巴菲特解释说：

要正确认识利润的增长幅度，就必须考虑产生这些利润需要新增多少资本投入。从这个角度来看，喜诗糖果公司的表现令人震惊：目前，公司的净资产仅为2 500万美元，经营起来非常轻松自在，这意味着我们只需要在最初700万美元的基础再将1 800万美元的收益重新注入即可。同时，在20年间，喜诗糖果公司把剩余的4.1亿美元税前利润分配给了蓝筹印花公司和伯克希尔-哈撒韦公司，让这两家公司能以最合理的方式（在缴纳税款之后）分配使用。[26]

巴菲特甚至将这部分投资回报用于支付伯克希尔-哈撒韦公司的高管薪酬，他说："（其他公司）的高管薪酬制度确实令人费解。唯一合乎逻辑的薪酬制度就是将薪酬与资本回报率挂钩。"[27]总的来说，巴菲特给高管支付的薪酬与运营经理使用资本带来回报的能力密切相关。

当下的巴菲特

鉴于伯克希尔-哈撒韦公司的巨大资产规模，巴菲特不得不寻找大规模的"大象型"投资对象，而不是小规模的"羚羊型"投资对象。巴菲特承认，理想的公司是那种不受监管的、资本回报率高、几乎不需要增量投资即可实现增长的公司。但是，伯克希尔-哈撒韦公司的资产规模和每月产生20多亿美元自由现金流的能力迫使巴菲特必须投资或收购那些虽然看起来不能一鸣惊人，但仍具有持久力的公司，这是伯克希尔-哈撒韦公司投资转型中重要的一步。

在1988年伯克希尔-哈撒韦公司的年度会议上，巴菲特表示："我们对资本密集型公司持相当负面的态度。我们喜欢发放现金的公司，而不是消耗现金的公司。而实际上消耗现金的公司简直太多了。"[28]但到了2016年的年度会议上，巴菲特又表示，伯克希尔-哈撒韦公司做到这么大的规模之后，也存在一定的弊端。"从很多角度来看，与日俱增的资本都是获取回报的支柱。结果之一是，这驱使着我们更多地买入资本密集型公司。"关于投资资本密集型公司，巴菲特认为只要他相信每投资一美元可以赚到多于一美元的现值，这就是合理的。

除此之外，眼光长远的巴菲特投资资本密集型公司还有另外两个动机。一个原因是出于对众多把主要资产都放进伯克希尔-哈撒韦公司的投资者的责任感，巴菲特要确保伯克希尔-哈撒韦公司的主营业务由相对可预测的且行业地位牢固的公司组成，这些公司必须几乎处在垄断地位，它们的竞争优势即使在遥远的未来也依然不可撼动，正如巴菲特当年买入时一样。另一个原因可能是为了简化公司内部的资本分配决策机制。交钥匙模式①的决策机制可以尽量减少未来伯克希尔-哈撒韦公司首席执行官自由决策的空间。

伯克希尔-哈撒韦公司将巨额资金分别投入了两个既受监管又属于资本密集型的大型公司：伯克希尔-哈撒韦能源公司（Berkshire Hathaway Energy, BHE）和美国伯灵顿北方圣太菲铁路运输公司（Burlington Northern Santa Fe, BNSF）。到2016年，这两家公司占伯克希尔-哈撒韦公司税后营业收益的1/3，占其130亿美元总资本支出的近70%。

伯克希尔-哈撒韦能源公司

伯克希尔-哈撒韦能源公司原为中美能源控股公司（MidAmerican Energy Holdings Company）。2000年3月，伯克希尔-哈撒韦公司购买了公用事业公司中美能源控股公司76%的股东权益和9.7%的投票控制权，巴菲特的好朋友兼伯克希尔-哈撒韦公司的董事小瓦尔特·斯科特（Walter Scott Jr.）也是这家公司的董事。《公共事业控股公司法》将伯克希尔-哈撒韦公司的投票控制权限制在9.9%之内。巴菲特在伯克希尔-哈撒韦公司

---

① 交钥匙模式（turnkey model），是指工程承包方将工程基本建设完毕，设备安装、调试、运行合格后，把整个工程项目的管理使用权交给发包方的工程管理模式。——译者注

1999年的年度致股东信中提示说，伯克希尔-哈撒韦公司可能会对公用事业类公司追加投入大量资本。在决定投资时，中美能源控股公司在美国和英国为180万用户提供电力服务、为110万用户提供天然气服务，在加利福尼亚州和菲律宾拥有大型电厂，并拥有美国第二大房地产经纪业务。中美能源公司是艾奥瓦州的主要发电公司，也是英国的第三大供电公司。它旗下的房地产经纪公司当时的名称是美国家庭置业服务公司（HomeServices of America），现改名为伯克希尔-哈撒韦家庭置业服务公司（Berkshire Hathaway HomeServices）。

巴菲特之所以对公用事业类公司产生兴趣，主要是看中了中美能源公司有多个稳定、抗衰退、可控的收益渠道，几近垄断的市场地位，以及合理的（尽管并非惊人的）资本回报率。在伯克希尔-哈撒韦公司2009年的年度报告中，也碰巧是在收购美国伯灵顿北方圣太菲铁路运输公司的时机下，巴菲特首次承认伯克希尔-哈撒韦公司日益增加的资产规模迫使他不得不重新考虑资本的去向，更多投入"好公司但并非伟大的好公司"里。巴菲特说：

伯克希尔-哈撒韦能源公司（中美能源公司）和伯灵顿北方圣太菲铁路运输公司的一举一动都需要大量资金。我们获得了可观的资本回报率，但是这个回报率并没有我们曾在非资本密集型公司上获得的那么惊人。我们有几家公司每年的实际收益是本金的100%。显然，这是另一种操作方式。伯克希尔-哈撒韦能源公司的资本回报率可能会达到11%或12%，这已经是非常可观的数字了，但它在本质上与非资本密集型的公司还是两个不同的物种。[29]

早些时候，查理·芒格和我根本不会考虑投资公共事业类等资本密集型的公司。的确，到目前为止，对投资者而言，最好的公司仍然是那些资本回报率高的、几乎不需要增量投资就可以实现增长的公司。我们很幸运，买到了很多这一类公司，我们也很愿意再多买几家。但是，由于预计伯克希尔-哈撒韦公司将产生越来越多的现金，如今我们很愿意投资那些经常需要大量资本支出的公司。我们只期待这些公司能善用增量资本，产生合理的回报即可。如果我们的这种期待成真——我相信它是能实现的，那么在未来的几十年中，伯克希尔-哈撒韦公司会聚集一大批伟大的公司和好公司，即使无法创造出惊人的回报率，也能至少收获高于平均水平的收益。[30]

巴菲特在伯克希尔-哈撒韦公司1999年的年度报告中预测："尽管公用事业行业受到许多监管限制，但我们很可能会在该领域做出更多的投资。如果我们决定要投资，那么投入的金额就将是巨大的。"

2002年2月，伯克希尔-哈撒韦公司以总计20亿美元的投资收购了中美能源控股公司完全稀释后80.5%的股东权益。巴菲特称它为"伯克希尔-哈撒韦公司的重要组成部分"。巴菲特表示，中美能源控股公司在购买了克恩河公司（Kern River）和北方天然气公司（Northern Natural Gas）这两家石油管道公司后，就拥有了全美国8%的天然气运输量；另外，中美能源控股公司2002年还完成了包括普天寿加州房地产公司（Prudential California Realty）在内的三项收购。巴菲特表示，伯克希尔-哈撒韦公司"已经做好了向中美能源控股公司大量注资的准备"。巴菲特在伯克希尔-哈撒韦公司2006年的年度致股东信中再次预测："10年后，几乎可以肯定的是，（通过继续收购经纪公司）家庭置业服务公司的规模会变得更大。"

2006年3月，中美能源控股公司以51亿美元现金收购了能源公司PacifiCorp，其业务分布在西部六州（主要为俄勒冈州和犹他州）。作为此项交易的一部分，伯克希尔-哈撒韦公司将其在中美能源公司的股份增至86.6%。巴菲特在2005年伯克希尔-哈撒韦公司的年度致股东信中对这一买入决定做出了解释，他承认，"你不能指望在受管制的公用事业公司上获得惊人的利润，但这个行业能让投资者的大笔资金获得公平的回报，这对伯克希尔-哈撒韦公司来说很有意义"。他提示说，他正在寻找更多"超大型公用事业类公司"。巴菲特之所以向中美能源公司做出如此大手笔的投资，一部分原因是它不像大多数公用事业公司那样支付股息，而是用现金收入再投资，正如巴菲特所说，"这种方式能为我们的巨额投资赚取合理的回报"。³¹到2013年，中美能源公司所留存的收益比美国任何电力公司都多，这是一个巨大的竞争优势。

2005年8月，美国政府废除了《公共事业控股公司法》，将其条款纳入2005年《能源政策法》中，根据该法律，伯克希尔-哈撒韦公司从2006年2月开始能够将中美能源公司的财务报表并入伯克希尔-哈撒韦公司。

2007年，中美能源公司的每股收益（不包括非经常性税收优惠）为15.01美元，而在巴菲特收购该公司的1999年，其每股收益仅为2.59美元，年复合收益率高达24.6%！

除了中美能源公司之外，伯克希尔-哈撒韦公司的相关收购还包括在2013年12月以56亿美元现金收购了为内华达州约88%的人口提供电力的NV能源公司（NV Energy），它旗下包括内华达州电力公司（Nevada Power）和塞拉太平洋电力公司（Sierra Pacific Power）。2014年12月，中美能源公司（现称为伯克希尔-哈撒韦能源公司）以27亿美元现金收购了电力输送公司阿尔塔林克（AltaLink）——一家位于加拿大阿尔伯塔省卡尔加里市的纯电动变速器公司，受政府监管。

到2015年，伯克希尔-哈撒韦能源公司已在可再生风能和太阳能发电领域投资了160亿美元。它的风能发电装机容量占比7%，在全美各州中排名第一；风电发电量也比美国国内任何一家受政府管制的电力公司高出五倍。它的太阳能发电量还占到全美国的6%。

到2016年，伯克希尔-哈撒韦公司持有伯克希尔-哈撒韦能源公司90%的股权，在其向艾奥瓦州家用电客户出售的全部电力中，风电占到了55%。当时，伯克希尔-哈撒韦公司预计，到2020年这一数字将增加到89%。从2006年至2016年，伯克希尔-哈撒韦公司在伯克希尔-哈撒韦能源公司上的总资本支出达到437亿美元，几乎是伯克希尔-哈撒韦能源公司229亿美元累计税前收益的两倍。

伯克希尔-哈撒韦公司大规模的资本支出和高效的管理经营措施为公

司带来了累累硕果。尽管在这16年中，公用事业公司向客户收取的电费上涨了44%，但伯克希尔-哈撒韦能源公司向客户收取的基础费率依然保持不变。2015年，伯克希尔-哈撒韦能源公司的居民电价为7.1美分/千瓦·时，而在本州内的竞争对手则定价为9.9美分，邻州为9~10美分。[32]此外，伯克希尔-哈撒能源公司的员工受伤率也从收购时的7%下降至2015年的0.8%。尽管税前利润率从2006年的13.9%增至2016年的16.6%[33]，但资本回报率显然受到了支出下降的影响。公司有形资产的税前收益已从2006年的5.8%下降至2016年的4.4%，远低于那些在巴菲特受到喜诗糖果公司鼓舞后收购的那些高回报率的公司。2016年，包括喜诗糖果公司在内的伯克希尔-哈撒韦公司的服务与零售业务部门实现了36%的有形资产税前收益率，相比之下，资本密集型公司伯克希尔-哈撒韦能源公司和美国伯灵顿北方圣太菲铁路运输公司的业绩虽然亮眼，但并不惊艳，分别仅为4.4%和10.5%。

美国伯灵顿北方圣太菲铁路运输公司

2009年11月，巴菲特同意以265亿美元收购美国伯灵顿北方圣太菲铁路运输公司，进一步确定了伯克希尔-哈撒韦公司对资本密集型公司的投资转型，这是伯克希尔-哈撒韦公司截至当时最大的一笔投资。巴菲特从2006年开始建仓伯灵顿北方圣太菲铁路运输公司，到2009年，他已持有这家美国最大的铁路公司22.5%的股权。根据伯克希尔-哈撒韦公司2007年的年度报告，伯克希尔-哈撒韦公司最初买入伯灵顿北方圣太菲铁路运输公司17.5%的股份期间，平均价格为每股77.77美元，而在此之前的两年间，这只股票的价格已经翻倍，具体情况如图19-1所示。伯克希尔·哈撒韦公司在2010年的年度报告中指出，在收购之前，公司持有7 680万股伯灵顿北方圣太菲铁路运输公司的股票，账面价值为66亿美元，这意味着平均成本为每股85.95美元。2010年2月，伯克希尔-哈撒韦公司又按每股100美元的价格，以60%的现金和40%的伯克希尔-哈撒韦公司股票的形式收购了伯灵顿北方

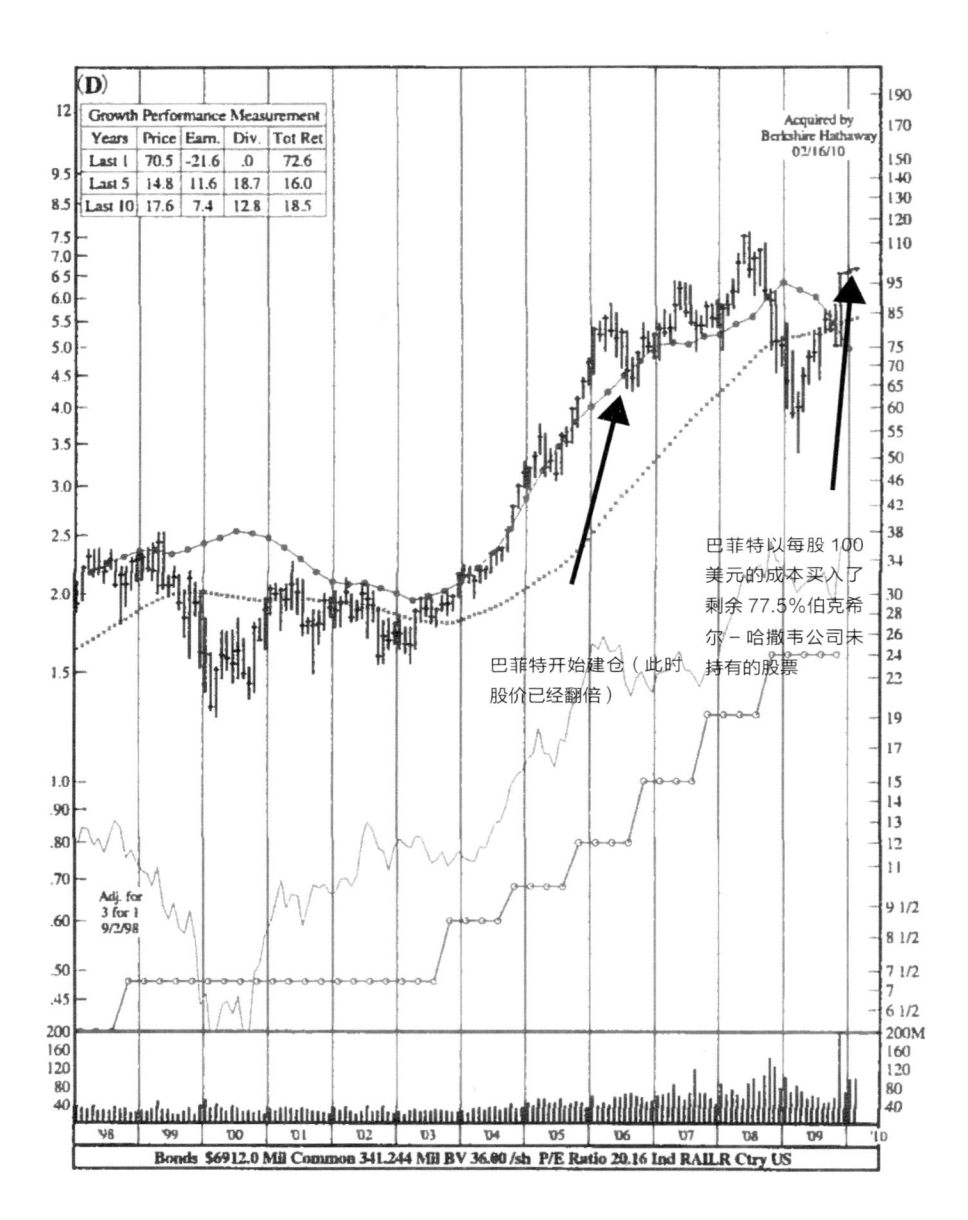

图19-1　伯灵顿北方圣太菲铁路运输公司的股票走势图

资料来源：Secuitties Research Company（2010）。

圣太菲铁路运输公司剩余的77.5%股份。该价格比上一交易日收盘价溢价31%，但仅比前一年的最高收盘价溢价10%。考虑到最初在市场上以现金收购的22.5%的所有权，以股票方式收购的部分仅占总成本的30%。

在2008年美国金融危机引发美国70多年以来最严重的经济衰退一年后，巴菲特同意收购伯灵顿北方圣太菲铁路运输公司。他说："这是用全部身家来押注美国经济的未来。我喜欢这种赌局。"铁路是国家运行的命脉，正如巴菲特解释道："我们国家未来的繁荣取决于它是否拥有一套高效运行、状态良好的铁路系统。"铁路具有许多优势，包括：具有定价权，准入门槛奇高无比，比卡车运输更环保，还能缓解公路拥堵。两名火车司机可以驾驶一列9 000英尺（约2 743米）长、300节车厢的火车。相比之下，一家货运公司需要雇用300名卡车司机来运送相同的货物。由于伯灵顿北方圣太菲铁路运输公司的业务集中在美国中西部，因此与亚洲国家进行贸易具有很大优势。巴菲特对伯灵顿北方圣太菲铁路运输公司在未来10年内将更多替代公路运输抱有十足的信心，而且坚信没有其他替代品。巴菲特表示，他早就该意识到铁路公司——特别是伯灵顿北方圣太菲铁路运输公司——在过去15~20年里已经取得了长足的发展。他也相信公司的市场地位和运营设施可以让他在投资额的基础上赚上三倍至六倍的回报。

铁路系统的效率已经越来越高。铁路运输系统的吨英里数比25年前增加了90%，而经过通货膨胀调整后的成本也比公路运输降低了40%。巴菲特在2012年的伯克希尔-哈撒韦公司年度会议上指出，第二次世界大战结束后的一段时间里，铁路行业有170万员工，而2012年这一数字还不到20万。伯灵顿北方圣太菲铁路运输公司使用1加仑（1加仑≈3.785升）柴油就可以将1吨货物运送500英里（约805千米），而用卡车运输则需要消耗四倍的燃料。油价在经济复苏的刺激下持续上涨，这对铁路运输来说是宝贵的竞争优势。

伯灵顿北方圣太菲铁路运输公司并不是公用事业公司，但它却具有公用事业的属性。与中美能源公司类似，它的大量资本支出若想获得一个仅能维持当前市场地位的合理回报率，也必须依赖监管机构的政策。巴菲特对美国经济和铁路运输持非常乐观的态度。巴菲特说：

> 只要我们的国家运转良好，它（伯灵顿北方圣太菲铁路运输公司）就能运转良好，而我们的国家一定能良好地运转下去。所以，你很清楚，虽然我不知道下周、下个月，甚至是明年这个国家的走向将会如何，但如果你放眼未来50年，这个国家的经济一定会实现增长，人口会增加，会有更多的货物需要运输，而铁路自然就是运输许多货物的合理方式——它的成本效率高、燃油效率高，还更环保，所以很可能会成为最主要的货运方式。因此，铁路绝不会失去运输市场的份额，而且我认为整体的运输市场需求会增长，铁路的份额也会增长。[34]

巴菲特收购伯灵顿北方圣太菲铁路运输公司的总价为427亿美元，包括以66亿美元的初始投资获得公司22.5%的权益、后期为获得控股权而支付的265亿美元，以及截至2009年12月31日公司承担的96亿美元净债务。巴菲特在2009年11月同意收购伯灵顿北方圣太菲铁路运输公司100%的股份时，他应该分析了该公司2008年度的财务报表，当时的每股收益为6.06美元。在经济复苏的背景下，巴菲特以每股100美元的价格买入，滚动市盈率约为17倍。

收购之后公司表现的如何呢？尽管伯灵顿北方圣太菲铁路运输公司在经济的稳定增长中获益匪浅，但收入仍然因为原油及相关石油产品运输量减少而受到影响；输油管道也代替原油的铁路运输；价格低廉的天然气也取代了煤炭的地位。由于燃油成本降低，公司的营业利润率提高了近10%，有形资产收益率稳定在小两位数。如果说伯灵顿北方圣太菲铁路运输公司在被收购前是一家资本密集型的公司，那么在收购后它就成为高度资本密集型的公司。在伯克希尔-哈撒韦公司收购之后的七年内（截至2016年），与收购前的七年相比，资本支出翻了一番（如图19-2所示）。巴菲特承认，资本支出要远多于长期保持（竞争）地位不变所带来的资产贬值，这不是一个好消息。[35]

尽管如此，在伯克希尔-哈撒韦公司开始接手伯灵顿北方圣太菲铁路运输公司之后的头七年中（自2010年至2016年），它依然产生了170亿美元的自由现金流（如图19-3所示）。与伯克希尔-哈撒韦公司427亿美元的总收购成本相比，自由现金流的平均每年回报率接近6%，并在2016年达到9%。

重点总结

巴菲特投资风格的演变给我们带来了很多启示。

（1）在巴菲特管理的资产规模较少时，他遵循格雷厄姆的投资法，只买入股价较其资产负债表价值被低估的公司。从净回报率来看，这是他最辉煌的时期。

（2）而到了"中期巴菲特"阶段，他运用的投资法——根据品牌知名度和相关的盈利能力对公司估值——才让伯克希尔-哈撒韦公司积累到了大量的财富。

（3）巴菲特一直坚持买入价值，但他对价值的定义在不断演变。他在每一次投资时都会按检查清单完成对标的公司的考察，而资金安全正是他最看重的一点，正如飞机驾驶员或船长一样重视安全。检查清单是投资时应始终坚持的一种有效手段，但在评估投资标的时也必须以常识为准。巴菲特在评估投资时有自己的思维模式，不会死板地按清单处理。谈到债券评级机构穆迪公司时，巴菲特表示：

……我真的不想拿"我信赖评级机构"这种借口逃避研究工作。评级机构有自己的模型，我们在投资的时候也会有自己心中的模型。他们把能考虑的因素都考虑到了，还制定了一大堆检查清单之类的东西。我个人不相信这些。我只能说，我的脑袋里有个模型。每个人在投资时脑袋里都有一个模型。但是，你也知道，依靠模型做的决定也许能有98%的正确率，

项目（单位：百万美元）	2016	2015	2014	2013	2012	2011	2010-02-13—2010-12-31
收入	19 278	21 401	22 714	21 552	20 478	19 229	14 835
营业成本							
其中：薪酬与福利	4 717	4 994	4 983	4 615	4 472	4 288	3 544
燃油	1 934	2 656	4 778	4 503	4 456	4 267	2 687
服务采购	2 037	2 056	2 167	2 064	2 122	2 009	1 787
折旧与摊销	2 115	1 993	2 117	1 968	1 888	1 807	1 531
设备租赁	766	801	867	822	810	779	670
材料和其他	1 072	1 134	1 108	912	764	808	652
营业总成本	12 641	13 634	15 720	14 884	14 515	13 958	10 871
营业收入	6 637	7 767	6 994	6 668	5 963	5 271	3 964
利息费用	50	35	44	57	55	73	72
其他净支出	(192)	(111)	(91)	(72)	(46)	(22)	(7)
税前收入	6 779	7 843	7 041	6 683	5 954	5 220	3 899
所得税费用	2 519	2 928	2 644	2 412	2 234	1 947	1 517
净利润	4 260	4 915	4 397	4 271	3 720	3 273	2 382
营业利润率（%）	34.4	36.3	30.8	30.9	29.1	27.4	26.7
有形股权回报率（%）	10.9	13.2	12.6	13.3	12.4	11.4	

图19-2 伯灵顿北方圣太菲铁路运输公司2010—2016年度利润表报告（主要指标项）

项目（单位：百万美元）	2016	2015	2014	2013	2012	2011	2010-02-03—2010-03-31	累积总额
净收入	4 260	4 915	4 397	4 271	3 720	3 273	2 382	
经营活动净现金	7 638	7 984	7 005	6 205	5 900	6 177	4 585	
资本支出（不包括设备）	3 225	4 398	3 734	2 975	2 596	2 726	1 953	
设备购入	614	1 226	1 509	943	952	763	445	
总资本支出	3 839	5 624	5 243	3 918	3 548	3 489	2 398	28 059
自由现金流	3 799	2 360	1 762	2 287	2 352	2 688	2 187	17 435
总 427 亿美元收购价格的回报率	8.9	5.5	4.1	5.4	5.5	6.3	5.1	5.8

图19-3　伯灵顿北方圣太菲铁路运输公司2010—2016年度现金流报告

但是从来不可能实现100%的正确率。每个人在用模型的时候都应该意识到这一点。[36]

（4）巴菲特的投资方式处在不断的演变之中，但他始终会以下面三个问题来评估自己的投资理念：

- 我是否了解这家公司，它是否具有可持续的竞争优势？
- 这家公司管理层的水平和能力如何？
- 在考虑了适当的安全边际之后，它的价格是否合理？

（5）巴菲特总是以崭新的眼光展望未来。尽管伯灵顿北方圣太菲铁路运输公司在巴菲特开始建仓之前不久刚刚股价翻了一番，但他意识到，鉴于这一行业整合加速和效率提升，以及公司在经济复苏中将有广阔的发展前景，该股票的估值仍然具有吸引力。

第二十章　案例研究

> 树林里分出两条路，而我选了人迹罕至的一条，从此决定了我一生的道路。
>
> ——《未选择的路》（The Road Not Taken），
> 罗伯特·弗罗斯特（Robert Frost）

邓普顿、林奇和巴菲特都欣赏罗伯特·弗罗斯特这位坚韧不拔、勇敢无畏的探索者，他乐于探寻新境地，善于独立思考。他们都选择了人迹罕至的路，这决定了他们的人生，你也一样可以做到。

威尔·达诺夫掌管富达反向基金长达27年之久，据晨星公司报告，其年均12.9%的回报率已超过了95%的美国多元化股票基金。[1]威尔·达诺夫曾师从林奇，并非常珍视巴菲特的投资建议。威尔·达诺夫对林奇坚韧的毅力印象深刻，他回忆说"林奇比任何人都相信翻开更多石头的力量。你看的公司越多，发现的机会就越多"。[2]在富达反向基金的资产数额超过1 000亿美元的门槛之后，他曾向巴菲特求教有关如何管理大规模资金的方法，巴菲特建议他"有了最好的想法之后就大笔投资"。[3]

巴菲特在自己最好的投资主张上押下了重注，这让伯克希尔-哈撒韦公司受益匪浅，这种操作方式的最好例证就是它在20世纪60年代中期用40%的净资产投资美国运通公司。巴菲特的许多大胆决策都押注在那些需要重复购买的产品或者业务模式类似"收费站"的公司上，这些公司拥有非常忠诚的消费者，而且未来的盈利能力仍被低估。仔细研究巴菲特具有代表性的投资案例以及每项投资的背景信息，能让我们受到极大的启发，有助于我们在未来识别出类似的机会，并加以利用。

我们已经看到了，他的重大投资存在一些共同点：

公司的业务能让巴菲特看得明白，并且公司的发展可预测性较高： 只有巴菲特能看明白一家公司的产品、竞争的本质以及日后可能出现的问题等因素，他才会去研究这家公司，因为他需要对公司在未来十年内的发展状况做出合理预测。他会沿着这个思路寻找盈利能力稳定、负债少或无负债、未来可预测的公司。巴菲特说：

在管理伯克希尔-哈撒韦公司时，我和查理·芒格会把钱投到我们了解的公司里。当我说"了解"时，我的意思是我们认为自己能以合理的方式推测5年、10年或20年后公司的经济状况会怎样……我们将待在自己确定的能力圈内。[4]

巴菲特建议投资者去了解要投资的公司，并且选择那些股价不会忽高忽低的公司，买入后长期持有："查理·芒格和我不会去投资那些我们无法评估未来发展的公司，无论他们的产品多么令人兴奋……我们只投资那些在未来几十年里似乎可以合理预测利润前景的公司。"[5]

对于一个可能很受市场欢迎但信息不够透明的投资标的，例如债务抵押债券（CDO），即使华尔街分析师或信用评级机构对它的评级再高，如果你不了解，就不要考虑它。债务抵押债券是引发金融危机的毒药。巴菲特说："任何人如果发现他们的投资标的透明度不高，无论是普通股、新的衍生品还是其他任何东西，都不应该再理会它。"[6]

巴菲特想了解一家公司的历史业绩时，会参考《价值线》杂志上的数据速览。巴菲特说："我不知道订阅《价值线》要多少钱。查理·芒格和我的办公室里都各有一份。它给我们带来的价值难以估量，让我们能以最快的方法来查阅许多关键信息，从而大体判断我们是否对这家公司感兴趣。"

巴菲特会找到一家公司的关键变量，并评估它们的可预测性有多高。假设它们可预测，那么巴菲特将对公司未来的收益能力做出评估，看它的中长期收益能力相较于过去将如何变化,是更差、持平还是更好。如果巴菲特搞不清楚这家公司将来会发生什么,他就会跳过。

将股票视为公司所有权的一部分:即使只购买一家公司所有权的一部分,巴菲特也会以收购整个公司的角度来对待决策,这使他能够以商人身份,而不是一个股票投机者的身份来思考问题。他认为股票就是公司所有权的一部分,他评估股票的方式与评估公司完全一样,会考察竞争状况、可能出现的问题、长期盈利能力等因素。

心理份额:巴菲特认为,心理份额与市场份额同等重要,甚至比市场份额重要,尤其是对于消费品公司而言。美国运通公司就是一个有趣的案例研究。巴菲特说:

我们对心理份额的重视程度始终多于市场份额——因为如果占有了消费者的心理份额,那么市场份额就会随之而来。多年来,美国运通公司以它高质量的金融诚信度在人们心中占有非常特殊的地位。[7]

要走进消费者的心里。世界上大多数人都知道可口可乐,但皇冠可乐①这个品牌却几乎无人知晓。提到可口可乐,你很可能是面带笑容的。提到华特迪士尼也是一样,这都源于信任,它们都具有让你开心的意义。要思考,提到这家公司你的眼睛会亮起来吗?它引发的记忆和联想都是温暖的吗?在以后5年到10年里都会是这样的吗?[8]

经济护城河:巴菲特最看重公司的竞争优势,他会评估这些优势是否足够强大、是否能够持久。他将竞争优势——使产品或服务与众不同的特质——称为公司的护城河。巴菲特说:

我们把每家公司都视为一座经济城堡,是城堡就会遭到攻击。在资本

---

① 皇冠可乐(Royal Crown Cola),简称RC Cola,是一款发明于美国佐治亚州的可乐饮料,在世界可乐市场上的销量居第三位,仅次于可口可乐和百事可乐,但和前两者有极大的差距。——译者注

主义制度下，对于任何一座城堡（剃须刀片、软饮料，或者你所拥有的其他业务），你都要明白，甚至要期待这种资本主义制度将让数百万拥有资本的人都来思考如何夺取你的城堡为己所用。那么问题来了："在你的城堡外，是什么样的护城河在保护你？"喜诗糖果公司的城堡周围有一条绝妙的护城河……我们告诉管理层，我们希望护城河每年都能扩大。[9]

如果让竞争对手白得10亿美元的收入而仍然不会影响公司的财务状况，那么这家公司的护城河就很宽。竞争优势或护城河可以是低成本，例如政府雇员保险公司；可以是高转换成本，即如果转而使用另一家公司的产品，会带来非常大的麻烦和高昂的转换成本，例如微软的Office办公软件；可以是规模优势，例如可口可乐公司；可以是阻止其他公司复制其产品的无形资产，例如专利；也可以是网络效应，即通过网络传播让越来越多的人使用公司的产品，例如脸书（Facebook，现更名为Meta）；还可以是产品质量和价值等方面享有的声誉优势，例如好市多（Costco）、亚马逊（Amazon）和1964年的美国运通公司。

巴菲特指出，电视、汽车、广播和航空等行业虽然改变了社会，却未能给投资者带来回报。他强调：

投资的关键不是评估一个行业将对社会产生多大的影响，或者它将增长到多大规模，而是要看某家公司是否具有竞争优势，并且该优势能维持多久。如果一个产品或服务具有可持续的宽广护城河，那么它就能为投资者带来回报。[10]

考察一家公司是否真的具有竞争优势护城河，关键在于看它是否有定价权。巴菲特说："我们喜欢那些仍有定价潜力的公司。"[11]另外，我们从喜诗糖果公司的案例中就能看出，能用最少的资产产生最多现金的公司就是最好的公司。

总而言之，对巴菲特最有吸引力的公司是定价灵活度高、资本回报率高、盈利可预测、可产生现金，而且最好是回购自己股票的公司。

管理人员： 对于参股公司，巴菲特也期待公司的管理人员是智慧、热情和正直的人，是让他喜欢、信任和钦佩的人。这与他考察伯克希尔-哈撒韦公司的运营经理的角度如出一辙。他希望公司的管理层将股东视为业务上的合作伙伴，这不但将反映在他们的薪酬制度上，也能从他们与股东沟通的坦率程度上看得出来。巴菲特说："进一步用城堡作比喻，我们不仅在寻找一座经济城堡，而且还在寻找一位负责这座城堡的骑士……当然，问题是，'骑士保护城堡能挣到多少钱？'"[12]就像巴菲特只在自己的能力圈内投资一样，他也希望旗下全资子公司的管理层也只在自己的能力圈范围内做事。巴菲特对此做出判断的关键就在于评估管理人员热爱的究竟是这家公司，还是金钱。他对只想通过出售公司而发财的卖方不感兴趣，他想为卖方解决问题。他向卖方保证，这家公司将永远不会被再次出售，他们还能按照自己的方式继续经营，好像他们依然是公司的所有者一样。

巴菲特希望管理人员具有强烈的职业道德、能在工作中享受到乐趣、善于沟通，还总能超额完成任务。同样的标准也适用于巴菲特参股的公司。管理人员是热情洋溢、正直守信、充满智慧、经验丰富，并且能全心投入、力争最优，还是过于看重金钱、态度傲慢，不把工作重点放在关键业务上？巴菲特说："如果卖方在出售公司时更在意的是钱，那可能就行不通了。去寻找那些疯狂热爱自己工作的人吧。[13]……我们希望你有一批头脑聪明、干劲十足、正直守信的员工。[14]"

股票价格： 最后，巴菲特将根据他对公司内在价值的估算，决定该为这只股票支付什么样的价格。内在价值是公司所有未来现金流量的现值。巴菲特以基本无风险的长期政府债券利率作为固定的衡量标准，对未来公司的现金流量做贴现估算。他不会过度纠结于折现率的高低，而是把重点放在正确判断公司的业务发展情况之上，也就是说，他要对公司在未来十年的前景有信心。巴菲特以有形资产收益率来评估公司的盈利能力和生产能力。所有者收益等于正常化收益（不包括非常规项目）加无形资产摊销。有形资产不包括无形资产（主要是商誉）。对于无负债的公司而言，有形股本收益率等同于有形资产收益率。说到底，他是在以合理的价格购买公司未来的盈利能力。巴菲特解释说："我们基本上是在寻找——然而并不能经常遇到——那些能够让我们坚定地买入的公司。我们寻找的公司是，即使我们不做定量计算，只看一眼也能知道这笔投资非常明智。"[15]

当巴菲特感觉自己发现投手投来了一个好打的慢球（也就是那种市场价格远低于公司内在价值的公司）时，他就会使劲挥棒击球，大量买进。查理·芒格进一步解释道：

> 随时随地知晓天下事并不是人类与生俱来的才能。但是，那些奋发努力的人——他们在这个世界上探寻、筛选着定价错误的公司——却可以拥有这个本领，而且偶尔确实能找到。当这个机会降临之时，明智的人就会押下很大的赌注。他们在赢面大的时候大手笔下注，而在其他情况下则不下注。就这么简单。这个概念非常简单。但是，在投资管理中，几乎没有人以这种方式进行操作。我们是按照这个方式运作的——我说的是巴菲特和查理·芒格。[16]

巴菲特补充说："当一家出色的公司临时性地遭遇到一次巨大但是可以纾解的打击时，就意味着巨大的投资机会，就像许多年前的美国运通公司和政府雇员保险公司一样。但是总的来说，我们采取的是躲避龙而非屠龙的策略，效果要好得多。"[17]

美国运通公司

在美国运通公司1964年的年度报告中，总裁霍华德·克拉克（Howard Clark）坦率地承认："我们将铭记1964年，因为我们的销售额取得了显著提升，净收益也创下新纪录，但同时也在仓储方面遇到了巨大的问题。"如表20-1所示，1955—1964年这10年的收入和每股收益的平均年增长率分别为12.1%和9.7%。1964年，由于美国运通公司旅行支票（American Express Traveller Cheque）在海外市场得到了广泛的认可，成为一种具有高信用度的安全货币手段。因此，公司的收入快速增长了17.7%，每股收益增长了11.5%。旅行支票在全球得到高度认可之后，公司的国际市场销售额在成立73年之后首次与国内市场的销售额达到了同一高度。

表20-1 美国运通公司1955—1964年利润表主要会计数据

	1964年	1963年	1962年	1961年	1960年	……	十年年复合收益率（%）
收入（千美元）	118 144	100 418	86 771	77 378	74 709	……	12.1
净收入（千美元）	12 541	11 264	10 131	9 204	9 007	……	9.7
每股收益（千美元）	2.81	2.52	2.27	2.06	2.02	……	9.7
每股分红（千美元）	1.4	1.4	1.25	1.2	1.2	……	9.1
股东权益（千美元）	83 613	78 696	68 356	63 805	60 102	……	
净资产收益率（%）	15.3	15.3	15.3	14.9	15.5	……	

美国运通公司信用卡业务的销售额也蒸蒸日上。1964年，信用卡账单猛增了42%，达到3.44亿美元，在三年里增长了两倍多。到1964年，有效卡总数增长了20%，达到122.5万张。同年，美国运通公司信用卡还首次开启了个人机票购买功能。美国运通公司正式开展信用卡业务是在1958年，直接挑战了当时信用卡行业的先驱公司大来俱乐部（Diners Club）。美国运通公司的品牌实力和定价能力的优势在1961年已经充分显现，因此公司将收费卡的费用上调了33%，从每年6美元提高至8美元，并将副卡的费用

从3美元提高至4美元。这个定价高于大来俱乐部（主卡每年5美元，副卡每年2.50美元）。1962年，美国运通公司的信用卡部门首次实现盈利。

虽然公司的主线业务发展得顺风顺水，但公司的仓储业务——尽管规模较小——却遭遇了一次大规模的欺诈案。这次欺诈后来被人们称为"色拉油丑闻案"。美国运通公司设有一个仓储部门，在向客户发放贷款之后存放对方的担保品。联合植物油提炼公司（Allied Crude Vegetable Oil Refining Corporation）的创始人蒂诺·德·安吉利斯（Tino De Angelis）以数百万磅植物油的库存换取了美国运通公司的存货收据。这些存货收据可以直接兑换成现金，而贷款方（例如美国银行或宝洁公司等机构）获得的抵押物就是这些植物油——他们以为这堆东西是植物油。美国运通公司在收据上盖章批准后，成为这批存货的保管方。美国运通公司的子公司美国运通公司仓储有限责任公司（American Express Warehousing Ltd.）与联合植物油提炼公司的存储设施位于同一处地点，据称在四个独立油罐中共存储了价值约8 000万美元的大豆油。蒂诺·德·安吉利斯投机取巧，把大多数油罐里都装满了水，只在最上方浮着一层油以应对检查，从而制造了这起欺诈行为。他在迷宫般的管道里把同一批油引流到几个油罐中，让检查人员误以为植物油的储量比实际更多。

蒂诺·德·安吉利斯试图用美国运通公司发行的存货收据兑换出现金，再到华尔街银行申请贷款，然后购买大量期货，以此垄断大豆油市场。当时，联合植物油提炼公司是美国最大的植物油出口商。但最终检查人员发现他企图行贿，而且无法交货。经过更进一步的检查之后，检查人员又发现储油罐中90%都是水。丑闻一经暴露，立刻导致期货市场崩溃。由于无法缴纳1 900万美元的追加保证金，联合植物油提炼公司于1963年11月申请破产。这一诈骗案共涉及51个贷款方机构，金额高达1.5亿美元。

1964年1月，美国运通公司的子公司美国仓储有限责任公司正式申请破产，美国运通公司表示，这是"为了获得一个全面的决定，有序地确定针对子公司的索赔的有效性和金额"。[18]美国运通公司补充道,尽管它对存货收据的持有者不负有法律责任,但认为"在道德上负有义务,如果子公司被认定需要承担赔偿责任,对于保险和其他资产无法覆盖的部分,应尽其所能承担余下的全部责任"。[19]美国运通公司此举有力地维护了公司的公信力,也充分展现出了它的社会责任感。

虽然从法律角度来看,美国运通公司完全有理由对其子公司面临的索赔不管不问,但巴菲特依然建议他们不要坐视不理:

我愿意花自己的钱证明一件事:如果我们认为母公司将对子公司的索赔问题置之不理,当初就不会买入这70 000份股票,因为我们会认为这种做法将导致公司的长期价值大大降低。换句话说,我们认为美国运通公司如果能给出公平的,甚至是慷慨的赔偿方案,它的投资价值就会远远大于一家不对子公司负责的公司。[20]

巴菲特敏锐地觉察到了美国运通公司能收获的长期声誉,这远远超过了它因"付款承诺"而在色拉油丑闻案上遭受的短期损失。

因为美国运通公司仓储公司是一家有限责任公司,所以在法律上来说,母公司不需要对其债务承担责任。从技术上说,母公司美国运通公司是一家非法人股份制公司,其股东可以被视为不承担资产覆盖范围之外任何债务的合伙人。尽管类似的连带责任在100多年的市场运行中都没有被认定过,而且这也常常只被当作一个学术问题来研究,但依然有包括普特南成长基金(Putnam Growth Fund)和富达资本基金(Fidelity Capital Fund)在内的四只共同基金决定放弃美国运通公司——在1963年的最后一个季度,他们共计抛售了美国运通公司2.5%的流通股,价值446万美元。1963年,美国运通公司的股东权益为7 870万美元,股价从1963年丑闻发生前的62.375美元高点跌至35美元。当其他机构投资者在恐惧的笼罩下纷纷逃离之时,巴菲特却选择了买入(如图20-1所示)。巴菲特鼓励美国运通公司承担索赔体现了他极其高尚的道德情操。由于美国运通公司组织形式独特,一旦它破产，作为股东的巴菲特也有可能要以个人财产为公司弥补缺口。

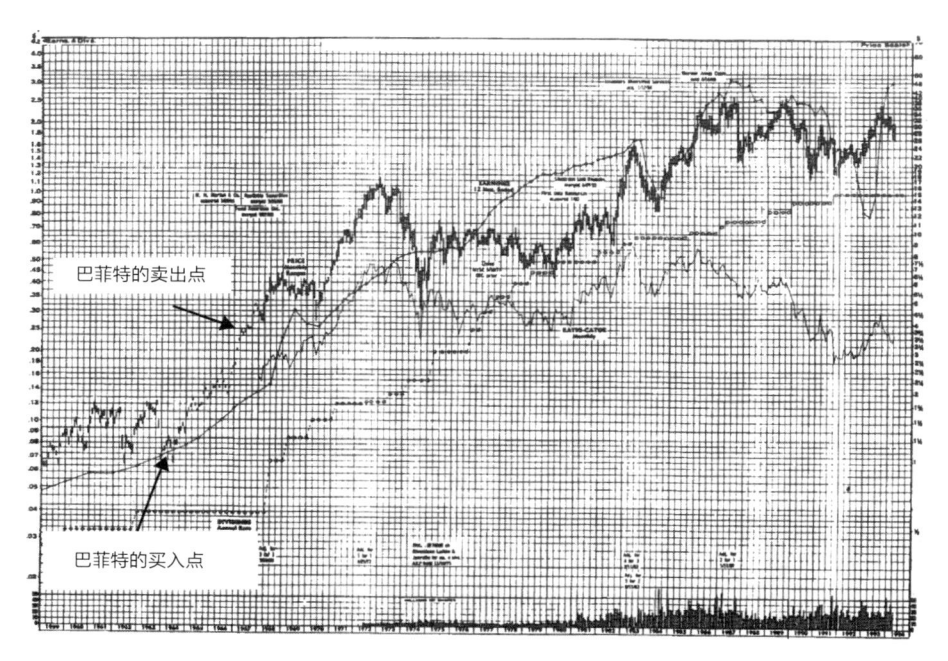

图20-1　美国运通公司股票走势图

1964年4月9日，美国运通公司就总额为1.26亿美元的索赔提出了5 800万美元的解决方案。条款规定，在赔款可抵扣税款的情况下，美国运通公司最多将支付4 500万美元，剩余部分以保险赔偿金的形式补充。12家保险公司共计需承担3 000万美元保费赔偿，但它们以欺诈为缘由拒绝承担责任。总裁霍华德·克拉克表示，这一赔偿方案的金额是由"董事会仔细判断了母公司可负担的金额之后确定的"。[21]经过18个月的谈判，美国运通公司最终承担了1.44亿美元索赔中的9 000万美元，具体实施安排定为：美国运通公司在六年间支付5 800万美元，其中首期付款为3 000万美元；承诺向债权人提供首笔2 000万美元保险赔偿；通过出售在丑闻中回收的大豆油筹集590万美元。蒂诺·德·安吉利斯因共谋和跨州运送伪造收据而被判入狱20年。

虽然巴菲特之前在经营合伙人公司时期坚持任何单一资产不得占比超过25%的投资准则，但他依然在1964年以1 300万美元的价格收购了美国运通公司5%的股份，这占到了他总资产的40%。巴菲特表示："美国运通公司这个品牌就能带来很好的经济特许权……美国运通公司在全国的旅行支票市场中占有80%以上的份额，没有什么可以动摇它的地位。"[22]巴菲特去了奥马哈的罗斯牛排餐厅（Ross's Steak House），他坐在吧台后面，看到还有那么多顾客选择用美国运通公司的旅行支票来支付餐费的时候，就深信美国运通公司的基本业务优势以及由旅行支票业务带来的巨大的浮存金优势依然存在。他还去了奥马哈的多家银行，看这起丑闻是否减少了人们使用美国运通公司的旅行支票。

经过对旅行支票的用户、银行出纳员、银行职员、信用卡机构、信用卡持卡人和竞争对手等多方面调查之后，巴菲特才做出了买入美国运通公司股票的决定，因为所有调查结果都表明它的竞争力和卓越的商业地位并未因色拉油丑闻而受到损害。[23]

公司总裁霍华德·克拉克于1965年12月以个人名义购入2 500股，他的持股数量增加了22%，达到13 740股，这可能又给巴菲特吃了一颗定心丸。

巴菲特后来在1980年伯克希尔-哈撒韦公司的年度报告中回顾说，美国运通公司是一家独一无二的公司，暂时性的财务打击并未能破坏公司出色的经济基本面。美国运通公司的品牌仍然坚挺，公司的旅行支票可以直接被用作现金替代物，它所代表的财务诚信也未受损害。他说，这不是一家困境反转型公司，只是患有"局部可切除的肿瘤"而已，本身的业务依然在强有力的发展之中。当然，肯定需要一位技术出众的外科医生来做手术。巴菲特在1967年卖出这只股票，获利2 000万美元，期间股票涨幅高达154%。这只股票在五年内从每股35美元的低点上涨了五倍，至每股189美元。[24]也是在这五年中，美国运通公司的收费卡价格增至20美元，但并未造成任何客户流失。

重点总结

巴菲特于1964年购买美国运通公司是一个典型的投资案例，由非结构性、暂时性和可纾解的问题所引发的股票抛售同时也创造了一次投资良机。这个问题只涉及公司的非核心部门，并且还是一个规模较小的部门。由于公司采用有限责任制，该部门的负债敞口也有一定的上限。美国运通公司在法律上没有义务赔偿子公司欺诈行为的受害者，但它出于商业道德，决定承担债务责任，以维护公司神圣的信誉，从而突出旅行支票的货币价值。在巴菲特看来，"那6 000万美元就好像是他们给股东邮寄的股息，只是邮件被寄丢了而已"。[25]

巴菲特之所以有信心将6 000万美元看作一张寄丢的支票，也相信这次丑闻并不会破坏美国运通公司客户的忠诚度，是因为他做了大量的第一手研究。巴菲特说：

> 我是跟菲利普·费雪学到的这种方法，他写下了那本伟大的著作《怎样选择成长股》。这个方法被他称作"四处打听法"。菲利普·费雪是一个了不起的人。我第一次使用这个方法是在1963年，当时美国运通公司因为色拉油丑闻遭受了巨大的打击，人们都担心这家公司会破产。因此，我就去了餐馆，看人们是不是继续在用美国运通公司的信用卡；我还去了银行，看大家是不是还在用旅行支票。很明显，美国运通公司因为这个丑闻损失了一些钱，但并没有影响它的客户增长。[26]

尽管六七十年后，美国运通公司的信用卡收费高于其他在这一行业同样深耕多年的竞争对手，但它仍然占据了全球市场2/3的份额。每当你可以对产品收取更高的费用，并且不会因此失去——甚至反而会增加——市场份额时，你就知道自己肯定有非常独特的优势……你能看到这种优势占了上风。它告诉你人们的想法是什么——这就是为什么我会在1964年买入它的股票。我们购买了该公司5%的股份，对当时的我们来说是一笔巨大的投资。当时我管理的资产规模只有2 000万美元。但是你可以看到，这个心理份额——这种顾客忠诚度——并没有丢失。[27]

假设巴菲特没有以每股35美元的历史最低价买入美国运通公司，而是以接近的价格，比如每股40美元买入，他的成本降为1964年每股收益（2.81美元）的14倍。这相当于收益率为7%，并逐渐增长为两倍，并且还获得了可观的中双位数[①]平均净资产收益率。

巴菲特对美国运通公司的投资打破了格雷厄姆的模型，不再单纯按照统计学方法计算多元化投资组合中某家公司的有形资产是否被低估。美国运通公司的价值不是任何有形资产，而是在客户心中的商誉，因为它坚持承诺用等额现金兑换旅行支票，它所发行的信用卡也被广泛接受。如果对非核心业务面临的索赔责任置之不理，就可能会让人质疑公司的信用，不确定它未来是否能始终保证兑现旅行支票——这是它的核心业务。巴菲特坚信，大豆色拉油丑闻并没有让消费者对美国运通公司产生厌恶感，仍然忠诚地使用着公司的旅行支票和信用卡。

巴菲特对自己最好的投资主张深信不疑，并且押下重注。这些投资标的的价值并没有被众多的"雪茄屁股"所埋没。1965年11月，巴菲特告知他的有限责任合伙人，如果他认为自己对某只股票的推理大概率就是未来会发生的事实，而永久性价值损失的可能又很低，那么他可能会在这一只股票上投入多达40%的资金。可能有人会说他不应该这么早就卖出，但是几年后他确实又再次投资了美国运通公司，也获益颇丰。

再次投资美国运通公司

1964年的色拉油丑闻威胁到了美国运通公司"承诺付款"的声誉，而

[①] 双中位数（mid-teens），指15左右。——译者注

在27年后的1991年,公司又一次陷入了可能让它丢掉信誉的危机。公司总裁霍华德·克拉克希望在旅行和金融服务领域发展多元化业务,以此加强美国运通公司在经济上的抗打击能力。1966年,美国运通公司收购了一家专门承销政府债券的投资银行W.H. Morton & Co.,1968年,又收购了大型财产和意外保险公司美国财产险公司消防员基金保险公司(Fireman's Fund Insurance Company)。詹姆斯·罗宾逊三世(James D. Robinson Ⅲ)于1977年担任美国运通公司的董事长兼首席执行官,那是一段颇为尴尬的时期,因为公司的四次收购尝试均告失败。1981年,美国运通公司收购了美国领先的经纪公司谢尔森洛布罗德斯公司(Shearson Loeb Rhoades Inc.,简称谢尔森公司),使其作为公司独立运营的部门。随后,又收购了总部位于亚特兰大的经纪公司罗宾逊-汉弗公司(Robinson-Humphrey)。桑福德(桑迪)·I. 韦尔[Sanford(Sandy)I. Weill]于1983年年初出任谢尔森公司的总裁,他上任之后立刻收购了金融咨询公司Ayco,迅速扩展了公司的金融服务业务范围。1984年,美国运通公司收购了金融规划公司投资者多元化服务(Investors Diversified Services,IDS),并将雷曼兄弟库恩·洛布公司(Lehman Brothers Kuhn Loeb)纳入麾下。桑迪·韦尔意识到自己将无法继续担任首席执行官之后,于1985年8月离职。

财产保险业和灾害保险业的价格战导致公司的收益下降,再加上又需要为美国财产险公司消防员基金保险公司增加4.3亿美元的储备金,这一金融帝国显得难以招架。1985年至1988年,美国运通公司通过一系列公开发行股票的操作剥离了保险公司,并把资金分批注入谢尔森公司,在1988年完成了对E.F. Hutton公司的收购。1987年的危机冲击了谢尔森公司的信用卡呆账核销,导致美国运通公司不得不为谢尔森公司增加9亿美元的贷款损失准备金。到1990年,谢尔森公司资产负债表上的杠杆率已高达100:1,有形资产为6.27亿美元,总资产为665亿美元。

同时,旅行支票和收费卡这两项核心业务也承受着巨大的压力。旅行支票面临着来自免费银行卡和借记卡的竞争。而信用卡行业的激烈竞争主要来自维萨和万事达卡两家公司，它们的费用较低，因此正在迅速占领市场份额。商家也在抱怨，他们本以为美国运通公司的客户都是高消费人群，但事实上客户觉得自己的手续费交得不值。在波士顿，一些餐馆联合发起抗议，自称为"波士顿减费事件"（Boston Fee Party）[①]，以抗议手续费太高。在1990年经济衰退期间，由于削减成本的压力，许多商家停止接受美国运通公司卡。

1991年7月，尽管谢尔森公司已经出售了资产，并计划将多达10亿美元的信用卡应收账款以证券化的形式出售，标准普尔评级公司仍将美国运通公司的高级债务等级从AA降级为AA−。

在这一背景下，巴菲特的密友兼美国基金公司（Fund American Cos，前身为消防员基金保险公司）的负责人、美国运通公司董事会成员约翰·J."杰克"·伯恩（John J. "Jack" Byrne）向詹姆斯·罗宾逊三世暗示，巴菲特可能对投资这家公司感兴趣。詹姆斯·罗宾逊在一周内与巴菲特取得了电话联系，并于1991年8月1日达成了协议，同意巴菲特投资3亿美元买入定向发行的可转优先股（即可赎回优先股，Preferred Equity Redemption Stock，简称Perc）（如图20-2所示）。优先股的固定股息为8.85%，但由于股息收入的70%免征公司税，因此应税等价收益率超过11%。优先股可在发行后三到四年转换为普通股，额度相当于公司2.5%的股份。根据转换时的股价表现，该优先股不设收益下限，上限为38%。由于巴菲特的光环效应，这项股权投资并没有立刻稀释股东权益，也让美国运通公司获益匪浅。

巴菲特最初设定的投资额是5亿美元，但美国运通公司希望尽量减少潜在的股份稀释，最终金额定在了3亿美元。巴菲特非常认可美国运通公司的

[①] 此处采用了谐音的手法，呼应历史上著名的抗议行为"波士顿倾茶事件"（Boston Tea Party）。——译者注

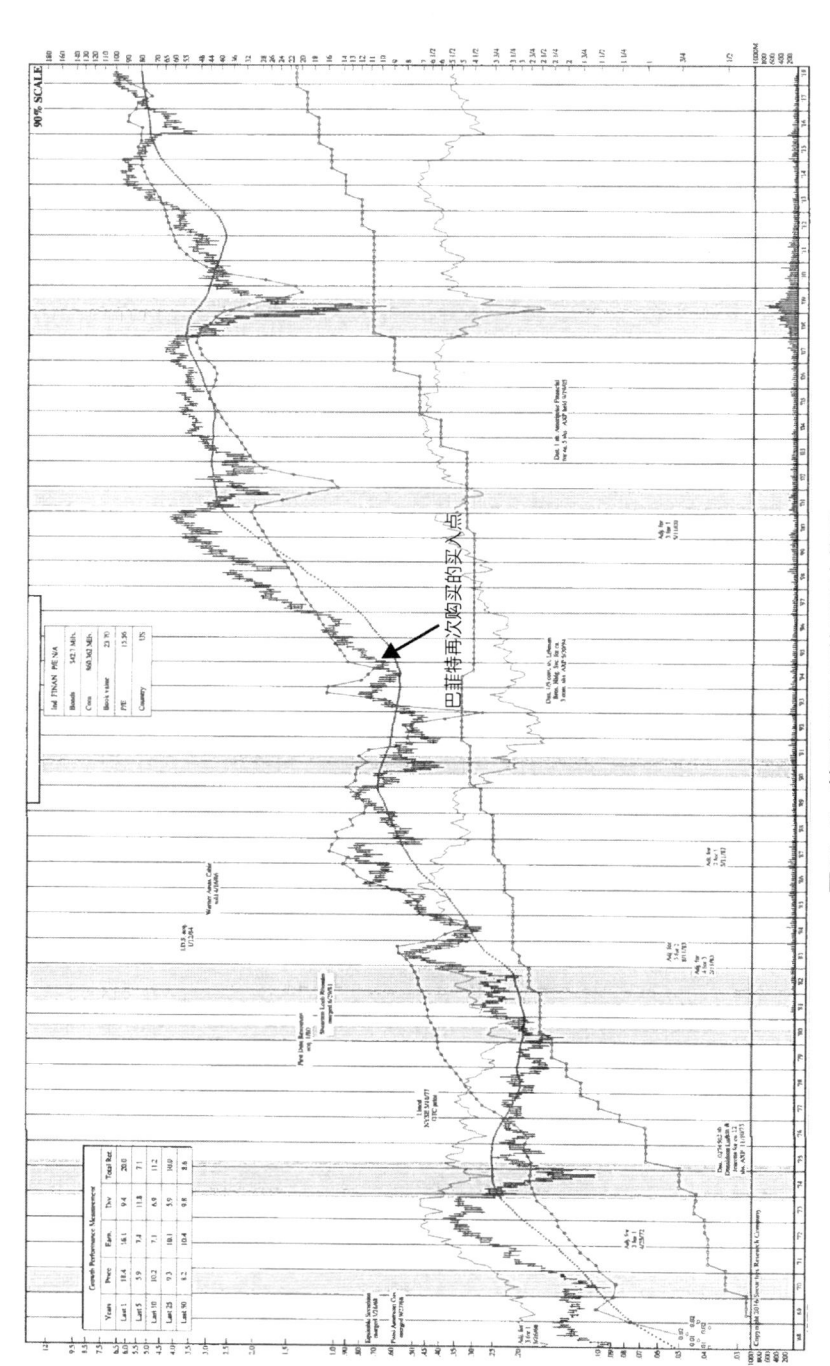

图20-2 美国运通公司的股票走势图

客户忠诚度，他熟悉并了解公司的业务，也十分尊重公司的首席执行官詹姆斯·罗宾逊三世。巴菲特说："我们买入股票，与詹姆斯·罗宾逊并肩作战。"[28]

1993年，哈维·戈鲁布（Harvey Golub）出任美国运通公司的首席执行官后，大刀阔斧地进行了重组，将谢尔森公司的零售经纪业务和资产管理业务出售给以桑迪·韦尔带领的普瑞玛瑞卡公司（Primerica）。1994年5月，谢尔森公司的投资银行业务也被美国运通公司剥离出去，成为后来的雷曼兄弟控股公司（Lehman Brothers Holdings，后在2008年全球金融危机中宣告破产）。哈维·戈鲁布还制定了大规模的成本削减措施，并重新把信用卡业务视为重点。巴菲特依然十分看重公司强大的全球品牌："美国运通公司在全球都是金融诚信和现金替代物的代名词。"[29]

巴菲特解释了为什么他不仅保留了转换后的普通股，而且还将自己的头寸增加了三倍，他说：

我们原定在1994年8月把可转换优先股转换为普通股，而一个月之前我还在考虑是否到期后就处理掉它们。保留该股票的一个原因是我非常看好美国运通公司杰出的首席执行官哈维·戈鲁布，他很可能将带领公司发挥出最大的潜力（这一假设事后不断被证明是正确的判断）。但是这种潜力的规模却是个问题：以维萨卡为首的众多发卡机构给美国运通公司带来了强大的市场竞争压力。权衡利弊之后，我倾向于卖出。

但我真是个幸运的家伙。在即将做决定的那个月，我与赫兹租车公司（Hertz）的首席执行官弗兰克·奥尔森（Frank Olson）在缅因州的普鲁特斯内克打高尔夫球。弗兰克·奥尔森是一位出色的经理人，非常了解信用卡业务的运作模式。因此，从打第一洞开始，我就不停地向他咨询这个行业的情况。当我们到达第二个果岭①时，弗兰克·奥尔森已经让我完全相信

---

① 果岭，由英文"green"音译而来，指高尔夫球洞所在地。——译者注

美国运通公司的信用卡业务是一个了不起的经济特许权生意，因此我决定保留股份。打到后九洞时，我已经决定继续加码买入。几个月后，伯克希尔-哈撒韦公司就持有了美国运通公司10%的股份。[30]

弗兰克·奥尔森告诉巴菲特，他们的公司仍在向美国运通公司支付8%的信用卡手续费，而且他们肯定会继续支付下去。

巴菲特还很高兴地看到美国运通公司在1994年9月公布了多达2 000万股股票的回购计划（约占公司总股数的4%），并在1994年最后一个季度再次回购了价值5.55亿美元的股票。1994年8月，伯克希尔-哈撒韦公司将所持有的美国运通公司2.5%的优先股进行了转换。到年底时，伯克希尔-哈撒韦公司通过公开市场买入的方式共持有美国运通公司5.5%的股份。巴菲特继续加码买入，到1995年2月，伯克希尔-哈撒韦公司持有美国运通公司9.8%的股份；到1995年9月，已经高达10.1%。

重点总结

巴菲特非常熟悉美国运通公司，已经跟踪了很长时间，并且对其产品了如指掌：

我与美国运通公司的渊源可追溯至下面几个阶段：20世纪60年代中期，美国运通公司在臭名昭著的色拉油丑闻的打击下，股价遭受重创。我将巴菲特合伙人公司大约40%的资金投到了这只股票上，这是基金成立以来最大的一笔投资。我还要补充一点，这笔投资使我们以1 300万美元的成本获得了美国运通公司超过5%的所有权。就在写下这段文字之时，我们持有不到10%的股份，成本为13.6亿美元（美国运通公司在1964年的收益约1 250万美元，在1994年为14亿美元）。

我与美国运通公司投资者多元化服务（最近更名为美国运通公司金融顾问公司）之间的渊源就更深了，这个公司如今贡献了美国运通公司约1/3的收入。我于1953年首次购买了投资者多元化服务的股票，当时它发展迅速，但市盈率仅为3倍。那段日子里市场上有很多低垂的果实。我甚至写了一份关于这家公司的长报告——我写过短报告吗，并在《华尔街日报》上登出广告，以1美元的价格出售。

显然，美国运通公司和投资者多元化公司当时的业务与今天不可同日而语。尽管如此，我认为对公司及其产品建立长期的认识，通常将有助于对它们做出评估。[31]

在1987年股灾发生的大约七年前，美国运通公司的股价曾达到过历史最高位。1995年年初，股价又一次接近这一高点，然而巴菲特并没有被吓倒。1995年，美国运通公司报告持续经营业务产生的核心每股收益为3.11美元。经拆股调整，公司在1995年年初的股价为33美元。此时，这家公司已经摆脱了起伏不定的经纪业务，产生了强劲的现金流，并且正在着手进行积极的股票回购计划，专注于旅行服务和信用卡这两项核心业务。因此，巴菲特做出了以约为核心收益11倍的诱人价格买入的决定。通过与赫兹公司的首席执行官弗兰克·奥尔森在高尔夫球场上的闲聊，巴菲特进一步坚定了这一投资信念。

华特迪士尼公司

巴菲特在1966年以分类加总估值法评估了华特迪士尼公司后决定买入（如图20-3所示），只不过他所用的分项估值的对象并不是有形的设备或库存，而是无形资产。当时，华特迪士尼公司的总体市值为8 000万美元，而巴菲特的投资就高达400万美元。巴菲特注意到迪士尼公司的几部动画电影——例如《白雪公主》（*Snow White*）、《小鹿斑比》（*Bambi*）和其他所有的动画片——都已经不再算进资产负债表了。仅这一项就值这么多（8 000万美元）。巴菲特说："这就等于免费获得了迪士尼乐园，还得到了华特·迪士尼这么一位出色的合伙人。"[32]当时他对华特迪士尼的估值为3亿~4亿美元。

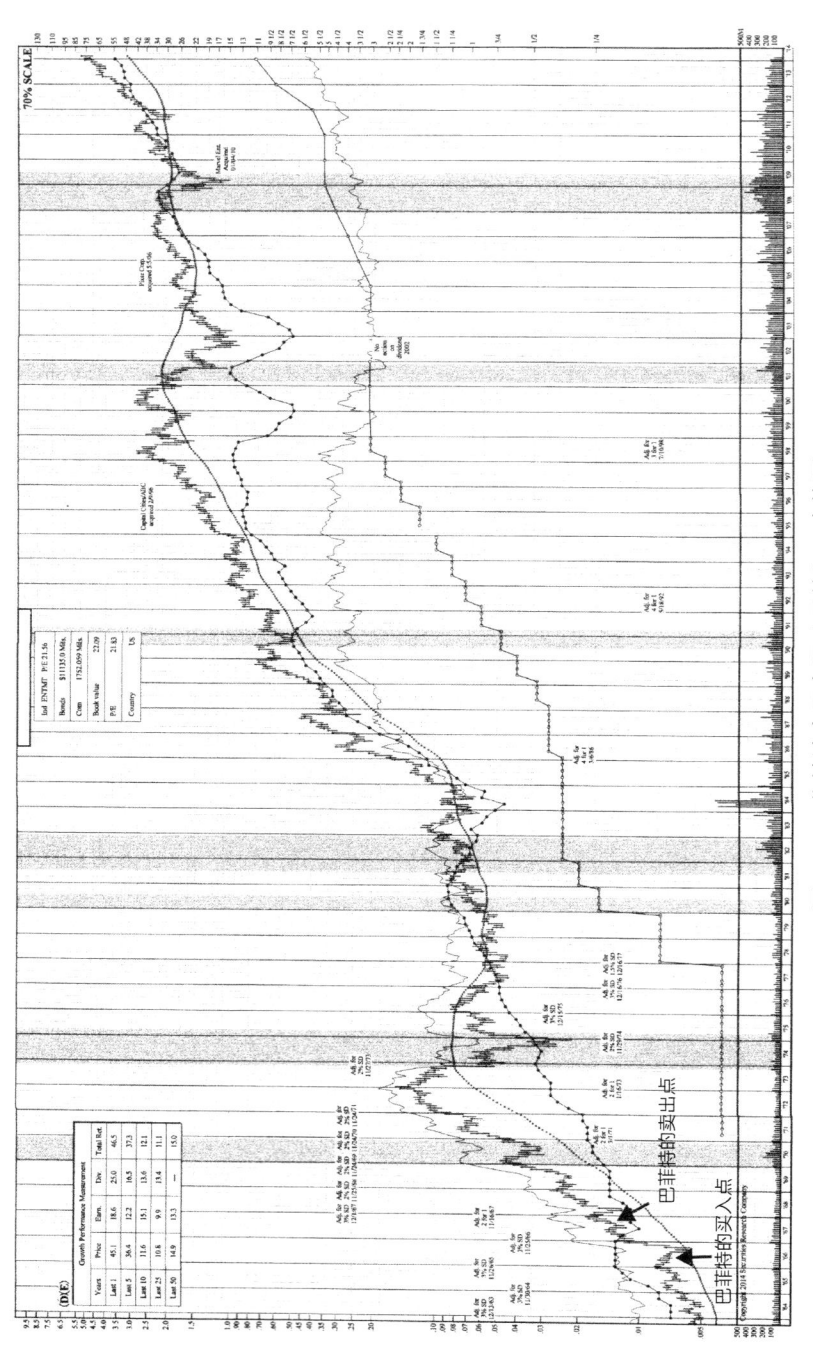

图20-3 华特迪士尼有限公司的股票走势图

巴菲特之所以被迪士尼公司吸引，是因为它拥有一个高价值的电影库，这相当于一笔永久的版税收入，每七年收一次，并且已经减记为0美元，而且这些还并未引起华尔街的重视。此外，由于《欢乐满人间》（Mary Poppins）这部新片大受欢迎，电影库的价值又进一步提高。巴菲特说：

1966年，我们购买了华特迪士尼公司5%的股份，这花了我们400万美元。整个公司的估值为8 000万美元，它在加州阿纳海姆市（Anaheim）拥有300英亩的（约1.2平方千米）土地，海盗游乐船刚投入使用，这一设施花费了1 700万美元。《欢乐满人间》刚刚发行，那一年，《欢乐满人间》赚了大约3 000万美元，而七年后，你还会再把这部片子给孩子们播放一遍。这就像你有一口油井，采完油之后所有油又都渗回来了……在1966年，他们有220部这类电影和动画片。他们将它们全部减值为零了——整个60年代，任何华特迪士尼的片子都没有残值。因此，你花8 000万美元就得到了所有这些，而且华特迪士尼还来为你打工。

这令人难以置信……在1966年，人们说："对，今年《欢乐满人间》的票房很好，但是明年他们不会再拍出另一部《欢乐满人间》了，所以收入就会下降。"我不在乎收入是否会以这种方式下降。你要知道，如果孩子们还是很喜欢的话，七年之后《欢乐满人间》还能再拿出来播一遍。我的意思是说，没有什么比这个更好的系统了。基本上每七年你就能收获一轮新观众，并且每次都可以收取更高的费用……所以我去拜访了华特·迪士尼先生。我当时35岁。他从来没有听说过我。我们坐下来，他向我介绍了公司的整体规划，真是个大好人……其实，他们（华尔街）会无视它，就是因为大家实在都太熟悉这家公司了。但这种事情的确时不时地就会在华尔街上发生一次。[33]

重点总结

当年，华特迪士尼公司的市值甚至比今天它的一部大片在首映周末的票房还要低，巴菲特在那时就已经决定投资。巴菲特认识到，尽管依据会计准则，迪士尼公司将旧电影的价值减记为零，但电影库的价值依然非常之高，因为这些电影可以每隔七年为新一代的孩子重播一遍，并赚到票房。虽然巴菲特可以轻易地看出公司的价值远高于市值，但他仍然亲自去拜访了这位极富魅力的创始人。华特·迪士尼先生在这次拜访后几个月不幸离世。

有时，即使在最熟悉的公司中，也有隐性价值的机会在等待被发现。一年后，巴菲特卖出华特迪士尼公司的股票，获利50%。

可口可乐公司

长期以来，巴菲特都十分看好可口可乐公司的商业吸引力。他记得自己第一次喝可口可乐是在1935年或者1936年。处处留心的巴菲特在加油站的冷柜旁边收集了8 000多个银色瓶盖，这让他意识到可口可乐在消费者心中具有压倒性的地位。50多年后，他大笔买下了这家公司6%的股份，这成了他有生以来最大的一项投资。

巴菲特在伯克希尔-哈撒韦公司1988年的年度报告中披露了他对可口可乐公司的第一笔投资，他以592 540 000美元买入了14 172 500股，得到了可口可乐公司3.9%的所有权，平均每股成本41.81美元。1989年3月，据《华尔街日报》报道，巴菲特已经收购了可口可乐6.3%的股份。巴菲特解释道：

可口可乐公司正是我喜欢的那种公司……我喜欢我能搞明白的产品。例如，我不知道晶体管是什么东西。近年来，他们公司的英明决策和战略重点让我看得越来越清晰……（我这笔投资）完美体现了爱吃什么就买什么的道理。[34]

我们来回顾一下巴菲特在决定投资这家公司之前的经历吧，这样能更好地了解为什么可口可乐这一美国品牌能得到他如此的青睐。1886年，佐治亚州亚特兰大市的药剂师约翰·彭伯顿（John Pemberton）博士发明了可口可乐。他曾参加过南北战争，为了缓解自身的病痛，他常年服用吗啡，已经成瘾。他调配了口味独特的糖浆碳酸饮料，最初以"美味畅饮"（Delicious and Refreshing）的口号打入市场，而这个配方至今都是无人知晓的商业机密。罗伯特·伍德拉夫（Robert Woodruff）从1923年起担任可口可乐公司总裁，在60多年间积极带领公司发展壮大。在第二次世界大战开始之际，他下令"公司将不惜一切代价，让每位身着军装的人只花5美分就能买一瓶可口可乐，不论他/她身在何处"。从此他在公司内部树立了传奇地位。战争期间，全世界的军事人员共消费了超过50亿瓶可口可乐。战争结束后，可口可乐成为友谊和活力的象征，引爆了世界范围的销量增长。

保罗·奥斯汀（J. Paul Austin）毕业于哈佛大学法学院，他于1949年在可口可乐公司的法律部门开始自己的职业生涯，后来担任公司董事会主席兼首席执行官。1954年，他被调派至南非，负责可口可乐公司在当地的运营业务；1962年，他晋升为公司总裁；1966年，出任首席执行官；1970年成为董事长。保罗·奥斯汀在任的18年里，可口可乐公司的净收入增长了近10倍，他功不可没。然而1980年，百事可乐公司发起了"百事挑战"（Pepsi Challenge）——口味盲测。百事可乐的甜味更浓，深受消费者喜爱，所以大举占领了超市的可乐销量份额。彼时，可口可乐公司已经发展成为一家大型企业集团，业务涉及净化水、虾类养殖、葡萄酒、咖啡、塑料餐具和塑料袋。保罗·奥斯汀曾两次试图收购美国运通公司，但可口可乐公司的董事会对它的估值持怀疑态度，也不确定它与自身业务兼容性的高低，所以均未批准。有消息称，保罗·奥斯汀之所以发起这两次收购，目的都在于希望将自己的位置传给时任美国运通公司董事长兼可口可乐董事会成员的詹姆斯·罗宾逊三世。在罗伯特·古兹维塔（Roberto Goizueta）担任首席执行官之前的10年中，可口可乐公司向投资者给出的总回报率平均每年不到1%。

1980年6月，罗伯特·古兹维塔被任命为可口可乐公司总裁。1981年3月1日，他接替保罗·奥斯汀出任董事长兼首席执行官。罗伯特·古兹维塔1931年生于古巴，毕业于哈瓦那中学，是班里的尖子生，后来在耶鲁大学取得了化学工程学位。罗伯特·古兹维塔本来有两条既轻松又赚钱的职业道路可选：与父亲一起管理母亲家族的制糖厂；或者加入妻子的家族——古巴最富有的家族之一，经营食品批发业务。但他不希望依靠家族关系，只想凭着自己的实力争取好生活。他被一家食品企业招聘化学工程师的匿名广告所吸引，但这份工作的工资只有父亲糖厂的一半，而且还需要频繁出差。这家食品公司便是可口可乐公司。罗伯特·古兹维塔的父亲建议他贷款8 000美元买入100股可口可乐公司的股票，他说："你不应该为别人工作。你应该为自己工作。"[35]这100股股票一直被保管在纽约，直到他去世。在拆股后，这100股增加到29 000股，价值超过100万美元。他的家人于1960年离开古巴，这也是他唯一保留下来的资产。

保罗·奥斯汀增设这一职位的目的是改造可口可乐总部的工程部门，希望经过现代化升级和标准化设计之后，它可以当作最佳实践方式在全球范围内应用。罗伯特·古兹维塔出色地完成了保罗·奥斯汀交给他的任务，展现出他可靠负责、善于规划、注重业绩的品质，以及广纳建议、果断决策的能力。他创立了现在大家所熟知的公司黑带（Black Belt）体系。这些黑带工程师在总部接受培训，学习掌握最佳实践方式。在地方部门遇到生产问题之后，他们会亲自前往，使用分析思维解决问题，然后培训当地员工以标准化方式生产。出色完成了公司升级改造项目的罗伯特·古兹维塔在35岁时被提拔为可口可乐公司最年轻的副总裁。

罗伯特·古兹维塔在可口可乐公司的职业生涯顺风顺水，他还曾经领导那个绝密实验室研发出了健怡可乐（Diet Coke）。由于担心可口可乐公司的减肥汽水Tab的市场被蚕食，保罗·奥斯汀叫停了这个项目。

罗伯特·古兹维塔担任董事长兼首席执行官后，第一件事就是任命唐纳德·基奥（Don Keough）为总裁。唐纳德·基奥曾担任可口可乐公司北美业务部总裁，并以极富魅力的销售本领和高超的营销能力而广为人知。1958年，年轻的唐纳德·基奥刚刚成家，买下了巴菲特家街对面的一座房子。2年后，巴菲特希望唐纳德·基奥可以向他新成立的投资公司伯克希尔-哈撒韦投资1万美元，但很遗憾，唐纳德·基奥拒绝了这一邀请，但两个人终生都是亲密的朋友。罗伯特·古兹维塔精于严管财务制度，唐纳德·基奥善于市场营销，两人搭档，所向无敌。

在1980年的公司年度报告中，罗伯特·古兹维塔在第一封致股东信中公开表示，可口可乐公司在这个10年内的目标是超越公司在上个10年里取得的12%~13%的销售和收入增长纪录，并实现更高的资产收益率。可口可乐公司1980年年度报告指出：

我们对1980年全球的运营费用预算进行了严格的审查，确保我们的运营效率尽量达到最高。我们还调整了营运资本的管理方式，拿出更多的资金做再投资……（并且）我们将比以往更加注重管理资产和人员生产力。[36]

这次全球性的审查结果让罗伯特·古兹维塔和唐纳德·基奥颇为震惊——可口可乐公司是涣散的，没有战略规划。罗伯特·古兹维塔表示："公司没有方向感。完全没有。"[37]以前，部门负责人只会等待公司总部设定目标，并按命令行事。罗伯特·古兹维塔要求每个部门的负责人都制定一份为期三年的计划，要写明他们需要负责的具体目标，包括资本开支的去向和预期收益。

罗伯特·古兹维塔和唐纳德·基奥发现，只有软饮料业务这一个部门的利润高于公司的资本成本。酿酒厂、净化水部门、塑料和食品部门的收益均低于资本开支的10%。此外，他发现公司也没有任何经过多方协商后的战略规划，也没有一个统一的财务框架来指导公司决策。罗伯特·古兹维塔建立了一个分析矩阵，其中设置了可口可乐公司每个部门的关键绩效指标。

"这很简单，"罗伯特·古兹维塔说，"你做一个图表。在第一行列出所有的部门：装瓶饮料、葡萄酒、食品等。然后，在第一列写下各项财务指标：利润、收益、现金流量、资本需求。就能一眼看出哪些部门——例如瓶装饮料部门——的优势更明显，其他部门——例如葡萄酒部门——看起来就很糟糕。"[38]

罗伯特·古兹维塔主张对每个业务部门单独做出评估，这在当时是非常超前的理念，这种方法如今被称为经济增加值模型（Economic Value Added，EVA）。经济增加值模型旨在评估一个部门的营业利润与所投入的资金成本之间的差额。罗伯特·古兹维塔根据每个部门的税后营业利润超过资本支出的部分来判断其经营情况。他解释说：

当你开始着手改革时，真正要做的就是把资源分配好，包括资本和人力。我看到当以部门的资本开支为考核指标时，各种各样的事情都可能发生。突然间，库存就控制好了，不再需要准备三个月的瓶装饮料存货应对紧急情况了……我们应该要比财务人员懂得更多，但直到1981年时，公司的各位运营高管甚至连资产负债表都看不懂。我们一直坚持的就是要在公司的营销架构中始终贯穿财务线索。[39]

1981年，可口可乐公司出售了其净化水部门Aqua-Chem。1982年，可口可乐公司出售了葡萄酒部门以及自有品牌的速溶咖啡和茶部门，并在第二次世界大战之后首次在中国开设了一家灌装厂。公司展开了雄心勃勃的投资计划，并大力增设合资公司，意在实现业务重组，整合灌装系统，升级生产设备，准备将销量提升至一个新台阶。1982年7月，公司正式推出了健怡可乐，并迅速占领了美国17%的无糖软饮料市场。到1983年年底，它已经成为北美地区销量第四大的软饮料和低热量饮料市场的领头羊。最终，在2010年，它的市场份额超过了百事可乐，仅次于原味可口可乐。

罗伯特·古兹维塔聘请了一家咨询公司，希望为可口可乐公司做出一份软饮料多样化发展的方案，让公司通过善意收购获得可预见且不会被摊薄的收益,从而使可口可乐公司在国内市场上得到更好的销量,争取收入能与当前占主要收入的国际业务平分秋色。可口可乐于1982年以6.92亿美元的价格收购了哥伦比亚电影公司(Columbia Pictures),希望将在营销领域积累的经验迁移到电影发行中。尽管《窈窕淑男》(*Tootsie*)、《甘地传》(*Gandhi*)、《功夫小子》(*Karate Kid*)和《超能敢死队》(*Ghostbusters*)等电影都取得了不错的票房,但罗伯特·古兹维塔却发现电影业务不仅管理难度高,而且可靠性低,还不好预测。1987年,可口可乐公司剥离了哥伦比亚公司51%的股份,作为应税股息发放给股东。1989年11月,可口可乐公司以15.5亿美元的价格将剩余49%的股份出售给了索尼公司,净收益5.09亿美元。

可口可乐公司在1985年推出了樱桃味可口可乐,巴菲特在伯克希尔-哈撒韦公司1985年的年度报告中称赞了这款饮料:

作为另一种软饮料(百事可乐)48年不变的忠实消费者,你们的董事长如今展现出了前所未有的灵活性,从此改喝你们的新产品樱桃味可口可乐。从此,它将成为伯克希尔-哈撒韦公司年度会议的正式官方饮料。[40]

这时,伯克希尔-哈撒韦公司还并未持有可口可乐公司的股份。巴菲特每天都喝五六瓶可口可乐——在办公室喝原味可乐,回家喝樱桃可乐。

在巴菲特买入可口可乐公司的股票之前,还发生了其他几件事情值得关注:

● 精简人员:可口可乐公司宣布,通过一系列第三方灌装厂的整合,厂家数量在过去10年间内已从365家缩减至185家,因此公司将削减国内软饮料部门8%的职位数量,裁员2 500人。(1988年1月)

● 加速股票回购:可口可乐公司宣布1981年的收益增长率为15%,并表示将把多余的现金流用于股票回购,并且可能会加快股票回购的速度。(1988年2月)

● 强劲的每股收益和积极的股票回购:可口可乐公司报告1988年第一

季度每股收益增长了16%，并因此预计每股收益将可以实现全年稳定增长。根据到1990年年底最多可购买4 000万股的授权，公司在一个季度内回购了320万股，累计已购买了970万股。（1988年4月）

● 《华尔街日报》称股价已到低位：《华尔街日报》的"街头闻讯"专栏发表文章，称"有分析师认为，大型必需消费品公司的股票出现买入机会"，他们声称可口可乐公司、麦当劳、百事可乐公司和安海斯–布希（Anheuser-Busch，美国最大的啤酒酿造公司）等股票均出现买入机会，因为按照1988年的收益来算，这些股票的市盈率仅比市场平均12.5倍的市盈率高出1%~2%，而它们历史上曾较标普500指数溢价25%~35%。（1988年9月8日）

● 实至名归的人事任免：可口可乐公司在百事可乐公司的打击下已颇显疲态，艾拉·赫伯特（Ira Hebert）临危受命，担任美国公司总裁，准备带领公司重现往日辉煌。艾拉·赫伯特为可口可乐设计了两条令人难忘的广告语——"可口可乐，真地道"（It's the Real Thing）和"我想请全世界喝可口可乐"（I'd like to buy the world a Coke），得到了公司的充分认可。他表示："我们需要能给观众带来更多感官刺激的广告。"[41]（1988年10月）

● 再次进入印度市场：印度新政府上台之后，宣布放开国外投资。离开印度市场11年之后，可口可乐公司表示将再次回归。到1977年为止，可口可乐公司已在印度经营了27年，当时印度政府废除了英迪拉·甘地（Indira Gandhi）的政策，规定外国公司最高仅可持有其在印度子公司40%的股份，并要求可口可乐公司交出一直保密的饮料配方。于是可口可乐公司离开了，百事可乐公司也撤出了。现在，可口可乐公司很高兴能重新回到这个世界人口第二大国，面对8亿消费者，可口可乐在这片海外市场中以3∶1的优势领先百事可乐公司。（1988年11月）

● 原味可口可乐：口味更甜的百事可乐在"百事挑战"中夺取了可口

可乐在美国的一部分市场份额，因此，可口可乐公司在1985年推出了一款"新可乐"，彻底重新调配了经典的可口可乐，加重了甜味。但一大批原味可口可乐的忠诚消费者竭力要求曾经标志着美国风格的饮料回归，那才是他们最爱的口味。此番轩然大波令可口可乐公司大吃一惊，于是他们立刻纠正了这一营销失误，重新上架经典的"原味可口可乐"汽水。它的销量很快就超过了新可乐和百事可乐。巴菲特肯定注意了这批绝对忠诚的消费者，他们不能接受这个产品的任何改变，它极具辨识度的包装瓶轮廓线条几乎能被能看作美国的象征，这也进一步巩固了可口可乐的品牌地位。

● 可乐优势：根据惠特第一证券公司（Wheat First Securities）公司的数据来看，可口可乐在软饮料市场中的份额从1980年的64%上升到1988年的70%，部分原因是人们已经厌倦了橙子汽水和根汁汽水的口味，也因为可乐中含有的咖啡因具有一定的成瘾性。1988年，可口可乐在碳酸汽水的全球市场份额达到了历史最高的45%，可口可乐的销售件数增长了7%，国际业务贡献了软饮料业务利润中的近80%，国际销售件数增长了8%~10%，美国的销量增长了4.5%~5.5%。

巴菲特以超过10亿美元的价格收购了可口可乐公司6.3%的股份，这是他有史以来最大的一笔投资。在消息公布后的在第二天，《华尔街日报》的"街头闻讯"专栏就发表文章指出，可口可乐公司1989年的市盈率为15.6倍，较标普500指数平均11.1倍的市盈率溢价40%，且比可口可乐公司此前五年的市盈率高16%。文章引用了证券公司基德皮博迪（Kidder Peabody）的饮料分析师罗伊·伯瑞（Roy Burry）的评论，称"巴菲特当时持有现在'非常昂贵的股票'"。他对可口可乐的评级为"观望"。[42]

巴菲特当时对这笔投资解释说："这就像你跟一个女孩结婚一样，你是喜欢她的眼睛，还是她的个性？你喜欢的是她的全部，无法区分到底是哪一点吸引了你。"[43]巴菲特在1989年又增持了920万股股票，此时他的股份总数增加到了23.35百万股，占公司总股本的6.75%，成本为1 023 920

美元。

在1989年的年度报告中，他详细阐述了可口可乐公司对他最大的吸引力是："直到1988年夏天，我才把自己的所思和所见合二为一……"巴菲特留意到可口可乐在长达52年的时间里用一个"对消费者吸引力巨大、商业潜力无限"的产品席卷了全球之后，谦虚地承认道：

然后经过观察，我发现这家公司的策略非常清晰，也非常明智。在20世纪70年代经历了一些变动之后，可口可乐公司于1981年任命罗伯特·古兹维塔担任首席执行官（新管理层），这让可口可乐公司焕然一新。罗伯特·古兹维塔的搭档唐纳德·基奥也住在奥马哈，他曾经就住在我家对面，是我多年的挚友。公司两位新领导人上任之后，重新对公司的政策进行了反思和调整，建立了财务责任制，并大力执行了这些整改措施。由此，这个已经是世界上最广为人知的产品、价值最高的品牌获得了新的动力，海外销售几乎呈爆炸式增长。

通过一系列独特的营销和财务整改，罗伯特·古兹维塔尽可能地提升了产品的销量，并且也让股东在最大限度上享受到了收入增长所带来的回报。通常，一家消费品公司的首席执行官只会依靠他自身的优势或经验，重点管理公司的市场营销或财务内控，不会两者兼顾。但罗伯特·古兹维塔将营销和财务编织成一套完美的管理网络，堪称股东心中理想的公司治理方案。

当然，我们本应该在罗伯特·古兹维塔和唐纳德·基奥刚上任的时候就买入可口可乐公司的股票。但如果要这么想的话，那我就会在祖父1936年出售杂货店时劝他把所有的钱都去投资可口可乐公司。我已经吸取了教训：我下一次发现极具吸引力的公司之后，一定会在50年之内就下手买入。[44]

巴菲特的投资决策都有一个共同的主题，他喜欢看到这些公司适时在股价低于内在价值时回购自己的股票。这样做能提高公司的经济价值，也能增加巴菲特从未来收益中获得的回报。伯克希尔–哈撒韦公司对可口可乐公司的持股比例从1990年的6.5%增至1990年的6.98%，而巴菲特并没有买入更多的股份，他说："当可口可乐公司使用留存收益回购股票时，其实等于提高了我们对这家全世界最具品牌价值的公司的持股比例。"[45]

巴菲特在伯克希尔–哈撒韦公司1993年的年度报告中进一步对可口可乐公司大加称赞：由于可口可乐公司进一步回购股票，伯克希尔–哈撒韦公司对它的所有权增加到了7.2%。巴菲特对可口可乐公司的投资策略可以总结为以下几点。

买伟大的公司永远都不晚

1938年，在可口可乐问世50多年之后，在这种饮料被视为美国标志性的产品很久之后，《财富》杂志对这家公司做了一次专题报道。在报道的第二段中，作者写道："每年都见到几位投资界里举足轻重的严肃投资者，面对可口可乐公司的业绩表现，既满怀敬意，又遗憾不已，感叹自己现在才发现这只好股票，已经为时太晚。市场饱和、产品竞争等问题已经出现。"巴菲特说：

是的，竞争早1938年和1993年就有。但值得注意的是 1938年可口可乐公司售出了2.07亿箱软饮料［以当时售出的总加仑数转换成如今每箱192盎司（约5.38千克）的换算结果］，这在当时已经让公司在饮料这一重要行业中占领了主导地位，而到1993年时，销售量猛增了50倍，约高达107亿箱。1938年，投资盛宴对于投资者来说依然没有结束：如果在1919年花40美元投资一股，到1938年年底就会变成3 277美元（假定分红用于再投资）；但如果此时也能再投资40美元购买可口可乐的股票，到1993年年底40美元将增长到25 000美元。[46]

纵观可口可乐公司的近况，其可乐销售件数从1993年的107亿件增加到2018年的296亿件，25年间增长了近3倍，年均增长率为4%。

青睐长期占据市场主导地位的公司

从长远来看，可口可乐公司和吉列公司是否比任何一家计算机公司或零售公司的风险更低？放眼全球，2019年，可口可乐公司占领了大约44%的碳酸饮料市场，而吉列公司也在刮胡刀片行业拿下了60%以上的市场份额（按价值计算）。除了口香糖市场（被箭牌口香糖占据主导地位），我没有看到任何行业巨头公司能长期在全世界拥有这么高的影响力。

公司的竞争优势能带来持续增长的市场份额

在这一基础上，可口可乐公司和吉列公司其实在近年来也一直在扩大全球的市场份额。品牌的威力、产品的特点和强大的分销系统赋予了它们巨大的竞争优势，让它们在经济城堡周围建立起了强大的护城河。

对管理层的能力和品格抱有信心

巴菲特说：

当年，我（作为一位邻居）对唐纳德·基奥就有很好的印象。我决定让伯克希尔–哈撒韦公司在1988年、1989年以创纪录的10亿美元投资可口可乐公司，这也是其中的一个原因。罗伯特·古兹维塔于1981年开始担任可口可乐公司的首席执行官，唐纳德·基奥就是他的搭档。这家公司在过去10年中一直停滞不前，他们两位接手后，在不到13年的时间里公司的市值就从44亿美元上涨至580亿美元。在产品已经被市场认可了百年之久的情况下，他们两位居然还能带领公司做出如此大的进步。[47]

罗伯特·古兹维塔和唐纳德·基奥表示，他们的主要目标就是让股东价值随时间增加。罗伯特·古兹维塔自己至少每天要查看四次可口可乐公司的市场价格。1990年是他们为可口可乐公司掌舵的第一个10周年，当年公司的市值增长了50亿美元，这比1981年他们接手时公司的整个市值还高。

如果在1980年年底投资1 000美元买入可口可乐公司的股票，算上股息，到1990年这笔投资将价值12 110美元，比标普500指数的收益高出3倍，这意味着年平均回报率高达28%。股东对可口可乐公司8%的年平均销售增长率、11%的营业收入增长率和13%的净利润增长率大加赞赏。与1980年相比，公司流通在外的普通股减少了10%，这主要归功于公司现金流的增长、借贷增加降低了资金成本，并将股息支付率从63%降低至39%。股东高度认同公司将软饮料作为核心业务的战略。可口可乐在1990年共卖出了2 260亿瓶8盎司（约237毫升）装的饮料，而这才只是刚刚起步而已。甚至巴菲特都还没有买够股票。

1993年4月2日，星期五（这一天后来被称为"万宝路星期五"，Marlboro Friday），母公司菲利普·莫里斯公司（Philip Morris，简称菲莫公司）宣布旗下的万宝路香烟降价20%，以应对低价仿制香烟对市场份额的侵蚀。公司预计美国市场的香烟销售的营业收入将下降多达40%。消息传出后，菲莫公司的股价在一天之内下跌了23%。突然间，投资者开始质疑包括可口可乐在内的所有知名消费品牌是否值得长期持有。在紧张氛围的笼罩下，投资者出现了恐慌情绪并大举抛售，可口可乐公司的股票也因此在随后的两周内下跌了10%。

直到"万宝路星期五"之前，可口可乐公司在1992年的交易价格维持在每股40美元到45美元之间。而巴菲特则在接下来的八个月中出售了500万股执行价格为每股35美元的可口可乐看跌期权。伯克希尔-哈撒韦公司以总价750万美元卖出了看跌期权，获得每股1.5美元的溢价，但如果股价跌至35美元以下，则必须买入1.75亿美元（每股35美元 乘以 500万股）的股票。1993年，可口可乐公司的股价保持在37.5美元的低位，这让伯克希尔·哈撒韦公司保住了750万美元的溢价。

是什么让巴菲特对可口可乐公司抱有如此坚定的信心，并决定采用这种机会主义式的操作方法呢？他为什么不像其他人一样担心可口可乐也可能会被仿制品所拖累？因为在他看来，在菲莫公司多年的涨价之后，如果消费者继续选万宝路香烟，就比买仿制烟每年多花费500美元。巨大的价格保护伞自然会导致竞争，他说：

菲莫公司的香烟每包售价2美元。普通烟民平均每周抽将近10包。而仿制香烟的价格为1美元左右。因此，对于每周抽10包的烟民来说，确实每年有500美元的差价。这是个巨大差价。[48]

巴菲特指出，1993年，可口可乐公司在全球范围内售出了约2 500亿瓶8盎司（约237毫升）装的软饮料。同年，可口可乐公司的税前利润为22亿美元，相当于每瓶约1美分，并不存在巨大的价格保护伞，而且仿制饮料厂家在铝罐、糖、分销和库存上的成本也不比可口可乐公司低。他还指出，软饮料的价格在近100年来几乎没有变化。

查理·芒格补充说：

在巴菲特看来，你买可口可乐时，其实是在为它的口味、随时随地都能买到的便利性和一种品牌形象付费……这个品牌形象非常重要，因为它包含着一定的庆祝感和仪式性。而且，如果每瓶可口可乐只赚一美分，那么其他的厂家如果也想为消费者提供相同的便利性、品牌形象和你所看重的东西，市场已并不存在太大的利润空间了。连可口可乐公司都只赚到了每瓶一美分这么少。

快进到2016年，可口可乐公司当年共售出7 030亿瓶8盎司装的饮料，平均每天近20亿瓶，几乎是1993年的三倍。然而，这种包装的可口可乐的售价平均每盎司仍然不到0.01美元（2016年净收入为65亿美元）。

到1994年5月为止，可口可乐公司的股价已经横向盘整了连续两年。5月9日，《巴伦周刊》的封面故事赫然写着："可口可乐的气泡不再跳跃了吗？"文章列举了一些负面信息，包括："万宝路星期五"之后出现了来自小品牌的竞争威胁，还有一些非碳酸饮料，如斯纳普果汁饮料

（Snapple）、瓶装茶饮料、运动饮料和调味矿泉水等也在越来越多地得到消费者的青睐。

文章还分析了让可口可乐公司每股收益增长率高达到18%的两个驱动力，并质疑它们的可持续性。由于可口可乐将大部分软饮料的生产线搬至波多黎各和爱尔兰，所以公司的税率从1980年的44%降低至1993年的31%，从而带动了两个百分点的增长率。文章认为这种优势已经基本耗尽。

这篇文章还怀疑可口可乐公司继续将价格上涨的压力转嫁给灌装厂的可能性，因为这些灌装厂已经出现了亏损，负债累累。当罗伯特·古兹维塔接手可口可乐公司时，他就对下属的灌装厂颇为不满，它们利润率不高，属于资本密集型业务，还因为跟公司签署了永久性合同而有恃无恐。罗伯特·古兹维塔和唐纳德·基奥制定了一项战略，为获得更多的决策权，可口可乐公司对多个灌装厂的投资占比最高达49%，并通过整合方案将它们改造为规模更大、效率更高和更可靠的灌装厂。这一策略使可口可乐公司获得了定价权。从灌装厂的角度来看，可口可乐公司赢在了以下两个方面：首先，可口可乐公司压制了价格的大幅上涨，因此在财报中有了好看的收入数据。其次，由于可口可乐公司将对灌装厂的所有权限制在49%之内，按照会计准则，公司只须在财报中将灌装厂的部分债务简单地列在少数股权投资项下。因此，可口可乐公司的资产负债表上只需要清爽地呈现本公司的业绩即可，无须合并灌装厂的沉重债务。简而言之，虽然可口可乐公司享有定价权，但这一影响力能一直持续下去吗？

罗伯特·古兹维塔在这篇文章发表后接受了采访，他回击说，包括中国和印度在内的发展中国家有30亿人都渴望喝到这种饮料，这意味着有巨大的消费机会。在中国，8盎司（约237毫升）装可口可乐的人均年消费量仅为两瓶，而美国和墨西哥则超过300瓶。

巴菲特曾担任可口可乐公司的董事，非常了解其内部情况。尽管该股横向盘整长达两年之久，但它在1994年的市盈率为26倍，所以股价并不便宜。尽管如此，巴菲特仍然看好可口可乐在全球范围内的长期增长机会，相信它所制造的简单欢乐时光能带动全球的销量增长。更高的销售件数加上公司不断进行股票回购，这些都有效地增加了伯克希尔-哈撒韦公司在可口可乐公司未来全球收益中的经济份额。

巴菲特在1994年增资2.75亿美元，购买了660万股股票。至此，伯克希尔-哈撒韦公司对可口可乐公司的总持股数达到了整整1亿股。这是伯克希尔-哈撒韦公司最后一次购买可口可乐公司的股票。在接下来的四年中，可口可乐公司的股价翻了两番。《巴伦周刊》说得真对！

由于随后可口可乐公司进行了多次拆股，伯克希尔-哈撒韦公司目前持有4亿股可口可乐公司的股票，所有权从1994年的7.8%增加到2018年的9.4%，这完全归功于可口可乐公司通过回购减少了流通的股票数量。这使得伯克希尔-哈撒韦公司在没有额外买入一股的情况下，在23年内对可口可乐公司的有效持股数量增长了三倍，见证了它每天的销量增长至1.8亿余瓶。

1996年，适逢可口可乐公司赞助亚特兰大夏季奥林匹克运动会之际，公司也在位于佐治亚州亚特兰大的总部大楼后院举办了一个投资人主题日活动。在一次茶歇期间，笔者主动向罗伯特·古兹维塔介绍自己，谈话间能看出他为自己所取得的成就和对奥运会的赞助感到十分自豪。他的手掌呈淡紫色，这一看就是常年抽烟留下的印记。笔者说，能拿到巴菲特的投资，而且还加入了公司的董事会，这一定很棒吧。而他却回答说："哦，巴菲特也并非完人。你记得他也投资过航空股吧。"罗伯特·古兹维塔指的是伯克希尔-哈撒韦公司以3.58亿美元对美国航空集团优先股的投资。面临西南航空（Southwest）等低成本竞争对手，美国航空集团在当年暂停了派息，导致伯克希尔-哈撒韦公司将这笔投资减记了75%。

不幸的是，罗伯特·古兹维塔因为过量吸烟罹患肺癌，于第二年去世，享年65岁。在罗伯特·古兹维塔的带领下，可口可乐公司的市值从40亿美元猛增到840亿美元。他自己从未卖出过一股公司的股票，这是件引以为傲的事情。巴菲特在伯克希尔-哈撒韦公司1997年的年度报告中向罗伯特·古兹维塔致敬：

在去年的年度报告中，我分析过我们最大的一笔投资：可口可乐公司。可口可乐公司不断在全球扩张，市场主导地位日益加强。但不幸的是，带领公司取得飞速发展的领导者却悄然退场了。自1981年起担任可口可乐公司首席执行官的罗伯特·古兹维塔在10月辞世。在他离开后，我把过去九年间他写给我的100多封信和笔记仔细阅读了一遍。这些信息完全可以当作公司运营或个人发展的成功指南。

言语间，罗伯特·古兹维塔清晰地传达着他宏伟的战略远景——旨在全心全意为可口可乐公司的股东谋求福祉。罗伯特·古兹维塔知道他将带领公司走向何方，也知道这条路该怎么走，以及这条路为什么能给股东带来最大的回报——而且同样重要的是，他迫切地盼望着这些目标能得以实现。在他给我的一封亲笔信中，有一段文字正体现着这个想法："顺便说一句，我跟奥尔吉塔（Olguita，罗伯特的妻子）说了，她眼中的痴迷在你看来是一种专注。我更喜欢你选的专注一词。"正如所有认识罗伯特·古兹维塔的人一样，我会非常想念他。[49]

伯克希尔-哈撒韦公司以13亿美元的成本购买了4亿股可口可乐公司股票（如图20-4所示），截至2018年年底，它的价值已高达189亿美元。可口可乐公司的股价在1998年达到每股44.47美元的峰值，直到16年后才再次突破。事后来看，也许巴菲特应该在市盈率60倍时卖出股票。与此同时，伯克希尔-哈撒韦公司仅在2018年从可口可乐公司获得的股息就高达6.4亿美元，基本等于这笔投资原始成本的一半……而且股息还在持续增长。

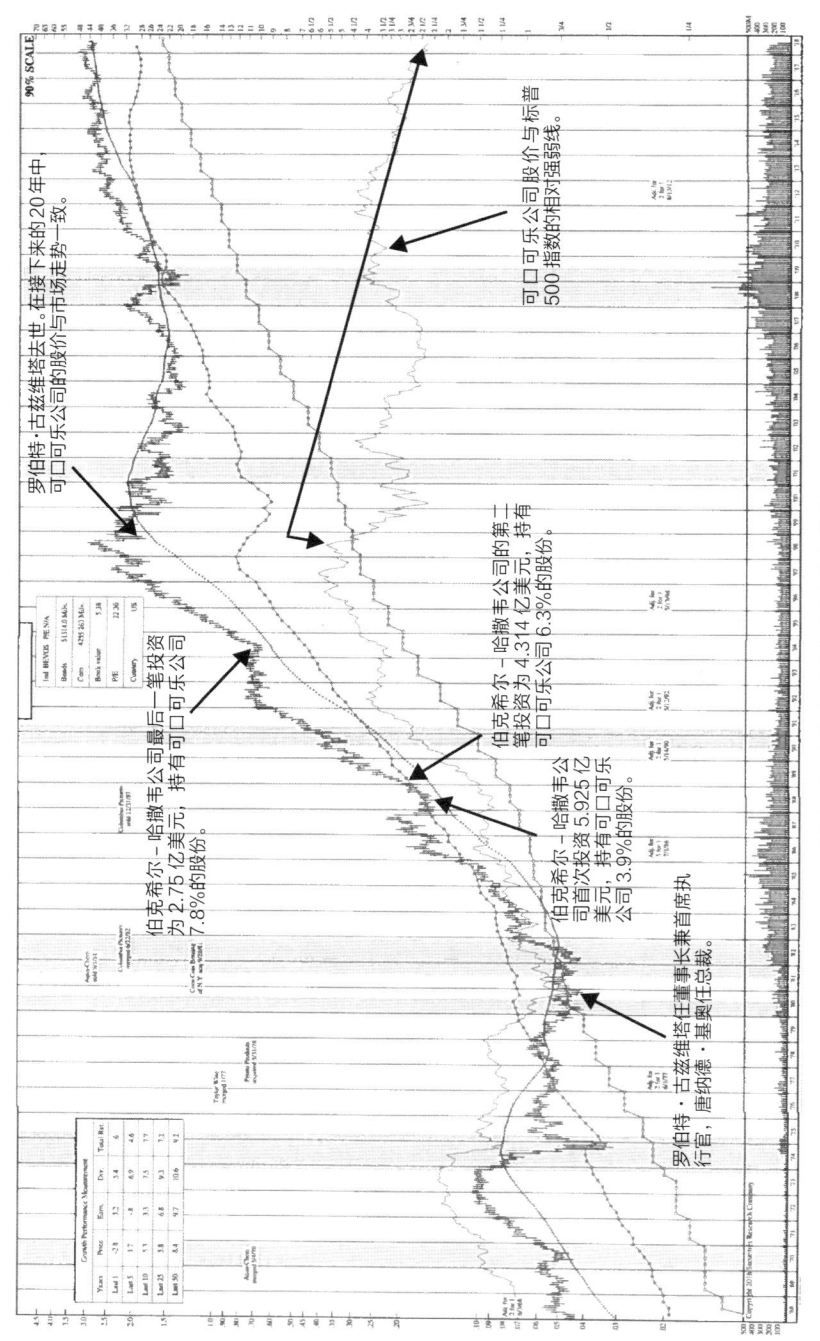

图20-4 可口可乐公司股票走势图

重点总结

巴菲特承认他在投资可口可乐公司上犯了一个重大错误。从小就展现出企业家潜力的他，七岁时在奥马哈目睹了这样的事实：在一个闷热难耐的夏日里，在没有空调的环境中，他的邻居只要喝上一口冰镇可口可乐，就能感受到无比巨大的幸福和舒爽。但是他没有把卖可口可乐挣到的钱拿来购买可口可乐公司的股票。多年后，"他的所思和所见终于合二为一"，其中一部分是因为在孩提时期就能经常看到可口可乐给人们带来的满足感和吸引力，而且很多人都把它当作一种让人愉快的成瘾物品。可口可乐是一个优秀的品牌，巴菲特能理解公司的产品，而且非常喜爱这些产品。巴菲特在评估可口可乐公司时，看重以下三个重要指标：①销售件数稳步增长；②每件的收益情况；③公司回购股票后，市面上的流通股减少。

在投资可口可乐公司上，巴菲特的另一个遗憾是没有在得知罗伯特·古兹维塔及其终生挚友唐纳德·基奥将执掌公司时就立刻投资。他们是所向披靡的双人搭档，一位专注于管理财务规范，努力为公司增加经济价值、投资回报率和股东价值；另一位则是公司的全明星营销大师和人气颇高的公司文化传播使者。巴菲特这样形容唐纳德·基奥：

……他是我所认识的人中最了不起的人之一——他拥有过人的商业才华，但更重要的是，与他有交集的每一个人都能在他的影响下展现出自我的最佳状态，这些人全都是幸运儿。可口可乐公司希望其产品能够出现在人们生活中的幸福时光里。而唐纳德·基奥本人就能够为他周围的人增加幸福感。每个人一想到唐纳德·基奥，都会心情大好。当时，唐纳德·基奥给我留下的印象是我决定让伯克希尔-哈撒韦公司在1988—1989年在可口可乐公司投下创纪录的10亿美元的一个因素。[50]

结果是：在他们17年的领导下，可口可乐公司股价上涨了40倍。巴菲特喜欢、信任并钦佩罗伯特·古兹维塔和唐纳德·基奥。

可口可乐公司的价格合理，是一家优秀的公司。它之所以优秀，是因为它的运营不需要太多的资金（独立灌装厂承担了这笔钱），并且税后的投资回报率非常诱人。巴菲特青睐可口可乐公司还因为它在不断用现金回购自己的股票，并根据资本回报率对部门经理进行理性的评价。巴菲特对可口可乐公司的投资分为三步。第一笔对可口可乐公司的投资，也是最大的一笔（5.925亿美元），发生在1988年。当时，可口可乐公司的投资回报率是19%，市盈率是15倍，自由现金流收益率是5%。第二笔是在第二年，可口可乐公司的投资回报率攀升至22%，市盈率为22倍，自由现金流收益率为3%。1994年，巴菲特做出了最后一笔投资。那一年可口可乐公司的投资回报率升至33%，市盈率为26倍，自由现金流收益率为3.5%。

巴菲特依然对可口可乐公司的长期前景充满信心。海外市场为公司贡献了80%的收入。但是，虽然发展中国家的人口数量是美国的数倍以上，但人均消费量却仅为美国和墨西哥的零头。巴菲特在2015年可口可乐公司的年度会议上对当时的首席执行官穆赫塔尔·肯特（Muhtar Kent）说："我喜欢把赌注下在确定的事物上。任何一家公司，只要有了幸福开心的客户就不会失败，而你们销售的就是幸福。"[51]

对于巴菲特而言，投资可口可乐公司的底层逻辑非常简单：全球人口在不断增长，大家每天想喝八瓶可乐的需求也在与日俱增，所以可口可乐每年的销售件数都在增长；随着可口可乐日销量的增加，可口可乐公司可以收到充分的自由现金流，然后用于回购自己的股票。伯克希尔-哈撒韦公司对可口可乐公司的持股比例也因此而在不断提高。

巴菲特无比痴迷于可口可乐的品牌和销售体系，认为它的前景不可限量。他将可口可乐称为"不可不买的公司"之一，并表示："如果你给我1 000亿美元，让我把可口可乐公司从软饮料领域的领导地位赶下来，那我会把钱还给你，告诉你这是一件不可能的事情。"[52]

可口可乐持续在软饮料消费者心中占据着主导地位。但并不是每家头部公司都是优秀的投资标的，因为它的股价可能远远超过公司的内在价值。巴菲特曾经暗示过这一点，他提醒道：

当然，你很可能会为好公司支付过高的成本。超额支付的风险会定期浮现。在我们看来，现在几乎所有的股票，包括不可不买的公司，价格可能都非常高了。在市场过热时买入股票的投资者需要意识到，即使是买入一家出色的公司，其价值也往往需要很长时间才能赶上购买它所支付的价格。[53]

巴菲特在1996年发出的这一警告极具先见之明，因为此后可口可乐公司的股价走势一直落后于市场。

当时，可口可乐公司的股价为54美元，财报显示收益为1.4美元，市盈率为39倍。两年后，可口可乐公司的股价达到了89美元，每股收益为1.42美元，市盈率为63倍！对公司的忠诚和高额的资本利得税都让巴菲特决定暂不卖出股票。他愿意付出很长的时间等待可口可乐公司的内在价值赶上股价，因为他的眼光非常长远，而且他对可口可乐公司的未来前景充满信心。

在这种情况下投资，投资者对标的公司的信念也必须经受住考验。在"万宝路星期五"之后，巴菲特对可口可乐品牌持久发展的信心也经受住了这一考验。面对菲莫公司所受到的市场挑战，他理性地分析了可口可乐公司是否也会经历类似的遭遇，并判断市场对可口可乐公司股票的抛售是否合理。巴菲特得出结论，菲莫公司与仿制烟厂之间存在着巨大的价格差距，而可口可乐公司与竞争对手的价格差距很小，因为每瓶仅有一美分的利润。巴菲特以"别人恐惧时我贪婪"的态度做出了回应，选择增持股票，并见证了公司在四年内股价上涨四倍的惊人势头。

从古至今，投资赚钱的不二法则都是"低买高卖"。但遇到优秀的公司时，巴菲特会说："低买不卖"。罗伯特·伍德拉夫被巴菲特誉为"在数十年间创立了可口可乐公司，并在公司中举足轻重的商业天才"，他也曾是罗伯特·古兹维塔的导师，而他在一生中，从未卖出过可口可乐股票。同样，罗伯特·古兹维塔从未卖出过可口可乐股票。巴菲特也没有。

政府雇员保险公司

巴菲特把格雷厄姆视为偶像，渴望学习他的一切优点。在即将进入哥伦比亚研究生院师从于格雷厄姆之时，巴菲特在阅读《美国名人录》杂志时，发现格雷厄姆是政府雇员保险公司的董事会主席，然后，巴菲特在学校的图书馆管理员推荐的《最佳火灾与灾害保险公司名录》上查到了政府雇员保险公司的总部位于华盛顿特区。如今，政府雇员保险公司是美国最大的私家车保险公司之一，与消费者直接签订保单，不需要向代理商支付佣金。

时任政府雇员保险公司高级投资官的洛里默·戴维森后来晋升为公司的首席执行官。巴菲特回想起两人那次具有转折意义的会晤时说：

洛里默·戴维森完全不需要见我这样的小人物，但我告诉他我是格雷厄姆的学生，他就花了四个小时左右的时间回答了我一肚子的问题。我问了很多有关保险业的一般性问题，还尤其关心政府雇员保险公司的具体情况。不论是那天，还是后来的几十年中，洛里默·戴维森都给我带来了巨大的帮助。这切切实实地改变了我的人生。[54]

巴菲特还记得：

我当时一个接一个地问他有关保险行业和政府雇员保险公司的问题。那天他都没吃午饭，就是坐在那里和我聊了四个小时，仿佛我是世界上最重要的人一样。当他向我打开办公室的那扇门时，也为我打开了保险业的大门。[55]

洛里默·戴维森向巴菲特解释道，政府雇员保险公司的竞争优势在于邮寄的直销模式，这比通过代理商销售保险的竞争对手有更大的成本优势。政府雇员保险公司的承保和索赔费用通常仅占保费收入的25%，而对于通过代理商销售的保险公司而言，这一比率高达35%~40%。政府雇员保险公司为了控制承保风险，仅向政府雇员销售保单，因为公司认为他们在驾驶汽车时通常都更为谨慎负责。通过直接邮寄给风险较低的政府雇员来销售保单，从而绕开了传统的保险代理公司——这种独特的商业模式让巴菲特着迷。由于不需要向代理商支付佣金，并且只为较低风险的驾驶员群体提供保险，政府雇员保险公司的保费仅为传统保险公司的60%~70%。从1940年到1950年，政府雇员保险公司的客户数平均每年以19%的速度增长，它仅在15个州有经营许可，就已经取得了这样的成绩。由于车主每年都要购买汽车保险，所以政府雇员保险公司瞄准了一群高质量客户，有针对性地推出了"可续费"的产品。此外，由于政府雇员保险公司不需要在库存、应收账款、工厂和设备上进行大量投资，这种轻资本的商业模式也为它带来了非常高的资本回报率。

巴菲特回到纽约之后，他发现政府雇员保险公司由于拥有较低的销售成本，利润率是普通保险公司平均值的4倍。1940年到1950年，政府雇员保险公司的客户人数以19%的平均速度增长，而市场份额还不足1%。

巴菲特还因此观察到保险公司在收到客户保费之后，往往会经过很长一段时间之后才会进行赔付，因此在这期间可以用这笔钱进行投资。他对保险业浮存金的热情也由此诞生。当时，政府雇员保险公司的市值仅为700万美元，市场份额不到1%，但在1950年，其承保利润率为18%，而竞争对手仅为3%。公司当时的股价为每股42美元，市盈率仅为8倍，比规模大很多的竞争对手低很多。鉴于政府雇员保险公司的增长前景，巴菲特认为该股票在五年内可能会翻番。他说："这感觉像是不用花一分钱就买到了这家公司巨大的增长潜力。"[56]

在与洛里默·戴维森会面后的第2个工作日，巴菲特就清掉了自己投资组合中3/4的股票，然后买入政府雇员保险公司。此时是1951年，这是他首次对政府雇员保险公司的投资，共买入350股，成本为10 282美元。此后，巴菲特接连三次增资这家公司。到当年年底，巴菲特所持有的政府雇员保险公司股票已价值13 125美元，占他净资产的65%。此时，巴菲特的投资风格既有对格雷厄姆投资法的效仿，也逐渐开始有了自己的判断——因为格雷厄姆主张广泛的多元化投资组合，而巴菲特主张集中投资策略。格雷厄姆还反对预测推断，但巴菲特的投资却离不开它。

巴菲特非常看好政府雇员保险公司，他表示自己从未对任何其他股票产生过这么高的兴趣。[57]

他说：

它的股价与内在价值的比例远低于任何一家普通的保险公司，而且利润率高达15%。它当时的承保成本约占总成本为13%，而普通保险公司则大约为30%~35%。这是一家具有巨大竞争优势的公司，我对公司总裁的崇敬之情有如我对上帝一般。[58]

巴菲特难掩心中的激动，在1951年为《商业与金融纪事报》的专栏撰写了一篇长达一整页的文章《我最看好的股票》，专门分析政府雇员保险公司。

巴菲特第二年以15 259美元的价格卖出了政府雇员保险公司的股票，获得了近50%的收益。他随即又买入了当前市盈率仅1倍的西部保险证券公司（Western Insurance Securities）。在接下来的25年里，巴菲特并没有再买过政府雇员保险公司的股票。巴菲特回忆说："我卖出的那份股票在接下来的20年里增值到大约130万美元，这个惨痛的教训告诉我千万不要卖出明显形势大好的公司。"[59]

利奥·古德温（Leo Goodwin）于1936年在得克萨斯州圣安东尼奥市创立了政府雇员保险公司。利奥·古德温曾在一家保险公司担任会计师。在分析了交通事故的统计数据后，他发现政府雇员和军队雇员的驾驶事故率比一般公众更低。他还意识到，如果能不向代理商支付昂贵的佣金，直接向消费者销售保单可以把保费压低。他以自己的25 000美元资金和福特沃斯（Fort Worth，美国得克萨斯州的城市）的银行家克利夫斯·利亚（Cleaves Rhea）及其家人的75 000美元投资为原始资本，与投资银行家洛里默·戴维森创立了一家合伙企业。1948年，利亚家族将其75%的所有权出售给了格雷厄姆–纽曼投资公司和几位私人投资者。

格雷厄姆–纽曼投资公司以712 000美元的价格购买了政府雇员保险公司50%的股份。1949年，美国证券交易委员会要求格雷厄姆–纽曼投资公司将股票剥离给公司股东。因为当时的法律规定，开放式投资公司禁止收购保险公司10%以上的股份，而格雷厄姆–纽曼投资公司在买入股票时并不知晓这一规则。自此，政府雇员保险公司成为一家公开上市公司，每股价格约27美元。

政府雇员保险公司在利奥·古德温的领导下蓬勃发展。他是公司的创始总裁，于1958年退休。公司的保费收入从1936年的104 000美元增长到1957年的3 620万美元，在1948年至1958年的10年中，它的股票价值增长了近50倍。利奥·古德温选择了洛里默·戴维森接任首席执行官一职。洛里默·戴维森也同样带领政府雇员保险公司实现了盈利增长。在他担任首席执行官期间，政府雇员保险公司的保费收入从4 000万美元增长到超过2.5亿美元，复合增长率高达16%。他于1970年退休，拉夫·佩克（Ralph Peck）接任总裁兼首席运营官。

格雷厄姆–纽曼投资公司在1948年最初购买的712 000美元股票在1972年时已经价值4亿美元！格雷厄姆将20%的仓位分配给这一只非流通股，其实已经违背了他自己的充分分散投资原则——每个标的最多占用5%的资金权重。

这家公司的表现太出色了，股价已经涨到格雷厄姆买入一半股份时的200多倍。股价的涨幅远远超过了利润的实际增长，按这位合伙人自己的投资标准来看，其实股价从一开始就已经高估了。但是，由于他们把这家公司视为一种"家族企业"，因此尽管股价涨得惊人，他们仍继续保留了大比例的所有权。因为格雷厄姆长期持有这家公司和其后来成立的分支机构，他管理的基金中有大量客户也成了千万富翁。具有讽刺意味的是，这位合伙人在他所擅长的领域内辛勤耕耘了20年，不断进行数据调查、不停地思考，还做了无数个投资决策，可单是这一笔投资所产生的利润，就远远超过了他在这20年里所有的投资收益之和。[60]

格雷厄姆–纽曼投资公司在政府雇员保险公司这一只股票上的收益就高于所有其他股票的收益总和。

利奥·古德温于1971年离世，随后，政府雇员保险公司遭遇了诸多重大的问题。1974年，美国的通货膨胀率从1972年的3.2%激增至11%。对于保险公司——尤其是对于政府雇员保险公司而言，这是一场致命的风暴。由于通货膨胀率上涨，事故赔偿的成本升高，所以先前在通货膨胀率为低个位数时签下的保单现在已无利可图。由于陪审团在裁定事故索赔时更加倾向于索赔方，加之新颁布的无过失汽车保险法等，汽车保险理赔的成本也大幅上涨。新颁布的无过失汽车保险法规定，如果保单持有人发生交通事故，不管过错方是谁，保险公司都要支付医疗费用和收入损失。

与此同时，在通货膨胀和利率上升的双重打击下，政府雇员保险公司公司债券投资组合的市场价值下跌，其股票投资组合也在1973—1974年严重的熊市中贬值不少。按照会计准则的规定，只要政府雇员保险公司不出售债券，就不需要在报表中减记债券投资组合的价值。这也让政府雇员保险公司无法使用债券支付索赔。最后，许多州都要对保险公司的收费标准进行审核批准，以防止它过度提价。这又让政府雇员保险公司无法在适当的范围内涨价。拉夫·佩克因此决定以之前的价格将保单销售给高风险的驾驶员，以这部分保费的现金收入来填补保单索赔的资金空缺。但这却带来了灾难性的后果，尤其是在管理层并未给未来的事故索赔保留充分的储备金的情况下。在最糟糕的时候，政府雇员保险公司甚至拒绝向美国证券交易委员会承认并披露其不断恶化的财务状况。

1976年年初，政府雇员保险公司宣布公司在1975年亏损了1.265亿美元，这是公司32年历史上首次取得负增长，而就在1974年时，公司还能盈利2 600万美元。公司的资本金从1974年的1.44亿美元下降到3 690万美元，随即公司决定停止派息。1976年2月24日至4月19日，公司股票暂停交易。深陷泥潭的政府雇员保险公司在4月举行了历时3小时的年度会议。与会的400多名股东愤怒不已，这也导致政府雇员保险公司跌落到了困境的谷底。股价从上年的42美元跌至5美元，公司已经临近破产边缘。一个月后，拉夫·佩克离职，曾效力于旅行者保险公司（Travelers Insurance）的资深业内人士小约翰·杰克·伯恩（John Jack J. Byrne, Jr.）被任命为公司董事长、总裁兼首席执行官。前任董事长诺曼·吉登（Norman Gidden）于1977年3月底提前退休。

杰克·伯恩是一个精力充沛又果断专注的人。华盛顿哥伦比亚特区的保险监督官马克斯·沃勒奇（Max Wallach）坚持要求政府雇员保险公司必须在六月之前筹集到必要资金，达到监管和评级机构的标准。杰克·伯恩请求他能宽限一段时间。为了给风险敞口设置上限，马克斯·沃勒奇还坚持要求政府雇员保险公司向其他保险公司寻求再保险。为了能让公司存活下来，杰克·伯恩不得不放低姿态向竞争对手求援。在政府雇员保险公司的竞争对手看来，与其冒着惹怒监管机构的风险，不如主动分担一部分政府雇员保险公司的承保风险，这样还能进一步避免政府雇员保险公司在日后可能制造出更大的麻烦时再为它买单。州立农业保险公司（State Farm Insurance Cos.）和旅行者保险公司伸出了援手。它们认为，从长远看，政府雇员保险公司的破产会给自己带来更大的优势。

尽管巴菲特当时并不持有政府雇员保险公司的股份，但他仍然密切关注事态发展，看到公司走上破产之路时他感到十分沮丧。巴菲特感到有责任为已经退休的洛里默·戴维森和他的大英雄格雷厄姆挽救这家公司，而他们两位仍然持有政府雇员保险公司的股份。随着高风险驾驶员导致索赔频率不断增加，以及通货膨胀率的上升，索赔的金额也在日益高涨。巴菲特说："我重新审视了政府雇员保险公司，并根据经验法则计算了一下公司的赔款准备金。结果让我大吃一惊。只需一眼，你就能看出公司的储备金不足，而且是越来越少。"[61]公司股价已经跌到了每股2美元，如果它能挺住，不进入破产流程，那这个股价就大大低于公司的内在价值，是一次买入的好机会。但公司免于破产的可能性确实非常低。

在巴菲特做出投资的决定之前，他深知杰克·伯恩是这家公司从困境中反转的唯一救命稻草。所以他必须先见一面，亲自了解杰克·伯恩如何看待公司当下的境遇，考察他解决问题的能力，还要看他是否有能力说服投资者增加资本，并让其他保险公司为政府雇员保险公司提供再保险。两人一直谈到凌晨三点，巴菲特也因此对杰克·伯恩和政府雇员保险公司最核心的成本优势充满了信心。几个小时后，巴菲特以每股2.125美元的价格买入了500 000股。此后不久，他又决定增持。这时，他共计投资了410万美元，持股129.4万股，平均成本为每股3.18美元。

巴菲特立刻展开行动，并亲自向马克斯·沃勒奇提出请求，希望将6月的截止日期延后。巴菲特打算依靠自己在投资界的声誉来改变马克斯·沃勒奇的态度。经过杰克·伯恩的游说，其他保险公司也同意，只要政府雇员保险公司能筹集到新资金，它们就愿意提供再保险。华尔街的大型证券公司都拒绝了政府雇员保险公司。所罗门兄弟公司擅长债券业务，是一家知名的证券承销商，其管理层约翰·古特弗罗因德（John Gutfreund）提出了一连串尖锐的问题，杰克·伯恩逐一给出了令人满意的答案。随后，约翰·古特弗罗因德最终同意为政府雇员保险公司发行7 600万美元的可转换债券。但市场普遍认为这些股票的风险巨大，所以华尔街没有任何卖方公司愿意买入。

巴菲特不但愿意全部买入，还指示所罗门兄弟公司把二级市场上所有可买的股票全部买入。有了巴菲特的大力支持，就开始有其他的投资者愿意接手。最终，巴菲特买入了此次发行股票总量的25%，价值1 940万美元。此时，他对政府雇员保险公司的总投资额达到了2 350万美元。筹集到资金之后，另有27家保险公司同意为政府雇员保险公司提供再保险。随着市场信心的恢复，这只股票在6个月内涨到超过每股8美元，股价翻了两番。巴菲特非常感激约翰·古特弗罗因德在绝境之下出手相助。

巴菲特后来解释了他投资政府雇员保险公司的理由：

虽然它本质上并没有破产，但已经临近破产边缘。那是1976年。在探索经济特许权商业模式的道路上，它犯下了许多错误，而这些错误并没有毁掉它作为一家伟大公司的本质优势。在我首次买入50多万股的前一天晚上，我见到了公司的管理者。我认为他有能力带领公司爬出深渊，让那些经济特许权商业模式重现光彩。它仍然是一家低成本的保险运营商。它犯过各种各样的错误，但仍然不知道自己的成本有多少，因为它不知道自己的赔偿准备金应该有多少，而且还一心想要增长。它犯过各种各样的错误，但它的本质优势依然没变。

这与美国运通公司在1963年遭遇的色拉油丑闻案十分相似。丑闻并没有破坏旅行支票或信用卡的商业模式。虽然政府雇员保险公司没有资产净值，但这家公司却非常值钱，只不过它也有可能因为没有资产净值而在第二天关门大吉。但是我相信资产净值就在那里……[62]

杰克·伯恩决定提高保费，并且清理掉那些高风险的保单。纽约州批准了他提价35%的新费率方案。在新泽西州，杰克·伯恩亲自向州保险委员会主席提出了申请，但却遭到驳回。杰克·伯恩把政府雇员保险公司牌照扔在主席的办公桌上，大喊道："我们不再是新泽西州的人了。"[63]随后，他解雇了该州的700名员工，并取消了30万份保单。他总共关闭了100间办公室，裁员比例几近50%，取消了40%的保单，将仍在赚钱的人寿保险子公司的股权出售了一半，并将业务范围限制在7个州和首都华盛顿特区。到1976年年底，政府雇员保险公司的资本盈余达到了创纪录的2.5亿美元，并在1977年恢复了盈利。然而，就在政府雇员保险公司将要起死回生之时，却在1976年9月21日收到了格雷厄姆去世的消息。

巴菲特对杰克·伯恩的评价非常到位。日后，巴菲特回忆起态度专注、精力充沛和精通管理技巧的杰克·伯恩时，说道：

他就好像是专门为了这个职位而生一样。仿佛他的基因都是根据那段特定的时期而设计的。寻遍全国，你也找不到比他更好的战场指挥官。他一定要组建一个团队，一定要砍掉数千个职位，还一定要改变那些仍然留在公司的人的想法。这是一项艰巨的工作。没有人比杰克·伯恩做得更好。他对待价格和准备金的态度强硬，思考的逻辑缜密，还是一个坚持理性商业原则的行动派。每个人都明确地知道政府雇员保险公司的具体业务，而他也愿意花费大量的时间去专注实现一个目标。他总是着眼于对未来有意义的事情，而不会沉迷在已经过去的事情上。[64]

杰克·伯恩对巴菲特的评价也极高：

我会向他咨询各种各样的事情。他为我指明了切实可行的融资途径，也非常愿意与我分享他的时间，但是他从来都不会给出建议。巴菲特很久以前就明白，他可以通过当一个仁慈的股东为伯克希尔-哈撒韦公司赚更多的钱。他大笔买入我们的股票，赚了很多钱。[65]

1985年，杰克·伯恩离开了政府雇员保险公司，转而去拯救消防员基金保险公司（Fireman's Fund Insurance Company）。此时，政府雇员保险公司的股价已飙升至每股70多美元。

能够成功从困境中反转的公司并不多见。巴菲特在观察困境反转型公司数十年之后，总结道，"除少数特例之外，当一个以履历光鲜而著称的管理者去处理一家以基本面欠佳而著称的公司时，能保留住'声誉'的往往是那家公司"。[66]

但是，政府雇员保险公司是个例外。杰克·伯恩是一位出色的管理者，他拯救了一家濒临倒闭的公司，而政府雇员保险公司还并非一家"以基本面欠佳而著称的公司"，它的核心经济优势一直存在。如巴菲特所说，政府雇员保险公司拥有"非常难以复制的（低成本）业务优势，而且管理人员的水平一流，在运营能力和资本调配上都高人一筹"。[67]政府雇员保险公司在过去两年中回购了37%的股票。巴菲特在1980年又继续增持，到年底时，他已拥有公司1/3的所有权，累计投资4 710万美元买入的720万股股票总价值已高达1.053亿美元。此外，据巴菲特估计，伯克希尔-哈撒韦公司对政府雇员保险公司的投资可将其核心年度收益中的2 000万美元收入囊中，仅这一项就占到他年度投资总回报的43%（并且这一惊人的比例还在不断上升）。

当一家曾为蓝筹公司的公司遭受冲击时，关键在于这是一个暂时的、可纾解的问题，还是一个会永久性侵蚀公司盈利能力的长期问题。就政府雇员保险公司而言，是前者。巴菲特说：

虽然公司陷入了财务危机和运营困境，但是（政府雇员保险公司的）基本业务优势——以前曾给公司带来巨大成功的优势——仍未发生改变……政府雇员保险公司和美国运通公司这两家优秀的公司都患上了局部可切除癌症（当然，需要熟练的外科医生进行手术），应当与真正的困境反转型公司区分开来。那些公司都会期待并且需要管理者实现皮格马利翁效应①。[68]

巴菲特补充说："在我看来，很明显，政府雇员保险公司之所以能取得成功，是因为它理应获得成功。"[69]巴菲特表示，政府雇员保险公司的低成本销售方式、低风险客户群体和高续约率都对他有着极大的吸引力。他

---

① 皮格马利翁是古希腊神话中塞浦路斯国王，他常年独居，用象牙雕刻了一座心目中理想的女性塑像，并对之产生了爱慕之情，悉心呵护。爱神阿佛罗狄忒为他的真诚所感动，为这座雕像赋予了生命，皮格马利翁遂称她为伽拉忒亚，并娶她为妻。后人就把由期望而产生实际效果的现象叫作皮格马利翁效应，在现代公司管理中常被管理者使用，以潜移默化地影响员工的表现。——译者注

补充说：“我喜欢买入我无法与之竞争的公司。”[70]

在接下来的15年中，巴菲特没有再继续增持政府雇员保险公司的任何股份，但由于它不断进行股票回购，伯克希尔-哈撒韦公司的持股比例从33%增加到了51%。巴菲特的原始投资仅为4 570万美元，到1995年，市值已达6.747亿美元。巴菲特在2006年的伯克希尔-哈撒韦公司年度会议上表示，以4 000多万美元的成本买入政府雇员保险公司一半的股票是他最成功的一笔投资。多年后，伯克希尔-哈撒韦公司又以20亿美元的价格收购了政府雇员保险公司另外50%的股票。

1993年，政府雇员保险公司由两位首席执行官掌舵：托尼·奈斯利（Tony Nicely）和路易斯·辛普森（Louis Simpson）。托尼·奈斯利主要运营公司的保险承销业务，而公司的投资活动由路易斯·辛普森负责。托尼·奈斯利早在1961年上大学时就加入了政府雇员保险公司，后来一路晋升，于1989年成为公司总裁。杰克·伯恩是托尼·尼斯利在公司里的导师。回忆起与杰克·伯恩共事的经历，托尼·奈斯利表示：

杰克·伯恩对我是铁面无私的。那些爱奋斗的年轻人总是被他挑毛病。但是他教了我很多东西，我将永远感激他。他教会我以全局的角度看待公司，而不是把公司分开为承保或投资等部门。我了解到了健康的资产负债表有多么重要。[71]

托尼·奈斯利开始在全国投放广告，希望能扩大客户群。他在政府雇员保险公司1986年的年度报告中为投资者列出了他的五项经营原则：

- 热心提供优质服务；
- 实现承保业务盈利；
- 做低成本保险公司；
- 维持健康的资产负债表；
- 投资业务实现回报。

路易斯·辛普森曾任西部资产管理公司（Western Asset Management）

的总裁兼首席执行官,同时还兼任普林斯顿大学的经济学教授。与巴菲特不同,路易斯·辛普森没有走到聚光灯下。但他的投资方式与巴菲特有异曲同工之妙,都属于保守的风格,也会在选中股票后集中投资。路易斯·辛普森在政府雇员保险公司1986年的年度报告中阐明了他的投资标准,这些标准此后从未发生过改变:

- 独立思考;
- 投资以股东利益为出发点的高回报公司;
- 即使要投资优秀的公司,也只能以合理的价格买入;
- 长期投资;
- 不要过度多元化。

后来,他在接受《芝加哥机密报》(Chicago Confidential)采访时进一步解释了他的投资方法:

我的方法是博采众长的结果。我会试着仔细阅读所有的公司文件,试着与竞争对手沟通,试着寻找比我们更了解这家公司的人。我们不依赖华尔街的研究结果,我们会自己进行研究,试着约公司高管会面。

他曾经混入万宝盛华公司(Manpower)[①]的临时机构去偷学他们的培训方法。与巴菲特相似,路易斯·辛普森也倾向于投资那些自由现金流收益率比银行利率更高的公司。路易斯·辛普森与巴菲特的另一个相似之处在于他也会集中投资看好的股票。就在伯克希尔–哈撒韦公司收购政府雇员保险公司之前,路易斯·辛普森把公司11亿美元的保险资产投向了10家公司,他通常会把50%~60%的资产投在最看好的4家公司上。[72]

巴菲特在伯克希尔–哈撒韦公司2004年的年度报告中专门用一个章节的篇幅颂扬了路易斯·辛普森这些不为人知的投资业绩,认为他"理所应当

---

① 万宝盛华公司,全球知名的中高级人才、专业人才招聘、培训和供应机构。——译者注

被列入投资名人堂"。从1980年至2004年，路易斯·辛普森的投资组合年复合收益率为20.3%，而标普500指数仅为13.5%，且他的投资组织在这25年中只有3年未实现增长。2010年年底，74岁的路易斯·辛普森从政府雇员保险公司退休。巴菲特在工作上给予了路易斯·辛普森充分的自由度，不要求他事先报备申请任何交易决策。巴菲特说，他通常是在交易完成当月结束后的十多天才能在公司内部报告中了解到路易斯·辛普森的具体操作。巴菲特补充说："有时我会在心里默默地反对路易斯·辛普森的决策。但通常他才是正确的。"

1995年8月，伯克希尔-哈撒韦公司同意以23亿美元现金或每股70美元的价格收购政府雇员保险公司剩余的49%的所有权（如图20-5所示），这比前一日的收盘价55.75美元溢价25%，但与3年前——1992年的股价持平。

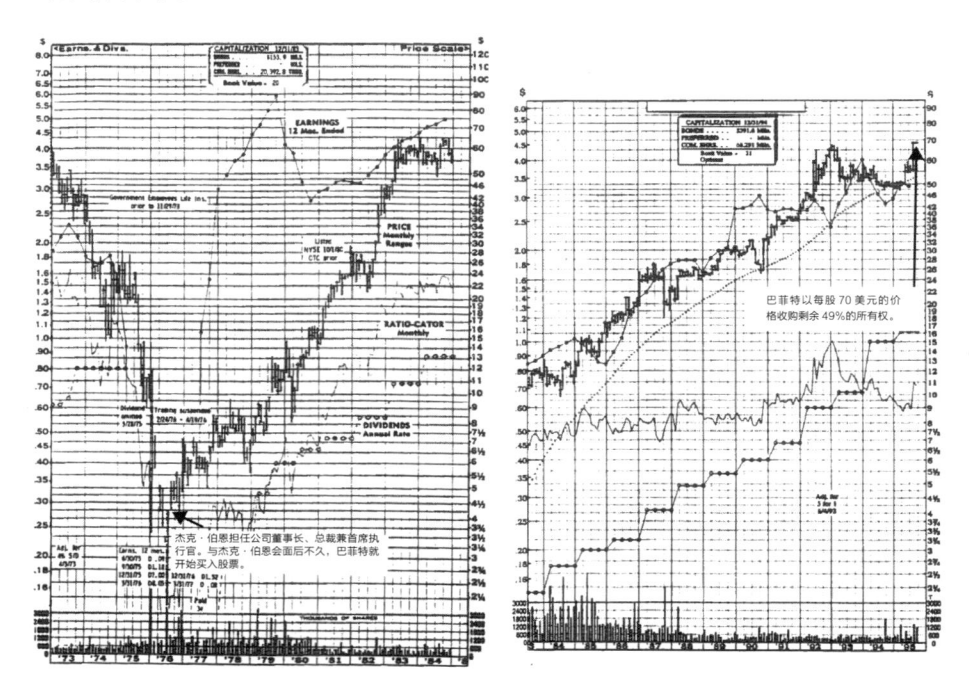

图20-5 政府雇员保险公司的股票走势图

每股70美元的价格是1995年每股收益3.66美元的19倍,巴菲特承认这个价格"太高了"。[73]此次合并于1996年1月2日完成。巴菲特当时解释说:"他们的成功之处就在于提供了低成本的汽车保险。"[74]在当时的新闻稿中,巴菲特表示,他在1951年20岁那年,就把自己净资产的一多半都投入了政府雇员保险公司。"我当时对那笔投资非常满意,如今也对伯克希尔-哈撒韦公司所做的这笔重大投资感到同样满意。"巴菲特在伯克希尔-哈撒韦公司1996年的年度报告中解释道:

1951年,我被政府雇员保险公司可持续的成本优势所吸引了,当时整个公司的价值只有700万美元。这也是为什么我认为伯克希尔-哈撒韦公司去年应该以23亿美元的价格收购这家公司剩余的49%的股份。

由于受到恐慌情绪影响,政府雇员保险公司的股票在1995年跌倒了每股2.25美元的低点,在拆股之后,一路上涨到了每股300美元以上。在巴菲特同意收购政府雇员保险公司之前,他一定是阅读了该公司1994年的年度报告,并注意到了以下几点:

- 政府雇员保险公司前5年平均的保费增长率为8.8%。

- 政府雇员保险公司有着优秀的历史承保记录。尽管灾难赔偿(加利福尼亚州北岭区地震以及安德鲁飓风)使每年的费用支出增加了1.3%,但用于衡量费用和承保赔偿占保费百分比的承保费用率在1994年为96.4%,在1993年为99.1%。这意味着政府雇员保险公司在不计入投资损益的情况下,仅保险承销业务就可以实现盈利。这也意味着公司多达30亿美元的浮存金对投资者来说实质上是零成本的自由资本。

- 1994年,政府雇员保险公司的汽车保单服务获得了94%的消费者满意度,汽车索赔服务的满意度也高达90%。

- 1994年,政府雇员保险公司的核心每股收益(不包括投资收益)为2.83美元。巴菲特给出的每股70美元的收购价相当于24.7倍的市盈率。但灾难赔偿影响了公司的盈利能力,因此这次收购看起来充满了机会主义色彩。此外，这也明显地反映在政府雇员保险公司的三年滚动股东权益回报率上——从1990年的27.8%降至1994年的16.4%。如果没有这些罕见的灾难赔偿，巴菲特相信政府雇员保险公司的每股收益和净资产收益率将按正常的趋势逐渐走高。

- 政府雇员保险公司的每股账面净值为21.17美元，在过去5年中每年增长12%。每股70美元的收购价是公司账面价值的3.3倍，这是一个相对较高的价格。但考虑到公司的增长前景、收益被灾难赔偿所影响以及正常的净资产收益率，这个价格也是合理的。政府雇员保险公司回购公司的股票使得流通股的数量从1989年的7 590万股减少到1994年的6 830万股，降幅达到10%。

- 政府雇员保险公司的经营活动带来了4.606亿美元的现金流，减去2 820万美元的资本支出，自由现金流达4.324亿美元，即每股6.33美元。即使以"过高的"每股70美元的收购价来看，这也相当于自由现金流的收益率高达9%，而且日后现金流还会继续增长。

巴菲特渴望收购整个公司主要出于以下几个原因：政府雇员保险公司的30亿美元浮存金几乎是伯克希尔-哈撒韦公司浮存金总数的两倍；巴菲特喜欢托尼·奈斯利的"聪明的头脑、旺盛的精力、正直的人品和专注的态度"[75]；他也非常欣赏路易斯·辛普森，并表示有了他之后，万一自己和查理·芒格遭遇不测，路易斯·辛普森也可以掌管伯克希尔-哈撒韦公司的所有投资。巴菲特希望政府雇员保险公司加大对汽车保险直销这一核心业务的关注，并剥离非核心的住房保险和航空保险业务。他还认识到公司在汽车保险市场中不断扩张市场份额的无限潜力，因为车主每年都不得不为汽车上保险，所以每个人都希望保费能便宜一点。

伯克希尔-哈撒韦公司买入政府雇员保险公司剩余49%股份的时机可能受到了华特迪士尼公司以190亿美元收购资本城/ABC公司（Capital Cities/ABC Inc.）的影响，因为伯克希尔-哈撒韦公司拥有这家公司13%

的所有权，共2 000万股股票。伯克希尔-哈撒韦公司以3.45亿美元的价格收购了资本城/ABC公司的2 000万股股票，当时价值25亿美元。而华特迪士尼收购资本城/ABC公司的成本为每股65美元的现金加一股华特迪士尼公司的股票。在这些因素的影响下，巴菲特也产生了一个大胆的想法，打算再花23亿美元买下这家自己在情感上最喜欢的汽车保险公司的全部股权。

伯克希尔-哈撒韦公司收购政府雇员保险公司100%的股份时，它是美国第7大汽车保险公司，为370万辆汽车提供保险服务。巴菲特立即公布了一项简单、可衡量、易于理解的全新薪酬激励计划，它把重点放在了关键的价值驱动因素上，并且可以由相应职责范围内的个人直接控制。对于承销业务的高管人员，该计划仅包含两个指标：主动投保的保单增长量以及1年以上的汽车业务承保利润。投资业务方面，在磕磕绊绊的3年之中，路易斯·辛普森所获得的盈余比标普500指数高出10%。这一计划的关键在于巴菲特将薪酬激励与相对应的行为和责任直接挂钩。

1994年，即巴菲特同意收购的前1年，政府雇员保险公司的营销费用为3 100万美元。在巴菲特的大力推广下，政府雇员保险公司展开了铺天盖地的广告攻势，让那只人见人爱的小壁虎①和过目不忘的原始人成为政府雇员保险公司标志性的符号，不断提高公司的知名度，并大力宣传低保费这一大卖点。"15分钟就可以为您省下15%或更多的汽车保费"，政府雇员保险公司的这句广告语几乎是每个人都耳熟能详的。现在，政府雇员保险公司每年的广告支出超过10亿美元，这一品牌已经家喻户晓。政府雇员保险公司可以负担高出其他汽车保险公司数倍的支出，因为它不需要向代理商支付佣金。结果说明一切：政府雇员保险公司在YouGov BrandIndex品牌

---

① 壁虎是政府雇员保险公司广告的动物符号，公司缩写名GEICO和壁虎gecko的发音相同，在英文中取谐音之意。——译者注

排名机构2016年的排行榜中，位列广告意识排名榜首，击败了威瑞森电信（Verizon）、麦当劳和AT＆T电信公司。

表20-2显示，政府雇员保险公司已获得了越来越多的市场份额，仅次于州立农业保险公司的18%，而汽车保险当前仍处在高度分散化的状态，具有巨大的增长潜力。在20多年里，政府雇员保险公司的汽车保单数量、保费收益和浮存金都在以双位数或高单位数的速度增长。政府雇员保险公司被伯克希尔-哈撒韦公司收购以来，效率变得更高，员工人均保费业绩翻了一番以上。公司业绩与它最接近的上市公司是美国前进保险公司（Progressive，PGR），其2016年的保费收入为234亿美元，而政府雇员保险公司则为255亿美元。前进保险公司在2017年的市值为250亿美元，政府雇员保险公司的内在估值至少为250亿美元，与巴菲特收购它所花的24亿美元总成本相比，总价值增长了10倍以上。虽然在遥远的未来可能会出现无人驾驶汽车，大大降低汽车出现事故的概率，但政府雇员保险公司仍然有巨大的增长空间。

表20-2　政府雇员保险公司业绩

政府雇员保险公司	1995年	2016年	年复合收益率（%）
市场排名	第七名	第二名	—
行业份额（%）	2.5	12	—
#承保汽车数量（百万辆）	3.7	24	9.3
保费收入（十亿美元）	2.79	25.5	11.1
员工人数（人）	8 575	36 085	7.1
保费/雇员（美元）	325 015	706 665	—
浮存金（十亿美元）	3.0	17.1	8.7

重点总结

巴菲特在投资政府雇员保险公司中所获得的经验至关重要。CNBC[①]频道的评论员贝基·奎克（Becky Quick）在2013年3月13日问巴菲特，如果他只能让伯克希尔-哈撒韦公司保留一家公司的部分或全部股权，他将选择保留哪家。巴菲特的回应是：

我会保留政府雇员保险公司……62年前，它改变了我的生活。这也是一家很棒的公司……如果我20岁时没有去拜访政府雇员保险公司，如果那里没有一位长者向我解释保险业务，我的人生将会大不相同。所以……我必须选择政府雇员保险公司。

巴菲特投资政府雇员保险公司的经验展现了他的以下特点：

不断学习的好奇心

反复阅读格雷厄姆的《证券分析》一书之后，巴菲特对导师产生了充分的好奇心，希望能够进一步了解他。巴菲特当时还是哥伦比亚大学的学生，他发现格雷厄姆是政府雇员保险公司的董事会主席。一家由格雷厄姆担任董事会主席的公司当然值得进一步研究。巴菲特不满足于仅在图书馆里查阅政府雇员保险公司信息的被动方式，因此他亲自拜访了该公司。

1976年，巴菲特亲自评估了杰克·伯恩是否能胜任政府雇员保险公司的首席执行官，带领这家公司走出困境。在一番直接对话结束之后，巴菲特坚定了自己的信念，没过多久便花巨资买入了政府雇员保险公司的股票。

---

① CNBC（Consumer News and Business Channel），消费者新闻与商业频道，又称全国广播公司商业频道，是美国一家通过有线电视、卫星电视和互联网覆盖美加地区的财经新闻频道。——译者注

愿意为自己坚信的公司下大赌注

巴菲特20岁那年,他与洛里默·戴维森交谈之后就深信政府雇员保险公司的增长前景被大大低估,因此他果断将自己一半以上的净资产都投资买入了这家公司的股票。

有人可能会质疑,如此重仓一家公司是否显得不够谨慎。巴菲特后来则表示:"风险来自你不知道自己在做什么……多元化是对无知的保护。对于那些知道自己在做什么的人来说,这毫无意义。"巴菲特认为,投资常规股票或热门股票并不意味着投资风格保守。但是,尽管政府雇员保险公司的市盈率已高达8倍,但这笔投资依然显得很保守——虽然这可能并不是一笔常规投资,因为这家公司有着无限的增长机会,尤其它的创始人还是一位充满热情、能力突出、诚实守信的领导者。

虽然巴菲特将政府雇员保险公司称为"我最看好的股票",但在他1951年首次买入时,他的经纪人同事并未采纳他的建议。1976年巴菲特决定收购政府雇员保险公司全部7 600万股优先股时,虽然华尔街擅长证券业务的传统大型投资银行都认为风险过高,但巴菲特的信念依然如首次买入时一样坚定。

专注于持久的竞争优势

巴菲特寻找拥有持久竞争优势的公司。他将这种竞争优势称为"护城河",围绕并保护着公司的城堡,使其免受竞争对手的攻击。政府雇员保险公司的低成本竞争优势是可持续的。有时,它也会尝试走多元化道路,推出其他类型的保险业务并吸收低质量的客户。但它底层的低成本护城河是可持续的,因为竞争对手都受困于传统的模式,不会放弃向代理商支付佣金的销售途径。政府雇员保险公司的竞争优势与公司创立之初一样,依然有效。

责任感和忠诚度

1975年，政府雇员保险公司处于破产边缘，股价急剧下跌。巴菲特说："我重新审视了政府雇员保险公司，在依靠经验计算了公司的赔偿准备金之后，结果让我震惊。"[76]巴菲特虽然并不持有任何股份，但他还是去拜访了公司当时的董事长诺曼·吉登。巴菲特回忆说："他很友好，但是他对我的想法毫无兴趣。他们一直处于深深的悲观之中。他几乎是把我赶出了办公室，不愿就这个问题再做出回应。"[77]

但反而是在被无礼地从政府雇员保险公司的办公室赶出来之后，巴菲特更坚定地要参与进来。他认为自己必须要来挽救这家公司，因为正如他所说的，"这家公司值得被挽救"。它独特的底层竞争优势仍然完好无损，他希望为他最喜欢的两位导师格雷厄姆和洛里默·戴维森保住这家公司，因为他们从未卖出过政府雇员保险公司的股票。

在杰克·伯恩接管公司之后，巴菲特不但投资了400万美元，还亲自去华盛顿特区拜访监管机构的马克斯·沃勒奇，希望能够延长获得再保险的最后期限，帮助杰克·伯恩重振公司。

浮存金信仰

洛里默·戴维森在那个寒冷的冬日周六向巴菲特慷慨解答问题，这不仅使他了解到了政府雇员保险公司的低成本低价护城河，而且向他打开了浮存金这个投资概念的大门。

如今，巴菲特表示，保险是伯克希尔-哈撒韦公司最重要的业务，因为保险公司总是先收取保费，然后再支付索赔。先收款后付款的模式能带来浮存金。在这一模式下，保险公司可以先用保费进行投资。如果伯克希尔-哈撒韦公司的保险业务能够在客户索赔后获得承保利润——他们确实经常做到了，那么伯克希尔-哈撒韦公司相当于为保存这笔浮存金而获得了报酬。因此，通过浮存金投资所获得收益就是纯粹的净收益。相比之下，许多保险公司的浮存金投资收益则被用来补贴承保索赔的损失。在这种情况下，浮存金就不是免费的。

在像巴菲特这样精明的投资者手中，这种自由的浮存金具有巨大的价值。浮存金不需要支付银行贷款之类的利息成本，也不会因为需要进行二次股票发行稀释现有股东的股份。正如尤吉·贝拉曾说的那样："他们给你现金，这与金钱一样好。"难怪巴菲特在听了洛里默·戴维森的一席话之后，对这只股票产生了前所未有的兴趣。

它为伯克希尔-哈撒韦公司带来了巨大的收益。伯克希尔-哈撒韦公司的浮存金从1970年的3 900万美元激增至2018年的1 200多亿美元。这足以吸引壁虎流口水了。

能够发现全明星管理人才并把他们团结在自己周围

格雷厄姆发现了洛里默·戴维森，洛里默·戴维森发现了杰克·伯恩，杰克·伯恩发现了托尼·奈斯利和路易斯·辛普森。这一强大的阵容之于巴菲特就相当于1927年的洋基队之于棒球联赛。他们每个人都迥然不同，但都是各自的领域的佼佼者，对工作抱有巨大的热情。当巴菲特买入了政府雇员保险公司剩余的49%的股份时，这家公司已经处于良好的运营状态之中，盈利不错，现金流充足，而且还拥有一个重视诚信、水平超群的管理团队。巴菲特可以将这一经营模式在其他伯克希尔-哈撒韦公司100%持股的公司中进行复制。

富国银行

20世纪80年代末和90年代初，美国储贷危机和德崇证券破产案的阴影还未彻底消散，然而许多大型金融机构已经在为自己挖掘新的坟墓了。

从1988年到1991年的4年中，美国银行和储贷危机造成了总计2 500亿美元的损失。从马萨诸塞州的新英格兰银行到加利福尼亚州的美国储蓄银行等，无一幸免。仅在加利福尼亚州，合计拥有750亿美元资产的储贷银行纷纷宣布破产，其中包括之前业绩强劲的直布罗陀储蓄银行（Gibraltar Savings）、帝国储蓄银行（Imperial Savings）、哥伦比亚储蓄银行（Columbia Savings）和林肯储蓄银行（Lincoln Savings）。从1986年到1995年的10年中，3 200多家储贷银行中有1/3倒闭，损失了1 600亿美元，其中1 320亿美元由纳税人承担。

许多储贷银行都发行了固定利率的长期抵押贷款，并通过可变利率的短期存款进行融资。为了应对不断上升的通货膨胀率，美联储将贴现率从1977年夏季的5.25%提高到1981年的14%。随着通货膨胀和利率飙升，存款成本最终超过了贷款利率的收益。投资银行德崇证券过于急切地想给出一种抵消核心贷款损失的解决方案。德崇证券大力推广投资高收益债券，而这些债券主要用于为高风险公司进行融资。虽然高杠杆融资不失为一种稳定的现金融资方式，能够为MCI电信公司（MCI Communications）和烟草及休闲食品零售商纳贝斯克集团公司（RJR Nabisco）等公司筹措资金，但当它被用于为周期型公司和尚未盈利的公司融资时，随着违约率的不断上升，投资上的亏损累积到了一定程度之后，就会导致信用损失。高收益的诱人吸引力对投资者而言是致命的，因为他们低估了高收益的另一面——高风险。道德操守的败坏、发展中国家的不良贷款、共同基金给吸引存款带来的压力、来自华尔街投资银行的贷款竞争、若隐若现的衰退迹象和走捷径的分析方法等因素都导致了这家以高杠杆融资而声名大噪的金融机构的灭亡。

巴菲特谴责这种走捷径的做法。他警告说，市场普遍使用的EBITDA（息税折旧及摊销前利润）指标有它的缺陷。"大肆宣扬EBITDA非常有害。"[78]人们在过去——包括现在——依然使用EBITDA去简单地衡量现金流。直到现在，债务对EBITDA的比率还一直广泛地被投资者使用，让他们以为公司的债务负担比较容易管理，但实际上这并非易事，而且这个比率也太过粗糙。EBITDA的缺陷在于它忽略了折旧的实际成本。而EBIT（息税前利润）减去维护性资本支出才能更好地衡量公司偿还债务利息和本金的能力。然而，在20世纪80年代和90年代初期，贪婪的心理压倒了审慎的分析，人们都在用EBITDA来掩饰公司债务过高所带来的风险。

过度放贷带来的压力和短视的投资分析致使最铤而走险的公司走向破产，也另外导致多家公司相继裁员并取消派息。但是到1989年年初，已经出现了经济复苏的萌芽，例如，美国银行恢复了派息。在过去的三年中，由于出现重大亏损，它曾一度暂停派息，裁员9 000人，出售了位于加利福尼亚街555号的总部大楼以及旗下的嘉信理财折扣证券经纪公司（Charles Schwab）。

然而，富国银行却独树一帜——在20世纪80年代这充满挑战的10年中，它从未停止派息。1852年，亨利·威尔斯（Henry Wells）和威廉·法戈（William Fargo）创立了富国银行，为淘金者保存财产，还通过其标志性的驿马车业务为金矿地区运送邮件。自成立以来，富国银行长期稳定的经营为股东创造了巨大的价值，也因此在业界享有盛名。

1989年 58岁的富国银行董事长兼首席执行官卡尔·莱卡特（Carl Reichardt）看到当时公司的估值，再回忆曾经的辉煌，不由得颇感沮丧：

我们已经经营了137年，据我所知，这家公司还从未亏损过。行业里公司的平均市盈率都是12倍，而这家前景大好的公司只有7~8倍的市盈率，这让我非常烦恼。[79]

卡尔·莱卡特的职业生涯始于美国联合银行（Union Bank），他负责房地产开发商和商用楼宇建筑商的贷款业务。随后，他于1970年加入富国银行。1983年，他被任命为富国银行的董事长兼首席执行官。他性格直率、强硬，管理风格不着边际，高度看重生产率。他说："我们确实对控制开支这类事情非常执着。"[80]他甚至取消了银行在12层高管办公区布置大型圣诞树的传统，因为那里很少有客人来访。让卡尔·莱卡特颇感自豪的是，富国银行的员工平均薪酬是加利福尼亚州的银行中最高的，而且富国银行的效益比率也最高，这是用来衡量运营支出占收入百分比的一个指标。

卡尔·莱卡特邀请他在联合银行密切合作的一位同事保罗·哈森（Paul Hazen）加入富国银行，担任总裁兼首席运营官。他是卡尔·莱卡特的得力助手。保罗·哈森的温文尔雅与卡尔·莱卡特坦率直言、不修边幅的性格完美互补。尽管个性不同，但他们都对经营一家高效盈利的银行抱有极大的热情。卡尔·莱卡特的策略是将富国银行的贷款业务主要集中在加利福尼亚州，专注于核心业务，并尽力削减成本。他核销了上一任领导层发出的数十亿美元的外国贷款，关闭了所有的海外办事处，购买了包括同城竞争对手克罗克国民银行（Crocker National）和加利福尼亚巴克莱银行（Barclays Bank of California）在内的几家加利福尼亚州的银行，出售了盈利微薄的业务，并解雇了数千名员工。1986年收购克罗克国民银行之后，富国银行在四年内让它的利润翻了一番。

卡尔·莱卡特将富国银行的贷款方向转移到他最了解的领域：商业、建筑和房地产开发。虽然富国银行在建筑行业和房地产行业的亏损比银行业务的整体亏损情况略微乐观，但投资者仍对该银行相对较大的风险敞口（占贷款总额的18%以上）感到担忧。截至1989年年末，富国银行的利润率明显高于其他银行，资产回报率为1.26%，而全国平均水平仅为0.88%，加利福尼亚州的平均水平为0.94%。它在1989年和1990年的净资产收益率高达25%，这让所有公司都羡慕不已。

1990年，由于过度建设，加利福尼亚州的写字楼、购物中心、酒店和工业建筑的市场趋于疲软，在南加州尤为明显。全国写字楼的空置率平均为20%，加利福尼亚州为15%~22%。华尔街的一些分析师预测，加利福尼亚州的房价暴跌对银行产生的影响可能会与石油行业的贷款大范围连累得克萨斯州的银行一样。在1990年7月，穆迪公司提出了不同观点，认为市场疲软会损害房地产贷款方的利益，但并不能因此预测将会出现类似新英格兰地区曾经历过的房地产衰退。穆迪指出，富国银行仍位居美国一流银行之列。[81]

在华盛顿，美国联邦存款保险公司（FDIC）和其他监管机构提倡废除限制银行跨州经营的法律。从长远来看，贷款损失将加速国内10 000家银行之间的合并重组，最终只有成本效益最高的银行能在市场上存活下来。此外，美联储可能会降低利率以刺激经济，并提高银行的净息差。

投资者对富国银行的股票持两种截然不同的态度。怀疑派指出，富国银行在1990年时的商业房地产贷款比例高于国内任何一家大银行，几乎达到了其普通股价值的5倍。加州其他四家大银行的比例则低得多，介于股价的1.6~2.9倍。富国银行还有大量的杠杆收购贷款，虽然卡尔·莱卡特表示他们仅投资优先债，并且这些债务都有工厂和设备等有形资产作担保。

由于加州房地产市场违约的可能性增加了，怀疑派在1990年兴风作浪，导致富国银行的股价下跌了15%~20%。[82]

帕洛阿尔托（Palo Alto，旧金山附近的城市）的费什巴赫兄弟公司（Feshbach Brothers，美国最大的做空机构之一）卖空了富国银行的股票，其在达拉斯的一位资金经理汤姆·巴顿（Tom Barton）表示："我虽然不敢说它已经到了破产的境地，但它的确已经不堪一击。"他的意思是，富国银行的股价将从哪里来的就到哪里去。他补充说："它是所有银行中房地产风险敞口最高的银行之一。"

保德信证券公司（Prudential-Bache Securities）的银行分析师乔治·塞勒姆（George Salem）表示："加利福尼亚州可能成为下一个得克萨斯州……（富国银行）的损失会更大。他们比其他银行更聪明，但它们在加州房地产市场的杠杆更高。"

美林证券的银行分析师利维亚·阿舍尔（Livia Asher）将该股的评级从买入下调至中性。她判断"公司的'基本面不会严重恶化'，但认为股价可能会因为'加州房地产的大量负面信息'而遭受损失"。

在这种背景下，伯克希尔-哈撒韦公司在1990年10月披露已经买入了富国银行9.8%的普通股。在未得到联邦储备委员会特殊批准的情况下，伯克希尔-哈撒韦公司只能持有其他公司10%以下的所有权。巴菲特在伯克希尔-哈撒韦公司1990年的年度报告中称，他以2.894亿美元的价格购买了500万股富国银行的股票。这500万股中的1/6是伯克希尔-哈撒韦公司在1989年买入的，其余的5/6于1990年买入。巴菲特在1990年的年度报告中解释了做这个投资决定的主要理由。

管理团队

- 喜欢、信任和钦佩：巴菲特高度认可富国银行当时的高级管理团队，他形容他们为"超一流的管理水平"和"我们认为自己已经有了业界最好的经理人"。卡尔·莱卡特于1994年12月从富国银行退休，并于1998年4月从富国银行董事会卸任。在1983年至1994年担任董事长兼首席执行官的12年中，富国银行普通股的总收益为1 668%，而标普500指数为396%。[83]

- 完美搭档：卡尔·莱卡特和保罗·哈森"他们二位能够相互理解、相互信任，还非常钦佩彼此"，并且"这对搭档是一加一大于二的组合"。

- 高薪奖励业绩最好的员工，并厉行节约：他们"坚持需要多少员工就雇用多少，一个都不能多"。

- 长期不断的成本控制：巴菲特说："他们两人都严格控制着公司的成本，不论是在利润达到新高时，还是在盈利压力巨大时。"

- 留在能力圈之内："他们都坚持只在自己的能力范围内做事，按照自己的能力，而不是为了面子来做决定。"

- **令人尊敬的文化**：多年来，富国银行的高管比其他任何银行都更看重人才的招聘。

公司

- **管理完善**：巴菲特说："银行通常所拥有的资产数额都相当于其净资产的20倍，如果有一小部分资产出现问题，就会导致大部分资产受到牵连……这就是为什么银行不是我们最喜爱的行业。因为20:1的杠杆率会同时放大管理者的优势和劣势，所以我们没有兴趣以'便宜'的价格购买管理不善的银行。相反，我们唯一感兴趣的是以公平的价格购买管理良好的银行。"

- **高回报**：富国银行"已经实现了20%以上的股本收益率，资产收益率也达到了1.25%"。

风险评估

- **地震**："加利福尼亚州的银行都面临着大地震这种特殊的风险。"虽然这种风险确实存在，但它带来大范围破坏的可能性很小。

- **（低）系统性风险**：如果发生金融危机，则会影响到每一家银行。这种风险真实存在，但概率不高。

- **加利福尼亚房地产价格下跌对富国银行的后续影响**："市场目前最担心的是，过度建设将导致西海岸的房地产价格下跌，并让为这种过度扩张提供资金的银行蒙受巨大损失。"

- **对最小风险进行量化计算**：巴菲特说："目前，富国银行在支付超过3亿美元的贷款损失费用后，每年的税前收入仍超过10亿美元。如果该银行480亿美元贷款中的10%（不仅仅是房地产贷款）在1991年遇到问题，损失比率达到平均为本金的30%（包括已放弃的利息），那么该公司还能大致做到收支平衡。像这样的年份——我们认为它发生的可能极低——不会让我们感到困扰。实际上，如果一家公司或一个资本项目在一年内没有产生任何收益，但随着股本的增长，它的收益率可以预期达到20%，那么伯克希尔-哈撒韦公司就愿意投资。"

价格

- 由于整个行业都在担心富国银行会因为贷款损失准备金不足而遭受亏损，所以才让巴菲特以低于5倍的收益和低于3倍的税前收益的价格购买到了这只股票。

我们在1990年能低价买入富国银行是拜银行股市场的紧张情绪所赐（见表20-3）。这种混乱局面可以理解为：每个月市场都会流出信息，指出哪家曾经备受好评的银行又做出了愚蠢的贷款决定。通常在管理层保证一切正常的情况下，大家却接连看到了一家又一家银行巨额亏损。显然，投资者得出的结论是，没有哪家银行的数据值得信赖。[84]

表20-3 富国银行的经营数据（1988—1990年）

富国银行（百万美元）	1990年	1989年	1988年
净利息收入	2 313.9	2 158.6	1 972.1
贷款损失准备金	310	362	300
非利息收入	908.6	778.7	682.2
非利息费用	1 717.3	1 574.5	1 519.1
税前收入	1 195.2	1 000.8	835.2
对巴菲特而言最差的情景：			
贷款总额	48 000		
问题贷款：10%	4 800		
平均损失率：30%	1 440		

- 股价下跌50%是对投资者信念的一次考验。巴菲特提到，在1989年

购买富国银行股票后，其股价曾在1990年的几个月内下跌了近50%，但这并未阻止他购买更多股票。"我们喜欢股价下跌，因为这一轮新的恐慌能让我们有机会买入更多低价股"。

● 不要仅仅因为市场不喜爱哪家公司就去购买它的股票，要知道你持有它的原因。

股价低迷的最常见原因就是悲观情绪，有时是弥漫在整个市场上的悲观情绪，有时是个别公司或行业不被看好。我们想在这样的环境中开展交易，不是因为我们喜欢悲观主义，而是因为我们喜欢悲观主义能带来的价格。乐观主义是理性买家的敌人。但是，这都不意味着仅仅因为某家公司或某只股票不受欢迎而去购买就是一个明智的做法。逆向策略和跟风策略同样愚蠢。你需要的是独立思考，而不是投票。[85]

自1974年以来一直看好富国银行的蒙哥马利证券公司的分析师理查德·"迪克"·弗雷德里克斯（Richard "Dick" Fredericks）说："巴菲特喜欢经济特许权。加利福尼亚州的（大型）银行拥有巨大的经济特许权……（该州）的四家大型银行拥有全州60%~70%的存款。"此外，迪克·弗雷德里克斯先生说："巴菲特与富国银行首席执行官卡尔·莱卡特是好朋友，卡尔·莱卡特……在任何行业中都会是一位了不起的经理人。"但即使是迪克·弗雷德里克斯也承认"自己有些尖锐"。

在伯克希尔-哈撒韦公司披露其购买富国银行股票后不久，《华尔街日报》的记者约翰·多尔夫曼（John Dorfman）总结了巴菲特对这只股票看涨的原因。他对银行的管理层曾预料到信贷问题，并加强贷款损失准备金的行为大加赞赏。他引用了富国银行发言人的话说："我们在加利福尼亚州和其他地区的房地产管理领域拥有优秀的历史业绩。"约翰·多尔夫曼指出："它在过去15年中成功度过了本国历史上两次最严重的房地产低迷时期，即1973—1975年的经济衰退以及1981—1982年由高利率而带来的房地产灾难。"此外，坏消息已经在股价上体现过了，股票价格已经下跌了

50%，仅是账面价值的81%，是过去12个月收益的3.6倍。

巴菲特在1990年以平均每股57.89美元的价格购买他第一笔500万股股票的80%以上时，他应该已经仔细分析了富国银行1989年的年度报告。卡尔·莱卡特和保罗·哈森在年度报告中表示，富国银行的每股收益增长20%，至每股11.02美元；资产收益率为1.26%，普通股收益率为24.5%，都创下了历史新高。1989年，富国银行的派息增加了20%，达到每股3.6美元，为伯克希尔-哈撒韦公司带来了超过6%的收益。此外，在之前的五年中，富国银行的股息已经增长了25%。

卡尔·莱卡特和保罗·哈森认为1989年是行业动荡的一年，但也正是在这一年他们加大了对核心银行业务的关注。他们出售或冲销了其最后一笔发展中国家的贷款，出售了旗下的通用设备租赁业务，并同意关闭在中国香港、韩国首尔和新加坡的办事处。为了降低风险，并将其贷款业务范围转移到美国国内的住房抵押市场，富国银行在前两年共取消了17亿美元的发展中国家贷款。它还在国内收购了三家银行，这使它在南加州地区和中央山谷地区这两大主要增长市场的零售银行网点数量增加了近10%。他们开始对客户的贷款申请逐一审核挑选，受理许多中小型贷款交易，以达到多元化的目的，还通过优先贷款或担保贷款来降低自己对高杠杆贷款的风险敞口。

他们还尽力为客户提供随时随地的服务，希望提升客户满意度。富国银行是加州第一家提供24小时电话客服的大型银行。它开通了家用电脑端的网上银行业务，并将工作时间设定为周一至五的上午9：00至下午6：00和周六的上午10：00至下午4：00。富国银行还承诺为客户提供"最多等候五分钟"的服务效率。如果客户排队的时间超过了五分钟，银行就会向他们的活期账户中转入5美元作为补偿。

富国银行核心客户存款（包括无息存款、计息支票账户、储蓄账户和储蓄券）占到了银行存款总额的69%，这使得富国银行不需要过于依赖可靠度低、成本高的商业票据资金，而且高级和低级债务资本已经能提供足够充分的资金，让富国银行回购了200万股普通股，这几乎占到公司流通股的4%。

富国银行118亿美元的商业房地产贷款占银行贷款总额的30%。其中，大约2/3在加利福尼亚。高杠杆交易贷款（Highly leveraged transaction loans，HLTs）共42亿美元，占贷款总额的10.7%。

伯克希尔-哈撒韦公司披露，在1989年到1990年的首笔收购中，为富国银行每股48.08美元的账面价值实际上支付了1.2倍的价格。富国银行在1989年取得了24.5%的净资产回报率，这也就意味着伯克希尔-哈撒韦公司可能收获了高于20%的回报率（24.5%除以1.2）。

接下来的两年是对投资富国银行的决心的考验。当时加利福尼亚州正处于经济衰退之中，许多传统的高增长行业都面临着生产水平下降的局面，不得不宣布裁员，这给它们的信用质量带来了不少压力。因此，银行监管机构建议将贷款损失准备金从1990年的3.1亿美元大幅增加到1991年的13亿美元和1992年的12亿美元。巴菲特之前设想的税前利润盈亏平衡的最差情景在1991年成了现实。当年，富国银行的收入仅为5 400万美元，而一年前为12亿美元。

然而，由于能消除银行随意设定的贷款损失拨备的周期性波动，税前拨备前收入——投资者常用来衡量银行核心盈利能力的标准——可以反映出公司具有更加健康的基本面。虽然报告的税前收入从1990年到1992年下降了一半（见表20-4），但税前拨备前收入实际上从15亿美元增加到17亿美元。

表20-4　富国银行的经营数据（1990—1992年）

富国银行（百万美元）	1992年	1991年	1990年
净利息收入	2 691	2 520	2 313.9

续表

富国银行（百万美元）	1992年	1991年	1990年
贷款损失准备金	（1 215）	（1 335）	（310）
非利息收入	1 059	889	908.6
非利息费用	（2 035）	（2 020）	（1 717.3）
税前收入	500	54	1 195.2
加回准备金	1 215	1 335	310
税前拨备前收入	1 715	1 389	1 506

由于富国银行贷款利率与存款和借款利率之间的差额加大，因此其净利息收入稳步增长。在两年期间，非利息收入（包括可预测性更高的经常性服务费用和收费服务）也有所增加。

巴菲特后来回忆这段经历时承认，"我低估了加州经济衰退和该公司房地产问题的严重性"。[86]卡尔·莱卡特坚信，贷款将是安全的，而且储备金也绰绰有余：

不管你把它们称为不良贷款也好，次级贷款也好，随便你叫它什么，但现金流依然足够充分。现在，我们的准备金占贷款总额的6.2%（1993年10月），在同行业中排名第二。以我们的独栋住房贷款业务为例，这项业务过去从未出现过亏损，那么我们的储备金比例为8%。我们的贷款损失从未达到过那么高。

除为贷款损失设定充分的准备金之外，公司的大部分非应计贷款均有房地产抵押品作担保。此外，忠诚客户还为富国银行带来了420亿美元的低成本存款，它还有626个零售网点，这些都是宝贵的资产。

布鲁斯·伯科维茨（Bruce Berkowitz）是雷曼兄弟的投资人兼高级副总裁。集中式投资让他名声大噪，他也在2010年被晨星公司评选为2000—2010年最佳共同基金经理。1992年，他持有富国银行近1/3的流动资产净值，他解释了为什么他如此看好这家银行：

> 道理很简单。富国银行过去的盈利能力惊人。我真的看不出它不能再继续盈利的理由。实际上，它的盈利正在增长。大量的贷款损失准备金掩盖了它的盈利能力。但是，当准备金回归到正常水平时，你就能看到它卓越的盈利能力将创造多大的利润。就是这么简单……他们是低成本的运营商。当经济衰退最终结束时，这家公司的净资产收益将超过20%……目前，富国银行每年的税前拨备前利润为33美元。只是想想这个数字我就倍感震惊。[87]

富国银行值得看好是因为加利福尼亚州的地区生产总值占全国的13%，而且它的经济发展不依赖于某个单一商品——例如像得克萨斯州对石油的依赖——而是呈多元化发展的状态。尽管在1991—1992年，南加州在航空航天和国防领域损失了25%的工作岗位，由此造成圣地亚哥25%的写字楼空置，但加州在电子、娱乐、生物技术、金融、农业和食品加工等领域的发展使它能有效对抗经济衰退。

它确实有效地对抗了经济的衰退。富国银行的贷款问题在连续9个季度的恶化之后，于1992年9月达到30亿美元的峰值。随后，在1993年年底降至15亿美元，又在1994年进一步降至8.71亿美元。加利福尼亚州的经济状况从1993年开始趋于稳定，1994年开始全面复苏。在这个充满挑战的时期，富国银行从未有一年出现过亏损。到1994年，富国银行的每股收益为14.78美元，净资产收益率为22.4%，接近1989年到1990年的25%，资产回报率为1.62%，超过了1989年的1.26%。由于被作为非应计处理的贷款恢复了应计状态，所以贷款损失准备金大幅降低，因而为银行带来了大量收益。换句话说，银行分析师错误判断了富国银行的贷款标准，他们的贷款客户可以熬过这场经济风暴。贷款损失准备金从1992年的12亿美元下降到1994年的2亿美元（见表20-5）。

表20-5 富银银行经营数据（1992—1994年）

富国银行（百万美元）	1994年	1993年	1992年
净利息收入	2 610	2 657	2 691
贷款损失准备金	(200)	(550)	(1 215)
非利息收入	1 200	1 093	1 059
非利息费用	(2 156)	(2 162)	(2 035)
税前收入	1 454	1 038	500
加回准备金	200	550	1 215
税前拨备前收入	1 654	1 588	1 715

伯克希尔-哈撒韦公司对富国银行管理层的充分信任获得了回报。巴菲特后来解释说：

我见过卡尔·莱卡特和保罗·哈森本人，也拜读过他们的采访语录，所以对两位有了一定的认识，不过当时对保罗·哈森的了解不如对卡尔·莱卡特那么深入。他们当然不同于普通的银行家。随之而来的问题就是，这种差异会对他们经营这家银行产生多大的影响。后来，等待他们的是波涛汹涌的风浪。我认为，之前我在他们身上发现的那些人性的光辉也许正是能让他们度过风浪的原因，也是他们行动的指南。[88]

在谈到富国银行如何度过这段经济萧条期时，查理·芒格对巴菲特的回忆做了补充：

我可能还要补充一点，因为富国银行是一个非常有趣的案例。他们有大量的房地产贷款，而50多年来最大的崩盘就这样发生在这个领域了。如果他们也要承受普通银行在房地产贷款业务上的平均损失金额，那么这家银行就将不复存在了。

我们基本上是认定了他们的房地产贷款状况要好于平均水平，事实也确实如此。而且他们处理问题的能力也高于平均水平。在这场浩浩荡荡的房地产危机当中，其他所有人都在盯着房地产企业的贷款和为他们提供贷款的银行家们，简单地认为富国银行就要破产了。但我们发现，他们的贷款质量和回款方式都比其他银行更好，所以他们应该能渡过这个难关。事实上他们确实渡过了。[89]

关于评估管理层的重要性，巴菲特最后表示："如果我们没有多看一步，仅仅查看财报数字的话，就不会做出这个决定。"[90]

伯克希尔-哈撒韦公司在1989年至1990年对富国银行的初始投资金额为2.894亿美元，随后又增资124亿美元（如图20-6所示）。到2016年年底，这两笔投资的合计价值已达到276亿美元。伯克希尔-哈撒韦公司是富国银行的最大股东，拥有10%的股权。虽然伯克希尔-哈撒韦公司后来又增资了124亿美元，但它对富国银行的所有权基本一直保持在10%的水平，

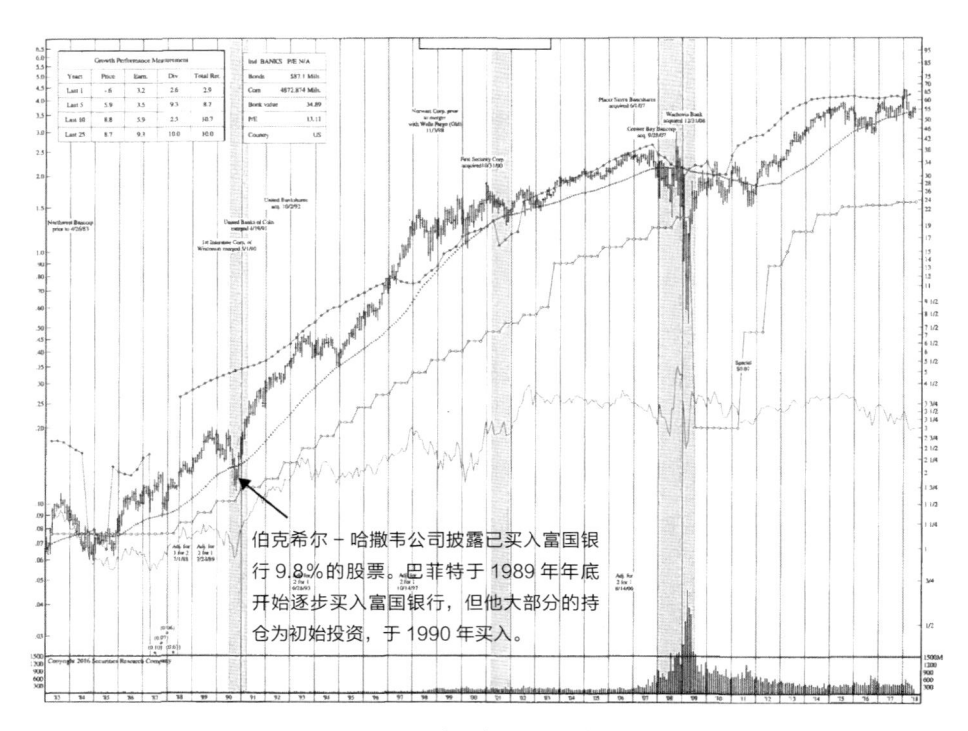

图20-6　富国银行股票走势图

与1989—1990年最初买入时持平，这主要由于后来伯克希尔-哈撒韦公司的股份被稀释了三次。首先是富国银行于1998年与西北银行（Norwest）合并，富国银行之前的股东共持有合并后公司约52.5%的股份。第二次是富国银行在2008年以换股的方式，耗资151亿美元全盘收购了美联银行（Wachovia）。当时富国银行发行了4.227亿股新股为此次交易集资。这是美国历史上最大规模的普通股非首次公开发行。第三次是为了应对2008—2009年的金融危机，富国银行通过一系列的股票增发方案来募集资本。

重点总结

富国银行在2012年超过可口可乐公司，成为伯克希尔-哈撒韦公司持仓比例最高的股票，2016年其持仓市值超过伯克希尔-哈撒韦公司累计购买成本的两倍。在伯克希尔-哈撒韦公司首次投资富国银行的五年之后，尽管市场上的主流声音都在质疑富国银行在商业房地产领域的风险过高，纷纷选择做空其股票和降低其评级，但富国银行的股票还是增长了两倍多。

看好管理层

巴菲特说："如果你不懂珠宝，那么最好要懂珠宝商。"银行业务也是如此。一些投资者拒绝投资银行是因为他们不具备评估贷款质量的能力。确实，投资者不可能对每个借款人的还款能力都进行评估，但他们可以评估的是：银行管理层的经验和历史业绩，银行贷款文化的特征和一致性，银行对客户服务的积极性，存款的成本和构成，银行的成本控制纪律，以及管理层做事的出发点是为股东赚取最大利益，也是为了给自己塑造一个伟大的形象。

加入富国银行之前，卡尔·莱卡特在美国联合银行专注于房地产开发和商业贷款业务，10年来取得了不俗的业绩。他把事业重点放在加利福尼亚州的房地产贷款领域，一直在自己的能力范围内不但精进。向发展中国家贷款并不属于卡尔·莱卡特或保罗·哈森的擅长领域。许多其他银行向高负债国家发放贷款，却因为这类贷款违约而损失了数十亿美元。

巴菲特亲自会见了卡尔·莱卡特之后，便坚信他不是一个徒有其表的人。卡尔·莱卡特是一位不拘小节、务实、注重成本的商人，他善于与客户保持密切的关系，奖励表现最佳的同事。在他的带领下，公司实现了稳健的增长，他还适时地多次回购了公司的股票，这些都让股东的回报不断提升。因此，巴菲特称赞他为银行业中最好的经理人。尽管普通投资者可能无法亲自接触公司的首席执行官，但可以收看他们的采访，从中评价他们的能力，看出他们是否足够坦率，还可以参加公司年度会议，观察他们的行为，甚至还可以向他们提出问题。

安全边际

巴菲特在购买富国银行股票之前，敏锐地对富国银行的下行风险做了量化分析，这也为此次投资建立了安全边际。按他的估计，即使在最坏的情况下，即全部贷款中有10%有问题或不计提，而且其中有30%产生了损失，富国银行仍然能够实现收支平衡。巴菲特设想的最坏情况的确发生了，而富国银行在1991年还是基本上实现了收支平衡。要看到，富国银行之所以只能做到盈亏平衡，主要是由于贷款损失准备金超出了正常范围。但事后证明，这样大规模计提贷款损失准备金是一种非常保守的做法，因此这笔准备金也在随后被冲销。事实上，这些房地产贷款人和高杠杆交易借款人都有着良好的信誉，这也证明了富国银行一直执行着严格的贷款标准，并拥有良好的信贷文化。

对信念的考验

在1989年伯克希尔-哈撒韦公司首次购买股票后，富国银行的股价下跌了50%。巴菲特和查理·芒格毫不畏惧，在1990年又购买了首次购买额的5

倍。伯克希尔-哈撒韦公司在1990年10月披露其第一笔投资后，保德信证券公司的银行分析师乔治·塞勒姆表示："巴菲特是一位著名的逢低买入者和长期投资者。他选择了最懂房地产的经理人。但他没有意识到的是，即使是（曾经的奥林匹克游泳明星）马克·斯皮茨（Mark Spitz）也无法在刮着猛烈飓风的海洋中游泳。"[91]

尽管没有人会把卡尔·莱卡特误认为是七届奥运会金牌得主马克·斯皮茨，但这位长着胡子的游泳健将永远不必应对1973年到1975年的经济衰退、能源危机、储贷银行危机、两位数的失业率和通货膨胀。而且卡尔·莱卡特和保罗·哈森甚至在加入富国银行之前就已经在波涛汹涌的大海中获得了金牌。1987年10月的黑色星期一，股市崩盘给市场带来了海啸般的重创，这也预示着20世纪90年代初期即将到来的市场动荡和经济衰退。在面对这场灾难时，他们两位再次证明了自己的实力。虽然公司的股价在市场的怀疑声中短期内下跌了50%，但巴菲特和查理·芒格敢于把希望押注在卡尔·莱卡特和保罗·哈森身上，相信凭借他们的经验和过往战绩肯定能够带领公司走出困境。他们的勇气来自对管理层的信念以及对下行风险的量化计算。卡尔·莱卡特和保罗·哈森再次斩获金牌，他们的名字被镌刻在了富国银行的辉煌历史之上，而不是像很多其他的储贷银行那样被刻在了它们的墓碑上。

第二十一章　道德与心态

> 建立声誉需要20年，而毁掉声誉只需要5分钟。如果考虑到这一点，你的处事方式就会不同。
>
> ——沃伦·巴菲特

商业伦理

伯克希尔-哈撒韦公司

巴菲特所珍视的道德原则之一是"说话算话"。在跟他做生意的时候，说话不算话的后果非常严重。1964年5月，当时的纺织厂伯克希尔-哈撒韦公司的首席执行官西伯里·斯坦顿（Seabury Stanton）问巴菲特将按什么价位出售巴菲特合伙人公司所持有的股票时，这一原则便体现得淋漓尽致。巴菲特合伙人公司当时管理着700万美元的资产，累计持有伯克希尔-哈撒韦公司约11万股的股票，占公司7%的股份，平均成本为每股7.5美元。因为伯克希尔-哈撒韦公司的营运资本为每股10.25美元，而账面价值为每股20.2美元，所以这只股票对巴菲特极具吸引力。当时，公司旗下的纺织厂纷纷面临倒闭的困境，伯克希尔-哈撒韦公司会在倒闭后对纺织厂进行清算，然后用这笔钱回购公司的股票。巴菲特看准了这个机会。美国纺织业已呈现长期下滑趋势，但巴菲特依然认为，如果公司再清算另一家纺织厂，那他就可以通过卖出所持有的股份赚到少量利润。伯克希尔-哈撒韦公司当时关闭了两家工厂，并准备回购更多股票。当西伯里·斯坦顿询问巴菲特的出价意愿时，他说每股11.5美元。据巴菲特回忆，当时西伯里·斯坦顿回答道："很好，就这么定了。"[1]然而，巴菲特在1964年5月6日收到了伯克希尔–哈撒韦公司的正式通知，看到的方案却是按每股11.375美元的价格回购225 000股。这比先前的口头协议少了1/8美元。

尽管以这一价格成交仍然可以让巴菲特赚到50%的利润，但巴菲特对西伯里·斯坦顿这种道德上的欺诈做法十分愤怒，这相当于他从巴菲特手中骗走了每股0.125美元。对西伯里·斯坦顿而言，虽然较低的报价意味着他让巴菲特比口头协议少赚了约14 000美元，但言而无信的后果将会更难承受。被激怒后，巴菲特选择了反击。他在1965年4月收购了伯克希尔–哈撒韦公司约283 000股股票，累计持股比例达到39%，他也因此在1965年5月的董事会上获得了公司的控制权。巴菲特解雇了西伯里·斯坦顿，却发现自己"身陷一个非常糟糕的公司，我对这个领域知之甚少"。[2]他补充说，"事实上，我已经把大笔资金投入到了这个糟糕的公司里"。[3]

在2014年伯克希尔–哈撒韦公司的年度报告中，巴菲特把这次投资称为一个"愚蠢的决定"。在巴菲特获得控制权后，伯克希尔–哈撒韦公司没有多余现金，还欠银行250万美元。这家纺织公司的财务状况岌岌可危，管理上也是一团乱麻，在接下来的20年里，它耗费了巴菲特大量的时间和资源。最终，巴菲特不得不向市场竞争屈服。在2010年的一次采访中，巴菲特表示，如果他直接把钱投入保险业务，那么伯克希尔–哈撒韦公司的身价将能翻倍，或许会比现在的价值高出2 000亿美元。[4]

巴菲特的经验告诉人们："当一个以履历光鲜而著称的管理者去处理一家以基本面欠佳而著称的公司时，能保留住'声誉'的往往是那家公司。"他补充说："如果你进入了一家糟糕的公司，那就立刻摆脱它。"[5]在巴菲特接管伯克希尔–哈撒韦公司之后，他所收购的多家优质公司就变成了伯克希尔–哈撒韦公司最主要的吸引力。巴菲特承诺，这些被收购的公司将可以继续保留原有的公司文化，而且各自的业务也将继续运转，伯克希尔-哈撒韦公司不会过多干涉。巴菲特不会跟自己100%持股的子公司打金拉米牌（gin rummy）[①]，当厌倦了子公司之后，或者是当它们不符合他当前的商业模式时，他就把子公司卖出。他也不会用高杠杆让它们背上巨额债务，更不会裁员，把子公司重新包装后卖出。只有在巴菲特预计某家全资子公司将对伯克希尔-哈撒韦公司造成永久性的资本流失时，或者遇到严重的劳工问题时，他才会考虑出售。在1998年的伯克希尔-哈撒韦公司年度会议上，有人问到巴菲特卖出股票的标准是什么，他回答说："买入伟大的公司，永不卖出，然后你就可以享受美好的生活了。"

巴菲特仅因为每股少了1/8美元而对西伯里·斯坦顿动怒，这是他的骄傲和固执在作祟吗？他为了坚持"说话算话"的道德准则而去收购一家即使是出色的经理人也无法挽回的糟糕公司，这是否显得太愚蠢了？他还坚持经营这家濒临破产的公司长达20年，这是他越发固执的表现呢？还是他对这些勤恳踏实的员工团队言而有信呢？

巴菲特在处理伯克希尔-哈撒韦公司的纺织业务时，充分体现了他的正直、守信、诚实和忠诚。他说过，他想与自己喜欢的、信任的和钦佩的人一起共事。在西伯里·斯坦顿试图骗走股东1/8美元之后，巴菲特就再也无法信任他。对于巴菲特而言，正确的做法是解雇西伯里·斯坦顿，防止伯克希尔-哈撒韦公司的股东再次遭受欺诈。他在没有仔细考虑这只船本身是否适合航行的情况下就直接罢免了人品有问题的船长。巴菲特成功地加固了这艘船，还扩大了它的吨位，带领它驶上了一段值得永远铭记的旅程。但随后，巴菲特又经历了至少两次明显的欺诈事件。

[①] 金拉米牌，一种在20世纪40年代流行于美国的牌类游戏，通常是两人对战，一赢一输。——译者注

所罗门公司

巴菲特坚定地将客户利益置于公司利益之上，并坚持商业道德规则、看重这些规则背后的精神。在每一届伯克希尔-哈撒韦公司的年度会议之前，他都会播放一段录像，那是他在2010年5月1日向国会小组委员会介绍对所罗门公司的投资时的开场白：

我已经要求所罗门公司的每位员工进行自我监督，确保行为的合规性。首先，每位员工需要遵守所有的规则，然后，我想让他们问自己一个问题：如果自己经过深思熟虑后的所作所为被一位资深的专业记者记录下来，并且刊登在第二天本地报纸的首页上，你是否愿意与自己的配偶、子女和朋友一起阅读。如果他们能够经得住这种测试，则不必担心我向他们传递的另一条信息：让公司损失了金钱，我可以理解；但让公司损失了声誉，我会不留情面。

在处理所罗门公司的困局之中，他的所作所为不断地提醒人们要以服务客户为工作的出发点，要及时、透明地披露任何违法行为，还要避免谋求一己私利。巴菲特珍视正直守信的品质，他无法容忍这些品质被破坏。

所罗门公司的几位主要高管自毁前程，不但进行了非法交易，还向公司隐瞒了这些信息。巴菲特在危急关头出任总裁，以自己的信誉力挽狂澜，才设法保住了公司，否则，成千上万名没有道德瑕疵的员工就会因此失业。

背景

美诺高矿产资源公司（Minorco）是一家总部位于百慕大群岛的投资控股公司，隶属于南非矿业巨头英美资源集团（Anglo American Corp.）。与所罗门公司合并之后，该公司在1981年获得了所罗门公司的2 120万股股票，以交换它在菲利普兄弟能源公司（Phibro Energy）这家能源和大宗商品交易商中的权益。这2 120万股股票（占公司总股份的14%）让美诺高成为所罗门公司最大的股东，并让它在所罗门公司的董事会中占有两个席位。

美诺高公司的股价从1985年的50美元高点跌至1987年4月的30美元低点，这使得它在所罗门公司中的地位显得非常被动。所罗门公司不仅遭受了债券交易业务的巨额亏损，而且这部分亏损的金额已经超出了其投资银行手续费的收入，因此也并不能两相抵消。火上浇油的是，所罗门公司刚刚为证券部门扩招了40%的员工，公司的收入增长就开始出现放缓的迹象。为了应对这一下跌，所罗门公司进行了一次战略性审查，这次审查很可能导致公司彻底变革。

1989年4月，就在审查几乎完成之际，美诺高公司有意出售持有的所罗门公司股票，并把这个意向通知了所罗门公司的董事长兼首席执行官约翰·古特弗罗因德。约翰·古特弗罗因德不希望所罗门公司的股票落入不友好的收购方手中，也不愿意看到美诺高公司的股票定期在公开市场上出售，因为这会进一步压低所罗门公司的股价。可是所罗门公司当时的杠杆率已经不低，所以无法再去筹资以回购股票，这让约翰·古特弗罗因德深感沮丧。在约翰·古特弗罗因德进展无果的情况下，美诺高公司于1989年9月向美国证券交易委员会提交了出售股权意向书。

露华浓公司（Revlon, Inc.）董事长——著名的公司收购大王罗纳德·O. 佩雷尔曼（Ronald O. Perelman）随即与美诺高公司接触，并几近达成了出价协议。约翰·古特弗罗因德会见了罗纳德·佩雷尔曼。罗纳德·佩雷尔曼认为所罗门公司的价值被低估了，他希望获得两个董事会席位，以换取他将自己对公司的持股比例限制在20%~25%。约翰·古特弗罗因德和所罗门公司的董事拒绝了罗纳德·佩雷尔曼的要求。约翰·古特弗罗因德解释说：

我并不真正了解露华浓公司的这些人，但我知道他们是借着德崇证券公司（著名的高风险垃圾债券公司）作为资金后盾，经手过几起名噪一时的收购案。我觉得我们的客户完全不会对他们满意。[6]

1987年9月26日（星期六），当他们再次在约翰·古特弗罗因德位于曼哈顿的公寓见面时，约翰·古特弗罗因德就坚定了这一信念。他说："我告诉罗纳德·佩雷尔曼，我不会给他打工，而且我也认为我们的员工不会为他工作。"[7]在像证券公司这样的人力密集型企业中，敌意收购充满了风险，因为被收购的资产——也就是人，可以直接走出大门，再也不回来。

在罗纳德·佩雷尔曼离开后，约翰·古特弗罗因德与美诺高公司达成协议，所罗门公司将接受露华浓公司每股38美元或8.09亿美元的初步出价。公司前一天的收盘价为每股32美元，这相当于溢价收购。

在20世纪70年代时，约翰·古特弗罗因德曾帮助政府雇员保险公司承销股票。自那时起，他就与巴菲特结下了深厚的友情。巴菲特意识到情况紧急，也深知所罗门公司急于出售股票，便打电话给约翰·古特弗罗因德，表示有意购买所罗门公司的股份。于是，他们立刻达成了协议。1987年10月1日，伯克希尔-哈撒韦公司投资7亿美元购买了所罗门公司的累积可转换优先股，约定9%的年派息率，并且可以按照每股38美元价格转换为普通股，这是截至当时伯克希尔-哈撒韦公司最大的一笔投资。巴菲特和查理·芒格取代了所罗门公司董事会中被美诺高公司占用的两个席位。在清算或破产的情况下，优先股的清偿顺序排在普通股之前、债券之后。所谓累积，意味着所罗门公司有义务在实现盈利的一年内弥补之前未派发的所有股息。优先股则使伯克希尔-哈撒韦公司拥有了所罗门公司12%的投票权，并且在三年后有权将这些优先股按每股38美元的价格转换为普通股，而所罗门公司的股价仅为30美元。所罗门公司还同意在8年后每年向伯克希尔-哈撒韦公司偿还20%的优先股。作为回报，伯克希尔-哈撒韦公司将把自己对所罗门公司的投票控制权限制在20%之内，为期7年。此外，只要所罗门公司的首席执行官继续由约翰·古特弗罗因德或"让伯克希尔-哈撒韦公司满意的人选"担任，他们就会用自己手中的投票权支持所罗门公司的董事会。

仅从固定收益这一项指标来看，这笔投资对伯克希尔-哈撒韦公司就颇具吸引力，可转换优先股更是锦上添花。而真正的吸引力更在于巴菲特对约翰·古特弗罗因德的信心，他在伯克希尔-哈撒韦公司1987年的年度报告中表示：

当然，我们完全不了解投资银行这个行业的方向或未来盈利能力。从本质上讲，这个行业的经济状况更难预测，比我们重仓投资的其他大多数行业都难。正是这种不可预测性，在一定程度上让我们倾向于以可转换优先股的形式来参与投资。

而我们能切实感受到的是所罗门公司的首席执行官约翰·古特弗罗因德正直守信的人品和他出众的工作能力。查理·芒格和我都喜欢、钦佩并且信任他。我们在1976年首次相识，当时正是因为他出手相助，政府雇员保险公司才有机会摆脱濒临破产的命运。此后，我们多次见证了他在面对不合理的交易时，引导客户放弃本来已经板上钉钉的决定。显然，他这么做会让所罗门公司得不到一分钱，而如果默许客户的决定，反而能大赚一笔。在华尔街，这种超越自我利益的服务精神并不常见。

尽管所罗门公司的股权价值缩水超过1亿美元（伯克希尔-哈撒韦公司7亿美元的收益减去向美诺高公司支付的8.09亿美元），但该公司因为巴菲特的投资收获了巨大的声誉，也成功地把大部分股份交到了友好人士的手中。所罗门公司的股东对此表示热烈欢迎，并在两天内将股价推高了近5美元，至36.875美元。

巴菲特买入优先股的初衷是为了确保伯克希尔-哈撒韦公司每年能够以近乎免税的方式获得6 300万美元的巨额免税股息，因为优先股股息收入的70%可免于征税。因此，巴菲特与所罗门公司进行谈判让他获得了对伯克希尔-哈撒韦公司更有利的条款，相比于巴菲特直接与美诺高公司谈判购买股份而言，这种方式更具优势。巴菲特无法料到，仅在18天后就爆发了"黑色星期一"股市崩盘，市场瞬间暴跌23％，所罗门公司的股价也几近腰斩。更糟糕的是，尽管巴菲特和查理·芒格极力反对，所罗门公司的董事会还是投票通过了降低员工股票期权的行权价格，希望以此作为一种保留人才的措施。如果股东要经受股价下跌的痛苦，为什么员工不应该共同分担痛苦呢？他们应该有更大的工作动力，努力把股票价格提高到先前的行权价之上。

巴菲特也购买了吉列公司、全美航空公司和冠军国际纸业公司（Champion International）等公司的优先股，帮助这些公司抵制了恶意收购。他认为，就所罗门公司而言，在投资了优先股之后，伯克希尔-哈撒韦公司就在耐心地等待所罗门公司重回往日辉煌。

不当行为：串通投标并掩盖真相

有商学院的学生问巴菲特，大学毕业后他们去哪里才能赚到钱？巴菲特摸了摸鼻子，回答道：华尔街。查理·芒格也毫不掩饰地表达过他的观点：

> 华尔街吸引的是那些崇尚所谓的球队更衣室文化的人——那里充斥着一群一心想要赢得足球赛、橄榄球赛或其他类似比赛的人。能在其中游刃有余的人，华尔街就会报以丰厚的奖励。他们的竞争意识太强了，因此，无论甲在做什么，他们都必须和甲做得一样好，甚至更好。当然，巴菲特和我都没有这种强迫症。我更愿意用自己的方式来做事，而不是他们的方式。他们这种只为取胜的更衣室文化对其他人造成了极大的伤害，而且因为他们一心只想着赢，所以在行为上也并不总能做到诚实守信。[8]

让查理·芒格如此不快的不是竞争本身，而是他们为了赢得竞争而采用的卑劣行径。所罗门公司的投资银行家与许多其他的同行一样，都是看着利润丰厚的承销交易费用分外眼红，所以才会用尽全力向客户推销证券。先完成交易，然后提醒买家留意风险，这就是很多投资银行家所恪守的职业信条。巴菲特对华尔街那群垃圾债券狂热分子充满了鄙视：

和往常一样，华尔街对一家公司的热情程度与它的优点和价值并不成比例，而是与它所能产生的收入成正比。不在乎他人利益的投资银行家将垃圾债券卖给了不用大脑思考的客户，而且这两种人都不在少数。[9]

在大家的眼中，所罗门公司的交易员大多是粗鲁野蛮的：在烟雾缭绕的交易大厅中，他们冲着电话听筒大喊大叫，一边买卖着证券，一边满脸丧气地对着电脑屏幕大骂脏话。他们对细微的买卖差价也要分秒必争，这种交易方式制造出压力巨大的氛围，与巴菲特在奥马哈的工作状态形成了鲜明的对比。巴菲特常年待在他那间没有电脑的办公室里，每天至少阅读五个小时，耐心地等待着合适的价格出现。

1989年，迈克尔·刘易斯（Michael Lewis）的著作《说谎者的扑克牌》（Liar's Poker）登上了畅销书榜单。他在书中生动地描述了自己在所罗门兄弟公司4年的工作经历，以第一人称的视角展现了那种被睾酮①熏陶过的公司文化，这一切正是首席执行官约翰·古特弗罗因德所鼓励的。如果巴菲特事先了解到所罗门公司内部存在这么强大的亚文化，他可能会重新考虑是否投资。迈克尔·刘易斯描述过一个典型的情景：约翰·古特弗罗因德打赌100万美元，邀请约翰·梅里韦瑟（John Meriwether）玩一局说"谎者的扑克牌"。说谎者的扑克牌是一种两人互猜美元钞票上序列号的数字游戏。要玩好这种游戏，就必须大量使用欺骗的技巧，还要虚张声势。它要求玩家掌握一定的数学原理，并进行概率预测。为了赢得游戏，玩家对对手必须冰冷无情，毫不手软。这些技巧往往也适用于债券交易——在一笔价值数十亿美元交易中，即使手续费只有1%的1/8，也能为公

---

① 睾酮，一种类固醇荷尔蒙，普遍存在于男性和女性的体内，具有维持肌肉强度及质量、维持骨质密度及强度、提神、提升体能等作用，这里指十分亢奋。——译者注

司带来数百万的交易利润，对交易员也意味着丰厚的奖金。约翰·梅里韦瑟是公司债券部门的负责人，也是一位杰出的数学家。约翰·梅里韦瑟意识到这对他来说是个必输之赌，因为即使他赢了游戏，也会因为赢了老板而输掉全局。于是，约翰·梅里韦瑟反击道，只有赌注高达1 000万美元时他才会接受邀请，这时约翰·古特弗罗因德就打了退堂鼓。虽然这个赌局没有进行下去，但公司却像一个赌场一样，始终充斥着为所欲为的大男子主义文化。

交易员就像是被雇用的枪支，华尔街上出价者最高的买家指向哪里他们就打哪里。每当完成一笔交易之后，交易员就会趁着空闲时间互相开一些低俗的玩笑，还总想让自己占尽上风。傲慢自大的公司文化就像约翰·古特弗罗因德手里永远夹着的雪茄一样，散发着刺鼻的滚滚浓烟。

美国财政部嗅到了这股浓烟，于是在1990年颁布了一项新法规，限定在任何一次竞标中，每一家公司的竞购额度都不得超过该批国债总额的35%。美国财政部希望通过这一法规避免某家公司成为垄断国债市场的巨头。然而，所罗门公司的董事总经理保罗·莫泽尔（Paul Mozer）对这一规定深恶痛绝。他在1990年12月和1991年2月先后两次违规操作。他以所罗门兄弟公司的名义依法竞标35%的国债，然后，在未告知客户的情况下，私自用客户的名义竞标了更多的份额。最后，他再把以客户名义获得的国债转到所罗门公司的名下，从而掩人耳目。1991年4月下旬，保罗·莫泽尔预感自己的行为将会败露，于是将这一违规操作告诉了他的上司约翰·梅里韦瑟。他向约翰·梅里韦瑟呈交了一封联邦监管机构给所罗门客户的信函，而这位客户正是被他假借姓名的人。幸好约翰·梅里韦瑟立即将这一消息通知了所罗门公司的总裁汤姆·施特劳斯（Tom Strauss）。约翰·梅里韦瑟在几天后就开始与汤姆·施特劳斯、约翰·古特弗罗因德和所罗门公司的律师唐纳德·福伊尔施泰因（Donald Feuerstein）共同商讨对策。唐纳德·福伊尔施泰因认为保罗·莫泽尔的行为已触犯法律，所以他们决定必须将发生的事情告知纽约联邦储备局。奇怪的是，直到1991年8月，也就是事发四个月后，这次违规操作才被美联储得知，所罗门公司也因此开始接受联邦政府调查。

按照巴菲特后来的说法，管理层的这种失职"简直莫名其妙，不可原谅"。[10]查理·芒格将管理层的沉默和不作为称为"吮指之错"（thumb sucking，看到了机会却什么都不做）。[11]之所以会出现这个充满比喻意义的吮指之错，直接原因是管理层担心信息一旦披露，会影响到所罗门公司的募资能力，而募资对于公司而言是头等大事。所罗门公司的资金运转依赖于对每天到期的数十亿美元债务进行再融资。如果断掉这个资金来源，就相当于拔掉公司的氧气管，而这种资金来源取决于信任。

从总资产与股本的比率来看，1990年年底，所罗门公司资产负债表上的杠杆率是31倍，就像倒置的金字塔一样岌岌可危。到1991年年中，所罗门公司的资产达到1 500亿美元，股本仅为40亿美元，相差37倍。事后来看，甚至连高盛集团都从未有过这么高的杠杆率。在2007年金融危机浮现前，高盛集团的杠杆率最高曾激增至26倍，但到2016年年底已降至10倍。而所罗门公司的债务总额超过1 400亿美元，这还不包括涉及全球无数个交易对手的数十亿美元的表外衍生品，而这一切都只建立在区区40亿美元的股本之上。除花旗银行外，所罗门公司的债务高于美国其他任何金融机构。大部分资产的资金都来自短期贷款，它们会在第二天到六个月到期。

约翰·古特弗罗因德的玩忽职守行为非常恶劣。其一，他没有及时向美联储告知违规投标国债的操作；其二，他也没有在公司例会上向董事会汇报刚刚收到了纽约联邦储备局的警告信。这封信表明，所罗门公司严重拖延了披露违约行为的时间，这使美联储"深感困扰"，现在美联储已经开始质疑是否应该继续与所罗门公司保持"业务关系"。

直到一个多月后之后，巴菲特才在时任纽约联邦储备银行行长杰拉尔德·科里根（Gerald Corrigan）给国会的证词中知道了这封信的存在。起初，杰拉尔德·科里根还以为约翰·古特弗罗因德肯定已经把这封至关重要的信函转交给了所罗门公司的董事会。所以，在他看到董事会无动于衷的情况下，便把这解读为所罗门公司对美联储的傲慢态度。巴菲特后来反思道："可以理解美联储的做法，这个时候他们肯定认为董事们已经选择与管理层站在一起，往他的脸上吐口水。"[12]

约翰·古特弗罗因德与董事会以及美联储之间的信任已经破裂。此外，所罗门公司的债权人也对公司失去了信任，并且要求退出。他们更加看重公司的偿付能力，也需要先确保本金的安全，所以没有必要继续把资金留在公司里等着赚那几个基点的收益。在赎回了大约7亿美元的债务后，所罗门公司也不再交易自己公司的股票了。如果所罗门公司对自己的股票都没有信心，难道投资者还不要求立刻撤回资金吗？更不用说继续给他们提供资金了。约翰·古特弗罗因德和汤姆·施特劳斯迫切地想要重新建立起所罗门公司的信用，从而恢复公司资金的供应——虽然这意味着他们俩必须辞职。

救世主登场

约翰·古特弗罗因德和汤姆·施特劳斯跟巴菲特进行了一番电话沟通，随后他俩同意辞职。由于巴菲特持有公司7亿美元的优先股，是最大的股东，所以在一切恢复正常之前，他是担任公司临时董事长的最佳人选。巴菲特不想承担这份工作，但他也别无选择。1991年8月18日，他接下了这个烫手山芋，年薪1美元。巴菲特说："我读过《说谎者的扑克牌》一书，我的工作就是阻止'说谎者的扑克牌续作'出版。"[13]这时，不仅他的投资可能会打水漂，还有8 000多名员工的饭碗也可能不保；他作为这家公司的董事会成员，也要对数千名股东的资本负责；同时，这也是为了挽救金融系统的稳定性——如果1 000多亿美元的债务突然违约，很可能会导致金融市场大乱，引发金融危机，在全球范围内造成恶劣的影响。巴菲特认为，这次严重的违规操作虽然是一个重症肿瘤，但仅发生在局部，并且可以切除，还未在所罗门公司体内全面转移。

在约翰·梅里韦瑟也递交了辞呈之后，巴菲特面临着一个艰难的任务：该选择所罗门公司的哪一位高管人员来担任证券部门的新负责人？他面试了十几名候选人，跟每个人大约都谈了十分钟。他问每一个人自己心中最适合担任总裁和首席运营官的人是谁。大多数人都推举了德里克·莫恩（Deryck Maughan），约翰·古特弗罗因德也不例外。德里克·莫恩担任所罗门公司亚洲分部的负责人已有5年，时年43岁，他曾任英国财政部官员和投资银行联席主席。他不是美国国民，也不是交易员，但巴菲特看中了他正直守信的道德品格，任命他制定并执行所罗门公司的交易管控条例，规范那些交易员的浮躁行为。作为临时董事长，巴菲特表示他将帮助德里克·莫恩"清理过去的罪恶，并使公司的资产资本化"。[14]德里克·莫恩从未问过自己接任这一职位能得到多少报酬，这也让巴菲特对他另眼相看。

事件伊始，美联储立刻中止了所罗门公司参与国债竞标的资格，这相当于用一把匕首插进了所罗门公司的心脏。但是，随着约翰·古特弗罗因德、汤姆·施特劳斯、约翰·梅里韦瑟、保罗·莫泽尔和汤姆·墨菲（Tom Murphy，政府证券交易部门负责人）的辞职，加上有巴菲特的声誉和人格作担保，美联储部分地撤销了这一决定。由于时任美国财政部部长尼古拉斯·布雷迪（Nicholas Brady）对巴菲特欣赏有加，而且巴菲特也执意表示一旦所罗门公司被迫破产，他就会立刻撤出，所以美联储最终允许所罗门公司仅以对公账户参与竞标，禁止使用客户账户；同时，还允许所罗门公司在二级市场上转售已持有的国债。

巴菲特和德里克·莫恩共同制定了全新的交易规则，包括保存更详尽的交易记录和每日报告、以书面形式确认所有客户订单并禁止在政府证券部门拍卖之前开展国债交易业务。同时，巴菲特出售了公司数十亿美元的资产、大幅削减奖金并以股票形式支付报酬，从而收缩资产负债表规模，降低杠杆率。他还要求对所有的国债竞标进行二次核查。

巴菲特之前常常教导他旗下全资子公司的各位运营经理，在处理商业危机时一定要"厘清问题，迅速应对，尽快脱身"。这次面对所罗门公司的危机，他也亲自践行了这一原则。巴菲特自愿担任临时主席后的第11天，他写了一封致股东信，刊登在《纽约时报》《华尔街日报》和《华盛顿邮报》上。他坦诚明确地列出了几项改革措施：

● 任命德里克·莫恩为所罗门兄弟公司的首席运营官，领导一个全新的管理团队。巴菲特表示，任命德里克·莫恩是他接所罗门公司手以来所做的最佳决定。后来，他提到德里克·莫恩时还表示，他是一位才智出众、正直守信的人，总能以股东的利益为出发点，也颇具商业智慧。[15]

● 制定全新的规则和流程。

● 设计全新的监控机制，包括在董事会中成立合规委员会。

● 任命自己为首席合规官，并鼓励员工在遵守公司规则的基础上，以更严格的标准要求自己。他说："我相信，我们只需在舞台中心全力以赴地演出，就能获得丰厚的回报，不需要表演近距离的杂技。好利润与好行为并不相抵触。"

● 设立2亿美元的法律成本准备金，虽然这一成本高昂，但与所罗门公司40亿美元的股本基数相比，也是完全可以应付的，准备金远远低于投资者所担心的数额。据管理层估计，所罗门公司在这8次违规的竞标中仅获利2 000万美元，但这不包括客户流失带来的损失。

● 废除先前不合理的薪酬计划，颁布全新的绩效工资制度。巴菲特指出，虽然所罗门公司的净资产收益率仅有10%，远低于行业平均水平，但仍有106名员工的年薪超过100万美元。尽管1990年公司的基础薪酬与1989年相比持平，但薪酬总额的增长却超过了1.2亿美元。从1991年开始，高薪员工最高有50%的报酬将以股票的形式发放，而且至少5年之后才能赎回。

- 降低公司杠杆率。1991年8月16日，即巴菲特就任临时董事长的前两天，公司的总资产约为1 500亿美元。到9月30日，资产跌至970亿美元，资产权益比率从37倍降至24倍。巴菲特解释说，他不愿意为获取边际收益而增加杠杆，"更高的总投资额实际上会导致更少的利润：商业银行和投资银行近年来都认识到，产生无视投资交易纪律的决策往往是因为获取资金太过容易了"。[16]

- 公平对待每家子公司。母公司所罗门公司有两个运营子公司：主营金融服务的所罗门兄弟公司和能源贸易及炼油公司菲利普兄弟能源公司。在巴菲特看来，评价每家公司的经营水平时，都应该以它的净资产收益率作为标准。每家公司都应该被独立评估，被公平地对待。菲利普兄弟能源公司也将不再像一个"继子"那样，总被忽视了。

所罗门公司最终同意以2.9亿美元和解，给这一事件画上了句号。随后，美国财政部也取消了制裁，允许所罗门公司重新开展为客户竞标美国国债的业务。

巴菲特担任临时董事长的时间长达10个月，而引发丑闻的保罗·莫泽尔被罚款30 000美元，并被判入狱4个月。巴菲特强化了公司的合规管理，提高报告的透明度，并强调做事有度的原则。这一系列的措施不仅拯救了所罗门公司，还进一步巩固了他在商业道德和诚信方面的声誉。在他的领导下，所罗门公司重新建立了信用和声誉，并在1997年被桑迪·韦尔执掌的旅行者保险公司以90亿美元（合每股81.43美元）的价格收购。旅行者保险公司通过发行股票完成了对所罗门公司的收购。以持股比例计算，伯克希尔-哈撒韦公司获得了18亿美元的收益。

在收购宣布当天，巴菲特称赞了桑迪·韦尔在旅行者保险公司所取得的成就："几十年来，桑迪·韦尔运用高超的技巧成功促成并处理了金融服务领域内的多宗并购案，他为股东创造了巨大的价值，他是一个天才。在我看来，他对所罗门公司的收购也处理得非常好。"

几年后，我遇到桑迪·韦尔时，也跟他提起了巴菲特当年称他是天才的讲话。对于巴菲特的赞扬，桑迪当时依然非常感动。巴菲特在伯克希尔-哈撒韦公司里，也显然"运用高超的技巧成功促成并处理了金融服务领域内的多宗并购案，为股东创造了巨大的价值，也是一个天才"。

巴菲特预言了所罗门公司的整个经历："我们相信对所罗门公司的严格监管和重点调查已经结束。我们现在可以继续前进，而且向市场证明高道德标准和丰厚的利润都是公司的目标，它们不仅能相互兼容，而且可以相互促进。"[17]

巴菲特对所罗门公司的影响表明，公司应该坚持诚实守信，将客户的利益放在首位，坦诚地披露信息，坚持正直经营的原则，而不能只以创造多少收入来衡量员工的价值，更不能不在乎他们赚钱的方式是否得体。他本着诚恳的态度处理与监管方的关系："我首先要为造成今天这个局面的行为道歉。国家的法律规则必须要遵守，所罗门公司违反了其中一些规定。"[18]在巴菲特重建了上市公司及其股东之间的神圣信任关系，金融行业的"白衣骑士"①也戴着道德的白帽子。这让我们看到好人最终会赢得胜利，傲慢的骗子和掩盖事实真相的人终将失败。

大卫·索科尔

伯克希尔-哈撒韦公司的首席投资官和首席执行官现均由巴菲特担任。在他去世后，这两个职位将至少由两个人分担。托德·库姆斯和泰德·韦施勒目前各自管理着伯克希尔-哈撒韦公司数十亿美元的投资，并准备好在巴菲特逝世后接管其余的部分。多年来，关于谁将接替巴菲特担任首席

---

① 白衣骑士，指救世主，这里指把公司从不利的金融困境或收购建议中挽救出来的个人或机构。——译者注

执行官的猜测从未间断，可能的接任者包括阿吉特·贾因（Ajit Jain）、马特·罗斯（Matt Rose）、格雷格·阿贝尔（Greg Abel）以及直到2011年才走进公众视线的大卫·索科尔（David Sokol）。

阿吉特·贾因是伯克希尔-哈撒韦公司保险业务的副主席。毫无疑问，保险业务是伯克希尔-哈撒韦公司最重要的业务，因为它给公司带来了巨量的浮存金。巴菲特每天都与阿吉特·贾因商讨问题，他对阿吉特·贾因也毫不吝惜溢美之词：

- "阿吉特·贾因从零开始，一手打造了一个巨大的再保险部门，既给公司产生了海量的浮存金，又创造了高额的承保收益。"[19]
- "如果你在年度会议上能遇到阿吉特·贾因，请深深向他鞠躬。"[20]
- "阿吉特·贾因甚至比超人还厉害。"[21]
- "如果查理、我和阿吉特·贾因同在一条即将沉没的船上，而你只能救一个人的话，那就游向阿吉特·贾因吧。"[22]

马特·罗斯是伯灵顿铁路公司的首席执行官，这是伯克希尔-哈撒韦公司旗下最赚钱的子公司之一；格雷格·阿贝尔是中美能源控股公司的首席执行官，这是伯克希尔-哈撒韦公司旗下的一家正在增长的大型公用事业公司。巴菲特也对马特·罗斯和格雷格·阿贝尔赞赏有加："伯灵顿北方圣太菲铁路运输公司的马特·罗斯和中美能源公司的格雷格·阿贝尔是我们两位杰出的首席执行官。他们都是卓越超群的运营经理，带领公司充分为客户和所有者的利益而服务。我对他们两位都抱有感激之情，你们同样也应该对他们心存感激。"[23]

大卫·索科尔曾任中美能源公司的董事长，每当评估潜在的收购标的以及伯克希尔-哈撒韦公司的子公司遇到麻烦时，巴菲特都非常看重他的意见。2010年8月16日，《财富》杂志以《沃伦·巴菲特的搞定先生》（*Warren Buffett's MR.Fix-it*）为题，发表了大卫·索科尔的专题报道。文章称，他常被当作巴菲特的继任者。在伯克希尔-哈撒韦公司2010年的年度报告中，巴菲特提到大卫·索科尔的工作表现时，似乎眼睛都在发光：

你现在应该能看得出来，伯灵顿北方圣太菲铁路运输公司的马特·罗斯、中美能源公司的大为·索科尔和格雷格·阿贝尔为我们的社会所做出了巨大的贡献，我为此感到非常骄傲。我也要感激他们为伯克希尔-哈撒韦公司的股东所创造的回报，这也让我感到非常自豪。

在与大卫·索科尔举行了两次简短的会谈之后，巴菲特才决定收购中美能源公司的控股权。他称赞这位首席执行官"才华横溢，富有企业家精神"。[24]大卫·索科尔带领中美能源公司从一家年收入仅有2 800万美元的地热公司发展成为一家强大的天然气和电力公司。

2006年3月20日，安德鲁·巴里（Andrew Bary）在《巴伦周刊》上撰写了一篇《谁是伯克希尔·哈克的下一位掌舵人》（Who's On Deck at Berkshire）的文章。他认为继承巴菲特的最佳人选是大卫·索科尔。这是因为他只有49岁，担任着伯克希尔-哈撒韦最大的单一收益贡献公司（不包括保险）的首席执行官，还具有成熟的交易技巧，并且"似乎具有填补巴菲特这一重要位置的野心和自我意识"。

大卫·索科尔于2007年出版了著作《满意但并不满足》（Pleased but Not Satisfied）。巴菲特接受了作序的邀请，并对大卫·索科尔不吝赞美之词：

他在公司管理领域取得的成绩将相当于泰德·威廉姆斯.406的打击率[①]。8年来，我一直坐在前排的座位上，看他打着经营中美能源控股公司这场比赛，所以深知他的能力……我要承认一点：不论是看为人处世的风格，还是看对伯克希尔-哈撒韦公司贡献的价值，我都对大卫·索科尔非常满意，很高兴能与他共事。

---

① 打击率是棒球术语，是衡量打击手成绩的重要指标，.406即0.406，在美国一般去掉小数点前面的"0"，打击率.406是非常优秀的表现。——译者注

《满意但并不满足》这本书是他的智慧瑰宝，也是一本出色的管理学入门必读书籍。大卫·索科尔在撰写这本书之前的12年中，先后评估了130多项收购标的公司，其中落实了18项，而且几乎全部都达到或超过了最初期望的价值。大卫·索科尔严格遵循自己的十步评估法来考察收购标的，这套方法与巴菲特的标准也有异曲同工之妙，可以作为投资者在评估任何投资标的时借鉴的宝贵经验：

● 可以从一家公司当前的市场参与度、成本结构的竞争性、创新能力、领导市场的能力及其竞争优势和劣势等角度看出它的发展前景。

● 公司的历史业绩，过往应对挑战、适应环境和突破创新的能力。

● 管理团队的能力。

● 公司的资产负债表，以及任何在表达上耍的小花招——通常都藏在脚注里。

● 公司的竞争地位可以持续多久。

● 为实现未来的增长，公司在过去曾愿意做出多少投资。

● 遗留成本，包括但不限于诉讼费用、环境治理费用、现任员工的养老金保险或退休员工的养老金。

● 公司文化，这可能反映出公司在会计、商业道德或其他方面存在着一套过于激进的做法。

● 分析公司的实际现金流量和资本支出要求，以确定公司是正在创造价值，还是在原地挣扎，或是在破坏价值。这种分析经常被忽视，导致了严重的后果。

● 公司是否存在尚未被充分利用或价值被低估的资产？是否可以将它们更有效地利用起来？这家公司是否很容易在跨越式技术发展中被市场淘汰，或是在法律法规出现较大变动时会变得岌岌可危？[25]

大卫·索科尔还提出了一些其他的关键思考角度，包括：

● 一家公司和一支管理团队的历史业绩是其未来表现的重要指标。如果过往的表现非常糟糕，那么就很难在未来突然精准转型，实现成功。

● 如果一家公司持续披露一次性项目或异常项目，则应引起高度怀疑。他们是一直不走运，还是管理不善？

● 财务数据的多元指标分析对衡量公司的真正价值几乎没有作用，或者充其量只能发挥非常有限的作用。例如息税折旧及摊销前利润、息税前利润、市盈率或一些最近才出现的更奇特的指标（例如"息税折旧摊销一次性项目前预估形式营业收入"）。每家公司都是独一无二的，所以这些指标最多只能反映出公司状况的25%。[26]

巴菲特在2007年任命大卫·索科尔掌管业绩欠佳的商业屋顶和保温材料制造商约翰斯曼威尔公司（Johns Manville）。2008年，查理·芒格要求大卫·索科尔对中国的充电电池和电动汽车制造商比亚迪（BYD）进行尽职调查，并在看到调查结果之后买入了比亚迪的部分股权。

2009年，巴菲特要求大卫·索科尔负责私人飞机租赁公司奈特捷（NetJet）。这是一家业内的头部公司，于1998年被伯克希尔-哈撒韦公司以7.25亿美元收购。在伯克希尔-哈撒韦公司持有奈特捷的11年中，公司的累计税前亏损达1.57亿美元，仅2009年一年的亏损就高达7.11亿美元。公司的负债从1.02亿美元激增至19亿美元，如果没有伯克希尔-哈撒韦公司提供债务担保，奈特捷将面临破产。在大卫·索科尔抵达后的一周内，奈特捷的创始人兼首席执行官里奇·桑杜里（Rich Santulli）辞职。大卫·索科尔接任董事长兼首席执行官，并开始大力缩减成本。他实行了裁员计划、解雇了一半的高级管理人员、出售了多余的飞机、偿还了债务、取消了在俄亥俄州州立大学橄榄球比赛的看台套间和免费使用飞机等公司福利、发起了目标明确的综合业务计划，并要求每笔预算都必须列明用途。公司在2010年成功从困境中实现反转。巴菲特评价说："看起来奈特捷今年的税前利润将达到2亿美元，这是我所见过的了不起的管理成就。"[27]

巴菲特在伯克希尔-哈撒韦公司2009年的年度报告中称赞大卫·索

科尔：

中美能源公司非常有才华的建设者和运营者大卫·索科尔在2009年8月被任命为奈特捷的首席执行官。他具有化腐朽为神奇的领导能力：现在这家公司的债务已经减少到14亿美元，在2009年遭受了7.11亿美元的惊人亏损之后，目前已经实现了稳定的盈利。

然而，对于一个能让公司在困境中反转的艺术家而言，大卫·索科尔的世界在2011年年初被完全颠覆。他在1月5日、6日、7日买入了特种化工用品制造商路博润公司（Lubrizol）的96 060股股票，共计1 000万美元。不到两周之后，也就是1月14日或15日（巴菲特记不清确切的日期），他建议巴菲特考虑通过伯克希尔–哈撒韦公司收购路博润公司。随后，伯克希尔–哈撒韦公司于2011年3月14日宣布与路博润公司达成了90亿美元的收购协议。据《华尔街日报》报道，伯克希尔–哈撒韦公司与路博润公司的初次接触大约始于2011年年初。[28]

路博润公司2010年调整后的每股收益（不包括重组和减值费用）为9.91美元，而伯克希尔–哈撒韦公司的出价为每股135美元，相当于13.6倍的市盈率。路博润公司计划在2013年实现每股收益13.5美元的目标，如能在两年之内实现，那么这一收购价格恰好是届时每股盈利的10倍，所以这个出价并非一个随机给出的数字。路博润公司长期以来都能将更高的原材料价格转嫁给客户，因此可以实现收益持续增长。

大卫·索科尔在第一次与巴菲特讨论路博润公司时便透露自己已经持有这家公司的一些股票，却只字未提他是刚刚买入的。巴菲特认为这是一个他随口提到的事情，也以为大卫·索科尔持有这只股票已经有一段时间了。后来，巴菲特遗憾地表示，他本应向大卫·索科尔询问清楚他买入股票的时间。巴菲特和大卫·索科尔都不认为这属于违法行为，但这确实违反了道德准则，没有披露自己于近期购买股票确实具有误导性。

2011年3月28日，大卫·索科尔向伯克希尔–哈撒韦公司提交了辞呈，这让巴菲特和投资界都大为震惊。他表示并不认为自己做错了任何事，此次辞职也与他购买路博润公司的股票无关。他只是想更加自由地掌控自己的时间，并开展自己的投资业务。巴菲特从来没有要求过大卫·索科尔辞职，他还透露大卫·索科尔此前已经两次提出辞职，最近一次是在2009年。大卫·索科尔前两次提出辞职时，巴菲特都劝他留下，但是这次同意了。

伯克希尔-哈撒韦公司的审计委员会随后发现，大卫·索科尔曾与花旗集团的投资银行家讨论过这笔收购的可能性，也正是这位花旗集团的银行家向大卫·索科尔推荐了路博润公司，大卫·索科尔正是在这几次讨论期间购买了股票。尽管大卫·索科尔并不知道伯克希尔-哈撒韦公司会怎么看待收购路博润公司的提议，他也无权决定伯克希尔-哈撒韦公司最终是否会提出收购要约，但既然这个提议是由他提出的，那么他就更有责任及时、完全地披露自己所持有的相关资产。审计委员会最终的结论是，大卫·索科尔的行为和交易活动违反了伯克希尔-哈撒韦公司的商业道德标准和内幕交易政策。按规定，公司的高级管理人员"知晓机密信息的人不得以股票交易或任何其他目的而使用或分享这一信息，用于指导公司经营的行为除外"。[29]即使在事件发生之前利用相关信息，也属于违反商业道德的行为，理由就是该行为未将客户或股东的利益置于内部人士之上。大多数投资管理公司都设有"控制人员"的职位，以了解内部人士的交易意图。他们负责将交易信息提交给合规部门做预先审批，然后除了提交交易确认函的副本，还要按月或按季度汇报交易的情况。如果巴菲特也这样要求大卫·索科尔的话，也许就可以避免这些不幸的事件。

巴菲特在宣布大卫·索科尔辞职时表示：

大卫·索科尔做出了非凡的贡献。在中美能源公司，他和格雷格·阿贝尔所创造的业绩打败了公用事业领域所有的运营经理。在奈特捷公司，大卫·索科尔拯救了这家将要破产的公司，而且并有用伯克希尔-哈撒韦公司的钱。此外，他还帮助约翰斯曼威尔公司成立了全新的管理团队，负责公司的重大转型，在运营方面做出了巨大的贡献。[30]

但不幸的是，所有的这些成就都被这次有利益冲突的交易所掩盖。

在伯克希尔-哈撒韦公司收购路博润公司的这次交易中，大卫·索科尔个人仅获利300万美元。而他在2009年兑现他持有的中美能源公司的期权时，就获得了9 600万美元。两相对比之下，前者显得微不足道。几年前，大卫·索科尔曾拒绝了1 250万美元的奖金，并建议这笔钱应该用来奖励他在中美能源公司的二把手格雷格·阿贝尔，这也让区区300万美元的股票收益相形见绌。但不幸的是，大卫·索科尔和巴菲特在这种情况下分道扬镳，而且大卫·索科尔也因为这一笔不会对他的生活方式产生实质性影响的交易而名誉扫地。巴菲特认为大卫·索科尔的举动"莫名其妙，不可原谅"。

2011年3月31日，大卫·索科尔在从伯克希尔-哈撒韦公司辞职后第三天，接受了CNBC频道的采访。他称赞巴菲特是一位伟大的导师、顾问和老师，并表示他在伯克希尔-哈撒韦公司的经历是他一生中最好的时光之一。他补充说道，他对巴菲特充满了敬爱，而且他在这个行业中最尊敬的人就是他。他证实了曾在过去两年中两度提出辞职，但巴菲特劝他留下来帮助奈特捷公司扭亏为盈。大卫·索科尔解释说，他想用自己家族的资金创立一家投资公司，把它建成一个没有保险业务的迷你型伯克希尔-哈撒韦公司，因为保险不是他擅长的领域。他认为巴菲特"状态良好""具有过人的才智和敏锐的洞察力"，不会在近期退休。

大卫·索科尔认为自己的行为并未触犯利益冲突原则，主要是因为：①他没有投资或收购项目的决策权；②他在最初提出这个想法时，不认为巴菲特会对这家公司有任何兴趣；③"这些年来，我向巴菲特建议的公司大多数他都不感兴趣。"大卫·索科尔说，他平均每年提出八九个投资建议，而他本人每年做出三四个投资决策。他不认为自己做错了什么，并表示，如果一切可以重来，"我永远不会向巴菲特建议收购这家公司，只会把我自己的钱投进去，然后看它自己的表现。我知道这是对伯克希尔·哈撒韦公司的一种伤害，但如果大家觉得以后这样做才是对的，那就这样吧"。

很不幸，大卫·索科尔的这番话听起来像是吃不到葡萄说葡萄酸，仿佛在说他想抱一个球回家自己玩儿。但现实情况是，他作为伯克希尔-哈撒韦公司的一名雇员，主要的职责就是为公司股东的最大利益服务，而不能优先考虑自己的个人利益。虽然他没有亲自为伯克希尔-哈撒韦公司做出这个投资决定，但他与巴菲特的同事关系确实能对伯克希尔-哈撒韦公司的决策产生重大影响，因此他有责任披露任何潜在的利益冲突。

尽管他没有违反任何法律，但他确实违反了道德准则，没有把伯克希尔-哈撒韦公司股东的利益置于自己的利益之上。大约两年后，美国证券交易委员会决定不对大卫·索科尔提出内幕交易的指控，因为他们无法证明大卫·索科尔在购买股票时对伯克希尔-哈撒韦公司收购路博润公司这一行为有预先判断。美国证券交易委员会缺乏证据证明大卫·索科尔持有重大的非公开信息，并将其作为己用。

2010年4月30日，我有幸来到奥马哈，与大卫·索科尔在他的办公室讨论了多项与公司相关的话题，其中包括中美能源公司的长期资本项目，会对公用事业产生影响的政府监管政策、收购标准，还谈到了包括设计奖励性薪酬在内的公司管理方法、他帮助伯克希尔-哈撒韦公司旗下的多家公司走出困境的经历、他在评估多个投资项目中发挥的作用，以及他与巴菲特共事的经历和对他的钦佩之情。在他看来，巴菲特是一个高度专注、酷爱学习的人。大卫·索科尔为人坦率、干劲十足，他的职业素质极高，颇具企业家精神，是一位非常出色的经理人。在离开他的办公室时，我坚信他就是最有可能接替巴菲特的人选。

尽管大卫·索科尔为伯克希尔-哈撒韦公司做出了宝贵的贡献，而且巴菲特接受大卫·索科尔的离职请求也确实令人沮丧，但这却再次反映出巴菲特高度看重伯克希尔-哈撒韦公司以诚信为本的文化，以及将股东利益置于个人利益之上的经营理念。

几年后,巴菲特在一封内部的致经理人信中写道:保持公司的良好声誉是每一个人的首要任务。这体现出伯克希尔-哈撒韦公司的声誉优势在巴菲特心中至高无上的重要地位。

我们每一个人的首要任务就是继续积极主动地捍卫伯克希尔-哈撒韦公司的声誉。这是压倒一切的首要任务,利润也没有它重要。我们无法做到完美,但是我们可以努力追求完美。正如我这25年多来一直强调的:"我们能接受亏损——亏很多钱都可以,但我们无法承受声誉扫地的风险,一丝声誉都不能丢掉。"我们对自己的每项行为都必须严格要求,不仅要合法合规,还要不怕任何行为被当作全国报纸的头版头条刊登出来,哪怕这篇报道是出自一位虽然聪明但对我们并不友好的记者之手。[31]

巴菲特的心态

斯坦福大学的心理学家卡罗尔·德韦克(Carol Dweck)出版了《终生成长》(*Mindset*)一书,堪称自我发展领域的一部瑰宝作品。她发现,人们应对失败和困难的方式可以在很大程度上反映出他们是否有能力取得长期的成功。她把人的心态分为固定心态和成长心态。有固定心态的人认为,他们的才智和天分与生俱来,一出生就刻在石头上。他们关心别人对自己的评价,害怕犯错,担心自己的状态不好。如果他们的名誉受到威胁,他们会试着转移大家的注意力,充满防备之心,开始责备他人、诟病他人,更糟的是,他们还会说谎或欺骗。而有成长心态的人认为,他们的努力、毅力和坚韧可以改善自己的状况,他们不认为犯错后需要去责备他人,而应该承认失败,并在失败中学习和进步。

卡罗尔·德韦克将固定心态与成长心态的概念扩展到公司领导者的身上。具有固定心态的首席执行官在意自己的声誉和个人的功绩,他们会把自我放在公司利益之上，以此来展示自己的优越地位；他们以恐吓和羞辱的方式管理着公司，一边将错误归咎于其他人，一边又将他人的成就归功于自己；他们提拔阿谀奉承之人，扼杀不同意见，还认为自己理应获得巨大的财富。

而具有成长心态的公司领导者则鼓励团队合作，愿意辅导他人、在公共场合赞美他人，会选择私下场合批评员工，并相信合作的力量。他们热爱学习、成长和前进，对证明自己的个人价值毫无兴趣。他们在工作上一心追求卓越，因为他们热爱着自己的工作，有着巨大的动力和热情，所以他们认为这不是一份工作，而是一个让自己激情澎湃的使命。

巴菲特之所以如此受人尊敬，不仅因为他从零开始建立起了美国规模最大、最受人尊敬的公司之一，而且还因为他在成长心态的指引下，以最正直守信的方式管理着这家公司。

勇于承认自己的错误

巴菲特首次为伯克希尔-哈撒韦公司写致股东信的时候，就好像是在跟他那两个不懂财务的妹妹对话一样。他遵循换位思考这一黄金沟通法则，首先假设自己是股东，然后把自己希望了解到的信息全部写进信中，详细地说明公司的业绩情况，这意味着既要分享成功，也要报告错误。因为巴菲特勇于指出自己的错误，所以他受到了股东和员工的一致爱戴。

2014年是伯克希尔-哈撒韦公司成立的50周年。如果巴菲特在年度报告中通篇列举他在过去取得的辉煌成就，在这样的大庆之年也不会显得不妥。但出乎意料的是，他反而选择在此时承认自己犯过的巨大错误。巴菲特的报告内容一贯坚持诚实、透明和谦虚的原则，他承认在伯克希尔-哈撒韦公司的制造业、服务业和零售业的投资上，曾犯下了资本配置的错误：

但是，我在资本配置上犯了严重的错误，导致一些（公司的）回报率非常差。我没有被误导，我只是错误地估计了公司或其所在行业的经济发展状况。

例如，他认为最初购买濒临破产的纺织公司伯克希尔-哈撒韦公司就是一个失败的案例，因为后来他花了18年的时间和无数金钱，试图让这家公司重获新生，然而却没有成功。巴菲特在1985年关停了它的纺织业务，向现实投降。他也承认1975年收购新英格兰地区的另一家纺织公司Waumbec Mills是这一错误的再升级，他最终不得不关闭这家公司。

然后，他还坦白了一个更为严重的错误。他用自己持股61%的伯克希尔-哈撒韦公司收购了奥马哈的国家赔偿保险公司（National Indemnity Company，NICO），而他本应该用自己100%持股的巴菲特合伙人公司来收购，因为伯克希尔-哈撒韦公司最核心的保险业务就是在NICO的基础上发展而来的。据巴菲特估算，这个错误的决定"将一家实实在在的优秀公司（NICO）与一家我们只持有61%股份的糟糕公司（伯克希尔-哈撒韦公司）结合在一起，让巴菲特合伙人公司的投资人大约损失了1 000亿美元，而这笔资金却落到了一群陌生人的手里。"

当然，他最大的错误还是收购伯克希尔-哈撒韦公司。截至2010年，这一决定大约浪费了他2 000亿美元。我们之前介绍过，当西伯里·斯坦顿出尔反尔，本来与巴菲特约定了每股11.5美元的收购价，在发出要约时却压低了1/8美元。巴菲特一怒之下就买下了伯克希尔-哈撒韦公司的控股权。纺织行业在走下坡路，所以需要大量的资本投入。巴菲特表示，如果他直接把资金投向保险业务，伯克希尔-哈撒韦公司的价值至少能比现在高出2 000亿美元。

1966年，华特迪士尼公司的全部市值还不到9 000万美元。在亲自见到华特·迪士尼先生本人之后，巴菲特非常欣赏他专注的态度、极高的工作热情和注重细节的理念，因此买入了公司5%的股票。1965年，华特迪士尼公司的税前收入约为2 100万美元，相当于不到10倍的市盈率，而且公司的现金比负债多。他以调整后的每股0.1美元的价格买入了迪士尼公司的股票，并在第二年盈利50%时卖出。巴菲特在1998年的年度会议上承认："在（20世纪）60年代卖出迪士尼公司的股票是一个巨大的错误。我应该再加仓才对。这种事情发生了很多次。"[32]

他还承认有一笔大额的普通股投资也亏损了：

细心的读者会注意到，乐购（Tesco，英国领先的食品零售商）去年还出现在我们持仓比例最高的普通股投资清单上，但今年已经不见了。我非常尴尬地跟各位坦白，如果换一个细心的投资者，乐购的股票应该早就被卖掉了。是我的犹豫不决导致了这次投资失误。在2014年期间，乐购的问题每个月都在恶化。公司的市场份额不断下降，利润率缩减，会计问题开始浮出水面。在商业世界中，坏消息通常不会单独出现：你在厨房里看到一只蟑螂，几天之后你就能看到它的亲戚们。我们用了一年的时间逐渐减持乐购的股票，现在已经清仓了……这项投资给我们带来了4.44亿美元的税后亏损，约占伯克希尔-哈撒韦公司净资产1%的1/5。

好像这么多例子还不足以说明他曾经犯过的错误，巴菲特接着说，他在1993年以4.34亿美元的价格收购了缅因州的德克斯特鞋业公司（Dexter Shoe），却错判了来自国外的竞争威胁。收购德克斯特鞋业公司之后不久，这家公司就在廉价的外国劳动力和原材料的冲击下倒闭，价值降至为零。更糟糕的是，这笔收购巴菲特用的是用伯克希尔-哈撒韦公司的股票，而非现金。他说："情况变得更糟了——我是用股票收购的，给了卖方25 203股伯克希尔的股票，到2016年年底时，这些股票的价值已经超过了60亿美元。"[33]

巴菲特还承认在1998年卖出麦当劳的股票也是"一个巨大的错误"，并坦白在其他投资组合上的操作"实际上降低了我们当年的收益"。他甚至自责道："如果我去年在股市的交易时间里都去看电影的话，那一年的收益都会更高一些。"[34]

巴菲特承认，伯克希尔-哈撒韦公司与巴西私募公司3G资本（3G Capital）以50∶50的比例在2013年联手收购了亨氏公司（H.J.Heinz

Company），共投资236亿美元；并在2015年卡夫集团（Kraft Foods）与亨氏公司合并中支付了过高的价格。伯克希尔-哈撒韦公司拥有3.254亿股卡夫亨氏公司（Kraft Heinz）的普通股，占公司26.7%的股权。卡夫集团旗下的品牌包括肉类加工食品品牌奥斯卡·梅尔（Oscar Mayer）、奶油奶酪品牌菲力（Philadelphia）、美式软质芝士品牌维维塔（Velveeta）、调味饮料品牌酷爱（Kool-Aid）和果冻品牌杰乐（Jell-O）。2019年2月，公司对品牌价值减记超过150亿美元，将派息比例下调了36%，并透露公司正在接受联邦证券监管机构的调查。这次减记充分表明消费者更喜欢天然健康的食品，加工食品已经失宠；而面对沃尔玛、好市多和亚马逊等强大零售平台卡夫，亨氏这家生产包装食品的公司已经失去了议价能力。虽然很多卡夫集团的标志性品牌在过去都大受欢迎，但今天知道它们的人已经越来越少。巴菲特指出，尽管卡夫亨氏公司享有100年的品牌历史，但销量却比好市多的自有品牌Kirkland落后50%。卡夫亨氏公司的股价降至每股32美元，较宣布消息前下跌了1/3。伯克希尔-哈撒韦公司所持有的卡夫亨氏公司的股票当时的市值为104亿美元，略高于98亿美元的成本，但卡夫集团让伯克希尔-哈撒韦公司最初对亨氏公司的投资前功尽弃。

巴菲特甚至表示，没有在20世纪90年代后期可口可乐公司和吉列公司的股价攀至最高位时卖出也是他犯下的大错之一。当时这两家公司的市盈率均超过了50倍。"可口可乐公司和吉列公司不是市场泡沫的焦点，但它们的股价却都充满了泡沫。"他补充说，这两家公司都是"不可不买的公司"，然而作为它们的董事，要卖出伯克希尔-哈撒韦公司所持有的股份并非易事。1998年，可口可乐公司的股价达到了每股44美元以上，而20年后，股价仍然是每股44美元。即使是伟大的品牌也可能被高估。

当巴菲特说"我们犯了很多错误，而且我们还会犯更多错误"时，他听起来像是一位在乎自我和声誉的首席执行官。令人安慰的是，他迅速补充道："但是，我们的结构优势非常强大。"

错过股票这种错误不会出现在记分卡上，但代价可能很高。巴菲特曾经指示其经纪人以限价单购买沃尔玛的股票，而没有选择市价单。股票涨超了巴菲特的限定价格，他的买进因此停止。此后这只股票再也没有给过巴菲特任何机会。也是在伯克希尔-哈撒韦公司2014年的年度报告中，查理·芒格回忆说，未能买入沃尔玛的股票至少导致伯克希尔-哈撒韦公司的股东损失了500亿美元。

我们在有关大卫·索科尔的部分中提到过，虽然巴菲特认为大卫·索科尔的行为"莫名其妙，不可原谅"，但他依然选择主动承担责任，表示没有在收购路博润公司之前仔细询问大卫·索科尔是自己的错误。如果他没有擅自假设大卫·索科尔持有股票已经有一段时间了，那么他本可以避免让自己和大卫·索科尔陷入那种尴尬的境地。

巴菲特是一台"永不停歇的学习机器"，他也从自己的错误中学到了教训。巴菲特用轻松的语言总结了他的两个投资规则："第一条规则：永远不要亏钱；第二条规则：永远不要忘记第一条规则。"他已经犯过错误了，我们也难免犯错。只要犯错时没有加杠杆，并且数额相对较小，那么我们就可以用成长的心态从中总结经验教训，并逐渐恢复元气。

错过股票的错误

即使已经在投资领域取得如此成就的巴菲特也难免有感到遗憾的时候，他后悔没有接住已经投掷到自己好球区里的球。他本来已经取得了令人难以置信的成绩，假设这些球全部被他击中，你可以想象一下他将能获得多少投资回报。

苹果公司

几十年来，巴菲特一直不愿投资科技公司。巴菲特希望看到一家公司至少在未来十年内都具备充分的竞争优势和盈利能力，才会考虑投资。然而科技的变化快速太快，即使他看到公司由出色的管理团队经营，也无法做出投资决定。巴菲特与许多成功的科技公司领导者都打过交道。微软公司的创始人比尔·盖茨是伯克希尔-哈撒韦公司的董事会成员。谷歌公司的创始人在公司上市之前曾到奥马哈亲自拜访巴菲特，并在几年后再次前来请教如何管理由完全不同的子公司组成的公司集团。

2016年5月，据伯克希尔-哈撒韦公司披露，截至2016年3月，公司总共持有980万股的苹果公司股票，价值11亿美元，由泰德·韦施勒和/或托德·库姆斯以平均每股109美元的价格买入。当时，由于iPhone手机的销量下滑，苹果公司在13年来首次出现季度收入下滑，股价从每股130美元跌至90多美元。据苹果公司的财报显示，截至2015年9月，公司账上的自由现金流为700亿美元，约合每股12美元。按每股109美元的价格计算，这意味着超过11%的自由现金流收益率，无比诱人。苹果公司当时的股价比五年前低了10%，所以苹果公司正在积极回购股票。公司的资产负债表如堡垒一般坚不可摧，显示有超过1 400亿美元的净现金，有形资产的回报率为21%；如果去掉现金，这一回报率甚至更高。苹果公司还拥有超过10亿的忠实活跃用户，而且公司提供的服务（包括iTunes和App Store）将客户更紧密地与其主打产品iPhone手机绑定在一起。

在2016年第四季度，巴菲特看中了这只股票的价值，并与他的两位副将一起为伯克希尔-哈撒韦公司买入了苹果公司的股票。截至2016年年底，伯克希尔-哈撒韦公司共持有6 120万股苹果公司股票，平均每股成本为110.17美元，价值71亿美元。到2017年年底，又增持至1.667亿股，平均每股成本为125.74美元，价值282亿美元。

截至2018年年底，苹果公司成为伯克希尔-哈撒韦公司中仓位最大的一只股票。从投资成本的角度来看，苹果公司是迄今为止伯克希尔-哈撒韦公司在普通股上最大的投资项目，耗资360亿美元，比美国银行——伯克希尔-哈撒韦公司的第二大普通股投资项目的三倍还多。考虑到巴菲特曾经那么排斥科技公司，这么大手笔的投入着实令人惊讶。巴菲特转变对苹果公司的态度主要是因为看到了消费者对苹果公司"特别有用"的iPhone手机忠诚度极高。他很欣赏消费者对苹果品牌的忠诚度。他借鉴自己对可口可乐等消费类品牌产品的认知模型，把它应用在苹果公司的iPhone手机上。他说：

我的意思是，很明显，虽然这个产品的科技含量非常非常高，但是它在很大程度上也是一种消费产品。我的意思是，它涉及消费者……大家对这个产品的黏性简直难以置信……它融入了人们的生活……产品也总在不停地升级换代，而且人们的生活已经高度依赖这个产品了。

巴菲特是在带孙子孙女去冰雪皇后冰激凌店（Dairy Queen，美国著名的冰激凌店连锁品牌，在中国常被称为"DQ冰激凌"）时发现这一点的。他亲眼看到孩子们一直在玩手机，只有点单时才把目光移开片刻。巴菲特回到办公室，向多位同事了解之后才意识到，原来iPhone手机已经成为其忠实消费者生活中不可或缺的一部分。只不过习惯一旦养成就很难改变，巴菲特自己仍然使用的是翻盖手机。此外，他还发现苹果公司在2016财年回购了5%的股份，而且此前在2015财年的回购比例也大致相同。回购股票是巴菲特投资的多家上市公司的共同特征。时间会证明巴菲特在此时买入苹果公司是否是有先见之明之举。但他肯定后悔等到苹果成为全球市值最高的公司（超过7 000亿美元）之后，才终于意识到iPhone手机的影响力。查理·芒格在2017年伯克希尔-哈撒韦公司的年度会议上郑重地表示，巴菲特收购苹果公司"是一个很好的信号。你要么是疯掉了，要么是正在学习"。显然，查理·芒格相信巴菲特这台学习机器是正在学习。

亚马逊公司

尽管巴菲特承认亚马逊公司的首席执行官杰夫·贝佐斯（Jeff Bezos）可能是他见过的最好的管理者——亚马逊公司的客户满意度很高，而且他们的送货模式"具有非常非常非常强大的竞争优势",但他却从未购买过亚马逊公司的股票。在2017年接受CNBC频道的采访时,记者问到其中的原因,巴菲特回答说:

> 好吧,这是个好问题。……但是我却没有好答案。显然,我早就应该买入才对,很早就该买入,因为我在很久以前就非常欣赏这家公司,但是我没有了解到它的商业模式的力量,所以我就没买。而且它在每个阶段的股价似乎总显得它的模式已经被高估了。所以,我错过了这只股票最好的投资时点。[35]

在2018年2月接受CNBC频道的采访时,巴菲特再次承认:

> 我非常欣赏贝佐斯的管理才能。几乎自他开始创业以来,我就一直都是他忠实的粉丝。而且我看得越多,就越欣赏他,你知道的,我看着他在事业上一路取得成功。但是我却没有在这家公司上赚到钱,我太失败了。[36]

谷歌公司

巴菲特承认他也错过了谷歌公司(2015年企业架构调整后成为Alphabet公司旗下公司),他说:"这让伯克希尔-哈撒韦公司的股东损失了很多钱……(我们将来也会)错过很多公司,而且我们还会不断错过。"[37]谷歌公司的创始人在IPO之前曾到奥马哈拜访过巴菲特,寻求他对于上市的建议。巴菲特还知道伯克希尔-哈撒韦公司旗下的政府雇员保险公司在每次有人点击自己的广告时都要向谷歌支付10~11美元的费用。巴菲特非常震惊地发现,谷歌公司几乎不用花费任何成本就能产生增量收入。在谷歌公司2017年的年度会议上,有高管提到,他们在会议召开前几周刚刚在奥马哈与巴菲特有过一次会面。总裁埃里克·施密特(Eric Schmidt)回忆起十年前的那次会面时表示,当他看到巴菲特只在一层楼的空间里就能把伯克希尔-哈撒韦公司这个商业帝国管理得井井有条时,受到了巨大的震动。埃里克·施密特高度赞扬巴菲特给予伯克希尔-哈撒韦公司旗下各个子公司的首席执行官充分的自由度，让他们独立运营这些公司和各大品牌，从而提高了伯克希尔-哈撒韦公司的可扩展性，让这一商业帝国日益壮大。Alphabet公司随后便借鉴了伯克希尔-哈撒韦公司的结构。他们认为，模仿是最真诚的奉承。如果当初巴菲特能看到谷歌公司的商业模式也具有可持续性，那么伯克希尔-哈撒韦公司的成功就将变得更加不可限量。

好市多

巴菲特说："查理·芒格是好市多的董事。好市多绝对是一家出色的公司。这些年来，我们本应该买入大量好市多的股票——但我却没买。查理·芒格说要买，但我没买……"[38]

避免负债

在巴菲特看来"用自己拥有的和需要的东西去冒险，只为了获得自己不需要的东西"是毫无意义的一种做法。有人会说，伯克希尔-哈撒韦公司是利用了浮存金这种类似杠杆的巨大优势才取得了成功。伯克希尔-哈撒韦公司实际上能通过保管浮存金获得报酬，再加上敏锐的投资嗅觉，于是产生了惊人的资本收益。在这种情况下，浮存金更像是股本，而不是负债。

尽管如此，巴菲特还是强烈建议投资者避免借钱投资。他以自己的公司为例。截至2018年，在54年的经营历史中，伯克希尔-哈撒韦公司的股价曾经下跌了37%~59%之多。他说：

即使你的借款额度不高，股票仓位也不会因为市场暴跌而立即受到威胁，但可怕的头条新闻和让人喘不过气来的评论可能都会让你头脑发晕。头脑不安的人不可能做出明智的决定。[39]

他就像是当代的邓普顿，以自己的实际行动践行了不借钱和长期投资的原则。这意味着要满足于慢慢变富，而不是将股市视为赌场，总想在里面一夜暴富，这种做法往往会徒手而归。

对美国的前景持乐观态度

在美国大选前的竞选活动中，能看出目前大家对我们国家充满了恐惧和担忧，巴菲特对此做出了回应：

（2016年）今年是选举年，候选人当然要不停地强调我们国家存在的问题（当然，这些只有他们才能解决）。由于存在这种负面声音，现在许多美国人都认为他们的孩子不可能过上像自己这样舒适的生活。但这种观点是完全错误的：如今在美国出生的婴儿是有史以来最幸运的一群人。240年来，如果看空美国的发展，那就是一个可怕的错误，现在也没有必要看空。美国商业和创新的金鹅将继续产下越来越大的金蛋。美国将能够发放社会保险，甚至可能比原定计划发得更多。而且，是的，美国的孩子们将比他们的父母生活得更好。[40]

巴菲特对美国的未来持乐观态度的最主要原因是它的市场体系。虽然他也看到了许多其他的重要因素，包括法治社会、机会均等，以及非常渴望改善生活状态的移民群体，但压倒一切的因素还是美国的市场体系——它能够释放人类的潜力。巴菲特的乐观态度与邓普顿和林奇看多美国公司不谋而合：

你可能会说，我们（看多美国公司）的基本前提是这个国家会发展得很好——我认为这是一个非常合理的前提，而且尤其是这个国家的公司将发展得很好。事实上美国的公司已经发展得很好了，在20世纪的100年里，道琼斯指数从66点上升到10 000多点。我们经历了两次世界大战、核弹爆炸、流感疫情、冷战……危机数不胜数。问题永远都有，机会也永远都有。但是在这个国家里，给定足够的时间，机会都已经战胜了问题。[41]

巴菲特的乐观情绪是在伯克希尔-哈撒韦公司形成积极的公司文化的关键。他想创造一种崇尚创新和服务客户的公司文化。巴菲特说："要相信明天会比今天更好，你只需要让这个观点渗透到整个公司即可。世界不属于悲观主义者。相信我。"[42]

在美国本土遭受"9·11恐怖袭击事件"之后，巴菲特的乐观情绪比以往任何时候都更加突显，这让人感到非常宽慰。"没有比看空美国更蠢的事情了。从1776年（美国独立）以来，看空派从来都没有胜利过"。[43]

2018年5月，在伯克希尔-哈撒韦公司的年度会议上，巴菲特开场就举了一个生动的例子，说明看好美国能带来多大的收益。他手中拿着一份1942年3月11日的《纽约时报》，他就是在这一天买入了自己的第一只股票。这份报纸里充斥着第二次世界大战太平洋战场上的负面消息。从那以后，尽管发生了多次战争、金融危机、经济衰退，有一位总统遭遇暗杀，还发生了古巴导弹危机和针对美国本土的恐怖袭击，但是巴菲特表示，假设在1942年3月11日当天向美国指数基金投资10 000美元，那么如今将价值5 100万美元。

第二十二章　工作习惯

> 跟着你的热情走。如果你在工作的时候感觉自己的道德准则或者任何其他准则与这份工作不能同步，那真是让人抓狂的一件事。你肯定希望自己早上一起床就浑身充满能量，动力十足地展开一天的工作。我一直都有这种感觉。
>
> ——沃伦·巴菲特[1]
>
> （跳着踢踏舞去上班）这个说法是说我在早晨都是怀着迫不及待的心情开始一天的工作。我想说，早晨是一天中最激动人心的时候。
>
> ——沃伦·巴菲特[2]

米开朗基罗说："每块石头中都蕴含着一个雕像，雕塑家的任务就是把它找出来。"巴菲特之所以能取得成功，一部分原因在于他很早就明白了如何在工作日排除干扰，让他所"蕴含的雕像"得以在工作场所展现出美感。

用他自己的话说，巴菲特的工作习惯使他每天早晨都能跳着踢踏舞上班，这种习惯推动了伯克希尔-哈撒韦公司的蓬勃发展。以下是他的主要工作习惯：

从事你热爱的工作

在巴菲特看来，跳着踢踏舞去上班的关键在于找到自己的热情所在：我非常幸运，在七八岁的时候就找到了……如果你也能找到，也一样很幸运。你肯定不能保证第一次求职时就能找到能够燃起你热情的工作，但我总是告诉（来奥马哈参观的）大学生，你要找的是等到自己已经积累了一定的财富之后还愿意做的工作。[3]

有人问巴菲特如何定义个人的成功，他回答说成功与幸福这两者之间是等价的：

我当然可以定义幸福，因为幸福就是我本人。在一年中的每一天，我都能做自己想做的事情。我可以和自己喜欢的人一起做事，而不必与任何让我一看到就反胃的人交往。我跳着踢踏舞去上班，到了办公室之后我想我应该躺在脚手架上，在天花板上作画，这能给我带来极大的快乐（据说米开朗基罗是躺在脚手架上完成了西斯廷教堂的天顶壁画，这是他最重要、最著名的代表作之一）。[4]

经常有人问巴菲特怎样才能过上成功的生活，在他给出的建议里，最重要的一条就是培养良好的性格。他表示，性格会影响到人的一生，最好在年轻的时候就培养，因为"习惯的链条太轻了，几乎让人不能察觉，而一旦有一天你察觉到了，那它已经变得太过沉重而无法被打破"。他建议把你喜欢和欣赏的人所具有的特征和习惯都写下来：

通常，他们都对生活抱有乐观的态度。他们为人慷慨大方。他们充满幽默感。他们不仅仅完成分内的工作。他们还会想着帮你做点儿什么。[5]

他建议把你不喜欢的人所具有的特点和习惯也写下来："他们用别人的成绩给自己邀功，他们不守时，还不够诚实。"

然后在你的能力范围之内模仿所有令你钦佩的品质，并摆脱所有你讨厌的品质——它们没有一个是你需要的。巴菲特说："为什么不选择成为你所欣赏的人，而不是成为你无法忍受的人。你可以选择自己要成为什么样的人。"

他建议你直接练习那些你所仰慕的人的习惯，避免那些你认为该遭受谴责的人的习惯。练习给予他人信任、对结果负责、融入团队合作、变得慷慨大方和培养成长心态，直到它们成为你的无意识习惯为止。巴菲特然后说，你能把所有的努力都转化为产出，并找到幸福和成功。

做一台学习机器

巴菲特说，在他10岁那年，他已经读过了奥马哈公共图书馆里每一本书名中含有"金融"这个词的书籍，有些甚至还读了两遍。在伯克希尔-哈撒韦公司的年度会议上，多次有年轻人和资深人士询问他如何成为一名伟大的投资者，他的答案都是"请阅读所有你能得到的材料"。

查理·芒格把巴菲特比作一台学习机器：

如果没有巴菲特这台学习机器，这台持续学习的机器，那么（伯克希尔-哈撒韦公司的投资）绝对不可能取得这么大的成就。[6]

哥伦比亚大学商学院的一名学生曾问过巴菲特，他取得成功的最关键之处是什么。他拿出随身携带的一叠年度报告和交易期刊，说：

每天阅读500页这样的材料。这就是学知识的方式，它像复利一样积累着。你们所有人都可以做到，但我保证你们当中没有多少人能做到。

巴菲特实际上每天会花大约80%的时间阅读1 000多页的内容，包括五份报纸和一本期刊：《华尔街日报》《纽约时报》《奥马哈先驱报》《金融时报》《今日美国》和《美国银行家》。他说："我能拿到的材料我几乎都会读一遍。而且我还在大概200家公司分别买入了100股股票，就是为了能获取它们的材料。我还阅读交易期刊。"[7]巴菲特发现，持有多家公司100股股票比依靠邮件推荐股票更为可靠。巴菲特会评估公司管理层提交的财报的真实性，并考察他们有没有以拥有整个公司的心态来管理这家公司。他还看中财报的语言措辞，要求表达的意思清晰、透明并反映事实，而不是充满了模棱两可的公关话术或令人眼花缭乱的图片。他读一份年度报告需要45分钟到1个小时。他的目标是让自己对公司形成充分的了解：明白已经发生了什么事情，未来可能会发生什么事情；评估管理层的能力；并分析利润率和市场份额的发展趋势。他认为必须要阅读竞争对手的年度报告。

在伯克希尔-哈撒韦公司成立50周年后，查理·芒格在题为《公司副主席的思考——过去与未来》的致伯克希尔-哈撒韦公司股东信中补充说："无论年龄有多大，巴菲特的首要任务是为安静的阅读和思考留出大量时间，尤其是那些能促进他坚定学习的阅读和思考。"

巴菲特喜欢阅读，因为这能让他更清晰地思考，他说：

我几乎每天坚持花很多时间坐下来思考。这在美国公司中非常罕见。我阅读，也思考。因此，与大部分在公司里的人相比，我阅读得更多、思考得更多，所以在冲动之下做出的决定就更少。我之所以这样做，是因为我喜欢这种生活。[8]

虽然他通常的办公时间是上午8:30—下午5:30，但他从未停止过阅读和思考。

他鼓励学生养成善于发现的态度，他认为会计是商业的语言：

如果你认为会计非常烦琐，是一门不得不学的课程，那你就会错过一切。任何课程都可能很有意思。精通会计就像精通一门新语言一样，它可以非常有趣……会计是商业世界的罗塞塔石碑（Rosetta Stone）[①]。[9]

巴菲特用自己最喜欢的食物"T骨牛排"（T Bone）当作自己在桥牌网站上的用户名，他每周都要在网上玩10个小时。他认为，他的投资方式非常类似于打桥牌的策略，他说：

这两件事的方法和策略非常相似，因为都需要你尽力收集所有信息，然后在进行的过程中继续补充信息。你会根据当时所掌握的信息计算出概

[①] 罗塞塔石碑制作于公元前196年，刻有古埃及国王托勒密五世登基的诏书，是今日研究古埃及历史的重要里程碑。——译者注

率，以此指导行为，但是当你获得新信息时，你也愿意修改自己的行为或方法。[10]

获取新信息需要好奇心、开放的心态和持续的学习。有一位专栏作家曾问过巴菲特，他能打好桥牌是否与玩好股市这个游戏有异曲同工之妙，巴菲特回答说："我从不拿股市当游戏玩。我买入的是公司。"[11]桥牌是一种游戏；投资不是。

专注

巴菲特和比尔·盖茨都曾表示，成功的关键在于专注。巴菲特回忆起与比尔·盖茨第一次在晚间见面的场景：

吃晚餐时，比尔在饭桌上问道："大家觉得哪种素质能让你们获得今天的成功。"我回答："专注。"比尔也说了同样的话。[12]

查理·芒格认为，巴菲特成功经营伯克希尔-哈撒韦公司的原因在于他"决定只做有限的几件事情，并在最大程度上专注地去做"。[13]在接受《滚雪球：巴菲特和他的财富人生》（The snowball: Warren Buffett and the Business of Life）的作者艾丽斯·施罗德（Alice Schroeder）的采访时，查理·芒格说："（巴菲特）永远不会允许他第二痴迷的爱好干扰他第一痴迷的爱好。"[14]巴菲特曾经说过"高强度是卓越的代价"。

高强度、投入、纪律，甚至对金钱的痴迷都在驱动着巴菲特在家工作时把自己完全沉浸在《华尔街日报》和各个公司的年度报告中，远离外界的纷繁与干扰。据说，在参加晚宴时，他也会中途退场去阅读交易期刊《美国银行家》。[15]在伯克希尔-哈撒韦公司，巴菲特把运营、法务、会计和行政等具体事务都委派给专业人士打理，让自己可以专注于为公司增加价值的工作：资本配置；判断经理人的可信任度、技能、精力和热情，为重要的子公司选择首席执行官；管理证券投资。

如同邓普顿和林奇那样，巴菲特也看重基础研究的价值：

在你了解某个行业的概况和某家特定公司的过程中，最重要的莫过于先阅读一些相关的材料，然后找到它的竞争对手、客户、供应商、过去的员工和现任员工，跟他们沟通交流。如果你在与这个行业的业内人士交谈时问他们最害怕的人/公司是谁、为什么害怕——用安迪·格罗夫（Andy Grove）的话来说——谁会让他们使用银色子弹①等问题，那么你将能得到很多信息。[16]

巴菲特说，他总会问伯克希尔-哈撒韦公司的子公司和任何新投资的公司的管理者，什么问题会让他们担心得晚上睡不着觉。

在2003年伯克希尔-哈撒韦公司的年度会议上，巴菲特表示，四五十年前，他经常约见公司高管，他说：

我那时经常出差，去看15~20家公司。我已经很长很长时间没有这么做了。今天，基本上我们想要的信息都能在公开资料上找到……我们觉得约见公司高管并没有特别大的帮助……这些数字中包含的信息量比管理层能告诉我们的多很多。在投资之前，我们会查看公司的历史业绩，从而确定管理层的水平。[17]

在投资领域对公司进行研究有一个好处：知识可以累积。巴菲特几十年如一日地研究各个公司的竞争优势，所积累的知识让他有能力几乎只看财报数字就能做出判断。

巴菲特不会把精力花在大家都喜欢讨论的宏观问题上，他也永远无法给出答案。一些投资者注重研究市场的短期方向、美元走势、利率、贸易赤字或美联储的利率变动，巴菲特只专注于寻找可以部分投资或全部买下的公司。他说：

---

① 在西方的传说，银色子弹（silver bullet）是唯一能击败狼人、女巫和其他怪物的武器。现在引申为强大的必杀技、能化解难题的解决方案。——译者注

我们要考虑的是那些既重要又可知的事情。有很多重要的事情是不可知的，也有很多可知却并不重要的事情——我们不想用那些事情堆满脑袋。我们问自己："什么事情既重要又可知？在这些事情当中，又有什么能指导我们做出对伯克希尔-哈撒韦公司有用的行为呢？"[18]

巴菲特每天要阅读五份报纸，对于任意一篇报道，要仔细阅读、通篇浏览还是跳过不看的标准，取决于到底这则新闻是否重要且可知，并且与伯克希尔-哈撒韦公司相关，其余的都只是琐事。他用这种方法排除了干扰。对于一家上市公司而言，伯克希尔-哈撒韦公司的与众不同之处在于它没有设立公共关系部、人际关系部、投资者关系部或法务部。

广受赞誉

戴尔·卡耐基（Dale Carnegie）在他的经典畅销书《人性的弱点》（*How to Win Friends and Influence People*）中给出了怎样做一名有效的领导者的建议："衷心地称赞他人，毫不吝啬地表扬他人。"巴菲特八九岁时读了卡耐基的这本书，这给他带来了深远的影响。卡耐基提倡大家不要批评他人，因为这会使人们处于防御状态，引起他们的怨恨并伤及他们的自尊心。相反，他主张"通过真诚的感谢为他人建立良好信誉"。巴菲特在公众场合、日常生活中，在伯克希尔-哈撒韦公司不知疲倦地阅读年度报告时，都践行着这一永恒的智慧。他说："很多年前，我听到了两则建议，事实证明它们都是让我终身受益的，其中一条就是，赞美要具体到个人，而批评只能针对一个群体。"[19]

早在1961年，巴菲特就在致股东信中对他的秘书贝丝·亨利（Beth Henley）大加赞赏，称她"水平一流"。自那以后，在50多年里，巴菲特从未停止过对他人的赞许。2011年，他甚至在伯克希尔·哈撒韦公司的年度报告中逐一赞美了每一家子公司的运营经理。

在同一封信中，巴菲特也解释了他为什么如此热衷于夸赞各位运营经理：

我们的每位运营经理都非常出色，我有充分的理由定期对他们的成就予以肯定。他们是真正的全明星选手，他们全身心地投入公司的运营之中，就好像公司是自己家族唯一的资产一样。我相信他们会从股东的角度出发来思考问题，正如那些大型上市公司的经理人一样。他们大多数人都不需要为了挣钱而工作，对他们来说，在事业上取得"本垒打"的乐趣与得到报酬同等重要。另外，在总部办公室与我一起工作的23位同事……总部职员和各位运营经理，我向你们致以最诚挚的谢意，这是你们应得的。

你可以想象，为了赢得他人的尊重，为了能得到往后每年巴菲特在致股东信中的赞扬，每一位运营经理都会在工作上付出更大的努力。所有对伯克希尔-哈撒韦公司的成功做出过贡献的人，巴菲特都从不吝惜赞美和感恩，这也为他自己取得成功奠定了基础。由于巴菲特坚持永不出售旗下的子公司，所以他的这份忠诚也一再得到运营经理的认可，他们发自内心地渴望做出一番事业，以此报答巴菲特。

与你喜欢、信任和欣赏的人相处

巴菲特说："我们只想与我们喜欢、欣赏和信任的人打交道……那些自身并无可敬之处的经理人，不论他们公司的前景多么美好，我们都不愿意与他们为伍。跟坏人合作永远不会给我们带来成功。"

巴菲特说，在收购喜诗糖果公司之前，他只在现场与管理层待了一个小时。他收购波仙珠宝公司（Borsheims Jewelry）时，他只在公司高管艾克·弗里德曼（Ike Friedman）的家里待了半小时，而收购协议连一页纸都不到。"如果我需要很多律师和会计师的帮助（才能执行收购），那这就不会是一个好的收购项目……我们从未与任何人就任何事情进行长时间的谈判"。[20]

勤俭节约

巴菲特非常享受积累财富这个竞争性游戏。对他来说，最重要的是财富所能带来的独立性。因为他渴望独立，积累财富就是至关重要的一件事，所以想让他大手大脚地花钱并非易事——这是他实现独立的障碍。在职业生涯的早期，巴菲特不仅在工作中寻找廉价的"雪茄屁股"股票，也主张节俭的生活方式。他在自己家中卧室里面的一间小书房里经营他的合伙人公司，他自己打字、自己整理文档，用家里的单线电话当工作电话，并且自己提交纳税申报表。巴菲特于1958年以31 500美元的价格在奥马哈的法纳姆大街上购买了他的第一所房子，而他今天依然住在那里。

巴菲特为他的三个孩子支付了大学学费，虽然他们没有一个人顺利毕业。当他们长大后，巴菲特在圣诞节会给他们每人几千美元，并告诉他们，在自己离世之后，他们能获得的遗产"足够让他们感觉自己可以做任何事，但又不能什么事都不做"。[21]

巴菲特的女儿小苏珊·巴菲特怀上了第一个孩子的时候，她住在华盛顿特区的一间狭小的房子里。为了把厨房改造出可以容纳双人餐桌的空间，她打算向父亲借3万美元。但巴菲特拒绝了她，问道："你为什么不跟银行借？"[22]有一次，《华盛顿邮报》前首席执行官凯瑟琳·格雷厄姆（Katharine Graham）在机场想问巴菲特借10美分打个电话，但巴菲特只有一枚25美分的硬币，于是他准备去旁边换个零钱再借给她，但被她拦下来了。

慈善事业

对于现在的任何一美元钱，巴菲特都会按照一定的预期收益率计算它未来的价值。所以，公司的大部分费用申请在他看来都太昂贵了。多年以来，巴菲特一直计划着先积累财富，等到去世后再统一捐给慈善机构。相比一笔一笔的分批捐款，他认为这样能捐得更多。在他看来，慈善组织常常没有健全的机制来公示经费的合理去向。

男孩镇（Boys Town）收容所就是一个比较极端的例子，它的实际运作已经远远偏离了初衷。这一丑闻后来被《奥马哈太阳报》（Omaha Sun）曝光。尊敬的爱德华·弗拉纳根神父（Father Edward Flanagan）于1917年在奥马哈建立了一所儿童收容所男孩镇，这里收留了许多孤儿和处境危险的孩子。1971年，巴菲特在报道上看到这个神秘组织持有1.62亿美元的投资组合，比圣母大学（University of Notre Dame）[①]捐赠基金总规模的2倍还多。但实际情况是，这家收容所没有很多小男孩，但却打着慈善的名号，把这些孩子们的生活环境描述得像大萧条时期一样清苦，他们通过制造这样的假象，每年能募集到2 500万美元的捐款。男孩镇收容所的运作不设预算，每年的收入却是支出的4倍。他们雇用一大批女打字员，扮成可怜小男孩的语气，一封一封地敲着求援信。这一丑闻在1972年3月被曝光，男孩镇收容所的骗局被彻底揭露，它的公信力因此一落千丈。这位记者也获得了当年的普利策新闻奖。

巴菲特在2006年宣布，他计划将自己的大部分财产捐赠给比尔及梅琳达·盖茨基金会，为他们关注的非洲儿童死亡率过高、疟疾和艾滋病泛滥等问题贡献自己的力量，并致力帮助基金会发展教育事业。当时，巴菲特向比尔及梅琳达·盖茨基金会捐赠了1 000万股，向苏珊·汤普森·巴菲特基金会捐助了100万股，向他的3个孩子的基金会分别捐赠了35万股。他计划每年为每个基金会捐出专属慈善股份的5%，直到他去世或基金会不再满

[①] 圣母大学，又译为诺特丹大学，建于1842年，位于美国印第安纳州，是一所享誉世界的顶尖私立研究型大学，美国25所"新常春藤"名校之一，历年来稳居全美20所最顶尖学府之列。——译者注

足某些条件为止。在妻子苏珊·巴菲特于2004年不幸离世之后，巴菲特才决定在自己的有生之年就把财富捐出去。他本以为妻子会比自己更长寿，在接受《财富》杂志记者卡罗尔·卢米斯的采访时还说，更快地把钱捐出去这件事"本该由她来踩油门"。当时，巴菲特捐赠的股票价值超过了300亿美元，这一数额相当于盖茨基金会的全部资产。盖茨基金会有了巴菲特的捐款之后，资产规模剧增，让其他的基金会相形见绌。巴菲特本来就高度认可盖茨基金会先前的资金规模，但更重要的是，他非常欣赏盖茨夫妇的热情、智慧和专注，也十分钦佩他们希望拯救或改善穷苦大众生活的决心。巴菲特一直希望能把自己的财富回馈给社会，但他承认自己没有耐心等待慈善事业的反馈，他也不想实际参与那些能将这份好意转化为实际成果的活动。简而言之，那些他认为有价值但自己不愿意做的事情，他愿意托付给盖茨夫妇去完成。他太享受赚钱的过程了，以至于他不愿意去管赚到的钱具体该怎么花出去。

避免市场择时

《福布斯》杂志每年度会公布一次美国富豪400人排行榜，他们之中没有一个人通过在市场上择时而上榜。相反，榜单上有很多投资家都在美国创造财富的时代积极地参与市场，并没有在市场中择时。CNBC频道的评论员贝基·奎克曾问过巴菲特，等待市场回落之后再购买股票是否算得上一种谨慎的操作？巴菲特回应说：

……我不知道有谁能在多年之中选择到最好的时机……投资股票最好的方法就是不断地买入……如果你一直不进场，总想着能在某个时候等来更好的进场时机，那你就大错特错了。[23]

我从不猜测市场将走向何方。我不知道明天市场会是什么情况，我也不知道下个月市场会是什么情况，而且我也不知道明年市场会是什么情况。我确定知道的是，在10年或者20年等任意时间段里，市场总会起起伏伏。关键就在于要利用这些市场波动，而不是让波动引发的恐惧情绪影响你做出错误的行动。[24]

在2006年伯克希尔–哈撒韦公司的年度会议上，查理·芒格问巴菲特："你什么时候制定过重大资产配置策略？"巴菲特的回答是"从来没有过"。查理·芒格还指出："据我所知，还没有真正通过行业轮动发家的人。"[25]

巴菲特几乎只专注于分析单个公司。尽管巴菲特反对市场择时，但在他漫长的职业生涯中，他也曾几次先于市场做出了明智的判断。

1974年11月："现在到了赚大钱的时候了"

你可能还记得，巴菲特在连续12年获得了29.5%的复合收益率之后，在1969年把全部资产清仓，因为他在狂涨的牛市中不再能找到价格低估的股票了。在别人贪婪时他恐惧。1969年年底，道琼斯指数从800点的高位又飙升了27%，在所谓的"漂亮50"股票的带领下，到1972年年底达到了1 020点的峰值。"漂亮50"股票包括可口可乐公司、吉列公司、默克公司、辉瑞制药公司、菲莫公司和宝丽来公司等，它们的市盈率曾高达惊人的42倍。1974年，道琼斯指数狂泄超过40%，跌至600点，它们都变成了黑色的蓝筹股公司。那时，道琼斯指数的市盈率仅有8倍，这让巴菲特垂涎三尺。当后来有人问他当时作何感受时，巴菲特回答说："现在到了投资赚钱的时候了。"[26]在6个月内，道琼斯指数回升至1 000以上，涨幅达67%。

1979年8月："你在股市里为了一个大家喜闻乐见的共识支付了过高的成本"

巴菲特曾告诫企业养老基金经理们，根据市场热度选股是一个巨大的错误，他们将付出高昂的代价。当股市上涨时，他们就把更多的养老金资产分配到股市里，因为这样配置资产能让他们自己感觉良好。当股市低迷时，他们在股市里配置资产的步伐会变得缓慢，因为他们担心市场会继续下跌，未来充满了太多不确定性。

他注意到 1979年中期时，道琼斯工业平均指数的价格相对于总账面价值的折现率为10%，而长期投资者通常期待的正常化账面价值回报率为13%。相比之下，十年期美国国债收益率为9%。尽管投资股票在长期看来明显优势，但养老基金经理们在那段时间仅将净新进资金的9%配置在了股票上，这一比例创下了历史新低。而到了1972年，道琼斯指数的市值接近总账面价值的150%，比1979年还高出了25%，但养老基金经理们将净新进资金的122%（债券被卖出了）配置到了股市。这就是投资的"后视镜陷阱"——高买低卖。

格雷厄姆的格言是"让市场成为你的仆人，而不是你的主人"。巴菲特在理解这句话时，加入了自己的见解："未来永远不明朗，你在股市里为了一个大家喜闻乐见的共识支付了过高的成本。不确定性实际上是长期价值投资者的朋友。"[27]在接下来的10年中，道琼斯指数的表现超过了美国国债的9%~12%。

1999年11月："如果硬要我猜（17年后的）回报率……那可能是6%"[28]

在1999年8—11月的四个月时间里，巴菲特曾4次一反常规地发表了他对股票价格总体水平的观点。他把之前的35年从中间分开，发现前17年和后17年呈对称的状态。道琼斯指数在前17年基本保持在875点的水平，这主要是因为一方面30年期国债的长期利率从略低于4%攀升至15%以上，另一方面企业利润占国内生产总值的比例从6%下降至4.5%。巴菲特的解释是："国债利率对公司估值的作用就像重力对物质的作用：国债利率越高，向下的拉力就越大。"[29]

截至1988年年底，在后17年中，道琼斯指数从875点攀升到9 181点，上涨了10倍。在此期间 30年期国债的收益率从14%急剧下降至5%，而公司利润占国内生产总值的百分比又恢复到6%。从本质上来看，国债利率和公司利润占国内生产总值的百分比在34年里出现了一次轮回。

投资者又被后视镜陷阱病毒所感染。巴菲特指出，一项普惠公司（Paine Webber）[①]与盖洛普公司（Gallup）[②]的联合调查显示，经验不足5年的投资者预期未来10年的收益为22.6%，而经验超过20年的投资者则仅预期为12.9%。在巴菲特看来，假设国债利率保持不变，那么再往后看17年，到2016年时，扣除佣金和手续费后，其平均回报率最可能是6%。虽然30年期美国国债收益率从6.1%降至2.9%，下跌了50%，但在接下来的17年中，道琼斯指数的平均年收益率实际达到了6%（与巴菲特的预测完全相同），与疯狂乐观的市场共识相去甚远。当时，互联网泡沫正热，分析师们认为这些公司都是多倍股，收益率和"老派股票"不同。在这种情况下，一批新生代投资者认为巴菲特已经与市场脱节了。

事实证明了巴菲特的先见之明。在市场涨到最高位的前几周，伯克希尔-哈撒韦公司发布了1999年的年度报告，巴菲特在里面警告："如果投资者的期望变得更加现实——他们几乎肯定会现实起来的，那么市场将出现巨大的调整，尤其是在目前投机盛行的行业。"

1999年年末，美国股票的总市值与国内生产总值的比值（这是巴菲特认为衡量整体市场估值的最佳指标）达到了190%。相比之下 1981年的比值仅为40%，而长期平均比值，约为75%。几个月后，在2000年3月，市场

[①] 普惠公司，美国著名的老牌投资银行，在2001年被瑞士联合银行集团（UBS）收购。——译者注

[②] 盖洛普公司，由美国著名的社会科学家乔治·盖洛普博士于1935年创立，是全球知名的民意测验和商业调查/咨询公司。——译者注

泡沫破灭。在巴菲特做出上述预测的三年里，道琼斯指数下跌了23%，标普500指数下跌了37%，以科技股为主的纳斯达克指数下跌了56%。

除了这则极具智慧的预言，巴菲特还给出了两条永恒箴言，非常值得我们铭记。第一条，从长远来看，资产价值的增长不可能超过其收益的增长。第二条，只有投资具有持久竞争优势的资产才能获得投资回报。[30]

2008年10月："买美国股票吧。我正在买"

在2008年金融危机之后，许多金融机构举步维艰，还有许多金融机构已经破产倒闭。在市场上恐惧情绪盛行的时候，巴菲特当然又在贪婪地买入优质股票。他在《纽约时报》上发表了一篇题为《买美国股票吧。我正在买》（*Buy American.I Am*）的文章，呼吁道：

然而，很可能在情绪或经济复苏之前，市场就会走高，也许还是大幅上升。因此，如果你在等待知更鸟出现的话，春天就会结束了……坏消息是投资者最好的朋友……在接下来的10年中，股票几乎肯定会跑赢现金，而且很可能会大比例跑赢……

果然，从文章发表之日（2008年10月17日）起，道琼斯指数几乎每年都会翻一番，包括股息在内的总回报率平均接近14%。"别人恐惧时我贪婪"这一理念再次奏效。

质疑常规的投资建议

我们之前提到过，许多投资顾问会把投资经理分类为成长型、价值型和平衡型，并会按他们投资标的规模分为大盘、中盘和小盘。他们更喜欢投资经理以一种风格来界定自己的投资行为，并始终保持不变。这样，投资顾问就可以向他们的养老基金客户推荐各种类别中表现最佳的投资经理，并且还能始终保证不论市场上当时流行哪种投资风格，他们的客户都能找到相应的投资经理。标准普尔评级公司的理念也与成长型、价值型和平衡型这种分类方式非常接近，他们按照价格/账面价值，随意地把指数分为成长型和价值型两种。

巴菲特不能认同这种理念，他认为："成长型股票是价值等式的一部分，根本不存在华尔街所描述的成长型股票或价值型股票。任何告诉你把钱投在成长型或价值型股票上的人都不懂得投资。"[31]投资只是延期的消费，是在当下为公司未来产生的现金流的现值支付更少的现金。投资者要估算这些现金流的金额和可能获得的概率，并选择适当的折现率。成长与价值是同时存在的。巴菲特表示，每家公司在他看来都代表一种价值主张："成长型股票的潜力以及这种成长能在多大程度上改善这家公司的经济状况都是价值等式的一部分——它们都是确定价值的要素。"[32]

巴菲特也不赞成采用黑匣子模型，因为这一模型忽略了公司估值这一常识性的因素，而只是简单地建议投资者应该仅仅根据自己的年龄增长而自动降低在股票上的配置比例，同时增加对债券的配置。由于市场上存在着成千上万只股票和债券，有些估值过高，有些估值过低，所以笼统地给它们分类是一种愚蠢的行为。还有所谓的专家会告诉你，这个世界上有很多家类似微软的公司或类似英特尔的公司，这实在是太愚蠢了。因为这个世界上只有一个微软，也只有一个英特尔。

巴菲特和查理·芒格从不使用更高的折现率来粉饰高风险投资。如果他们对某家公司的未来收益没有信心，那么他们就不会去投资。商学院主张使用更高的折现率来平衡更大的价格波动，他们将这种方法称为资本资产定价模型（CAPM）。这种方法的缺陷在于，尽管股价可能会波动，但公司的底层运行并不太可能发生变化。如果股票价格的涨跌幅度超过市场平均值，学者们会认为该股票的β系数高于市场。如果一家好公司的股价跌幅大于市场平均值（在其他所有条件相同的情况下），这并不意味着风险更高——反而是一个更具吸引力的买入机会。巴菲特认为，股价时常波动但业务非常稳定的公司是超棒的投资标的，因为它能带来合理的投资机会。巴菲特也不认同风险调整贴现率法："至于结合资本资产定价模型和各种经风险调整的收益率而推演出的结果，我们通常的考虑是——好吧，我们通常不会予以考虑。这在我们看来就是胡说八道。"[33]巴菲特不会在无风险利率上附加风险溢价来完成现金流的折现，因为这家公司未来的预期收益已经达到了标准。为了强调这一点，巴菲特补充说："我们对β系数这类概念一无所知。这对我们没有任何意义。我们只对价格和价值感兴趣。"[34]

股票价格的波动不是风险。真正的风险在于公司的内在价值遭受到永久破坏的概率。这可能是负债过多的资本结构所致，也可能是因为竞争优势不足。没有低成本优势的大宗商品运营商可能面临风险，消费者群体过于单一的公司也会面临顾客改变消费偏好的风险。科技的发展能给一些公司带来永久性的打击，例如网络电视的兴起和零售分销渠道的变化改变了传统的公司；甚至还会淘汰某些公司，例如百科全书出版社。投资意味着为了得到更多将来的消费而延迟今天的享受。投资的风险是不能实现这一长期目标，而不是股票价格的短期波动。巴菲特说：

对于公司的所有者而言——这就是我们对股东的看法，学界对风险的定义远不到位，而且引发了很多荒唐的事情。例如，如果根据β系数等相关理论来判断，下跌幅度远远大于市场平均值的股票，例如我们在1973年买入《华盛顿邮报》的股票，在股价较低时买入的风险竟然比股价较高时买入"更大"。这种理论对那些能以非常低的价格买下整个公司的人来说，还有什么意义吗？[35]

尽管媒体上的专家不停地在广播节目上争论着市场的走向，但巴菲特并没有将时间浪费在宏观形势预测上。巴菲特说："我们现在没有，从未有过，也永远不会对一年之后的股票市场、利率或商业环境做出任何判断。"[36]"判断宏观形势或听其他人对宏观形势或市场做预测就等于浪费时间"。[37]

爱因斯坦曾说过:"事情应该力求简单,但不能过于简单。"投资并不复杂,但可以被搞得很复杂,因为股票价格是一系列包含着历史记录的数字。仅仅因为某些事物可以进行数学运算,并不意味着就应该进行数学运算。人们一直将这些定量的历史记录与其他的信息相关联,得出许多看起来凑巧但常常具有误导性的结论。巴菲特说得更直接:"相关系数毫无用处。"[38]定量分析如果偏离了公司底层业务的竞争力,越是抽象,得出的结论就越危险。巴菲特说:

> 在学术界,人们一直拒绝将股票看作公司,这是因为存在着大量有关价格、交易量、市盈率和股息收益率的数据。每个人都喜欢把这些变量和那些变量做一百万次统计比较。他们正在一堆鸡内脏中[①]寻找答案,而忽略了买入股票就相当于部分收购了一家公司的事实。这在我看来真是不可思议。[39]

有效市场理论在许多大学教材中都非常流行。这一理论认为,与公司相关的所有信息在市场上都是已知的,并且已经反映在其价格之中,因此,投资者不可能通过分析以往价格获得高于市场平均水平的超额利润。从长远来看,股票价格与公司产生的基础现金收益紧密相关。在短期内,股价受情绪——无数特定公司和市场普遍趋势所带来的恐惧和贪婪——的支配。而巴菲特却能利用这些低效率的情绪周期:

> 主导这个世界的正统思想竟然能让很多人以为地球是平的,我觉得这简直不可思议。在迷信效率的市场里,投资就像是与一个不看牌的人打桥牌一样。[40]

邓普顿也给出过类似的比喻:在网球比赛中,胜利者和失败者一样

---

① 在古罗马占卜术中,预言家会通过解读祭祀动物的内脏预测未来,占卜中通常使用的是羊和家禽的肝脏。——译者注

多，但这并不意味着你不应该参加比赛。

巴菲特还不认可常被证券分析师使用的EBITDA，因为这一指标忽略了现金资本支出的要求。它虽然能直观地体现一家公司的现金流状况，却忽略了公司对现金流的诸多要求。

巴菲特很快就摒弃了过于复杂的投资理论，转而采用更为实际的、看似简单的投资方法：

要想成功投资，你无须了解β系数、有效市场理论、现代投资组合理论、期权定价或新兴市场。实际上，你最好完全不要去学习这些知识。当然，大多数商学院都没有采纳这个观点，所以金融类的课程往往还是由这类课课题所主导。但是，在我们看来，投资专业的学生仅需要掌握两门课程——公司估值和市场价格判断。作为投资者，你的目标应该只是找到一家在5年、10年和20年后收入会大幅提高的公司，而且要确保这家公司的业务处在你能理解的范围之内，然后以合理的价格买入它的一部分权益。一段时间之后，你会发现符合这些标准的只有少数几家公司。所以，当你发现一家合乎标准的公司时，就应该大笔买入。你还必须抵制偏离投资准则的诱惑：如果你没做好持有这只股票10年的准备，那连10分钟都不要持有。[41]

在投资领域中有人会做大量的无用功——这几乎与他们的智商成正比，比如仅仅根据过去的统计数据就想预测未来。如果有人一开始就给你展示一个很长的方程组，里面还包含了很多希腊字母，那就算了吧。[42]

集中投资

如果巴菲特看好一家公司，认为自己收集的事实和推理是正确的，不论从定性的角度还是定量的角度来看都非常有吸引力，而且几乎没有永久性资本损失的风险时，他就会大笔买入这家公司。在巴菲特合伙人公司运作的前9年中，巴菲特对五六家公司的投入都占到了仓位的25%以上。在非常罕见的情况下，他甚至愿意把仓位加到40%。巴菲特说："在我经营合伙人公司时，我把单只股票的最高仓位限制在40%。"[43]如果他认为一只股票的长期表现出色，即使出现"偶尔非常糟糕的一年"或者其他的股价波动，他也愿意专注于他心中最好的投资机会。

他特别不赞同传统的多元化投资理念：

我可以向你保证一件事：如果基金的回报率还是重要目标，那么持仓100只股票的任何投资组合在逻辑上都运作不起来……假设有人能在仔细研究这么多家公司之后把它们全都放进投资组合中，那么他/她所秉持的投资原则在我看来就可以叫作"诺亚投资学派"——每个类型都买2只。[44]

最佳的投资组合取决于对可选股票的不同期待值以及收益率（在可容忍范围内）的波动程度。[45]

一个人对年度波动率的承受力越低，就应该投资越多的类别，但预期收益也相应会越低。巴菲特淡淡地借用了比利·罗斯（Billy Rose）的话："如果你的后宫里有70位美女，你就没办法深入了解任何一个人。"

巴菲特表示，多元化是那些一点儿都不懂投资的人会使用的方法，而集中投资是懂一点儿的投资者会使用的方法。如果你知道自己在做什么，那么集中投资的风险就较低。他认为，持有3家经营良好的优秀公司的风险要低于持有50家中等水平的公司。[46]

耐心等待

巴菲特说："你得到报酬不是因为采取了行动，而是因为做得正确。"[47]他还认为，投资不同于跳水比赛，你不会因为选择了高难度的投资就能获得更多回报，"如果你直接跳进泳池里压低水花就能得到想要的结果，那就没必要尝试空中转体三周半这个动作了"。[48]他补充说，你只需要每一两年发现一家好公司就够了。所以他在场地中静静等待好打的慢球投来，才挥棒出击。

查理·芒格总结了他们在伯克希尔-哈撒韦公司取得巨大成功的关键：

我们取得了这些惊人回报，其中蕴含着一个有趣的事情，如果别除最赚钱的15项投资，你会发现我们的收益率非常平庸。因此，成功并不来自过度操作，而是来自不进行多样化投资，拥有非凡的耐心，以及果断抓住了几次难得的机会。[49]

在巴菲特投资的早期阶段，只有在他找到了一个更具吸引力的标的公司时，才会卖出现有资产。他也越来越倾向于更加理智的交易方式，并逐渐过渡到只持有管理团队一流的优秀公司。他说：

如果我们不停地买入和卖出，很可能会获得更高的税后回报。很多年前，我和查理·芒格就是这么做的。现在，我们宁愿按兵不动，即使这意味着收益会略低一些。我们的原因很简单：我们发现能与被收购的公司愉快地相处并共同发展是一件多么难得多么快乐的事情，我们很想保留住这一切。我们毫不费力就做出了这个决定，因为我们认为这种相处状态能带来不错的——尽管可能不是最高的——财务收益。[50]

当被问到为什么没有更多人效法他的投资理念时，巴菲特回答说：

好吧，这需要耐心，这是很多人所没有的。他们更愿意下周就能中彩票，而不想慢慢变富。格斯·莱维（Gus Levy，1969年至1976年担任高盛集团的高级合伙人）曾经说过，他只贪图长期利益，不贪图短期利益。而且，如果你贪图短期利益，也可能不会获得很好的长期利益。[51]

巴菲特经常建议商学院的学生想象自己有一张20个孔位的卡片，每当他们做出一个投资决定时，就打1个孔。他这是在怀疑我们是否能在一生中找到20家好公司。

总结

巴菲特实现投资成功的15个要素如下。

（1）性情与智力框架。巴菲特说，格雷厄姆的总结已经十分到位：市场是你的仆人，而不是你的主人；建立安全边际；把股票视为公司的部分权益。不要随波逐流。

（2）掌握会计学，它是商业的语言。要对会计学有足够深入的了解，能发现管理层什么时候在权责发生制的规则内耍了花招。关注现金流和经济收益能力。

（3）充满热情、思想开放。巴菲特愿意慢慢变富，不要急功近利，也不要让贪婪牵着你的鼻子走。

（4）停留在自己的能力圈之内。了解你所能理解的公司；敢于承认自己有不了解的公司，并且不做投资。你不必成为所有领域的专家，只需要搞明白自己能理解的公司即可。

（5）独立思考。把你持有这家公司股票的原因写在纸上，并跟进公司的发展，以确保它没有偏离你的认知。不要盲目跟从市场的热门趋势，不要因为价格因素买入卖出，而应专注于驱动公司价值的因素。

（6）要有耐心和长远的眼光。买入一家公司的股票之后，即使股市休市三年，你都能做到毫不在乎。巴菲特说："在寻找投资标的时，我们的态度与寻找配偶是一样的：你要积极主动，对对方产生兴趣，还要抱着开放的态度，不能急躁。"[52]不要迷恋短期收益或试图去预测股市。

（7）对公司的信心要基于知识和事实，而不是凭借直觉或感觉。信心能防止你在股价跌至低谷时因为恐惧而抛售。

（8）不要限定投资对象的类型，但始终要留心价格。

（9）阅读相关的投资材料。阅读年度报告、主流报纸、行业杂志、成功投资者的经典著作或关于成功投资者的经典书籍。

（10）专注于公司，不要太在意数据指标。如果你选对了公司，从长远来看，股票价格自然能涨上去。你要像公司分析师一样思考，而不是像宏观经济分析师或市场分析师那样思考。

（11）不要在宏观预测或市场择时上浪费时间。首富们都只关心自己的公司，不会把时间浪费在有趣但无关紧要或不可知的事情上。

（12）知道如何给你的公司估值。否则，你就是容易受市场先生欺骗的人。

（13）对美国的未来保持乐观。邓普顿、林奇和巴菲特都极其主张看好美国的未来，因为在法治的自由市场上，聪明才智就会得到报偿。

（14）享受挑战，享受你的工作。巴菲特说："从某种意义上说，伯克希尔-哈撒韦公司是一块画布，我可以在上面绘制任何我想要的东西。我真正喜欢的是这个绘画过程，而不是画好了之后拿去出售。"[53]

（15）选择正确的偶像。巴菲特说："如果你告诉我你的大英雄是谁，我就可以告诉你你会成为一个什么样的人。"你要认真选择你心目中的大英雄。

基于巴菲特投资标准的检查清单

我们基于巴菲特的投资标准，列出了"3P"检查清单：公司的前景（Prospects）、人（People）和价格（Price）。

前景

- 你了解这家公司吗？经常有人投资自己不了解的公司，要避免这种投资错误。这家公司的业务简单易懂吗？
- 这家公司是否具有良好的长期前景和不断增长的盈利能力？
- 这家公司是否已经展现出了持续一致的盈利能力？它是否有出色过

往的业绩（获得过.300的打击率）？

● 这家公司是否能获得较高的有形资本回报率或净资产收益率，而且负债很少或没有负债？最有吸引力的公司能以更少的资产赚取更多的钱。专注于挑选出色的公司。

● 这家公司是否享有可持续的竞争优势？巴菲特说："如果你想在100米游泳时游得更轻松，那么顺着海浪的方向游要比苦练游泳动作聪明得多。"[54]

● 这家公司的业务是否准入门槛很高？

● 这家公司是否具有定价权？定价权是对抗通货膨胀的终极优势。

● 这家公司的产品或服务是否是市场所需要或期望的、在顾客看来没有相似的替代品并且不会受到价格管制？

● 这家公司的品牌是否受到客户的忠实拥护？

● 这家公司是否能得到竞争对手的尊重？

● 这家公司是否产生自由现金流，并且很少使用增量资本来实现增长？

● 这家公司的经常性开支是否较少？

● 这家公司的经营状况是否稳定且可预测，并且不会受到瞬息万变的市场的影响？它的产品具有较高的重复购买率吗？它是一家"收费站"性质的公司吗？

● 你是否对这家公司在未来十年的状况有一个合理的认识？

● 即使股价下跌了50%，你也依然能开心地持有这家公司吗？即使是伯克希尔–哈撒韦公司，股价也曾多次下跌到这个程度。

人

● 他们的历史业绩如何？这是测试他们能力的最好方法。

● 管理者层否能以股东的利益为出发点？他们是把股东视为合伙人吗？他们可以跟你坦率、透明地沟通吗？

- 你喜欢、信任并钦佩这个管理层吗？他们为人正直吗？
- 每位高管是否兢兢业业，并且精通商业之道？
- 管理层是否诚实？能否胜任？
- 管理层喜欢自己的工作吗？他们的热情高吗？
- 管理层在控制成本吗？
- 当价格和价值之间存在较大差异时，管理层是否会回购股票？
- 管理层是否只做自己了解的事情——停留在他们的能力圈之内？
- 管理层之前如何进行资本配置？公司的收益是用来给股东分红还是给管理层发奖金？
- 要对欺诈、傲慢、自满、经常性债务购销、经常性结构重组和高管人员的高流动性保持警惕。

价格

- 以现行长期政府债券利率为折现率，计算公司未来现金流量的现值，与由此所得的内在价值相比，股价是否具有吸引力？
- 公司股价是否有足够的安全边际？即使你不做估算，股价也具有明显的吸引力吗？
- 随着时间的推移，决定公司价值的将是盈利能力，而不是股价行为或移动平均线。巴菲特说："虽然从长期来看，市场价值能很好地反映公司价值，但在任何单独的年份中，这种关系都有可能出现反复无常的错位。"[55]
- 巴菲特说："以合理的价格购买一家出色的公司要比以出色的价格购买一家合理的公司更明智。"[56]
- 等待出现能明显看出优势的股票。这只股票是否尖叫着让你买它？行动不等于成就，你最好等待一个好球投过来。
- 购买价值，但请记住，成长是价值的一部分。巴菲特说："别人都不感兴趣的时候就是你该感兴趣的时机，你不可能跟风买热门股还能赚到钱。"[57]

- 股票下跌的原因是非结构性的、可修复的、暂时性的，还是永久的、结构性的？
- 在别人恐惧时你要买入股票（因为恐惧情绪能带来好的价格），而在别人贪婪时你要恐惧。但是，不要仅仅因为一只股票不受欢迎就去购买它。

第二十三章　回顾

巴菲特有着多重身份：投资者、伯克希尔-哈撒韦公司的首席执行官、慈善家、理性投资思想的导师和老师。他的成就已经超越了语言能够形容的范围。他对公司基本面有着深入的了解，具有管理人才和评估个人品质的高超能力，遵守严格的投资交易纪律，也擅长资本配置，因而成了一位杰出的投资者。

他快速评估个人品质的能力令人难以置信。他认为看人重在三个方面："要同时具备才智、活力和诚信，并且如果不具备最后一个，那就不用费工夫考察前两个了。"他从这三个角度考察一个人的时候，能够一眼看穿他的品质。所以他在达成交易时只需要非常简单的形式——一个握手和一页法律协议就足够了。

我们在上一章的检查清单中提过，巴菲特在投资之前会根据三个基本要素来审视一家公司，即三个P：公司的前景、人和价格。巴菲特说：

你必须真正了解公司的经济状况和你要打交道的那些人。他们（伯克希尔-哈撒韦公司的运营经理们）必须热爱自己的公司。他们必须感受到自己的创造力，这是他们的绘画作品，我不会打扰他们创作，只会给他们提供更多的画布和更多的颜料，但是从我们的角度来看，这归根结底是他们的画。这能淋漓尽致地反映出高管人员的态度。如果他们都对公司毫不在乎，那么下面的人也会毫不在乎。如果高管人员非常看重公司的发展，那么这会明显地体现在整个公司的状况上……合同无法保护你的权益，你必须要选对人并对他们有信心。[1]

巴菲特经常提到，他希望与他喜欢、信任和钦佩的高管一起工作。毫无疑问，伯克希尔-哈撒韦公司的高管们对巴菲特的感觉也如出一辙。

尽管巴菲特对自己收购公司的成本精打细算，但从他对伯克希尔-哈撒韦公司员工的信任中可以看出他骨子里深深的美国中西部精神。伯克希尔-

哈撒韦公司的运营经理们甚至不会向奥马哈总部提交预算计划，在巴菲特的这份信任下，他们为巴菲特创造了数倍的回报。出于尊重、忠诚和相互信任，他们始终保持高度的工作热情，就好像自己仍然拥有公司100%的股权一样。巴菲特把这种关系处理得非常巧妙，即使他对自己的成就轻描淡写，也能激励他人对卓越的追求。伯克希尔-哈撒韦公司的运营经理们都十分敬重巴菲特，不想让他失望。"我们非常信任别人，我认为，在你信任他人时，你会从中得到更多"。[2]

亚伯拉罕·林肯（Abraham Lincoln）表示，即使偶尔会感到失望，他也宁愿信任他人，而不是一直处在不信任和痛苦之中。巴菲特的理念也有异曲同工之妙：

我们宁愿承受一些错误决策所带来的可见成本，也不愿公司里出现令人窒息的官僚主义，因为这将导致决策过慢——或根本做不出决策，进而让我们损失高额的无形成本……（所以）查理·芒格和我严格限定了自己的工作范围：资本配置、公司风险控制、选择管理人员并设定薪酬制度。[3]

巴菲特在他的年度致股东信中从未对吝惜过对伯克希尔-哈撒韦公司同事的大加赞赏。巴菲特所设计的薪酬制度简洁而优雅，并对每位运营经理都提供了个性化的方案。这些方案的相似之处在于都能激发经理人在自己的职能范围内带领公司实现增长，再通过设置一定的资本成本，鼓励他们尽量把所需资本控制在最低水平，并将结余资本返回给巴菲特，让他在发现好机会时重新进行配置。

巴菲特说，他的工作职能只有两个：一是资本配置；二是激励伯克希尔-哈撒韦公司那些不为赚钱而工作的运营经理们。他说：

我们至少有3/4的运营经理已经实现了财务自由。所以，我的工作就是帮助这些高管人员保持足够的工作兴趣，让他们愿意早上六点起床，开开心心地工作，一直保持他们在尚未如此富有时和初入职场时的工作热情。[4]

所以，巴菲特的继任者面临的两个最大的挑战是：如何合理地配置资本，如何复制巴菲特鲜为人知但同样重要的管理技能。

因为巴菲特杰出的商业名望、正直的人品和伯克希尔-哈撒韦公司如同诺克斯堡①一样稳定持久的投资业绩，很多公司在通过传统渠道融资无望时，都会想来寻求他的背书。伯克希尔-哈撒韦公司也能从有利的融资条款中获益颇丰。由于受到1998年金融危机的打击，美国银行、高盛、通用电气和陶氏化学等公司面临巨大的财务压力大和资金缺口，它们不仅获得了伯克希尔-哈撒韦公司的资金支持，还享受到了巴菲特的光环效应。

而这个光环的代价并不低。伯克希尔-哈撒韦公司购买了通用电气公司和高盛集团收益为10%的优先股，其中还包括购买普通股的认股权证。陶氏化学公司以8.5%的年度股息向伯克希尔-哈撒韦公司出售一部分可转换优先股，从而完成对罗门哈斯公司（Rohm and Haas）的收购。在2011年的金融危机之后，伯克希尔-哈撒韦公司向陷入困境的美国银行注资50亿美元，购买了美国银行6%的优先股，以及可购买7亿股普通股的认股权证，在不到7年的时间里，伯克希尔-哈撒韦公司通过行使股票认购权利和6%的股息，待普通股股价反弹之后，获得了当初投资额两倍的收益。巴菲特敢于买入美国银行是因为他坚信美联储为了拯救这个躺在急诊室手术台上的经济患者，会把足够的流动性注入输液泵中，他说：

这实际上是相信政府不会在这种时刻逃避自己的责任，不会在全世界都努力去杠杆和恐慌的时候加杠杆。[5]

巴菲特有异于常人的能力，能够以任何人都可以理解的方式清楚地说明投资原则。他在伯克希尔-哈撒韦公司年度信致股东信中大量使用比喻和名言警句。例如，在建议投资者集中投资他们最有信心的股票时，他说："为什么不将资产投资到你真正喜欢的公司上？正如梅·韦斯特（Mae

---

① 诺克斯堡（Fort Knox），美国陆军基地之一，位于肯塔基州，设有储放美国国库黄金的国家金库等机构。——译者注

West）①所说：'好东西多多益善。'"

巴菲特被誉为奥马哈先知（Oracle of Omaha），被盛赞为有史以来最伟大的投资者之一，这充分说明了大家对他的认可。伯克希尔–哈撒韦公司就像是美国企业界的史密森尼学会（Smithsonian Institution）②，具有稳定的收益、强大的管理体系、忠实的消费者和简单易懂的业务模式。它集合了一系列具有诺曼·洛克威尔（Norman Rockwell）③式品格和怀旧情调的公司。在崇尚华尔街精神的时代里，在买家要处处小心的快节奏世界中，巴菲特强调高质量的价值型公司是对传统价值令人欣慰的回归。对于急需收购的首席执行官和投资顾问来说，他的建议——耐心——英明无比。他代表着理性和信任，清晰地传达着投资常识和投资原则，拆穿了神秘理论的假面。他的收购充满了善意，他也与经理们成为一生挚友。他推崇合伙合作的关系，把股东当作合伙人一样尊重和沟通。在过去的25年中，他在伯克希尔–哈撒韦公司的薪水一直保持在100 000美元，并且不给自己发放任何奖金或股票期权。

笔者更喜欢用"无与伦比的大师"这个别称来代指巴菲特，希望强调他无人能及的长期投资业绩。巴菲特在1989年以670万美元为伯克希尔–哈撒韦公司添置了一架喷气式公务机，并把它命名为"无可辩解号"（The Indefensible），这显然也是有意的选词。就像我写信给邓普顿和林奇一样，

---

① 梅·韦斯特（1893年8月17日—1980年11月22日），美国演员、编剧、歌手、剧作家。1999年，她被美国电影学会评为"百年来最伟大的女演员"。——译者注

② 史密森尼学会是由美国政府资助的、半官方性质的第三部门博物馆机构，位于美国首都华盛顿，由英国科学家詹姆斯·史密森遗赠捐款，于1846年创建。它是美国一系列博物馆和研究机构的集合组织，也是世界最大的博物馆系统和研究联合体。——译者注

③ 诺曼·洛克威尔（1894—1978），美国20世纪早期重要的画家及插画家，他将美国传统价值观在20世纪的转变用细腻的画笔一一记录下来，叙述着20世纪美国的发展与变迁。——译者注

我在很多年前（还没有电子邮件之前）也给巴菲特写了一封信，介绍我的"卓越投资"项目［当时名为"大师经验（Lessons from the Masters）"］，并提到了我给他起的别称。三天后，我很惊讶地收到了他的回信。巴菲特在信中说："谢谢您的来信，这真的让我很高兴！我喜欢你给我起的名字，它比查理·芒格给我们的飞机起的名字更好。"[6]

几年前，当笔者在一次研讨会上讲授"卓越投资"项目时，我用两件物品来展示巴菲特投资风格的精髓。第一件物品是一盒喜诗糖果。巴菲特投资喜诗糖果的案例很好地证明了一种价格亲民、质量出众的经济特许权产品中能给消费者带来多么欢乐时光，又能给投资者带来多么丰厚的长期收益。可口可乐公司的饮料、吉列公司的剃须刀、美国运通公司的卡费、富国银行的手续费和《华盛顿邮报》的订阅费等，这些重复消费的产品为伯克希尔-哈撒韦公司赚到了数十亿美元。

第二件物品是一个棒球棒，用来表明忽略"击球啊，你个笨蛋"（被主审裁判认定进入好球区但打者没有挥棒的好球）这种投资压力，并在好球区等待一记好打的慢球投过来再出击的重要性。巴菲特回忆说，泰德·威廉姆斯在他的《击球的科学》（The Science of Hitting）一书中解释说，他将好球区划分为77个单元，每个单元的面积都只有1个棒球的大小。泰德·威廉姆斯说，如果他只在击中概率最高的单元中击球，那么他的打击率可以高达.400，但如果他在击中概率最低的单元中击球，即使这个单元仍然在好球区内，那么他的打击率也只有.230。等待好打的慢球，一切都会变得不同。巴菲特解释说，与棒球选手不同，对投资者而言不存在预先判定的好球，投资者应该将棒球棒放在肩上，等待好的投资出现。虽然以合理的价格买入一家好公司是个不错的选择，但如果能以好价格买入一家好公司岂不更好。巴菲特几十年来一直在公司经营和投资方面赢得大满贯。巴菲特取得了举世瞩目的投资纪录，作为一位智力超群、精力充沛和正直守信的投资榜样，他的成就无人能及。

第二十四章 三位投资大师的异同点

> 我总是能看到那些一生中成就显著的人，他们往往不是最聪明的人，有时甚至不是最勤奋的人，只是学习机器而已。他们每天晚上睡觉时都比早晨起床时更聪明一些，天哪，这真的很有帮助，特别是当你把目光放长远的时候。
>
> ——查理·芒格[1]

邓普顿、林奇和巴菲特都是杰出的学习机器。邓普顿在知识的海洋中徜徉，阅读了无数的公司财报和研究报告。林奇每周工作80个到85个小时，连周日早晨去教堂前的时间都在工作，他甚至还在床头柜上放了一本股票走势图表手册，以便随时翻看。巴菲特每天大约翻阅5份报纸和500页材料，用于阅读的时间长达5~6个小时，星期六他在经常在办公室里工作。如果有投资者名人堂的评选，他们当之无愧都能在第一轮入选。正如体育名人堂成员风格多样一样，他们每个人的风格都自成一派，都重新定义了传统的投资理念。邓普顿率先进入了新兴市场，而此前人们甚至都没听说过这些市场的存在。林奇拒绝以成长型投资者或价值型投资者来定义自己，而是证明了只要足够努力地工作并且打开思路，就可以找到很棒的投资标的公司；他还证明了公司的规模并不能决定公司的业绩。巴菲特证明了他的导师格雷厄姆反复强调的箴言："把购买股票当作购买公司，这才是最聪明的投资。"巴菲特是资本配置的大师，他对自己参股的上市公司和100%收购的公司全部一视同仁。他仅用少量资金收购了一家濒临破产的纺织公司，却把它发展成为美国五大最有价值的公司之一，这淋漓尽致地体现了他高超的资本配置水平。巴菲特的天才之处还表现为懂得如何以一种通俗易懂的方式传达自己的经营理念，他善于激励和管理伯克希尔-哈撒韦公司旗下各个子公司的首席执行官，他尽量减少自己对公司运营的介入，却收获了最大的忠诚度和最好的业绩表现，而他的这一能力很少被人提及。

总结这三位投资大师的异同点，也许有助于你定义自己的投资风格。

邓普顿、林奇和巴菲特的相似之处

从童年时代开始，这三位投资大师都表现出对商业的热情和强烈的创业精神。他们最初的投资都是从小事做起，对财务安全具有强烈的渴望。

邓普顿在年仅4岁的时候就学着播种，收获豆子，然后把它们卖给村子里的商店。8岁时，他在淡季通过邮购目录买了一些烟花，并以5倍的价格在7月4日美国国庆节前出售。8年级时，他以每辆10美元的价格购买了两辆出了故障的福特卡车，然后用其中一辆的零配件修好了另一辆。他在整个高中时期都开着这辆修好的卡车。在高中毕业后的那个暑假，他挨家挨户地推销《好管家》杂志。

林奇的父亲在他11岁那年因脑癌不幸去世。此后，他深感自己有责任在经济上为家里做一份贡献。林奇在整个高中和大学期间一直在高尔夫球俱乐部兼职做球童。

6岁时，巴菲特试着售卖黄箭口香糖，每包能赚到0.02美分的利润；他还用25美分的价格从祖父的杂货店购买了半打可口可乐，然后以每瓶5美分的价格出售，每次可以赚到5美分。7岁那年的圣诞节，他希望得到的礼物是一本书——《债券推销术》。11岁那年，巴菲特在父亲办公室的会议室里帮忙记录股票价格，也买入了他的第一只股票。他还去收集打飞的高尔夫球，然后卖了赚钱；他兼任一份赌马小报《小马倌精选》的编辑；他每天最多送500份报纸；他还经营了一家名为威尔逊弹珠机的公司。

他们三人要么直接经历过大萧条时代，要么有家人经历过，在这种情绪的影响下，他们都渴望财务独立。他们都靠着自己的积蓄和投资本领为自己赚取了大学学费。邓普顿的一部分大学学费来自他打扑克赢的钱。林奇在飞虎航空的股票上赚到了钱，完成了沃顿商学院研究生阶段的学习。巴菲特尝试过各种投资方法，直到他在大学四年级时发现了格雷厄姆的著作《聪明的投资者》。他们都乐于面对每一次挑战，在充满竞争气氛的行业中取得了卓越成就，也都深感对客户负有重大的责任。他们严格恪守职业道德，不断学习，善于发掘投资机会，所以获得了惊人的投资回报。

这三位投资大师不仅以令人炫目的投资记录闻名于世，还因正直守信的商业品德而广受称赞。好莱坞的电影喜欢用戏剧化的手法描绘华尔街的罪恶和贪婪，这让很多积极正面的商业榜样鲜为人知。在众多的榜样中，这三位投资大师尤其值得人们效仿，在他们的职业生涯中，正直守信是最根本的原则。他们践行着巴菲特对所罗门投资公司员工的指示："问问你们自己，如果自己的一切行为都会成为第二天当地报纸的头版头条，他们是否愿意与配偶、子女和朋友一起阅读报纸……"三位大师也都分享了他们错误的投资决策。林奇表示："如果你的十个投资决策里有六个是对的，那么你就能在这个行业取得出色的成绩。"[2]他们正直守信的品格和商业声誉都值得奉为经典。

在投资这个人们常常秘密行动的行业中，这三位大师都愿意与他人分享自己的投资理念。他们都是老师。邓普顿撰写了投资财富指南《邓普顿教你逆向投资》（*Investing the Templeton Way*），与此同时，他还写了十多本关于精神财富的著作。

林奇共著有三本书，揭开了投资原理的神秘面纱，并说明了普通投资者相对于专业人士所具有的优势。他还是《价值》杂志的专栏作家，也是

《巴伦周刊》圆桌会议的定期成员。林奇表示，他希望教会人们小心打理自己的财富，把股票视为对一家公司的所有权，而不是一张彩票。直到退休后很久，林奇还依然在富达公司辅导分析师和投资组合经理。

邓普顿和林奇都是路易斯·鲁基瑟《每周华尔街》栏目的常客，他们有时也会同时出现在同一集节目中。

巴菲特最喜欢在伯克希尔-哈撒韦公司年度报告中的致股东信里传达他的商业原则和投资理念。有人曾说过——我也同意，仔细研读他这50多封致股东信比投资专业的研究生学位更有价值，而且唯一要交的学费就是阅读时间。在2017年伯克希尔-哈撒韦公司的年度会议上，有人问巴菲特他希望后人以什么样的身份看待他，巴菲特表示：

这个问题对我来说非常简单。我真的很喜欢当老师，我一直在正式地授课，当然，你也可以说我一生都在以非正式的形式给别人当老师，而且我自己也有幸遇到了这个世界上最伟大的老师。所以，如果有人认为我是个不错的老师，那我会感觉很好。

巴菲特年仅21岁时，就在内布拉斯加大学的夜校正式讲授"投资原理"课程。邓普顿和林奇是当时热门电视节目的常客，巴菲特也同样是CNBC频道的常客，他毫无保留地回答了各种有关商业和投资的问题。

他们三位都愿意用大胆的投资押注来践行自己的逻辑和推理。第二次世界大战期间，在美国正式宣布参战的当晚，美国股市大跌50%，随后邓普顿在美国股票交易所里每股售价不超过1美元的股票上各投资了10 000美元，这是他唯一一次借钱的经历。他在4年后卖出时，收益翻了4倍。邓普顿职业生涯中最成功的一次下注，是在日本取消投资限制之前投资了日本股市。在1971年投资限制被取消时，日本股票已经在邓普顿基金中占了相当大的比例。随着市场的一路上扬，邓普顿基金在20世纪70年代初的增长就超过了60%。当市场主流观点担心克莱斯勒公司、房利美和通用公共设施公司濒临破产危机时，林奇反而大比例加仓，后来获得了数倍的收益。

巴菲特于1962年使用自己40%的净资产买入美国运通公司，并在多年间个人持有伯克希尔-哈撒韦公司40%以上的股份。回想一下巴菲特给管理着超过1 000亿美元资产的富达反向基金经理威尔-达诺夫的建议："为你最好的想法下最大的注。"巴菲特还立刻补充道："但前提是你的事实和推理是正确的。"这三个人都愿意为自己的信念付出勇气。

邓普顿、林奇和巴菲特都对美国公司保持坚定的乐观态度。他们对美国的经济制度、创新精神和自由市场经济充满信心，相信它们能带领美国蓬勃发展，提高人们的生活水平，增强经济不景气时的恢复速度，并且通过创造新的财富机会来实现自我复兴。邓普顿每一次受邀来到路易斯·鲁基瑟的《每周华尔街》节目时，都非常看好美国的机会，并对美国所取得的成就心怀感恩。他在发言中经常提到一些未被大家普遍意识到的事实，例如"全世界古往今来所有的科学家中有50%目前仍然在世，所有出版过的图书有50%是在过去的60年中出版的，所有的科学发现有50%来自20世纪……"[3]一个国家，能允许每个人都能够努力实现上帝赐予他/她的才能，对此，邓普顿时刻心怀感恩："我们要意识到，我们正生活在这个世界在历史上最辉煌的时期。"

林奇对美国经济持的乐观态度从未改变过，也从未间断过对这一经济体的投资。"9·11"事件发生后不久，林奇的一席话让大家感到了安慰和希望："如果你相信美国的决心、努力和创新的力量，那么请把眼光放长远，请相信我们的经济制度。我当然是相信的。"[4]

巴菲特对美国公司的未来始终持有乐观态度，这是因为他相信美国的市场机制可以释放人的潜力，他说："（美国建国）240年来，看空美国的发展是一个可怕的错误，现在也没有必要看空。"[5]

这三位大师都慷慨地奉献了自己的时间、才华和财富。邓普顿在30岁出头的时候至少把收入的20%捐给了慈善机构，在晚年间甚至捐出了更多。我们在第三章中已经提到，邓普顿成立了同名基金会——邓普顿基金会，获奖人士可得到一笔不菲的现金奖励。

　　林奇和妻子卡罗琳·林奇自1990年到妻子2015年去世，一直管理着他们的家庭基金，全心投入他们认为可以有效解决社会问题的四大领域：博物馆、学校、医疗和教育。

　　巴菲特也已承诺将99%的财富返还给社会。在2006年，他高调宣布将逐步把自己的大部分财产捐给比尔及梅琳达·盖茨基金会。截至2017年，巴菲特已连续18年拍卖与自己共进午餐的机会，并将所得善款全部捐赠给格莱德基金会（Glide Foundation）①，目前已筹集了2 400万美元。他也一直积极地说服美国的其他富人将其财富的50%捐给慈善机构。巴菲特也在极力扭转这种扭曲的市场体系，即市场会以数十亿美元的报酬奖励像他自己这样的理财经理，只因为他们能够发现股票的错误定价，但有影响力的老师则只能获得感谢信。

　　三位投资大师具有以下相似之处：

- 行动迅速果断。
- 全心全意投入工作，专业素质极高。
- 耐心等待投资机会。
- 坚持以价值为导向的投资风格，并愿意对投资方式做出调整。
- 不买卖期权，也不做空股票。
- 不理会对总体市场趋势或利率的预测。
- 尊重但不接受有效市场理论这一学术观点。
- 具有理智的性格。公司在发展过程中难免遇到挫折，不论是谣言中伤或是真实困难，都在考验每位投资者对公司竞争优势的评估。他们三位都能理智地判断公司问题的情况，评估这一问题是暂时的还是结构性的，

---

　　① 格莱德基金会位于美国西部城市旧金山，主要为穷人和无家可归者提供食物、医疗、住房、托幼、职业培训等慈善服务。——译者注

以及它是否会对公司的盈利能力产生重大影响。

● 做投资不用电脑。林奇表示："如果你连公司的基本情况都没了解，那么有一大堆软件也毫无意义。相信我，巴菲特不会使用这些东西（Bridge、Shark、彭博客户端等交易咨询服务软件）。"[6]

他们的差异在于：

● 邓普顿和林奇的思维模式更像是股票市场的经营者，而巴菲特则像个商人。

● 林奇和邓普顿的投资风格比巴菲特更加灵活。

● 林奇和邓普顿更像是基金股东的受托人，他们认为自己必须在一定程度上跳出自己的能力圈，进入新的领域，并成为专家。巴菲特则一直停留在自己的能力圈内。

● 林奇喜欢投资零售型公司和餐厅，因为它们的商业模式容易复制推广。但巴菲特表示，零售型公司缺乏持久力、准入门槛太低，所以他不能理解投资它们的价值在哪里。巴菲特曾说，零售行业里的公司很难建立永久性的竞争护城河来确保自己公司的竞争优势。

● 巴菲特更喜欢在奥马哈独自工作，邓普顿会把他的分析师派往泰国、巴西、韩国和西班牙考察，而林奇则紧密地与富达基金的其他经理和分析师进行合作。

邓普顿和巴菲特

1985年，在接受亚当·史密斯（Adam Smith）采访时，邓普顿被问到他认为自己与菲利普·费雪和巴菲特等投资界的其他常胜将军有什么不同时，他回答道：

可能在于我比其他人更善于在全球范围内寻找公司，而且我涉足的行业更广，也可能在于我会用更长远的时间段来估算未来的收益。当然，我做每件事时都会祈祷。我们每次开董事会之前都要祈祷，我们为自己所做的每一个决定祈祷（为了智慧）。[7]

在同一次采访中，邓普顿再次提到了他40年投资咨询生涯的座右铭："在别人疯狂抛售时买入，在别人贪婪买入时卖出，这需要最大的毅力，也能获得最大的回报。"巴菲特在寻找价值被低估的股票时，也持有类似的理念："别人恐惧时我贪婪，别人贪婪时我恐惧。"

邓普顿和巴菲特之间还有许多其他相似之处。他们都师出格雷厄姆，并对他十分钦佩，且他们二位都认识到，格雷厄姆所秉持的净流动资产分析法过于严格，所以转而使用了相关度更高的估值工具，尤其是在衡量当前价格相对于未来的核心盈利能力的比值时。

他们均在远离华尔街的环境中收获了丰厚的投资回报。巴菲特更喜欢内布拉斯加州的奥马哈，这里是他的家乡，而邓普顿则选择在巴哈马的新普罗维登斯主岛展开自己的投资活动。他们都能做到不随波逐流、专注于基于事实的研究，而不受华尔街消息的打扰。在奥马哈或在巴哈马，他们都能把关注点放在公司的价值上，而不是让自己落入华尔街流行的短期思维陷阱。巴菲特和邓普顿一样，非常反感华尔街大肆炒作的做法。巴菲特说："我在华尔街工作的几年里，每隔十秒钟就有人跟我小声传递些消息，于是我总是会过度兴奋。"[8]

他们两位都有意识地把自己的时间集中在公司研究上，努力寻找能实现增值的投资标的。他们不会偏离这个主线，把精力花在股票交易或经营所投资的公司之上。他们两个人都没有专门设立投资决策委员会。巴菲特说，他如果成立投资决策委员会的话，就相当于照镜子：镜子里外会完全一致，都不是华丽的表演者。他们二位都对自己的判断充满信心，也有十足的勇气，一旦看中一只股票之后就敢于果断地大手笔买入。

他们都把"无聊时间"——坐飞机、坐公共汽车、坐火车的时间或等人的时间——用来阅读10-Q（季度报告）和10-K等美国证券交易委员会的文件、各个公司的年度报告，以及《价值线》杂志，标准普尔或穆迪等公司的研究报告。

他们都愿意采用灵活的投资方法，但寻找价值被低估的公司是永恒不变的底层逻辑——这能保护本金不受损失。邓普顿认为要在悲观情绪最重的时候买入，这能很好地控制下行风险。巴菲特说，投资的唯一真实法则就是不亏钱。巴菲特强调，如果你投资一家公司的股价成本远低于其内在价值，那么大概率而言就不会亏本。

邓普顿和巴菲特都能做到不受市场情绪的干扰，并总在寻找机会让市场的愚蠢行为为自己服务。他们不会被群体情绪所左右，相反，他们能够利用这些情绪波动。巴菲特说，成功的投资者最重要的素质不是智力，而是一种心态，"这个工作不是要你去进行民意调查，而是要你去思考"。[9]邓普顿和巴菲特都耐心十足、冷静镇定，但同时也都勇敢果断、充满自信。在巴菲特看来，仅股价这一个因素并不能反映出公司的任何信息。他甚至更倾向于在对公司进行估值之前先不去了解股价，以免影响他的判断。只有在完成估值之后，他才愿意去比较公司的价值和价格。他有着长期的投资心态，即使股市休市五年，他也不会在乎。这与投资农场或房地产的心态一样。

曾经的邓普顿和现在的巴菲特都是积极的乐观主义者，他们都对自由市场经济充满信心，看好这种体系下的社会创新力、发展动力和多种可能性；他们二位都通过寻找价值被低估的公司赚得盆满钵满，而且都没有使用电脑办公；他们都着眼于长期收益。他们几乎同时（1955—1956年）成立了自己的旗舰投资组合；他们都致力于终身投资。

2003年的首期《CFA杂志》制作了题为《世间传奇》（*Living Legends*）的封面报道，通过电话采访了邓普顿和巴菲特等七位投资界的传奇人物。其中有一个问题是："对25~30岁的专业投资人士而言，最有价值的建议是什么？"邓普顿的答案是："我建议保持谦恭的态度，打开思维，不要自负。"巴菲特建议："我认为是要从实际出发来界定自己的能力圈。试着弄清楚你有能力了解的东西，停在这个范围内，然后忘记其他所有东西。这意味着找出你能了解得足够深入并为它估值的公司，以及你无法了解得足够深入并为它估值的公司。"

另一个问题是："投资者最应该永远铭记的原则是什么？"邓普顿说："好机会往往都在被人们忽视的地方、别人不去探究的地方。"巴菲特说："始终保持安全边际，只在自己的理解范围内做事，并进行量化分析。"[10]

邓普顿和巴菲特也有诸多不同之处，有些差异很轻微，有些很显著。邓普顿曾提到过巴菲特：

我非常崇拜巴菲特，但他长期以来只注重投资美国的公司，这真奇怪。从这个意义上说，我认为他的目光并不长远，或者说，格局并不够大。是的，我觉得他的格局并不够大。如果他花更多的时间研究国外市场，他会做得更好。[11]

后来，巴菲特开始转向美国以外的市场。伯克希尔-哈撒韦公司先后收购了以色列的金属切削公司伊斯卡（ISCAR）和德国的摩托车配件公司德勤路易斯摩托销售公司（Devlet Louis Motorradvertriebs），并投资了英国的零售商乐购公司、德国的慕尼黑再保险公司（Munich Re）以及中国的电池和汽车制造商比亚迪公司。

邓普顿视自己为客户资本的受托人，而巴菲特认为自己是伯克希尔-哈撒韦公司的资本管理者。如果邓普顿发现了被严重低估的公司，他会认为自己有责任去专门学习相关知识，从而便于对公司进行估值。但是，巴菲特严格遵守他的能力圈原则，如果超出了自己的能力范围，即使遇到好的投资机会他也会选择放弃。之前的几十年里，巴菲特从未投资过科技公司。他在1985年接受亚当·史密斯的采访时表示："有很多我不了解的事情，这可能很让人沮丧，但我为什么要了解一切呢？"而邓普顿表示："在这一点上我与巴菲特持不同观点。我认为如果发现了可能值得买入的公司，你就应该试着去了解，或者应该雇一个了解这家公司、这个行业的人。"邓普顿的分析师分布在全球各地，而巴菲特虽然拥有广泛的人脉网络，尤其是在伯克希尔-哈撒韦公司内部，但他更喜欢独自工作。

最近，巴菲特手下的两位得力干将——托德·库姆斯和泰德·韦施勒都建议他买入苹果公司的股票。于是他采纳了这个建议，这表明他开始有了一点儿邓普顿的影子。伯克希尔-哈撒韦公司在多年间一直未涉足科技公司领域，所以截至2018年中期，它仅持有苹果公司不到5%的股份。查理·芒格在提到巴菲特的适应能力时，说：

我们所玩的这场游戏，它的妙处在于你可以持续学习，而且我们仍在学……他（巴菲特）已经变了……我不认为我们疯了，我认为我们正在用合理的方式适应着这个越来越难做的行业。[12]

邓普顿每只股票的平均持有期为6年，虽然这与当今许多对冲基金的疯狂交易频率相比，已经算是长期了，但对比巴菲特在伯克希尔-哈撒韦公司的持仓时间来看，这只能算是短期投资。巴菲特坚定地把股票当作他愿意永远持有的公司的一部分所有权，而邓普顿如果发现了另一只有足够的上涨空间的股票，就会愿意卖出手中的股票。

邓普顿和林奇

邓普顿和林奇都非常珍惜时间。邓普顿将自己的手表调快10分钟，以确保自己开会不迟到，而且如果要等人的话，他还一定会带一些阅读材料。林奇负责主持富达公司每周的基金经理分享会，组织每位经理分享自己最佳的投资想法。最初，林奇将发言时间定为3分钟，后来又缩短到90秒。邓普顿言语间充满了田纳西州风格的轻松语调，以至于有时会让人暂时忘记他高尚的职业道德。林奇在工作上雷厉风行，挽起袖子亲力亲为的风格与他的讲话方式如出一辙，他经常在话语中夹杂机智的讽刺，批评脱离现实的投资专业人士和象牙塔里的学者。

邓普顿和林奇都是虔诚的教徒。邓普顿在召开董事会和做出重要决定之前，都会祈祷上帝赐予自己智慧、清晰的思路，并深怀感恩。林奇是爱尔兰天主教教徒，他不仅在自己的著作《彼得·林奇的成功投资》一书中致敬家人、富达的同事、麦哲伦基金的投资人，也致敬了"赐予我一生中所有难以置信的幸福的神圣的上帝"。

邓普顿和林奇都是路易斯·鲁基瑟《每周华尔街》节目的人气嘉宾。他们在1987年黑色星期一发生之后，一同身着燕尾服出现在节目中，他们传达的常识性投资建议和乐观态度也与当天的服饰一样优雅。他们主张自己研究所持有的资产，要仔细选择、富有耐心，要专注于收益与股票价格之间的长期联系，不要担心宏观数据表现不好，还要学会利用估值过低的股价。他们两位的投资都非常多元化，并相信只要价格合适，可以考虑买入任何公司。他们都喜欢问公司的管理层："哪个竞争对手让你最头疼？你还敬佩哪家公司？"

林奇和巴菲特

《福布斯》杂志的一百周年纪念刊邀请了100位在世的成功商业人士分享他们的智慧。其中包括林奇和杂志封面人物巴菲特。林奇回忆起当时他意外收到巴菲特打来的电话，询问他是否可以在伯克希尔-哈撒韦公司的年度致股东信中引用《彼得·林奇的成功投资》书中的一句话。巴菲特说："我必须要引用这句，可以吗？"林奇回答："当然可以，是哪句？"巴菲特说："抛掉赚钱的好股票，抱着亏钱的差股票，无异于拔掉鲜花、浇灌杂草。"

其他接受杂志采访的成功人士都在对自己的成就高谈阔论时，林奇反而谦卑地承认了自己最大的错误：他（巴菲特）在我整本书中所引用的这句话也是我犯过的最大错误。林奇回忆说，他参观了家得宝公司初创时期的四家门店之后，就买入了它的股票，并在价格涨到3倍之后得意扬扬地卖出了。此后，这只股票一路上涨了50倍。这次经验教会他，也教会我们：时间是伟大公司的朋友。

巴菲特也喜欢林奇的另一句话："买一家有普通管理层的伟大公司要胜过买一家有伟大管理层的普通公司，因为公司的声誉至关重要。"这是林奇在告诉我们如何才能判断一个公司的管理层是否真的出类拔萃。巴菲特的比喻也有异曲同工之妙："重要的是你处在哪个方向的水流之中，而不是多么努力地划桨。"

在林奇看来，你应该能够在两分钟内向一个10岁的孩子解释清楚为什么要买入一只股票。他打趣地说道，"因为这玩意儿正在上涨"不能算是一个答案。巴菲特的看法听起来与林奇非常相似：

例如，你应该能够在一张黄色的便利贴上写下："我以22美元的价格买入了通用汽车公司，通用汽车公司共发行了5.66亿股股票，总市值为130亿美元，但通用汽车公司的价值要远高于130亿美元，因为＿＿＿＿。"如果这句话你写不下去，那就不用买这只股票了。[13]

林奇和巴菲特都不停地强调投资的一条核心真理：从长期来看，公司的收益与股价之间存在高度相关性。林奇在1990年观察到，默克公司和可口可乐公司在过去20年中的利润和股价都增长了15倍。[14]同样地9年后，巴菲特也提道："不论一个资产具有何种特性，从长远来看，其价值的增长速度都不会超过收益的增长速度，这是必然规律。"[15]

1999年，标普500指数上涨了21%，而伯克希尔-哈撒韦公司的股价却下跌了19.9%，这是伯克希尔-哈撒韦公司业绩最差的年份之一。而林奇却对巴菲特的战略表示支持。由于"千年虫"问题[①]引发恐慌情绪，市场

---

① "千年虫"问题，即"计算机2000年问题"，是指某些使用计算机程序的智能系统在进行跨世纪的日期处理运算时出现错误，进而引发系统功能紊乱甚至崩溃。——译者注

疯狂买入科技股。巴菲特自认为患有"终生科技恐惧症",但他的这种投资风格似乎与当时的市场脱节了。而他最爱的可口可乐公司和吉列公司在1999年的表现并不可靠。由于可口可乐公司在1999年对一起欧洲的污染事件反应迟钝而声誉受损,所以股票当年下跌了11%。而吉列公司当年的股票下跌了30%,主要原因是库存管理不善和经常性开支大增而导致公司收益受损。当有人批评巴菲特与市场脱节时,林奇却极具先见之明地为他辩护:"他今天的投资方法和10年前的一样有效。找到相同的好机会确实有些难度,但是他的投资体系依然有效。"[16]科技股泡沫在8个月后(2000年3月)开始破灭,而当年伯克希尔-哈撒韦公司的股价上涨了26.6%,标普500指数下跌了9.1%。

林奇和巴菲特也存在着一些重大差异。林奇曾一度在麦哲伦基金持有1 500多家公司,不过他也重仓买入了自己最有信心的公司。巴菲特倾向于把资金集中在自己最看好的公司上,通常只持有不到12只股票。公平地说,林奇为数百只股票建立很小的头寸,目的是更紧密地追踪这些公司的进展,从而确定是否应逐步加仓。巴菲特也有相似的做法,他买入了很多公司100股的股票,只是为了获取它们的财务报表。

富达公司在波士顿办公室里总有各个公司的管理团队来来往往,随时提供着自家公司的最新战略和近况,这里是他们来美国的必经之地。还有无数公司到这里来展示自己的竞争优势,随时准备好回答投资经理的问题。而林奇却不愿意在这种环境里收集信息。林奇与数十位富达公司的分析师和投资组合经理一起工作,并为他们提供辅导。林奇做尽职调查时最喜欢的方法是直接拜访公司总部或到其营业场所(例如购物中心)现场了解。到公司的所在地去拜访管理层能让林奇更清楚地看出管理层是勤俭节约还是铺张浪费,是求知若渴还是骄傲自满,是透明公开还是不透明。去现场参观能让林奇感受到这家公司与顾客的连接是否紧密。这些观察比研究公司报告或宏观经济趋势要更有价值。

而巴菲特宁愿在奥马哈的办公室里安静地思考。他的人脉网络相当华丽，包括伯克希尔-哈撒韦公司董事查理·芒格、小沃尔特·斯科特（Walter Scott Jr.）、史蒂夫·伯克（Steve Burke）、汤姆·墨菲和比尔·盖茨。伯克希尔-哈撒韦公司的每一次收购，都会让巴菲特的人脉网络进一步扩大。巴菲特在职业生涯的早期也经常直接拜访公司，但后来他主要依靠自己的累积经验和不断壮大的关系网络获得信息，以此作为投资决策的依据。

在林奇宣布退休的几天之后，巴菲特接受了一次电话采访，他这样形容林奇：

他所说的就是他所做的：运用常识，投资他知道和了解的事情。当然他比我懂得多很多，我就像一只土拨鼠那样，每年从洞穴中里钻出来一小会儿，找些东西就回去。所以我只持有几只股票，而林奇关注着1 400只股票。这说明通往成功的道路多种多样。[17]

结论

虽然这三位投资大师各有千秋，但他们都热衷于研究公司并给公司估值，也都严格遵守投资交易纪律。只有当他们确信自己掌握的事实和推理正确无误时，才会大笔买入。他们都能充分利用错误定价的机会，在市场对负面新闻事件反应过度时，或公司的收益能力未被发现时买入股票。他们虽然都取得了惊人的投资成绩，但也非常愿意承认自己的错误，并慷慨地捐献出自己的财富。他们不仅是投资大师，更是出色的榜样。

第二十五章　成长金字塔

> 任何一位明智的飞行员，无论他的才华和经验如何，都不会忘记使用飞行检查清单。
>
> ——查理·芒格
>
> 从某种意义上来说，伯克希尔–哈撒韦公司是一块画布，我可以在上面绘制任何我想要的东西。我真正喜欢的是这个绘画过程，而不是画好了拿去出售。
>
> ——沃伦·巴菲特[1]

一位同事曾经说过，通往投资顶峰的路有很多。邓普顿、林奇和巴菲特通过向导师谦虚地求教，开始了自己的攀登之旅，各自走出了自己的道路。在父亲的影响下和大萧条时代的背景中，邓普顿逐渐成长为一名机会主义者；在母亲的影响下，他形成了热爱求知探索的习惯，学会了工作上大胆创新的精神，也懂得欣赏地理和文化多样性的优势。他将这些价值观运用于自己的投资事业中，不断在全世界寻找最具吸引力的低价股票。

林奇对股票的热爱源于当高尔夫球童时听到的客户的成功故事。富达公司总裁D. 乔治·苏利文对他产生了深远的影响。富达公司无所匹敌的公司资源，加上彼得的好奇心、坚持亲自实地考察的职业道德，以及他对非常规公司的灵活开放的态度，让他创造出了无人能及的投资回报。

巴菲特在他崇拜的五位投资导师身上借鉴了大量的优点，但他也有着自己独特的投资风格。他的父亲是一位证券交易经纪人，也是一位政治家，他让巴菲特懂得，正直守信和高尚品格的价值高于一切。格雷厄姆在巴菲特的心中树立了三个永恒的投资原则：

（1）将股票视为公司的部分所有权；

（2）相比于公司的内在价值，一定要在股票有安全边际的情况下再买入；

（3）股市是你的仆人，而不是你的主人，因此请充分利用股价的波动性。

从菲利普·凯瑞特的投资经验中，巴菲特懂得了要长期持有一家经久不衰的优质公司，从它的稳定增长中获益。在菲利普·费雪那里，他学会了运用"四处打听"的方法来做研究，发现优秀公司之后，就集中资本重仓持有，获取长期收益。以查理·芒格为榜样，他学会了运用常识筛选投资标的，也明白了收购一家公司后换掉差劲的管理层也于事无补，还有以好的价格买入一家优秀的公司远比以（所谓的）优秀的价格买入一家好公司要划算得多。

这三位投资大师从导师的影响中借鉴精华，再加以适当调整，形成了自己独特的投资心法。我们在上一章中仔细阐述了他们之间存在的差异，笔者也想知道是否有可能借鉴他们的最佳实践来构建自己的投资流程。

"好吧，我想就是你了。" 25年前，一家位于美国西海岸的投资公司的首席投资官的这句鼓励开始了我的投资组合管理生涯。我被提拔为一名成长型股票共同基金的投资经理时，这只基金的业绩排在同级基金的底部，公司也在同一年之内3次更换了它的首席投资组合经理。当时，我拥有会计学学士学位、金融学工商管理硕士学位，考取了CFA证书，有几年在夜校教授CFA课程的经验，以及13年的金融和证券分析师经验。然而，我对担任投资组合经理这一新工作仍然感到准备不足。

在总结了邓普顿、林奇和巴菲特的成功股票投资案例、个人背景、工作习惯、研究方法和投资交易纪律之后，我才充满了信心，做好了展开个人投资和专业投资之路的准备。邓普顿、林奇和巴菲特的最佳实践成为我的投资过程的基石，我把这一过程称为"成长金字塔"。在使用成长金字塔方法的四年之后，我管理的共同基金被晨星公司给予了最高的五星评级。多年后，我与几位投资组合经理合伙人共同管理了一只新的共同基金，在使用了同样的方法后，也获得了五星的评级。我在多次市场周期中都坚持使用这一投资方法，它具有卓越的效能和较低的风险。它之所以行之有效，是因为它是以亘古不变的商业理念为基石，并且已经得到了几位投资大师的成功实践。没有任何投资方法可以保证成功，不过，成长金字塔有机整合了优质的商业和投资原则，如果使用得当，它可以改善你的投资结果。

成长金字塔的概念借鉴了由前加利福尼亚大学洛杉矶分校的篮球教练约翰·伍登所开发的"成功金字塔"（如图25-1所示）。约翰·伍登被娱乐与体育电视网（ESPN）体育频道称为"20世纪最伟大的篮球教练"。约翰·伍登教练的成功金字塔是一种教学工具，他在书中阐述了个人成功和团队成功的必备素质。金字塔的每一个部分分别代表了获得成功所必备的行为、态度或价值要素，包括热情、勤奋、自我控制、冷静、自信和竞争优势。最终，他将成功定义为"竭尽全力，做到能力所及的最好自我，由此感到内心的满足与平静"。我在高中一年级时读到了约翰·伍登教练的

成功是竭尽全力，做到最好的自我，由此感到内心的满足与平静。
——加州大学洛杉矶分校（UCLA）荣誉退休篮球主教练约翰·伍登

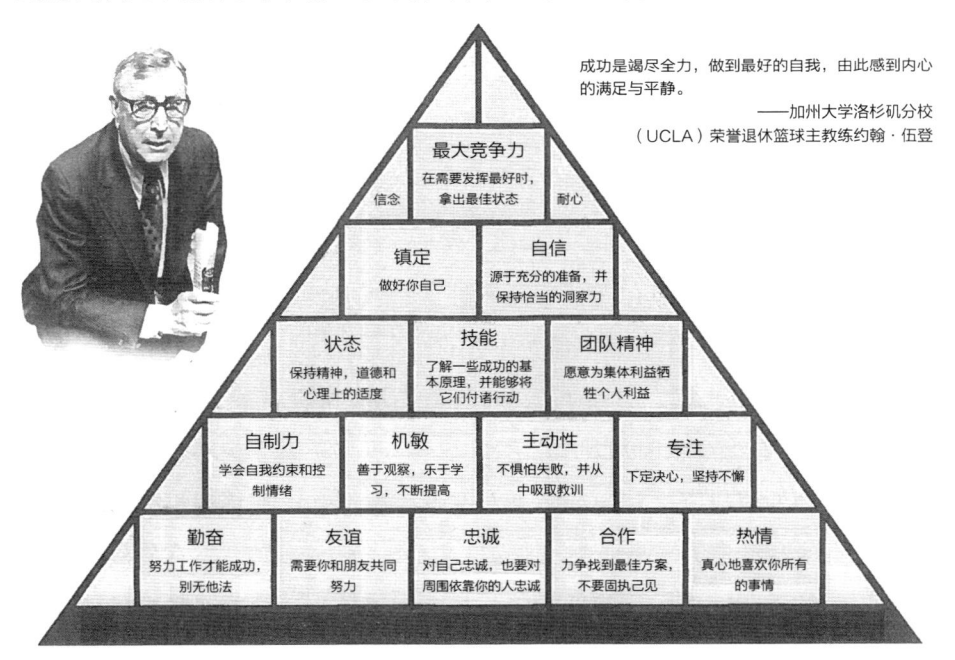

图25-1 约翰·伍登的成功金字塔

书《他们叫我伍登教练》(*They Call Me Coach*),第一次了解到了他的成功金字塔和对成功的定义,深受启发。从那以后,他就一直是我的指路明灯,尤其是我还有幸在约翰·伍登教练辞世的8年前结识了他本人。

执行良好的成功金字塔可以让你保持内心平静,从而帮助你发现具有长期优势、能够实现累积增长的公司,找到它们在商业上成功的原因。

投资理念

查理·芒格强调在投资中使用"思维模型网格"的重要性。这些思维模型构成了一个收集信息、处理信息并根据信息采取行动的框架。它们是全方位的指导方针,是一套强大的投资评估方法。查理·芒格建议:

你心中必须要有思维模型,而且,必须在这个网格上把自己的经验(包括直接经验和间接经验)安排好。你可能已经发现,有些学生只是死记硬背,他们的学习成绩和人生都很失败。你必须在心中建立这样一个思维模型网格,把经验编织进去。[2]

基于成功金字塔,我们制定了成长金字塔(如图25-2所示),它建立在由七个思维模型组成的网格之上,如下所示。

(1)保全本金。投资的重中之重就是保全你的本金。赚钱的第一步是不亏钱。在亏损50%之后,如果想重新回到收支平衡,投资者就必须要能够让收益翻倍,这是一项非常艰巨的任务,可能需要数年时间。巴菲特有两条广为人知的基本投资规则:"第一条规则:永远不要亏钱;第二条规则:永远不要忘记第一条规则。"

投资是管理两大风险的过程:公司风险和价格风险。公司风险是指公司的竞争优势会逐渐减弱或消失,从而使资本和内在价值永久损失的风险。近期这类风险的案例常见于商家自有品牌的产品导致大牌产品的定价能力下降,网络的出现导致报纸、杂志和有线电视的订阅量下降,电子邮件代替了

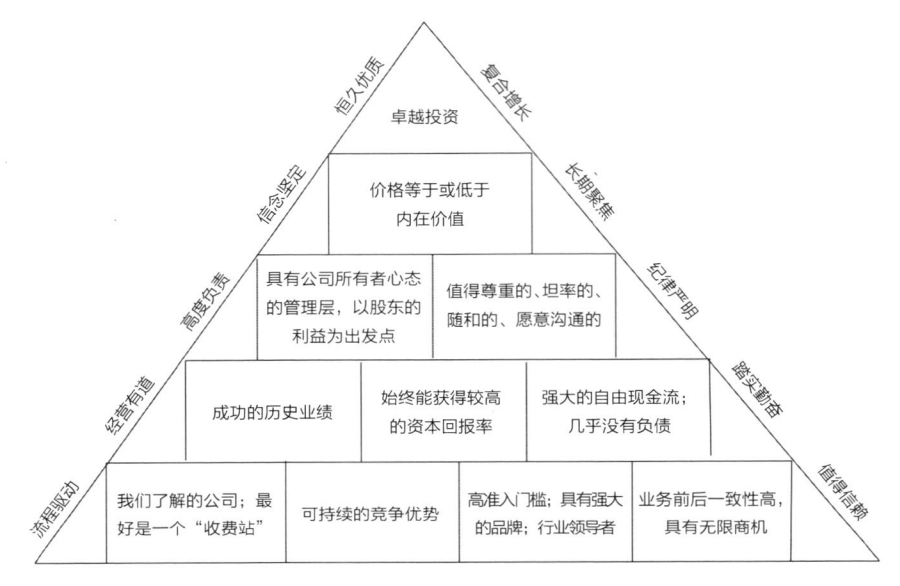

图25-2 成长金字塔

传统的邮政服务、会员制仓储超市（如好市多）和零售电商（如亚马逊）的价格优惠给实体商店带来了威胁。公司在市场竞争中要始终保持警惕。

价格风险是投资者为一家好公司支付过高成本的风险。用较为保守的方法估算公司的内在价值，并在价格相对其价值足够低时买入股票，可以将价格风险降至最低。如果一个投资组合中的每只股票都是在具有足够的安全边际时买入的，那么就能很好地控制整体的下行风险。

（2）要有长期视角。在短期内，导致股价波动的原因可能有很多，例如国际政治动向、货币贬值、央行货币政策的变化、谣言、卖方分析师建议的变化、共同基金过度赎回引发的抛售、投机者在动量交易策略驱使下的交易、做空、期权到期、季度末的窗饰行为①，或智能大宗交易。这些因

---

① 窗饰行为（window dressing），是证券投资基金等机构投资者出于自身利益的考虑，在某一期间末尾采取一系列手段修饰其管理的基金投资组合、粉饰自己的投资业绩，从而达到欺骗投资者、谋取更多利益的非理性投资行为。——译者注

素可能与公司的内在价值毫无关系,却能创造出市场估值与内在价值之间暂时性的差异,是可以利用的好机会。

查理·芒格说:

我和巴菲特从高质量的公司中赚钱……从长期来看,股票的收益很难高于公司创造出的价值。如果一家公司在40年内的资本收益率为6%,即使你当初买入的时候价格很低,在持有40年后,所获得的收益大致上也会是6%。相反,如果一家公司在20年或30年的时间里创造了18%的资本回报率,即使你的买入价格不低,最终也会得到不错的回报。[3]

从长远来看,股票价格与公司的收益和现金流密切相关。例如,在截至2018年6月的25年中,强生公司的收入平均每年增长10.4%,股票的年回报率为10.4%(如图25-3所示)。

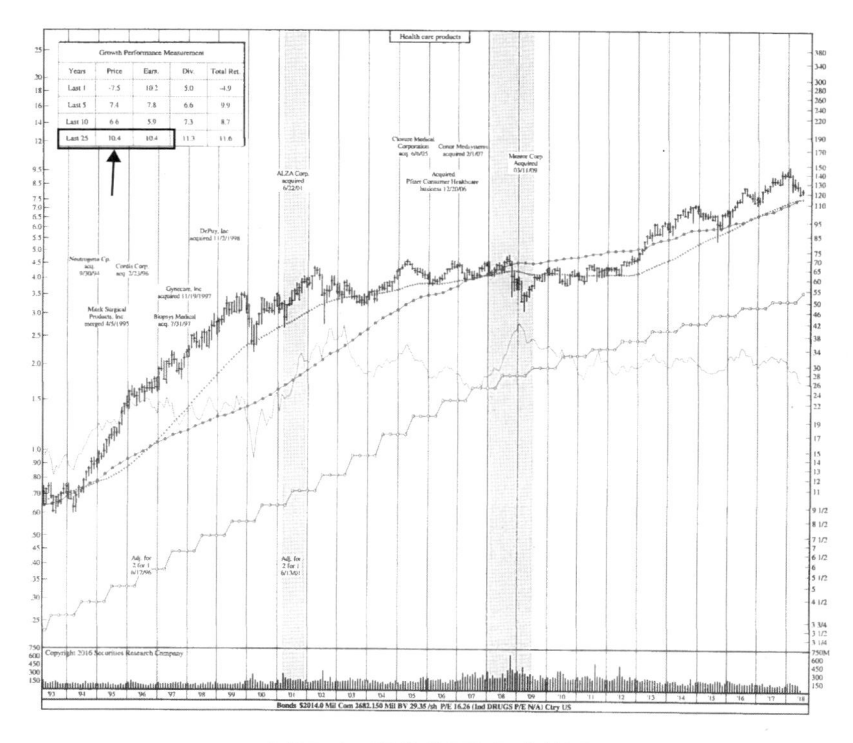

图25-3 强生公司股票走势图

三位投资大师都关注公司的长期收益。邓普顿爵士的选股方法强调对一家公司做出5年收益预测之后，等待相对股价最低的时刻再买入。巴菲特倾向于考察公司的5年滚动收益，并表示，他希望能合理地判断出一家公司在10年后的收益情况。林奇说过，要判断一只股票在2~3年内的涨跌，只能抛硬币，但它在20年内的走势是相对可预测的。尽管不能100%准确地预测公司未来5年的收益，但基于收益的分析过程所看重的因素却不会出错——例如公司竞争优势的持久性和业务的可预测性。

（3）持有优质公司。每个人对"优质"的定义都有所不同，有人认为，你看到了优质的公司之后，就知道什么是优质了。艺术界有伦勃朗（Rembrandt）和莫奈（Monet），珠宝品牌中有蒂芙尼（Tiffany）和卡地亚（Cartier），手表品牌有劳力士（Rolex），汽车品牌有劳斯莱斯（Rolls Royce）。这些产品和品牌都具有持久的价值和独特的市场优势。在你想投资的公司身上，也要找到类似的持久价值。

优质公司是那些具有可持续竞争优势的公司，让竞争对手难以复制。巴菲特将这些准入壁垒称为公司的"经济护城河"。竞争优势包括专利保护（药物公司和生物技术公司）、广受顾客好评的诚信品牌（华特迪士尼公司）、监管许可（穆迪公司）、高转换成本（银行）、成本优势（好市多）、规模优势（亚马逊）和网络效应（脸书）。具有竞争优势并能够保持这种优势的公司通常会产生极高的投资回报率、巨大的现金流和丰厚的股东价值。

理想的优质公司应具有持久的竞争优势、高投资回报率、充分的自由现金流，几乎没有负债，管理团队还能以股东利益为出发点、正直守信，并且公司的业务具有重复购买的可预测性。

你要对财报上的收益数据持怀疑态度，因为在权责发生制的会计处理下，可以使收益数字看起来高于公司实际获得的现金。2001年4月，我在休斯敦总部拜访了安然公司（Enron）的管理层，希望搞明白为什么公司披露了多年的正收入，但其五年累计自由现金流却为负，并且几乎没有缴税。当时，安然公司是一家知名的能源服务公司，市值达到700亿美元。那次拜访无功而返，我因此决定不做投资，也有幸避免了一大笔损失。因为在我拜访的8个月之后，安然公司就申请破产了。

（4）像公司所有者一样看待股票。买股票的门槛很低，但了解一家公司及其竞争优势、风险和价值的门槛却很高。只要有足够的资金，只需在网上点几下"确认"，不到一秒的时间里，几乎人人都能完成股票的购买。但是，如果不想做短线交易者，而是想成为长期投资者，那就必须要了解公司和持有公司股票的理由。如果没有这些来之不易的知识，就无法抵御市场波动带来的心里冲击，难免会跟着恐慌情绪抛售股票。错误信息带来了恐惧，继而引发抛售，并将带来糟糕的结果。

而长期投资者却深知公司内在价值与股票价格之间的区别。股价在一年中的高点和低点之间相差多达50%的情况并不少见。这些相对稳定的内在价值和波动起伏的股票价格相脱节的时刻，正是投资者的好机会。你要将持有股票视为一种与管理层的伙伴关系，并期待管理层能同样以伙伴关系的角度与你沟通，并采取相应的行为。你可以定期查看股票的价格，但要把关注重点放在公司的基本面上，确保你的投资理由仍然成立。

（5）集中投资。精选股票，然后集中投资，能让选中好公司的人获得高额的回报。如果能以极具吸引力的价格买到一流公司，就能以较低的风险获得优异的投资组合回报。真正杰出的公司的股票通常不会出现甩卖价，但是一旦遇到，就要立刻行动。试想一下，如果贝比·鲁斯（美国棒球历史上最著名的球员之一，同时担任外野手和投手，长期服役于纽约洋基队）必须等到所有其他先发球员和替补球员完成打击后才能击球，这将对洋基队产生什么样的影响。集中投资你最好看好的股票可以避免你把时间浪费在不重要的公司上，也不会让它们占用你投资组合的仓位。

（6）不要频繁换手。低换手率需要你有精选股票的能力，也要有足够的耐心等待市场先生把一个好打的慢球投到你的好球区时，再挥棒出击。与此形成鲜明对比的是普通的共同基金，通常它们的投资组合中都有100只股票，换手率也高达100%。"买入并持有"策略可以使你享受到优质成长型公司的复合收益，并最大限度地减少佣金和税收等成本，有助于积累财富。福布斯美国400富豪榜上的大多数人都是通过多年持有杰出的公司而榜上有名的。

（7）开放灵活，全面投资。在挑选一流的投资标的时，只要公司有全明星的管理层和诱人的价格，无论公司的规模多大，都可以灵活地列入考虑范围。很多专业的投资经理都会局限在自己的晨星投资风格箱中，比如一个持有成长型大盘股的基金经理，即使他发现这类股票已经定价过高，还会依然坚持买入。你不必考虑公司的规模或所在行业，要尽量挑选最好的公司放进投资组合。

查理·芒格还建议："任何一位明智的飞行员，无论他的才华和经验如何，都不会忘记使用飞行检查清单。"成长金字塔所提供的投资方法和检查清单清晰明确，源自经久不衰的投资原则，并经过了实践的检验。它旨在帮你挑选出具有可持续竞争优势、高资本回报率高、充足的自由现金流，几乎或完全没有负债，而且价格低于其内在价值的优秀公司，以此构建你的投资组合。

在当今使用谷歌搜索如此便捷的社会里，我们享受着获取数据的便利，同时也承担着信息过载的代价。所以，我们面临的挑战已经不再是获取信息，而是将信息及时地转化为观点和可以指导行动的知识，并在此基础上积累财富。获取投资对象灵感的机会无处不在，可能来自公司高管最尊敬的竞争对手、客户、供应商和分销商，还可能来自阅读商业新闻、交易杂志、业内人士的报告，以及诸如《价值线》之类的数据资源型杂志。

一旦确定了潜在的投资标的，就可以使用成长金字塔进行筛选。成长金字塔的标准简单易懂，主要评估公司的质量、公司的持久性、公司的风险、管理层的能力水平，以及公司的股票价格是否低于其内在价值。

优质公司

你可以通过以下这些标准判断备选投资标的是否是一家优质公司、是否具有可持续的竞争优势：

● 选择你能了解的公司，最好是"收费站"。投资只能在好球区——你了解的公司——内击球。"收费站"业务通过重复交易获得经常性收入，从而增强收入的可预测性并让内在价值估算更准确。能够向顾客反复收费的公司是"全天候型公司"，它们即使在经济疲软的时期也能创造稳定的收入。你要寻找竞争对手有限的、能以少量资本产生自由现金流的、理想情况下具有定价权的公司。例如，维萨卡和万事达卡两家公司的收入来自顾客付款金额的抽成。消费者每刷一次信用卡或借记卡，都会给这两家结算公司带来收入。交易金额越高，它们收到的手续费收入就越高，而并不会增加成本。标准普尔和穆迪两家公司在债券评级市场上各占有40%的份额。由于大多数债券需要双重评级，所以标准普尔和穆迪两家公司相当于都拥有超过80%的市场份额。它们的评级能提高债券发行公司的流动性，并降低其借贷成本。美国公司债的发行量一直约占国内生产总值的40%。随着经济的增长，公司债的发行量也会相应增加，因此对评级服务的需求也随之上升，这是另一个"收费站"。

● 具有可持续的竞争优势。持久的竞争优势才能创造持久的价值，包括专利保护、可信赖的品牌、监管许可、高转换成本、成本优势、规模优势以及网络效应等。能体现竞争优势的现象包括行业新型公司不能造成较大威胁、几乎没有替代产品、对客户和供应商具有强大的议价能力，以及几乎不存在竞争对手。维萨卡和万事达卡在全球范围内广受认可，拥有强大的品牌，消费者都相信它们能够快速、安全地处理支付需求，并为持卡人提供安全便捷的付款方式。两家公司在结算能力上具有规模优势，有将近90%的利润来自增量交易。

- 具有高准入门槛、强大的品牌。值得信赖的品牌可以成为公司最有价值的资产，并有助于建立客户忠诚度。客户忠诚度可以带来重复销售，比努力吸引新客户能带来更高的利润率。自成一派的公司更值得投资，它们通常没有同类替代产品。

- 能够利用开放式机会，利用长期趋势。专注于可以从开放式市场机会中受益，并且能根据市场需求或渴望的产品顺势而为的公司。万事达公司和维萨公司分别于2006年和2008上市，双方都表示自己的主要竞争对手是现金，这是因为现金和支票交易占到全球交易量的85%。到了2018年，它们仍然表示全球85%的交易是用现金和支票完成的。随着电子商务逐渐抢走实体零售商店的市场份额，数字支付为支付结算服务商创造了更多机会。

- 具有成功的历史业绩。寻找经过经济危机和竞争威胁考验过的成功公司。虽然出色的历史业绩并不能保证未来的表现，但毕竟好于只开空头支票的公司。巴菲特表示，公司的历史业绩是评估管理层能力的最佳标准，他说：

> 历史业绩非常重要。人员的素质很重要。[4]……我们对能力的最佳判断不是来自其他人当下的想法，只来自历史业绩……如果我要在3A球队①中选一个击球员加入大联盟，那肯定要选曾经在3A比赛中击球得分最高的那个。我不选那个打击率只有.220，却说"我等着到了大联盟再击球"的人。[5]

- 始终能获得较高的资本回报率。在其他条件相同的情况下，最具价值的公司是那些以更少的资产产生更多现金流和收入的公司。在其他条件

---

① 美国职业棒球大联盟是美国赛事水平最高的棒球联盟，大联盟下有各级美国职业棒球小联盟，3A（Triple-A, Class AAA）为美国职业棒球小联盟的最高等级的球队。——译者注

相同的情况下，一家公司以债务或股本形式投入100美元后，如果能产生25美元的现金收入，那么就比投入同样资本后却只能产生10美元现金收入的公司更有价值。一家公司如果长期的投资回报率远高于公司的资金成本，就能为股东创造价值。较高的投资回报率是衡量公司生产力的最好指标，也是公司具有竞争优势的最佳证明。

● 强大的自由现金流，几乎没有负债。产生自由现金流的公司能在财务上自给自足，它们是自己财务命运的主人。自由现金流可用于支付股息、回购股票、偿还债务、进行收购。巴菲特表示，伯克希尔–哈撒韦公司的运营并非"依靠陌生人的善意"，尤其是在借贷和股票融资难度较大的经济下行时期。没有负债的公司不太可能破产。

卓越管理

● 管理层具有公司所有者心态，以股东的利益为出发点。寻找那些管理层有合伙人心态的公司，其薪酬制度和管理层的行为都表明他们的利益与股东一致。判断管理层是否值得信赖、热情、专注、充满活力、具有成本意识、热爱公司，我的一位前合伙人朋友对一家公司的评估方法是，思考一下是否愿意把自己的女儿嫁给这家公司的首席执行官。如果当股票价格低于公司内在价值时，管理层能适时选择回购股票，则可作为加分项考虑。由于股票回购将减少股票的数量，在分配未来收益时，每股价值就会增高，使股东获益。巴菲特强调了这一点：

在巴菲特合伙人公司和伯克希尔–哈撒韦公司，我们从未投资过过度发行股票的公司。这种行为几乎就等于宣告公司管理层想甩卖股票，公司的会计制度不健全、股票价格过高，而且管理层（大概率是）完全没有诚信。[6]

● 如果遇到具有巴菲特所描述的"导致公司衰退的ABC特点——傲慢（arrogance）、官僚主义（bureaucracy）和自满情绪（complacency）的管理层"[7]，那就一定要提高警惕。

● 管理层是值得尊重的、坦率的、随和的、愿意沟通的。寻求正直守信、成就突出，因而广受（尤其来自同行的）爱戴和尊重的管理层。管理层还需要能与股东开诚布公地沟通。

价格与价值

最后，成长金字塔中还有一项测试，帮你判断股票价格与其内在价值相比是否"打折"——价格等于或低于内在价值。

巴菲特曾说过："别人恐惧时我贪婪，别人贪婪时我恐惧。"公司的内在价值与市场价格之间难免会出现脱节的情况，找到这种机会后坚定地买入，即可获益。投资者会根据未来不确定性的风险和延迟消费的补偿需求给出一个折现率，以此折算公司未来现金流的现值，即得出公司的内在价值。债券的内在价值很容易计算，因为未来的现金流取决于票面利率。而股权投资者所面临的挑战在于要通过估算来确定股票的未来"票面利率"——内在价值。可以估算公司内在价值的方法包括现金流折现法、自由现金流收益法、企业价值（负债加权益）与现金收益比值法、市盈率法，以及金融公司可适用的市净率法。从长远来看，公司内在价值与公司产生现金流的趋势密切相关。而在短期内，由于存在对宏观形势的担忧，或是某家公司出现了暂时的、可修复的和非结构性的问题，可能会出现市场动荡，而这正是低价买入的好机会。

卖出时机

买入股票时，就应该做好无限期持有的心理准备。但是，变化是不可避免的，而公司基本面或市场价格的变化都可能会导致投资组合的调整。以下为可以考虑卖出股票的五个理由。

● 股票被过分高估。如果股票价格相对于其内在价值而言已经被过分高估，则可卖出。如果股票价格已经投资了未来几年的收益，或者估值比率远高于其历史范围，则可卖出。如果股价高估的程度有限，例如只被高估了10%至20%，而且你有信心公司能在近几年内增长至估值水平，则可继续持有。优秀公司的股价不会经常出现低买高卖的机会，当一家优秀公司的股价稍被高估的时候，不要指望可以先卖出，然后还能等到再次买入的时机。这种股票常常不会再有这样的机会，因此会给投资者带来巨大的利润损失。

● 基本面恶化/竞争优势减弱。享有高资本回报率和高营运利润率的公司会引来竞争对手纷纷入局。如果公司的竞争壁垒减弱，并且你最初持有这家公司时的期望已无法实现时，则可卖出。最糟的陷阱是你重新给这只正在下沉的船找一个看似合理的借口。

● 发现了更好的投资标的，你对它更有信心，它能带来更高收益率。不断评估新的投资标的，把达到买入标准的公司加入你的投资组合，可以先低仓位持有，如果它的基本面遭到了永久性破坏或价格过高，则可以换掉。

● 关键管理人员离职。巴菲特和林奇都表示，他们想买的公司都要足够出色，即使白痴也能经营得好，因为早晚有一天可能会有一个白痴来经营它。管理层确实很重要。由于更换领导层，曾经垂死的公司很可能会复活。也有公司由于差劲、听信谣言、贪婪的管理层而损失大量财富。当关键管理人员离开公司时，请重新评估新的领导层，确保你仍然喜欢、信任和钦佩这个新团队，并认同他们的薪酬激励结构、沟通方式和公司策略。

● 发现错误。虽然你尽了最大努力应用成长金字塔，努力评估公司竞争优势的可持续性、管理层的能力和公司的内在价值，但可能还是难免犯错。这些都是"手续费错误"，也就是你买入了不符合预期的股票，只要及时卖出即可止损，这个错误只会让你损失手续费。你还要尽量减少"错过股票"，即没有买入符合投资标准的股票，进而造成大量的财富损失。

总结

成长金字塔是一个强大的工具，能帮助你改善投资业绩，因为它借鉴了投资大师的最佳实践，并源自历经时间考验的商业和投资原则。这个工具需要严格的交易纪律、良好判断力、不灭的好奇心和持久的耐心。如果能正确使用，它可以帮助你像邓普顿、林奇和巴菲特一样，实现财务独立。他们各自在攀登投资高峰的道路上形成了自己专属的最佳实践方法，成功到达了顶峰。你也一样可以做到。

祝你登山愉快！

参 考 文 献

Berryessa, Norman and Eric Kirzner. *Global Investing: The Templeton Way*. Homewood: Dow Jones–Irwin, 1988.

Carrett, Philip L. *A Money Mind at Ninety*. Burlington, Vermont: Fraser Publishing Company, 1991.

Ellis, Charles D. and James R. Vertin. *Classics an Investor's Anthology*. Homewood: Dow Jones–Irwin, 1989.

Graham, Benjamin. *The Intelligent Investor: The Definitive Book on Value Investing*. New York: Harper & Row, Fifth Revised Edition, 1973.

Greising, David. *I'd Like the World to Buy a Coke: The Life and Leadership of Roberto Goizueta*. New York: John Wiley & Sons, Inc., 1997.

Kilpatrick, Andrew. *Of Permanent Value: The Story of Warren Buffett*. Birmingham: AKPE, 1998.

Lowenstein, Roger. *Buffett: The Making of an American Capitalist*. New York: Random House, 1995.

Lynch, Peter and John Rothchild. *Beating the Street*. New York: Simon & Schuster, 1994.

Lynch, Peter and John Rothchild. *One Up on Wall Street: How to Use What You Already Know to Make Money in the Market*. New York: Penguin Books, 1990.

Morgenson, Gretchen. *Forbes Great Minds of Business*. New York: John Wiley & Sons, Inc., 1997.

Munger, Charles T. *Poor Charlie's Almanack: The Wit and Wisdom of Charles T. Munger*. Virginia Beach, VA: PCA Publications, L.L.C., 2005.

Proctor, William. *The Templeton Touch*. Garden City: Doubleday & Company, Inc., 1983.

Schroeder, Alice. *The Snowball: Warren Buffett and the Business of Life*. New York: Bantam Books, 2008.

Smith, Adam. *Supermoney*. New York: Random House, 1972.

Tanous, Peter J. *Investment Gurus: A Road Map to Wealth from the World's Best Money Managers*. Englewood Cliffs: Prentice-Hall, 1997.

Templeton, John Marks. *Discovering the Laws of Life*. New York: The Continuum Publishing Company, 1994.

Templeton, Lauren C. and Scott Phillips. *Investing the Templeton Way: The Market-Beating Strategies of Value Investing's Legendary Bargain Hunter*. New York: McGraw Hill, 2008.

Templeton, Sir John. *Golden Nuggets from Sir John Templeton*. Philadelphia and London: Templeton Foundation Press, 1997.

Train, John. *The Midas Touch: The Strategies That Have Made Warren Buffett the World's Most Successful Investor*. New York: Harper & Row, 1987.

Train, John. *The Money Masters*. New York: Harper & Row, Publishers, Inc., 1980.

Sokol, David L. *Pleased but not Satisfied*. Sokol, 2007.

注释

前言

1. 伯克希尔-哈撒韦公司2006年年度会议。
2. 伯克希尔-哈撒韦公司1982年年度报告。

第一篇 约翰·邓普顿爵士
"全球投资的先驱者"

第一章

1. John Templeton, *Discovering the Laws of Life* (Continuum, 1994), 4.

2. *Wall Street Week with Louis Rukeyser*, November 27, 1992.

3. 特许金融分析师证书（CFA）是由全球最大的投资专业组织CFA协会所颁发的投资资格证书，授予通过三次六小时考试、具有至少四年专业投资经验并加入CFA协会的候选人，持证人须遵守CFA协会的道德规范和职业行为标准。

4. William Proctor, *The Templeton Touch* (Doubleday & Company, Inc., 1983), 17.

5. Bloomberg Business News, "Templeton, 83, Heavily Weighted in Religion," *Investor's Business Daily*, August 30, 1996.

6. Proctor, *Templeton Touch*, 28.

7. Charley Ellis, "Living Legends," *CFA Magazine*; inaugural issue 2003 January/February; interview with John Templeton, 20.

8. "The Money Men," *Forbes*, July 1, 1994; 24.

9. Lauren C. Templeton and Scott Phillips, *Investing the Templeton Way* (McGraw

Hill, 2008), Foreword by John M. Templeton, x.

10. Proctor, *Templeton Touch*, 47.

11. Sir John Templeton, *Golden Nuggets*, (Templeton Foundation Press, 1987), 58, 62.

第二章

1. Norman Berryessa and Eric Kirzner, *Global Investing: The Templeton Way* (Dow Jones–Irwin 1988), 164, © McGraw–Hill Education.

2. 在1987年9月之前，道琼斯工业平均指数不计算包括股息在内的总回报。MSCI指数直到1988年才开始计算。

3. Jonathan Clements, "Templeton Sets Sale of Funds to Franklin," *The Wall Street Journal*, August 3, 1992, C19.

4. Jonathan Clements, "Templeton Sets Sale of Funds to Franklin," *The Wall Street Journal*, August 3, 1992, C19.

5. Wikipedia, "John Templeton,".

第三章

1. Proctor, *Templeton Touch*, 97.

2. Proctor, *Templeton Touch*, 64.

3. Lawrence Minard, "The Principle of Maximum Pessimism," *Forbes*, January 16, 1995; 68.

4. Stepane Fitch, "Sir Real," *Forbes*, May 28, 2001; 136.

5. *Outstanding Investor Digest*, February 14, 1992.

6. Proctor, *Templeton Touch*, 72.

7. Proctor, *Templeton Touch*, 79.

8. Berryessa and Kirzner, *Global Investing*, 123, © McGraw–Hill Education.

9. *Wall Street Week with Louis Rukeyser*, November 16, 1990.

10. Proctor, *Templeton Touch*, 81.

11. *Wall Street Week with Louis Rukeyser*, December 8, 1978.

12. *Wall Street Week with Louis Rukeyser*, October 23, 1987.

13. *Outstanding Investor Digest*, February 14, 1992.

14. "Sir John Templeton...on investing in a World in Radical Change," *Bottom Line/Personal Franklin*/Templeton Distributors, September 15, 1993.

15. Proctor, *Templeton Touch*, 98.

16. Proctor, *Templeton Touch*, 85.

17. Proctor, *Templeton Touch*, 91.

18. *Wall Street Week with Louis Rukeyser*, August 14, 1987.

19. Proctor, *Templeton Touch*, 94.

20. *Wall Street Week with Louis Rukeyser*, October 23, 1987.

21. *Wall Street Week with Louis Rukeyser*, April 8, 1994.

22. The Independent Institute, "Dinner to Honor Sir John Marks Templeton,"

23. Proctor, *Templeton Touch*, 111.

24. Proctor, *Templeton Touch*, 110.

25. Tim W. Ferguson, "Long View Sees Global Gain, No Surge in Wall Street Graft," *The Wall Street Journal*, September 24, 1991.

26. Proctor, *Templeton Touch*, 114.

27. Sam Zuckerman, "Templeton Sees Opportunities in Global Chaos," *San Francisco Chronicle*, October 2, 1998.

28. Proctor, *Templeton Touch*, 110.

29. AIMR（现为CFA协会）新闻通讯，关于约翰·邓普顿于1991年5月21日获得首个AIMR专业卓越奖的致辞。

30. Dean Rothart, "Pioneer in World-Wide Investing Still Believes Emerging Markets Offer Best Opportunities," *The Wall Street Journal*, March 25, 1985.
31. Charles Ellis with James Vertin, *Classics: An Investor's Anthology* (1989) 745–747.
32. Adam Levy, "When John Templeton Speaks, Investors Listen," *Bloomberg*, June 16, 1993.
33. Tim W. Ferguson, "Long View Sees Global Gain, No Surge in Wall Street Graft," *The Wall Street Journal*, September 24, 1991.
34. *Wall Street Week with Louis Rukeyser*, March 30, 1990.
35. *Wall Street Week with Louis Rukeyser*, November 27, 1992.
36. *Outstanding Investor Digest*, February 14, 1992, excerpted from the Templeton Funds annual meeting.

第四章

1. Berryessa and Kirzner, *Global Investing*, 142, © McGraw-Hill Education.
2. Berryessa and Kirzner, *Global Investing*, 123, © McGraw-Hill Education.
3. Berryessa and Kirzner, *Global Investing*, 125, © McGraw-Hill Education.
4. *Wall Street Week with Louis Rukeyeser* May 22, 1981.
5. Berryessa and Kirzner, *Global Investing*, 49, © McGraw-Hill Education.
6. Berryessa and Kirzner, *Global Investing*, 124, 126, © McGraw-Hill Education.
7. Berryessa and Kirzner, *Global Investing*, 124, © McGraw-Hill Education.
8. John Train, *The Money Masters* (Harper & Row 1980), 172.
9. Berryessa and Kirzner, *Global Investing*, 191, © McGraw-Hill Education.
10. Berryessa and Kirzner, *Global Investing*, 125, © McGraw-Hill Education.
11. *Wall Street Week with Louis Rukeyser*, December 8, 1978.

12. Train, *Money Masters*, 172.

13. *Wall Street Week with Louis Rukeyser*, November 16, 1990.

14. Berryessa and Kirzner, *Global Investing*, 47, © McGraw-Hill Education.

15. *Wall Street Week with Louis Rukeyser*, May 22, 1981.

16. *Wall Street Week with Louis Rukeyser*, December 8, 1978.

17. *Wall Street Week with Louis Rukeyser*, November 27, 1992.

18. Berryessa and Kirzner, *Global Investing*, 137, © McGraw-Hill Education.

19. *Wall Street Week with Louis Rukeyser*, January 11, 1980.

20. *Wall Street Week with Louis Rukeyser*, May 22, 1981.

21. Berryessa and Kirzner, *Global Investing*, 137, © McGraw-Hill Education.

22. *Outstanding Investors Digest*, February 14, 1992.

23. *Wall Street Week with Louis Rukeyser*, November 16, 1990.

24. *Wall Street Week with Louis Rukeyser*, November 27, 1992.

25. *Wall Street Week with Louis Rukeyser*, November 27, 1992.

26. *Outstanding Investors Digest*, February 14, 1992.

27. *Outstanding Investors Digest*, February 14, 1992.

28. Associated Press, "Profits Belong to Steady Investors, Advises Financial Guru Templeton," *Investors' Business Daily*, 1990.

29. Gene G. Marcial, "I Have Never Seen So Many Stocks...So Undervalued," *Business Week*, November 5, 1990.

30. Lawrence Minard, "The Principle of Maximum Pessimism," *Forbes*, January 16, 1995.

31. *Wall Street Week with Louis Rukeyser*, October 23, 1987.

32. *Outstanding Investors Digest*, February 14, 1992.

第五章

1. Berryessa and Kirzner, *Global Investing*, 209, © McGraw-Hill Education.

2. *The Wall Street Journal*, September 9, 1983.

3. Berryessa and Kirzner, *Global Investing*, 176, © McGraw-Hill Education.

4. "Sir John Templeton...on investing in a World in Radical Change," *Bottom Line/Personal Franklin*/Templeton Distributors, September 15, 1993.

5. *Wall Street Week with Louis Rukeyser*, September 9, 1983.

6. *Wall Street Week with Louis Rukeyser*, November 16, 1990.

7. Sir John Templeton, "16 Rules for Investment Success," *World Monitor, February* 1993.

8. 邓普顿的客户备忘录，1954年2月15日。

9. 邓普顿的客户备忘录，1954年2月15日。

10. Berryessa and Kirzner, *Global Investing*, 200, © McGraw-Hill Education.

11. *Wall Street Week with Louis Rukeyser*; September 13, 1985.

12. 邓普顿致客户信，1959年。

13. *Wall Street Week with Louis Rukeyser*, September 9, 1983.

14. *Wall Street Week with Louis Rukeyser*, January 6, 1989.

15. *Wall Street Week with Louis Rukeyser*, December 8, 1978.

16. *Wall Street Week with Louis Rukeyser*, November 27, 1992.

17. *Wall Street Week with Louis Rukeyser*, December 8, 1978.

18. *Wall Street Week with Louis Rukeyser*, December 8, 1978.

19. Proctor, *Templeton Touch*, 66.

第六章

1. Berryessa and Kirzner, *Global Investing*, 137, © McGraw-Hill Education.

2. *Wall Street Week with Louis Rukeyser*, June 18, 1982.

3. Berryessa and Kirzner, *Global Investing*, 137–138, © McGraw–Hill Education.

4. James H. Stewart and David R. Hilder, "Union Carbide Could Face Staggering Gas-Leak Damage Claims, Experts Say," *The Wall Street Journal*, December 6, 1984.

5. Berryessa and Kirzner, *Global Investing*, 138, © McGraw–Hill Education.

6. Berryessa and Kirzner, *Global Investing*, 138, © McGraw–Hill Education.

7. George Anders, "Carbide's Destiny Shaped by Holders," *The Wall Street Journal*, January 7, 1986.

8. George Anders, "Carbide's Destiny Shaped by Holders," *The Wall Street Journal,* January 7, 1986.

9. George Anders, "Carbide's Destiny Shaped by Holders," *The Wall Street Journal,* January 7, 1986.

10. George Anders, "Carbide's Destiny Shaped by Holders," *The Wall Street Journal,* January 7, 1986.

11. *Wall Street Week with Louis Rukeyser*, June 18, 1982.

12. By a Staff Reporter, "Alcoa, Reynolds and Alcan Post Quarterly Losses," *The Wall Street Journal,* January 21, 1983.

13. *Wall Street Week with Louis Rukeyser*, May 22, 1981.

14. *Wall Street Week with Louis Rukeyser*, May 22, 1981.

15. Junius Ellis, "Templeton: Buy Stocks in War, Buy Bonds If There's Peace," *Money*, February 1991; 179.

16. Junius Ellis, "Templeton: Buy Stocks in War, Buy Bonds If There's Peace," *Money*, February 1991; 179.

17. *Wall Street Week with Louis Rukeyser*; December 8, 1983.

18. Pamela Sebastian, "The Next Bull Market May Be Strong One, Templeton

Believes," *The Wall Street Journal*; November 21, 1985.

第七章

1. John Marks Templeton, *Discovering the Laws of Life*（Continuum Publishing Company, 1994）, 221–222.

2. Edwin A Finn, Jr., "Some Brave Investors Play the Stock Markets Of the Third World," *The Wall Street Journal*, October 31, 1985.

3. John Marks Templeton, *Discovering the Laws of Life*（Continuum Publishing Company, 1994）, 281–282.

4. Eleanor Laise, "Trailblazing Investor Spotted Market Opportunities Where Others Weren't Looking," *The Wall Street Journal*; July 12–13, 2008; A12.

第二篇　彼得·林奇
"不知疲倦的探索者"

第八章

1. Peter Lynch, *Beating the Street* (Simon & Schuster, 1994), 141.

2. Peter Tanous, *Investment Gurus* (Prentice Hall, 1997), 116.

3. Peter Lynch, *One Up on Wall Street* (Penguin Books 1990).

4. Peter Lynch, *One Up on Wall Street* (Penguin Books 1990), 30.

5. Interview with KQED, "Betting on the Market" May 1996.

6. Tanous, *Investment Gurus*, 123.

7. Lynch, *One Up on Wall Street*, 32.

8. KQED interview, "Betting on the Market" May 1996.

9. Christopher J. Chipello, Michael Siconolft and Jonathan Clements, "Both Fidelity Investors and Firm Are at Sea as Magellan Boss Goes," *The Wall Street Journal*, March 29, 1990.

10. Digby Diehl, "Peter Lynch—The sage of the stock market shows how to buy, sell–and retire at age 46," *Modern Maturity*, January–February, 1995.

11. Tanous, *Investment Gurus*, 120.

第九章

无

第十章

1. Lynch, *One Up on Wall Street*, 51.

2. 林奇在美国国家记者俱乐部的演讲，1994年10月7日

3. Pamela Sebastian and Jan Wong, "Fidelity Is Scrambling to Keep Flying High as Magellan Slows Up," *The Wall Street Journal*, August 15, 1986.

4. Jaye Scholl, "Neff and Lynch: Contrasting Styles, Comparable Success," *Barron's*, August 10, 1987.

5. Jaye Scholl, "Neff and Lynch: Contrasting Styles, Comparable Success," *Barron's*, August 10, 1987.

6. Lynch, *One Up on Wall Street*, 86.

7. "Peter Lynch? Who's Peter Lynch?," *Business Week*, May 20, 1991.

8. Christopher J. Chipello, "Manager Seeks Old–Line Growth Stocks," *The Wall Street Journal*, August 29, 1988.

9. Tanous, *Investment Gurus*, 117.

10. *Wall Street Week with Louis Rukeyser*, October 29, 1982.

11. 林奇在美国国家记者俱乐部的演讲；1994年10月7日。

12. Lynch, *One Up on Wall Street*, 93.

13. Lynch, *Beating the Street*, 27.

14. 1998年10月15日林奇在美国投资者协会（NAIC）上的演讲。

15. 1998年10月15日林奇在美国投资者协会上的演讲。

16. *Wall Street Week*, September 1992.

17. 1998年10月15日林奇在美国投资者协会上的演讲。

18. 1998年10月15日林奇在美国投资者协会上的演讲。

19. *Barron's*, 7/22/85.

20. 1998年10月15日林奇在美国投资者协会上的演讲。

21. *Wall Street Week with Louis Rukeyser*, January 5, 1990.

22. Peter Lynch, "Mind Your P's and E's," *Worth*, February 1996.

23. Peter Lynch, "The Second-Half Effect," *Worth*, June 1994.

24. Peter Lynch, "The Second-Half Effect," *Worth*, June 1994.

25. Peter Lynch, "The Second-Half Effect," *Worth*, June 1994.

26. 1998年10月15日林奇在美国投资者协会上的演讲。

27. Lynch, *One Up on Wall Street*, 41.

28. 1994年10月7日林奇在美国国家记者俱乐部的演讲。

29. KQED Interview "Betting on the Market," May 1996.

30. Peter Lynch, "The Stock Market Hit Parade," *Worth*, July/August 1994.

31. 1998年10月15日林奇在美国投资者协会上的演讲。

32. Lynch, *Beating the Street*, 45.

33. Lynch, *One Up On Wall Street*, 292.

第十一章

1. Lynch, *One Up On Wall Street*, 235.

2. *Outstanding Investors Digest*, November 25, 1992.

3. *Wall Street Week with Louis Rukeyser*, November 11, 1990.

4. Tanous, *Investment Gurus*, 114.

5. *Wall Street Week with Louis Rukeyser*, March 1984.

6. Peter Lynch, "The Stock Market Hit Parade," *Worth*, July/August 1994.

7. Constance Mitchell, "Small Firms Fueled Top 1st-Quarter Funds," *The Wall Street Journal*, April 6, 1989.

8. *Wall Street Week with Louis Rukeyser*, February 1985.

9. *Outstanding Investor Digest*, November 25, 1992.

10. Lynch, *Beating the Street*, 161.

11. *Wall Street Week with Louis Rukeyser*, November 16, 1990.

12. Lynch, *One Up on Wall Street*, 214.

13. *Wall Street Week with Louis Rukeyser*, January 10, 1986.

14. Interview with Charlie Rose; December 4, 2013.

15. Tanous, *Investment Gurus*, 121.

第十二章

1. *Wall Street Week with Louis Rukeyser*, March 1984.

2. Lynch, *Beating the Street*, 157.

3. *Wall Street Week with Louis Rukeyser*, March 1984.

4. 1998年10月15日林奇在美国投资者协会上的演讲。

5. *Wall Street Week with Louis Rukeyser*, March 1984.

6. Lynch, *One Up on Wall Street*, 256.

7. Lynch, *One Up on Wall Street*, 258.

8. Digby Diehl, "Peter Lynch–The sage of the stock market shows how to buy, sell—and retire at age 46," *Modern Maturity*; January–February 1995.

9. Lynch, *One Up on Wall Street*, 150.

10. Lynch, *One Up on Wall Street*, 152.

11. Lynch, *One Up on Wall Street*, 153.
12. *Wall Street Week with Louis Rukeyser*, October 29, 1989.
13. Kathryn M. Welling, "Lynch Lore, The Magellan Magician Tells How He Does It," *Barron's*, July 22, 1985.
14. *Wall Street Week with Louis Rukeyser*, November 16, 1990.
15. Alan Abelson, "Our Roundtable: Where Do We Go from Here?" *Barron's*, July 20, 1992.
16. Digby Diehl, "Peter Lynch – The sage of the stock market shows how to buy, sell—and retire at age 46," *Modern Maturity*; January–February 1995.
17. KQED Interview "Betting on the Market," May 1996.
18. Lynch, *Beating the Street*, 12.
19. *Wall Street Week with Louis Rukeyser*, March 1984.
20. *Wall Street Week with Louis Rukeyser*, March 1984.
21. *Wall Street Week with Louis Rukeyser*, September 18, 1992.
22. KQED interview "Betting on the Market," May 1996.
23. Digby Diehl, "Peter Lynch–The sage of the stock market shows how to buy, sell—and retire at age 46," *Modern Maturity*; January–February 1995.
24. *Wall Street Week with Louis Rukeyser*, Jan. 27, 1989.
25. *Forbes Great Minds of Business* (John Wiley & Sons, 1997), 88.
26. "Barron's Roundtable 1988," *Barron's*, January 25, 1988.
27. KQED Interview "Betting on the Market," May 1996.
28. KQED Interview "Betting on the Market," May 1996.
29. 1998年10月15日林奇在美国投资者协会上的演讲。
30. Peter Lynch, "What's next?," *The Wall Street Journal*, October 1, 2001.
31. 1998年10月15日林奇在美国投资者协会上的演讲。

32. *Forbes*, Centennial issue, September 28, 2017.

33. Tanous, *Investment Gurus*, 115.

34. *Forbes Great Minds of Business*, 108.

35. *Forbes Great Minds of Business*, 115.

36. *Outstanding Investor Digest*, Nov. 25, 1992.

37. *Outstanding Investor Digest*, Nov. 25, 1992.

38. Peter Lynch, "How to Invest a Million," *Worth*, March 1997; 61.

39. Tanous, *Investment Gurus*, 124–125.

40. Tanous, *Investment Gurus*, 125.

第十三章

1. Lynch, *One Up on Wall Street*, 246.

2. Tanous, *Investment Gurus*, 123.

3. *Wall Street Week with Louis Rukeyser*, October 29, 1982.

4. KQED interview "Betting on the Market," May 1996.

5. *Wall Street Week with Louis Rukeyser*, February 1985.

6. Kathryn M. Welling, "Lynch Lore, The Magellan Magician Tells How He Does It," *Barron's*, July 22, 1985.

7. Lynch, *Beating the Street*, 110.

8. *Barron's*, 7/22/85.

第十四章

1. 2013年12月4日查理·罗斯的采访。

2. Douglas R. Sease & Robert L. Simpson, "Chrysler, Having Cut Muscle as Well as Fat, Is Still in a Weak State," *The Wall Street Journal*, July 15, 1983.

3. Douglas R. Sease & Robert L. Simpson, "Chrysler, Having Cut Muscle as Well

as Fat, Is Still in a Weak State," *The Wall Street Journal*, July 15, 1983.

4. Lynch, *Beating the Street*, 111.

5. Lynch, *Beating the Street*, 111.

6. Amanda Bennett, "After Three Bad Years, Many Auto Executives See Permanent Scars," *The Wall Street Journal*, August 16, 1982.

7. KQED interview "Betting on the Market," May 1996.

8. *Wall Street Week with Louis Rukeyser*, October 1982.

9. *Wall Street Week with Louis Rukeyser*, October 1982.

10. Lynch, *One Up on Wall Street*, 203.

11. *Wall Street Week with Louis Rukeyser*, October 1982.

12. Lynch, *One Up on Wall Street*, 203, 244.

13. Lynch, *One Up on Wall Street*, 260.

14. Kathryn M. Welling, "Last but Not Least," *Barron's*, January 13, 1986.

15. Kathryn M. Welling, "Last but Not Least," *Barron's*, January 13, 1986.

16. Staff reporter, "Fannie Mae Sees 'Healthy' Increase in 1986 Earnings," *The Wall Street Journal* April 8, 1986.

17. Lynch, *Beating the Street*, 264.

18. Kathryn M. Welling, "Lynch Lore, The Magellan Magician Tells How He Does It," *Barron's*, July 22, 1985.

19. *Wall Street Week with Louis Rukeyser*, September 18, 1992.

20. Kathryn M. Welling, "Premier Pickers," *Barron's*, January 23, 1995.

21. Peter Lynch, "The Next Oil Boom," *Worth*, February 1995, 43.

22. Peter Lynch, "Self–Service," *Worth*, October 1996, 49.

第十五章

1. Paul Katzeff, "Fidelity's Will Danoff Outperforms with Focus On 'Best-Of-Breed' Stocks," *Investor's Business Daily*, March 7, 2016.

2. Digby Diehl, "Peter Lynch..." *Modern Maturity*; January–February 1995.

3. *Forbes Great Minds of Business*, John Wiley & Sons, 1997; 109

4. Gerard A. Achstatter, "Fidelity's Peter Lynch: How He Conducted the Research That Made His Fund Best," *Investor's Business Daily*, February 2, 1998.

5. Peter Lynch, "What's next?," *The Wall Street Journal*, October 1, 2001.

6. *Forbes Great Minds of Business*, John Wiley & Sons, 1997; 114.

7. *Forbes Great Minds of Business*, John Wiley & Sons, 1997; 94.

第三篇 沃伦·巴菲特 "无出其右的投资大师"

第十六章

1. 纽约证券分析师协会致敬格雷厄姆的午宴，1994年11月。

2. *Outstanding Investor Digest*, September 24, 1998, transcripts of 1998 Berkshire annual meeting.

3. Nicole Friedman, "Buffett Sings the Praises of Israel Bonds," *The Wall Street Journal*, June 23, 2017.

4. Charley Ellis, "Living Legends," *CFA Magazine*; inaugural issue January/February 2003, Interview with Warren Buffett, 21.

5. Adam Smith, *Supermoney* (Random House, 1972), 181.

6. LJ Davis, "Buffett Takes Stock," *The New York Times Magazine*, April 1, 1990; 17.

7. *The Wall Street Journal*, March 24, 2010.

8. 伯克希尔-哈撒韦公司1988年度报告，41。

9. Smith, *Supermoney*, 182.

10. *Good Morning America*, transcript of interview by Charles Gibson with Warren Buffett, May 16, 1991.

11. "And Now, A Look at The Old One," *Fortune*, October 16, 1989; 98.

12. Smith, *Supermoney*, 194.

13. L.J.Davis, "Buffett Takes Stock," *The New York Times Magazine*, April 1, 1990; 62.

14. Train, *Money Masters*.

15. Adam Smith's *Money World television show*, interview with Warren Buffett, June 20, 1988; 7–8.

16. Adam Smith's *Money World television show*, interview with Warren Buffett, May 22, 1990; 10.

第十七章

1. 巴菲特合伙人公司，致股东信，1957年。

2. 巴菲特合伙人公司，致股东信，1967年10月9日。

3. 巴菲特合伙人公司，致股东信，1968年1月。

4. 巴菲特合伙人公司，致股东信，1969年5月29日。

5. 巴菲特合伙人公司，致股东信，1969年12月5日。

6. Robert Lenzner, "Warren Buffett's idea of heaven: 'I don't have to work with people I don't like," *Forbes*, October 18, 1993; 42.

7. 巴菲特合伙人公司，致股东信，1965年1月18日。

8. CNBC Squawk Box Transcript, March 3, 2014.

第十八章

1. Alice Schroeder, *The Snowball, Warren Buffett and the Business of Life* (Bantam Books 2008), 63.

2. Benjamin Graham, *The Intelligent Investor* (Harper & Row, Publishers Inc., Fourth Revised Edition, 1973), Preface.

3. Warren E. Buffett, "Benjamin Graham 1894—1976," *Financial Analysts Journal,* November/December 1976.

4. Charley Ellis, "Living Legends," *CFA Magazine*; inaugural issue January/February 2003, interview with Warren Buffett, 21.

5. Graham, *Intelligent Investor*, 286.

6. Graham, *Intelligent Investor*, 110.

7. Schroeder *The Snowball*, 130.

8. Schroeder *The Snowball*, 135.

9. Schroeder *The Snowball*, 166.

10. John Dorfman, "Eyewitness to History," *The Wall Street Journal*, May 28, 1996.

11. Karen Richardson, "Mr. Maguire Trades One Stock All Day Long," *The Wall Street Journal,* November 12–13, 2005.

12. John Dorfman, "Eyewitness to History," *The Wall Street Journal*, May 28, 1996.

13. Douglas Martin, "Patience? This Man Practically Invented It," *The New York Times*, November 11, 1995.

14. Philip L. Carrett, *A Money Mind at Ninety* (Fraser Publishing Company 1991), 210.

15. Forbes, "How Omaha Beats Wall Street," November 1, 1969.

16. 伯克希尔-哈撒韦公司年度会议，1997年5月。

17. Philip Fisher, *Common Stocks and Uncommon Profits* (Business Classics, 1984 Revised Edition), 11.

18. *Outstanding Investor Digest*, September 24, 1998, transcripts of 1998

Berkshire annual meeting.

19. CNN Interview with Pattie Sellers, Sr. Editor-At-Large *Fortune*, November 7, 2013.

20. Graham, *Intelligent Investor*, Appendix reprinted from the Fall 1984 issue of Hermes, Magazine of the Columbia Business School, 1984.

21. CNN Interview with Pattie Sellers, Sr. Editor-At-Large *Fortune*, November 7, 2013.

22. CNN Interview with Pattie Sellers, Sr. Editor-At-Large *Fortune*, November 7, 2013.

23. *Outstanding Investor Digest*, May 5, 1995, transcript of Charlie Munger's lecture to USC School of Business April 14, 1994.

24. 2014年5月5日CNBC频道贝基·奎克的采访节目。

25. *Business Week*, "Warren Buffett is breaking his own rules," April 15, 1985.

26. Robert Lenzner, "Warren Buffett's idea of heaven:'I don't have to work with people I don't like,'" *Forbes*, October 18, 1993; 42.

27. Robert Lenzner and David S. Fondiller, "The not-so-silent partner," *Forbes*, January 22, 1996; 79.

28. Whitney Tilson (lighted edited), "Three Lectures by Warren Buffett to Notre Dame Faculty, MBA Students and Undergraduate Students," Spring 1991.

29. 巴菲特合伙人公司，致股东信，1967年1月25日。

30. 巴菲特合伙人公司，致股东信，1970年2月25日。

31. Charlie Munger, "Vice Chairman's Thoughts ——Past and Future," from letter commemorating 50 years of Berkshire Hathaway, 1994 Berkshire Hathaway Annual Report.

32. James Grant, "Free advice for Warren Buffett," *Grant's Interest Rate*

Observer, September 23, 1994.

33. 2010年5月26日美国金融危机调查委员会对巴菲特的采访。

34. Dow Jones News, "Billionaire Buffett Takes a Swipe at Trust Fund Kids," October 3, 2000.

第十九章

1. *Daily Journal* Annual Meeting, February 15, 2017.
2. Adam Smith's *Money World* television show, June 20, 1988.
3. 2012年10月24日CNBC频道贝基·奎克的采访节目。
4. Stephen Gandel and Katie Fehrenbacher, "Warren Buffett's All-in Clean-Energy Bet," *Fortune*, December 15; 201.
5. 伯克希尔–哈撒韦公司2009年年度报告。
6. 巴菲特合伙人公司，致股东信，1967年1月25日。
7. 巴菲特合伙人公司，致股东信，1967年1月25日。
8. 巴菲特合伙人公司，致股东信，1968年1月24日。
9. 巴菲特合伙人公司，致股东信，1966年1月20日。
10. 巴菲特合伙人公司，致股东信，1967年10月9日。
11. 巴菲特合伙人公司，致股东信，1968年1月24日。
12. *See Breeze*, an internal See's Candy, Special Historical Issue 1995.
13. 2010年5月26日美国金融危机调查委员会对巴菲特的采访。
14. Whitney Tilson (lighted edited), "Three Lectures by Warren Buffett to Notre Dame Faculty, MBA Students and Undergraduate Students," Spring 1991.
15. 伯克希尔–哈撒韦公司2006年年度会议。
16. *See Breeze*.
17. *See Breeze*.

18. *See Breeze.*

19. *See Breeze.*

20. 斯科特·查普曼致喜诗糖果公司营销副总裁理查德·范·多伦的信，1995年10月21日。

21. Schroeder, *Snowball*, 345–346.

22. 伯克希尔–哈撒韦公司1991年年度报告。

23. 伯克希尔–哈撒韦公司2015年版50周年纪念册。

24. *Outstanding Investor Digest*, May 5, 1995, transcript of Charlie Munger's lecture to USC School of Business April 14, 1994.

25. 伯克希尔–哈撒韦公司1983年年度报告。

26. 伯克希尔–哈撒韦公司1991年年度报告。

27. *Outstanding Investor Digest*, June 23, 1989, transcripts of 1989 Berkshire Hathaway annual meeting.

28. *Outstanding Investor Digest*, June 30, 1988, transcripts of 1988 Berkshire Hathaway annual meeting.

29. 伯克希尔–哈撒韦公司2016年年度会议。

30. 伯克希尔–哈撒韦公司2009年年度报告, 9。

31. 伯克希尔–哈撒韦公司2008年年度报告, 7。

32. 伯克希尔–哈撒韦公司2016年年度报告, 12。

33. 伯克希尔–哈撒韦公司首次获准合并伯克希尔–哈撒韦能源公司的财务报表后第一次披露伯克希尔–哈撒韦能源公司的财务摘要。

34. BNSF Video News Interview with Warren Buffett by BNSF CEO Matt Rose, December 3, 2009.

35. 伯克希尔–哈撒韦公司2016年年度报告。

36. 2010年5月26日美国金融危机调查委员会对巴菲特的问询。

第二十章

1. 截至2017年3月13日。

2. F. McGuire, "Fidelity's Will Danoff Is the $108 Billion Man Who Has Beaten the Market," *The Wall Street Journal*, October 22, 2016.

3. Jack Otter, "Fidelity's Will Danoff: 7 Stocks He Likes Now," *Barron's*, April 1, 2015.

4. 伯克希尔–哈撒韦公司2006年年度会议。

5. 伯克希尔–哈撒韦公司2009年年度报告。

6. 2010年5月26日美国金融危机调查委员会对巴菲特的采访。

7. *Outstanding Investor Digest*, December 18, 2000, transcript of 2000 Berkshire annual meeting.

8. 伯克希尔–哈撒韦公司1996年年度会议记录。

9. *Outstanding Investor Digest*, December 18, 2000, transcript of 2000 Berkshire annual meeting.

10. Carol Loomis, "Mr. Buffett on the Market," *Fortune*, November 22, 1999.

11. 伯克希尔–哈撒韦公司2006年年度会议。

12. *Outstanding Investor Digest*, December 18, 2000, transcript of 2000 Berkshire annual meeting.

13. 伯克希尔–哈撒韦公司1996年年度会议记录。

14. 伯克希尔–哈撒韦公司1996年年度会议记录。

15. *Outstanding Investor Digest*, June 22, 1992, transcripts of 1992 Berkshire Hathaway annual meeting.

16. *Outstanding Investor Digest*, May 5, 1995, transcript of Charlie Munger's lecture to the USC School of Business in 1994.

17. *Outstanding Investor Digest*, April 18, 1990, transcript of Buffett's lecture to

Stanford Business School.

18. Staff Reporter, "American Express Says 63 Net Rose 11% to a Record," *The Wall Street Journal*, January 6, 1964.

19. Staff Reporter, "American Express Says 63 Net Rose 11% to a Record," *The Wall Street Journal,* January 6, 1964.

20. 伯克希尔-哈撒韦公司2015年版50周年纪念册，巴菲特致美国运通总裁霍华德·克拉克的信，1964年6月16日。

21. Staff Reporter, "American Express Holders Assail Concern Fort Its Involvement in Salad Oil Scandal," *The Wall Street Journal*, April 29, 1964.

22. Smith, *Supermoney*, 193.

23. 伯克希尔·哈撒韦公司2015年版50周年纪念册，巴菲特致美国运通总裁霍华德·克拉克的信，1964年6月16日。

24. L.J. Davis, Buffett Takes Stock, *The New York Times Magazine*, Business World April 1, 1990; 62.

25. L.J.Davis, Buffett Takes Stock, *The New York Times Magazine*, Business World April 1, 1990; 62.

26. Interview on CNBC's "Squawk Box," February 27, 2017.

27. *Outstanding Investor Digest*, December 18, 2000, transcript of 2000 Berkshire annual meeting.

28. Leah Nathans Spiro and David Greising, "Why Amex Wooed Warren Buffett."

29. 伯克希尔-哈撒韦公司1995年年度报告。

30. 伯克希尔-哈撒韦公司1997年年度报告。

31. 伯克希尔-哈撒韦公司1994年年度报告。

32. Smith, *Supermoney*, 193.

33. Whitney Tilson (lighted edited), "Three Lectures by Warren Buffett to Notre

Dame Faculty, MBA Students and Undergraduate Students," Spring 1991.

34. Michael J. McCarthy, "Coke Stake of 6.3%, 2nd Biggest Held in Soft-Drink Giant, Bought by Buffett, " *The Wall Street Journal*, March 16, 1989.

35. David Greising, *I'd Like the World to Buy a Coke* (John Wiley & Sons, Inc., 1997).

36. 可口可乐公司1980年年度报告。

37. John Huey, "The World's Best Brand," *Fortune*, May 31, 1993.

38. John Huey, "The World's Best Brand," *Fortune*, May 31, 1993.

39. John Huey, "The World's Best Brand," *Fortune*, May 31, 1993.

40. 伯克希尔-哈撒韦公司1985年年度报告。

41. Betsy Morris, "Coke Hopes Old Pro Is Still 'Real Thing,'" *The Wall Street Journal*, October 12, 1988.

42. Michael J. McCarthy, "Buffett's Thirst for Coke Splits Analysts' Ranks," *The Wall Street Journal*, Heard on the Street, March 17, 1989.

43. Michael J. McCarthy, "Buffett's Thirst for Coke Splits Analysts' Ranks," *The Wall Street Journal*, Heard on the Street, March 17, 1989.

44. 伯克希尔-哈撒韦公司1989年年度报告。

45. 伯克希尔-哈撒韦公司1990年年度报告。

46. 伯克希尔-哈撒韦公司1993年年度报告。

47. 伯克希尔-哈撒韦公司1993年年度报告。

48. *Outstanding Investor Digest*, Berkshire Hathaway Annual Meeting notes, June 30, 1993.

49. 伯克希尔-哈撒韦公司1997年年度报告。

50. 伯克希尔-哈撒韦公司1993年年度报告。

51. 2015年4月29日，在亚特兰大的可口可乐公司年度会议上与穆赫塔尔·肯特的会晤。

52. John Huey, "The World's Best Brand," *Fortune*, May 31, 1993.

53. 伯克希尔–哈撒韦公司1996年年度报告。

54. WSJ Live video, Warren Buffett on Meeting GEICO's Lorimer Davidson, August 24, 2014.

55. Schroeder, *Snowball*, 137.

56. Warren E. Buffett, "The Security I Like Best," The Commercial and Financial Chronicle, December 6, 1951.

57. 伯克希尔–哈撒韦公司1995年年度报告。

58. Robert Lenzner, "I don't have to work with people I don't like," *Forbes*, October 18, 1993.

59. 伯克希尔–哈撒韦公司1995年年度报告。

60. Graham, *Intelligent Investor*, 288–289.

61. Schroeder, *Snowball*, 430.

62. John Train, *The Midas Touch* (Harper & Row, 1987), 23.

63. Roger Lowenstein, *Buffett: The Making of An American Capitalist* (Random House, 1995), 196.

64. Schroeder, *Snowball*, 430.

65. Lowenstein, *Buffett*, 199.

66. 伯克希尔–哈撒韦公司1980年年度报告。

67. 伯克希尔–哈撒韦公司1980年年度报告。

68. 伯克希尔–哈撒韦公司1980年年度报告。

69. 伯克希尔–哈撒韦公司2016年年度报告。

70. *Outstanding Investor Digest*, June 30, 1988, transcripts of 1988 Berkshire Hathaway May 23, 1988 annual meeting.

71. Schroeder, *Snowball*, 437.

72. Suzanne Woolley with Joan Caplin, "The Next Buffett," December 2000.

73. 伯克希尔-哈撒韦公司1985年年度报告，10。

74. Timothy D. Schellhardt and Leslie Scism, "Buffett to Buy Rest of Geico for $2.3 Billion," *The Wall Street Journal*, August 28, 1995.

75. 伯克希尔-哈撒韦公司1995年年度报告，10。

76. Schroeder, *Snowball*, 430.

77. Schroeder, *Snowball*, 430–431.

78. 伯克希尔-哈撒韦公司2002年年度报告。

79. Robert A. Bennett, *The New York Times*, "The Banker Who Would Be Scrooge," Dec. 3, 1989.

80. Bennet, *The New York Times*, "Banker," Dec. 3, 1989.

81. "Moody's Sees More California Loan Problems Banking," *Los Angeles Times*, July 1990.

82. John R. Dorfman, "Wells Fargo Has Bulls and Bears, So Who's Right?," *The Wall Street Journal*, Nov. 1, 1990.

83. 富国银行1994年年度报告。

84. 伯克希尔-哈撒韦公司1990年年度报告，16。

85. 伯克希尔-哈撒韦公司1990年年度报告，17。

86. Gary Hector, "Warren Buffett's favorite banker," *Forbes*, October 18, 1993; 46.

87. *Outstanding Investor Digest*, November 25, 1992.

88. *Outstanding Investor Digest*, August 10, 1995; 6.

89. *Outstanding Investor Digest*, August 10, 1995, transcripts of 1995 Berkshire Hathaway annual meeting.

90. *Outstanding Investor Digest*, August 10, 1995, transcripts of 1995 Berkshire

Hathaway annual meeting.

91. John R. Dorfman, "Wells Fargo Has Bulls and Bears, So Who's Right?," *The Wall Street Journal*, Nov. 1, 1990.

第二十一章

1. 伯克希尔-哈撒韦公司2014年年度报告，24。
2. 伯克希尔-哈撒韦公司2014年年度报告，25。
3. 2010年10月18日CNBC频道贝基·奎克的采访节目。
4. 2010年10月18日CNBC频道贝基·奎克的采访节目。
5. 2010年10月18日CNBC频道贝基·奎克的采访节目。
6. Anthony Bianco, "Salomon and Revlon: What Really Happened," *Business Week*, October 12, 1987.
7. Anthony Bianco, "Salomon and Revlon: What Really Happened," *Business Week*, October 12, 1987.
8. Charlie Munger interview with BBC: Charlie Munger Reveals Secrets to Getting Rich.
9. 伯克希尔-哈撒韦公司1990年年度报告。
10. Carol J. Loomis, "Warren Buffett's Wild Ride at Salomon," *Fortune*, October 27, 1997.
11. Carol J. Loomis, "Warren Buffett's Wild Ride at Salomon," *Fortune*, October 27, 1997.
12. Carol J. Loomis, "Warren Buffett's Wild Ride at Salomon," *Fortune*, October 27, 1997.
13. Gary Weiss, "Behind the Happy Talk at Salomon," *Business Week*, November 11, 1991.

14. Lawrence Malkin, "5 Top Officers Leave Salomon As Buffett Takes Control of Firm," *The New York Times*, August 19, 1991.

15. Warren E. Buffett, "Salomon, Inc. A Report by the Chairman on the Company's Standing and Outlook," *The Wall Street Journal*, October 29, 1991.

16. Warren E. Buffett, "Salomon, Inc. A Report by the Chairman on the Company's Standing and Outlook," *The Wall Street Journal*, October 29, 1991.

17. Andy Kilpatrick, *Of Permanent Value—The Story of Warren Buffett* (AKPE, 1998 Edition), 422.

18. 2010年5月1日巴菲特在美国众议院能源和商务委员会电信与金融小组委员会的开幕词。

19. 伯克希尔-哈撒韦公司2014年年度报告, 41。

20. 伯克希尔-哈撒韦公司2012年年度报告, 8。

21. 伯克希尔-哈撒韦公司2010年年度报告, 11。

22. 伯克希尔-哈撒韦公司2009年年度报告, 7。

23. 伯克希尔-哈撒韦公司2012年年度报告, 11。

24. 伯克希尔-哈撒韦公司1999年年度报告, 11。

25. David L. Sokol, *Pleased but not Satisfied* (Sokol, 2007).

26. Sokol, *Pleased but not Satisfied*.

27. Brian Dumain, "Warren Buffett's Mr. Fix-it," *Fortune*, August 16, 2010.

28. Serena Ng and Erik Holm, "Deal 'Itch' Gets Scratched," *The Wall Street Journal*, March 15, 2011.

29. Peter Lattman and Geraldine Fabrikant, "A Conspicuous Absence at Berkshire Meeting," *The New York Times*, April 26, 2011.

30. Warren E. Buffett, "Warren E. Buffett, CEO of Berkshire Hathaway, Announced the Resignation of David L. Sokol," March 30, 2011.

31. Warren E. Buffett, Memo to Berkshire Hathaway Managers, December 19, 2014.

32. *Outstanding Investor Digest*, September 24, 1998, transcript of 1998 Berkshire annual meeting.

33. 伯克希尔-哈撒韦公司2016年年度报告。

34. 伯克希尔-哈撒韦公司1998年年度报告。

35. 2017年5月CNBC频道贝基·奎克的采访节目。

36. 2018年2月26日CNBC频道贝基·奎克的采访节目。

37. 伯克希尔-哈撒韦公司年度会议，2017年5月6日。

38. 伯克希尔-哈撒韦公司2000年年度会议。

39. 伯克希尔-哈撒韦公司2017年年度报告。

40. 伯克希尔-哈撒韦公司2015年年度报告。

41. *Outstanding Investor Digest*, December 31, 2004, transcripts from May 1, 2004 Berkshire Hathaway Annual Meeting.

42. On stage interview at Coca-Cola annual meeting with CEO Muhtar Kent, April 24, 2013.

43. Devon Spurgeion, Shirley Leung, and Patricia Callahan, "When Business Isn't Usual," *The Wall Street Journal*, September 24, 2001.

第二十二章

1. University of Nebraska Business magazine, Fall 2001.

2. YouTube, Charlie Rose interview with Warren Buffett and Carol Loomis on her new book "Tap Dancing to Work".

3. Alex Crippen, "Warren Buffett Shares His Secret: How You Can 'Tap Dance to Work,'" CNBC, November 21, 2012.

4. Brent Schlender, "Gates & Buffett," *Fortune*, July 20, 1998.

5. YouTube, NDTV India Prannoy Roy interview with Warren Buffett and Ajit Jain.
6. 南加州大学开学典礼演讲，2007年5月1日。
7. *Outstanding Investor Digest*, June 23, 1989, transcripts of 1989 Berkshire Hathaway annual meeting.
8. *Bloomberg*, August 27, 2013.
9. Cynthia H. Milligan, "Warren Buffett," *Nebraska Business*, University of Nebraska–Lincoln Alumni Business magazine, Fall 2001.
10. Benny Evangelista, "Playing Bridge with Buffett," *San Francisco Chronicle*, August 27, 1998.
11. Benny Evangelista, "Playing Bridge with Buffett," *San Francisco Chronicle*, August 27, 1998.
12. Schroeder, *Snowball*, 623.
13. Charlie Munger, "Vice Chairman's Thoughts–Past and Future," Berkshire Hathaway 2014 Annual Report.
14. Schroeder, *Snowball*, 417.
15. Schroeder, *Snowball*, 632.
16. *Outstanding Investor Digest*, September 24, 1998, transcripts of 1998 Berkshire annual meeting.
17. *Outstanding Investor Digest*, Year End 2003 Edition, transcripts of 2003 Berkshire annual meeting.
18. 伯克希尔–哈撒韦公司1988年年度会议记录。
19. 2017年5月CNBC频道贝基·奎克的采访节目。
20. *Outstanding Investor Digest*, April 18, 1990, Buffett's lecture at Stanford Business School.
21. Carol J. Loomis, "Should You Leave it all to the Children?" *Fortune*,

November 21, 2012.

22. Schroeder, *Snowball*, 523.

23. 2017年5月CNBC频道的采访节目。

24. Adam Smith's *Money World* television show, May 22, 1990.

25. *Outstanding Investor Digest*, May 5, 1995, transcript of Charlie Munger's lecture to USC School of Business April 14, 1994.

26. Warren E. Buffett, "Look at All Those Beautiful Scantily Clad Girls Out There!" *Forbes*, November 1, 1974.

27. Warren E. Buffett, "You Pay a Very High Price in the Stock Market for a Cheery Consensus."

28. Warren E. Buffett, "Mr. Buffett on the Stock Market," *Fortune*, November 22, 1999.

29. Warren E. Buffett, "Mr. Buffett on the Stock Market," *Fortune*, November 22, 1999.

30. Warren E. Buffett, "Mr. Buffett on the Stock Market," *Fortune*, November 22, 1999.

31. 伯克希尔-哈撒韦公司2001年年度报告。

32. *Outstanding Investor Digest*, transcripts of 2000 Berkshire Annual meeting, December 18, 2000.

33. *Outstanding Investor Digest*, September 24, 1998, transcripts of 1998 Berkshire Annual Meeting.

34. *Outstanding Investor Digest*, September 24, 1998: transcripts of 1998 Berkshire Annual Meeting.

35. *Fortune*, April 4, 1994.

36. "The top 25", *Forbes*, October 13, 1997; 153.

37. Warren E. Buffett, "Why I Like to Think of Stocks Like Farms," *Fortune*, March 17, 2014.

38. 伯克希尔-哈撒韦公司1998年年度会议记录。

39. *Outstanding Investor Digest*, June 22, 1992, transcripts from 1998 Berkshire Hathaway annual meeting.

40. *The Business World*, April 1, 1990.

41. 伯克希尔-哈撒韦公司1996年年度报告。

42. *Outstanding Investor Digest*, June 30, 1993, transcripts of 1993 Berkshire Hathaway annual meeting.

43. *Outstanding Investor Digest*, June 23, 1994, transcripts of 1994 Berkshire Hathaway annual meeting.

44. 巴菲特合伙人公司，致股东信，1966年1月20日。

45. 巴菲特合伙人公司，致股东信，1966年1月20日。

46. 伯克希尔-哈撒韦公司1996年年度会议记录。

47. *Outstanding Investor Digest*, September 24, 1998, transcripts of 1998 Berkshire annual meeting.

48. *Outstanding Investor Digest*, September 24, 1998, transcripts of 1998 Berkshire annual meeting.

49. *Outstanding Investor Digest*, December 31, 1994, transcripts from Wesco Financial annual meeting on May 5, 2004.

50. *Outstanding Investor Digest*, April 18, 1990, Buffett's lecture to Stanford School of Business.

51. Adam Smith's *Money World* television show, June 20, 1988.

52. 伯克希尔-哈撒韦公司1992年年度报告。

53. D.C., "Simple Pleasures," *Financial World*, April 3, 1985.

54. *Outstanding Investor Digest*, May 24, 1991.

55. 伯克希尔–哈撒韦公司1981年年度报告。

56. 伯克希尔–哈撒韦公司1989年年度报告。

57. Ann Hughey, "Omaha's Plain Dealer," *Newsweek*, April 1, 1985.

第二十三章

1. Cynthia H. Milligan, "Warren Buffett," *Nebraska Business*, University of Nebraska–Lincoln Alumni Business magazine, Fall 2001.

2. Colleen Leahey, "Buffett's Promise," *Fortune*, October 5, 2014.

3. 伯克希尔–哈撒韦公司2009年年度报告。

4. Brent Schlender, "Gates and Buffett," *Fortune*, July 20, 1998.

5. 2010年5月26日美国金融危机调查委员会对巴菲特的采访。

6. 致作者的信，1994年11月7日。

第二十四章

1. Charlie Munger, USC Law Commencement speech May 2007.

2. Forbes Centennial issue, September 28, 2017.

3. *Wall Street Week with Louis Rukeyser*, April 8, 1994.

4. Peter Lynch, "What's Next?", *The Wall Street Journal*, October 1, 2001.

5. 伯克希尔–哈撒韦公司2015年年度报告。

6. Lynch, Beating the Street, 141.

7. Interview with Adam Smith, interview with John Templeton and Warren Buffett.

8. *Good Morning America* #1284 May 16, 1991, Interview with Charles Gibson.

9. Adam Smith interview with John Templeton and Warren Buffett.

10. Charley Ellis, "Living Legends," *CFA Magazine*; inaugural issue January/

February 2003; interview with Warren Buffett, 21.

11. Financial Intelligence Report, February 2005; 4.

12. Charlie Munger's comments at the 2017 *Daily Journal* annual meeting.

13. Jason Zweig, "Buffett advice: Buy Smart.and Low," *Money*, May 6, 2008, from a two-hour press conference with Warren Buffett and Charlie Munger during the Berkhire Annual Meeting weekend.

14. *Wall Street Week with Louis Rukeyser*, November 16, 1990.

15. Carol Loomis, *Fortune*, "Mr. Buffett on the Stock Market," November 22, 1999.

16. Gregory Zuckerman and James P. Miller, "Berkshire Hathaway Hits Bumps," *The Wall Street Journal*, June 24, 1999.

17. Jonathan R. Laing, *Barron's*, "Is There Life After Babe Ruth?" April 2, 1990.

第二十五章

1. D.C., "Simple Pleasures," *Financial World*, April 3, 1985.

2. Charles Munger, *A Lesson on Elementary Worldly Wisdom as It Relates to Investment Management and Business*, speech given to The University of Southern California Marshall School of Business, April 14, 1994.

3. Charles T. Munger, *Poor Charlie's Almanack – The Wit and Wisdom of Charles T. Munger* (PCA Publications, L.L.C. 2005), 193.

4. 伯克希尔-哈撒韦公司年度会议，2008年5月3日。

5. *Outstanding Investor Digest*, May 24, 1991, transcripts of Berkshire Hathaway 1991 annual meeting.

6. 伯克希尔-哈撒韦公司2014年年度报告。

7. 伯克希尔-哈撒韦公司2014年年度报告。

致谢

一本书通常只有一位作者，但实际上这本书是团队合作的成果。最初建议我写这本书的是库尔特·史密斯（Curt Smith）。他参加了我举办的一个名为"大师经验"（Lessons from the Masters）的研讨会，主要分享邓普顿、林奇和巴菲特的投资原则。这次研讨会面向旧金山地区的证券分析师，帮助他们了解传统理论教科书中没有的实用工具，从而提高投资技能。

感谢邓普顿爵士、林奇和巴菲特在多年的访谈和书面材料中慷慨的分享，让他们成为投资者心目中正直的导师和典范。他们的投资业绩也一直鼓舞着后辈前进。查理·芒格也是如此。

感谢35年前我最喜欢的商学院老师杰弗里·希斯考克，他通读了本书初稿，并以语音的形式回复了编辑意见，也在多年间不断鼓励我奋斗。

感谢我的同事哈提卜·拉蒂夫（Khateeb Lateef）、罗兰·安德希尔（Roland Underhill）、汤姆·阿灵顿（Tom Arrington）、克雷格·布雷默、保罗·鲁恩缇兹（Paul Lountzis）、布赖恩·安德森（Bryan Anderson）、戴维·谢普利（David Shepley）、约翰·布朗（John Brown）、陈国（Quoc Tran）、肖恩·麦吉恩（Sean McGuinn），以及财富管理公司汤普森·戴维斯（Thompson Davis）的戴维·坎贝尔（David Campbell）和投资研究服务机构五大湖评论（Great Lakes Review）的艾略特·施朗（Elliott Schlang）。是他们与我共同讨论，协助进行相关企业和股票市场的研究。

感谢尼卡西奥出版社（Nicasio Press）的劳拉·杜甘（Laura Duggan）对原稿精准到位的修改编辑。感谢许可公司（Permissions Company）的弗雷德里克·考特莱特（Frederick Courtright）费心在多个渠道申请版权许可。

特别感谢我的文学经纪人劳里·哈珀（Laurie Harper），她丰富的经验和中肯的建议非常宝贵，还把我引荐给了本书的出版编辑黛比·英格兰德（Debby Englander）。黛比·英格兰德和出版社总编辑希瑟·金（Heather King）在本书的出版全程随时跟进各项事宜，并进行妥善处理。

劳里·哈珀和黛比·英格兰德都极具专业精神和职业素养，为人和善友好。

来自奇亚·比曼托（Kiha Pimental）、杰拉德·图米（Gerald Twomey）、阿拉帕基·金（Alapaki Kim）、斯科特·福克（Scott Foulk）、吉内·加西亚（Jeaney Garcia）、里奇·加西亚（Rich Garcia）、爱丽丝·皮金（Alice Pidgeon）、蒂姆·皮金（Tim Pidgeon）和拉里·哈灵顿（Larry Harrington）等客户和朋友的支持，也让本书的写作过程更加愉快。我也感激约翰·伍登、杰里·卢卡斯（Jerry Lucas）、奥利弗·布利尼（Oliver Bouligny）和卡罗尔·考夫曼（Carol Kaufman）对我工作的信任和教给我的人生经验。他们谨守职业道德、慷慨大方、信赖他人、为人正直，因而声名远扬。

最后，特别感谢我的家人。我在他们的爱与鼓励之中完成写作，让本书有了不同的意义。特别要感谢鼓励我寻找自己人生之路的父母雪莉（Shirley）和博（Beau）。是他们在每周五晚上陪我收看路易斯·鲁基瑟主持的《每周华尔街》节目，是他的机智和幽默让投资变得易于接触、妙趣横生。感谢我的兄弟姐妹乔治（George）、克拉克（Clark）和克莱尔（Claire），以及他们的配偶谢丽尔（Cheryl）、凯伦（Karen）和凯利（Kelly），还有我的儿子鲍比（Bobby）、儿媳塔玛拉（Tamara）。我更要感谢我的女儿吉娜（Gina），我以这本书向她致敬。最重要的是感谢我的妻子西莉斯特。她一直坚信我能写好这本书，为我倾注了无尽的爱、关注和鼓励。谢谢你们。